国家社科基金
后期资助项目

张君劢年谱长编

The Chronicle of Zhang Junmai

李贵忠 著

中国社会科学出版社

图书在版编目（CIP）数据

张君劢年谱长编 / 李贵忠著. —北京：中国社会科学出版社，2016.3
ISBN 978 - 7 - 5161 - 7807 - 2

Ⅰ. ①张⋯　Ⅱ. ①李⋯　Ⅲ. ①张君劢（1887～1969）—年谱　Ⅳ. ①B261.5

中国版本图书馆 CIP 数据核字（2016）第 051378 号

出 版 人	赵剑英
责任编辑	孙　萍
责任校对	王　影
责任印制	王　超

出　　版	中国社会科学出版社
社　　址	北京鼓楼西大街甲 158 号
邮　　编	100720
网　　址	http://www.csspw.cn
发 行 部	010 - 84083685
门 市 部	010 - 84029450
经　　销	新华书店及其他书店
印　　刷	北京君升印刷有限公司
装　　订	廊坊市广阳区广增装订厂
版　　次	2016 年 3 月第 1 版
印　　次	2016 年 3 月第 1 次印刷
开　　本	710×1000　1/16
印　　张	22.5
插　　页	2
字　　数	426 千字
定　　价	86.00 元

凡购买中国社会科学出版社图书，如有质量问题请与本社营销中心联系调换
电话：010 - 84083683
版权所有　侵权必究

国家社科基金后期资助项目
出 版 说 明

　　后期资助项目是国家社科基金设立的一类重要项目，旨在鼓励广大社科研究者潜心治学，支持基础研究多出优秀成果。它是经过严格评审，从接近完成的科研成果中遴选立项的。为扩大后期资助项目的影响，更好地推动学术发展，促进成果转化，全国哲学社会科学规划办公室按照"统一设计、统一标识、统一版式、形成系列"的总体要求，组织出版国家社科基金后期资助项目成果。

全国哲学社会科学规划办公室

凡 例

一、谱主本事按年月日次序编列，尽可能落实到日，难以确定确切日期者，则系入本月（是月）本年（是年）。

二、谱主年龄依习惯以虚年计算。本年谱纪年统用公历，后附有清代年号或民国年份和干支。

三、本年谱所收材料以谱主著述、演讲词及信札为主。凡涉及谱主生平、思想及社会活动之内容，均予采录，详略视与谱主关联及事情重要程度而定。

四、行文中一般省略谱主名字，引文或转述处称谓照录。

五、本年谱所采用资料，引录原文者均加引号并注明出处。

六、本年谱对国家、政府、党派、团体等，均采用正式名称或通用简称，引文则依原文。本书引文以楷体字标示。

七、依编年史体例，首谱文，次按语，加必要的页下注释。

八、同一时间有多条内容的，在第一条开头写明时间，从第二条起用"是日"表示。

九、为了弥补谱主著作出版较少的缺陷，本年谱对谱主著述作了较多摘引。

十、部分新发现的史料全文录入，目的是避免文献失传。这就使得部分条目显得臃肿，某些条目又显得单薄，难以周全。

十一、为求对谱主先世及家庭背景有宏观了解，年谱特设谱前部分对其家世和家庭情况作简略介绍。

十二、本年谱力求将传统年谱与著作目录结合起来，在辑录谱主生平事迹时，将谱主的学术著述，分别系于相关各年月，因而，本年谱带有学术编年之性质。

十三、本年谱的编撰原则，总体而言，力求遵循"详人之所略，略人之所详"之原则。

前　言

张君劢是中国近现代史上一位在政治、文化、教育等多方面有过重要影响的历史人物，他的一生颇具特色，既丰富多彩，又凝练厚重。从1907年22岁参与梁启超发起组织政闻社作为政治生涯的起点，到1969年去世为止，他在政坛上和文化思想界活跃了62年。他是哲学家、政治思想家、法学家、党魁、新儒家代表人物，他的经历、活动、造诣、成就是多方面的。这样一个履历长、活动广、影响大的人物，在中国20世纪的历史上是不多见的。就张君劢在政治史、思想史、哲学史、教育史上的地位来说，就他多方面的事迹和留下的资料的丰富性来说，他是值得研究的。

撰写年谱是一项非常有意义的基础性的、综合性的研究工作，本书以年谱这种特殊方式对张君劢的一生做一个全面系统的梳理，全面、客观地再现张君劢一生的经历，将真正的张君劢放在读者眼前。本年谱的编写，也试图在近现代史研究的资料的挖掘、整理、保护方面做些贡献。随着时间的流逝，近现代的一些报纸杂志或与当事人有关的文物有的被人们无意或有意地销毁了，一些原始资料正在"消失"之中，保护这些资料刻不容缓，编写张君劢年谱，作者也意在保护宝贵的历史资料。本年谱编写的另一个目的，是想尽力纠正近现代历史著述中的一些史实性错误。现有的一些有关张君劢研究的著作中，存在着一些史实性的错误，如时间、地点方面的错误，笔者试图通过年谱的撰述，考证张君劢一生所经历的重大事件的确切信息，改正以往著述中的一些史实性错误。

本年谱以历史唯物主义和辩证唯物主义为指导，继承中国传统史学和近现代史学的优秀方法和理念，利用现代科学技术手段，以可靠的历史文献资料为依据，翔实地记述了张君劢一生的主要活动，全方位地展示了他在学术研究、社会活动诸多方面的面貌。张君劢一生经历了晚清时期、北洋军阀统治时期、国民党统治时期、中华人民共和国时期等几个重大时期，每一个时期张君劢都有丰富的社会实践活动和学术研究活动，本年谱对张君劢各个时期的各方面活动都做了详细具体的记述。

本年谱由"谱前""正谱""谱后"三部分组成。"谱前"交代了张君劢家世、家庭成员等情况。"正谱"为本书核心内容，严格按照年谱的写作模式，以事系年，并以按语的形式解释内容。"正谱"具体而翔实地再现了张君劢早年留学日本、参加梁启超维新派活动、留学德国；20世纪20年代在上海办自治学院（国立政治学院）、创办《新路》杂志、遭国民党迫害；20世纪30年代组织国家社会党、出版《再生》杂志、创办民族文化书院；20世纪40年代参加国民参政会、出席联合国成立大会、参加政治协商会议、为调和国共关系而奔走；20世纪50年代印度讲学、流亡海外、为《世界日报》撰写社论、组织"战盟"；20世纪60年代创办《自由钟》等活动。"谱后"收录了张君劢逝世以后发表的著述、亲友的悼念纪念活动和海内外张君劢研究概况。

本年谱不仅从纵的方向梳理了张君劢一生的思想和实践活动，同时也在横向上概述了张君劢在政治学、法律学、哲学、教育学等方面的成就。

张君劢是一个善于思考，且具有独立思考能力和习惯的思想家，他非常关注中国社会现实，对中国现实的一些重大政治问题、文化问题、教育问题做过系统的深入的思考，为后人留下了大量的宝贵的思想遗产。张君劢对中国历史的影响主要是在思想方面，张君劢虽然在中国近代史上扮演了多种角色，但主要的角色应该是思想家。本年谱虽然记述了张君劢一生的各个方面，但是从记述内容来讲，重要的和主要的是记述张君劢的思想。本年谱在一定意义上讲就是一部张君劢思想发展编年史。思想的载体是著作和信件，本年谱用了大量篇幅记述张君劢的著作和信件。本年谱几乎收集了张君劢的全部著述，对每一著述都做了概述，篇幅长的予以摘录，其他言论皆尽量全篇引用，以省读者检索之劳而得直接品赏其文字之风格，期能援引翔实之资料以反映其生平行实之完整面貌。本年谱可以说是张君劢著作全集，在张君劢全集没有出版之前，本年谱可以说是一本不是全集的全集。本年谱收录了张君劢与家人、友人、领袖人物的大量通信信件，可以说把能够收集到的全部纳入。张君劢的有关书信，特别是关系比较密切的师友之间的来往书信，较之公开发表的言论更能真实地反映谱主的思想观点和政治倾向，这对于研究张君劢，乃至张君劢所代表的政治派系与其他各阶级力量之间的关系，是非常有用处的。

张君劢是一位著名的社会活动家，他参与了中国近现代史上的许多重大的政治活动。1946年是他社会活动最多的一年，对于张君劢而言，这一年是他人生最有意义的一年。就对历史的影响而言，这一年是最有影响的一年。年初从欧洲归来，风尘仆仆，参加了政治协商会议、参与新宪法的制定；年中以后，为调解国共关系，奔走在沪宁道上，为求中国问题的政治解决，历尽艰辛。本年谱虽记述张君劢一生之各年，但用力最多的是1946年，篇幅最长的是1946年，撰写最精彩的是1946年。从张君劢1946年的活动中，可以最为真实地了解国共两党和平协商的真相；对于民主党派在中国近代历史上的作用和影响，也可以从阅读本年谱对张君劢1946年活动的记述的文字中得到答案。

张君劢是一位党魁和政治宣传家。张君劢创立了中国国家社会党，并长期担任中国国家社会党的领袖，作为中国近代历史上的一位政治家，其政治活动的最主要内容就是组织和领导中国国家社会党。本年谱对张君劢的政党活动的记述也是一个重要内容，并且用一些新发现的资料，考证了与国家社会党有关的历史史实（包括国家社会党第一次全国代表大会的召开的时间、改组成民主社会党的时间等）。与组党活动相联系的是他的政治宣传，他一生中创办了《新路》《再生》《自由钟》等多个杂志，参与过《时事新报》《庸言》的编撰工作，为《祖国》杂志、《世界日报》（美国）撰写了很多政论文章，特别是为《再生》杂志的编辑和发行付出了极大的精力。本年谱用大量的篇幅记述了张君劢创办杂志、进行政治宣传的活动，特别是对于张君劢发表在《再生》杂志、《世界日报》（美国）上的著述文字进行了极为全面的整理和概述。作者收集到在中国香港和中国台湾出版的《再生》杂志，对这些杂志上的张君劢的著述文字加以吸收，这是本书相比较其他有关张君劢的研究著述，在取材范围上的独到之处。

张君劢是一位著名的教育家。教育活动也是他一生的重要活动内容。他早年曾赴湖南从事中等教育，留学归来后，从事高等教育。他一生创办过三个著名的学校——国立自治学院（国立政治大学）、学海书院（广州）、民族文化书院（大理）。曾在北京大学、燕京大学、中山大学任过教，还有在国外（德国）任教的经历。他为中国近代教育做出过贡献。他有自己独到的办学理念和办学思想，曾经为学海书院和大理民族文化书院制定了章程和办学宗旨等。本年谱详细地记述了张君劢的教育实践和教育思想，张君劢的"德""智"兼育、并行不悖的教育理念和教育思想对今天的教育极有借鉴价值。

张君劢是著名的演讲家，他一生做了几百次的各种演讲。他善于演讲，乐于演讲，留下了大量演讲稿。这些演讲稿极富思想内涵，极有启发性，在演讲时产生了很大的影响，有些演讲，在今天仍有积极意义，本年谱辑录了张君劢一生的大量演讲，大部分是全文录入。

在内容的选择和撰写上，本年谱也有一定的特色：（1）内容丰富，史料翔实。本年谱的撰述的用功之处主要体现在材料发掘的深度和广度上。本年谱记述了张君劢一生的各个方面，根据相关资料，尽最大努力记录下张君劢每一天的活动情况，绝大部分活动都有具体的时间和地点。本年谱所使用的材料，主要是回忆录和日记，材料的客观性和真实性强，本年谱的撰述是在翔实可靠资料的支撑下完成的。（2）叙事连贯，前后照应。本年谱充分展示了张君劢一生的思想和社会活动的轨迹，从中可以清晰地了解张君劢如何组织政党、开办学校、参加民主党派活动、晚年著述的历史过程。这部年谱既可作供人查阅某一问题、某一事件、某一时间的历史资料，又可以当作一部传记性的书阅读和研究。（3）背景材料的取舍得当。本年谱不但记录张君劢的言行，还记录了许多对研究和理解张君劢言行不可缺少的背景材料，背景材料写得简明扼要，以能说明问题为宗旨。（4）尽量反映谱主同他人的交往。张君劢在中国近代历史的舞台上，是一个非常活跃的"演员"，他与同时代的诸多重要人物大都有交往，在交往过程中，张君劢的想法和行为影响别人，别人的思想和行为也影响张君劢，本年谱为了更加全面地反映张君劢的面貌，记述了大量的相关人物的事迹。（5）将年谱与著作目录结合起来。在辑录张君劢生平事迹时，将张君劢的个人重要学术著作亦按照发表先后顺序，分别系于各相关年月，因而本年谱带有张君劢"学术编年"之性质。

就选材的全面性、记述的准确性和完整性而言，本年谱堪称优秀。总之，年谱坚持客观、规范、全面、求新的态度，力求精益求精。

《张君劢年谱长编》的编撰具有很大的学术价值和实践意义。

第一，本年谱的编撰对于张君劢研究的深入和发展有一定的基础性作用。张君劢故去已经四十多年，但由于历史的原因，特别是因为他是一个政治敏感人物，他的思想、活动，甚至他对国家和民族所做的有益的事业，并不为大家所了解和理解，对张君劢的研究长期被忽视，到现在为止，学术界对张君劢的研究也不够充分。阻碍张君劢研究深入下去的一个最重要的因素，就是资料问题。这部年谱，系统全面地记录张君劢的一生经历及重要事实，"发潜德之幽光"，特别是记述了很多的历史细节，披露了更多的历史真相。本年谱资料丰富，文献性、揭秘性强，所用资料有不少是第一次披露，因此，本年谱可以说是一部中国近现代人物研究的很有新意的著作，为我们认识张君劢提供可靠资料，为我们深入、全面研究张君劢提供了必要的基础性材料。

第二，本年谱的编撰对于中国近代史的研究，对于中国近代政治史、思想史、哲学史、教育史的研究具有一定的基础性作用。本年谱的记述涉及张君劢的演讲、函件、报告、文章、谈话、题词、手迹等，比较全面地反映了张君劢为中国政治民主化、为中国教育发展、为民族复兴所做的贡献。张君劢的身上有丰富的中国近代史的信息，从晚清时期、北洋军阀统治时期、国民政府时期，直到新中国成立初期，张君劢的社会活动是非常活跃和频繁的，他的一生不愧为中国近代史的一个缩影，同时，他的一生也极富意义地折射了社会转型阶段中国知识分子的历史道路的复杂性和曲折性。诚然，谱主张君劢曾有过反共言论并参与反共行动，我们反对他的这一立场，但为了让人们全面、完整地了解张君劢，我们仍保留了相关内容。本年谱记述的史实涉及中国近代政治史、中国近代法律史、中国近代哲学史、中国近代教育史等诸多领域，这些史实为中国近代政治史、中国近代宪政史、中国近代教育史等领域的研究，提供了大量准确且难得的资料，这部年谱是一部中国近代各领域研究的有价值的参考书。

第三，本年谱考订和纠正了以往有关张君劢的著述中的一些史实方面的错误，有利于消除偏见，澄清事实，极具学术研究价值和出版意义。

第四，本年谱的编撰具有一定的实践价值。张君劢是中国近代史上著名的政治活动家、著名的民主人士、著名的法学家。张君劢毕生都具有强烈的建立现代国家的担当意识，从清末立宪到民国初年的立宪，再到抗战期间及之后立宪，张君劢始终都是最为活跃的"法治立国"的思考者和法治治国的实践家，他深度参与到现代中国之立国政治实践中，发现了现代中国立国进程中的重大问题，因而思考和发展了一套关于中国立国的政治哲学。本书以一种特殊的方式——年谱，记述和总结了张君劢在立国和法治立国建设方面的思想和实践。他的这些思想与实践，具有立国和法治立国的普遍价值，对于我们今天的国家建设，特别是依法治国的实践极具参考和借鉴意义。

对于张君劢这样复杂的历史人物，更何况张君劢生活在错综复杂的近代中国，对于他，无论是简单的否定，还是单纯的赞美都同样是非理智的。我们系统客观地展现、反思张君劢的一生，同时从他这位在中国近代文化中曾经发挥过重要作用——无论是积极的还是消极的——中国人身上，反躬自省，在五四启蒙已过将近百年的今天，对于我们是仍有意义的。

目　录

谱前 …………………………………………………………（1）
正谱 …………………………………………………………（3）
谱后 …………………………………………………………（342）
参考文献 ……………………………………………………（345）

谱　　前

张君劢，名嘉森，字君劢，一字士林，笔名立斋、君房等，别号"世界室主人"，英文名 CarsunChang。

籍隶江苏宝山县（现上海宝山区），出生在江苏嘉定县城关镇（现上海嘉定区）。

先世原住江苏嘉定县葛隆镇，自七世祖衡公迁居江苏宝山县真茹镇（今属上海普陀区）。曾祖之前，张家乃经商世家，经营盐业，到了曾祖秋涯，始弃商从医，秋涯在镇上行医，施药济贫，闻名乡里。

祖父铭甫，清道光丁酉科乡试中举人，被任为四川内江县令，后任屏山、垫江县令，在川十余年，政声颇佳，尤以滇边邑平猓之役传颂当时。

张氏家谱记载，铭甫于政事之外，潜心于学，博览群书，医卜星相，亦皆精研，尤邃于宋儒义理之学。后，铭甫倦于仕途，退居乡里，移居嘉定，命幼子祖泽——张君劢的父亲习医，以承祖业。

父亲张祖泽，字润子，习医于苏州曹沧州，卒业后，设诊所于上海、南翔等地，以诊金为生，是当时名医，全家生活均赖诊金所得为支持。祖泽公娶宝山大场镇明经史香公广文长女刘太夫人，生子女十四人，存活下来的有六男五女。刘太夫人，性行贤淑，虽读书不多，而义利之辨极严，喜闻报张，明晓时事，主持家务，克勤克俭，抚育子女，以身率教。尝佐润子公密制丸散，施送以万计，利霑群黎。对子女期望甚切，经常勉以"务须为家门争气，好好读书，好好做人"。

兄弟姐妹共十一人。大哥张嘉保，是上海棉花油厂的老板，沪上著名实业家。张君劢行二。三弟张嘉镛，早逝。四弟张公权（嘉璈），前中国银行董事长，有"金融巨子"之美誉，号称"中国现代银行之父"，曾任国民党政府交通部长、东北行辕经委会主任、中央银行总裁等职。五弟张嘉桦，早逝。六弟张嘉莹，在意大利做外交官，在意娶妻生子。七弟张嘉垣。八弟张嘉铸（张禹九），是20世纪30年代新月派诗人，是著名的新月书店的老板，在海派文坛上很有名气，也是开发黄豆多种用途的先锋，任中国蔬菜公司的老板，中国植物油料厂总经理，全国进出口贸易协会总干事。二妹张嘉玢，即张幼仪，是中国第一家女子银行——中国女子商业储蓄银行的副总裁，还是南京路上著名的云裳服装店的老板，徐志摩的第一位妻子，以贤惠和忠厚闻名。小妹张嘉蕊是服装设计师，各种选秀场的名嘴评委，知名的社会活动家。

有两次婚姻。第一次婚姻，夫人沈氏，由父母包办而成，婚后月余，张君劢赴日求学，沈氏留在家中，后离婚。第二次婚姻，夫人王世瑛，出身福州望族，抗战时，因难产逝于重庆。

子女五人，三子二女，皆王世瑛所生。长子国浏，在美任工程师，子媳姜纯芳女士。次子国超，1949年张君劢离开大陆时，正在清华大学读书，未能一起出走，后病死于大陆。三子国康，十四岁病死于重庆。长女敦华（小艾），毕业于美国斯坦福大学，被国民党政府遴选为侨选监察委员，后任教于美加州一中学。女婿王大蔚，斯坦福大学建筑系硕士，任旧金山之俾支特工程公司工程师。次女敦复（小满），毕业于美国加州州立大学，终身从事教育工作。女婿董启超博士，毕业于加州大学，任美之伊利诺伊大学土木工程学院教授。长子名国浏，是因为张家世居浏河区，以志纪念。次子名国超、三子名国康，含张君劢对梁启超、康有为的敬佩之意。

正　　谱

1887 年〔清光绪十二年丙戌、光绪十三年丁亥〕出生

1月18日，即农历清光绪十二年十二月二十五日，出生在江苏嘉定县（今上海嘉定区）。

10月31日，蒋介石出生。

1891 年〔清光绪十七年　辛卯〕6 岁

入私塾启蒙，接受传统教育。

"方过五岁，时为正月十五，大厅上点香烛，先拜文昌，我父携我手向先生行三叩首礼，是为入学识字之始。""晨起与先生同早餐，上午受生书，温旧书，下午朗诵午前生书。年稍长，更上夜学，学为对对。一日之内，无所谓休息，更无所谓游戏。"①"读书用功，悟性过人，特用功于朱熹、吕祖谦的《近思录》。善读书亦善游戏，每独出心裁，有'军师'之称。"② 金侯城先生评价曰："君劢幼学论语，提章质问，迥不平凡，老生如我，每为所窘。"③

1896 年〔清光绪二十二年　丙申〕11 岁

继续在私塾学习。

曾戏操小舟，失足坠水中，家人聚饭，始寻获得救。"一日午饭放假，我家后门临河，有乡人载物而来之小舟在，船中无一人，我忽起荡舟之兴，不料一脚入船，一脚尚在岸上，而船已远离，于是身落船外，幸而两手尚得把握船沿。家人方午饭，不见我入座，乃遣人觅之，而对岸有人

---

① 张君劢：《学生自治》，《教育杂志》第15卷第9号，1923年9月20日。
② 程文熙：《君劢先生之言行》，《张君劢先生七十寿庆纪念论文集》附录，本书编辑委员会，台湾文海出版社1956年版，第10页。
③ 金侯城：《童年时代的张君劢先生》，《张君劢先生七十寿庆纪念论文集》，本书编辑委员会，台湾文海出版社1956年版，第10页。

望见，得免溺死。家人惊慌失措，为我去湿衣，然以我不通知家人作此狎水之戏，遭一顿痛打。"① 金侯城在《童年时代的张君劢先生》一文中讲到，时住罗店，与张君劢识，其表兄沈选清曾说："君劢对罗店某家某人意态如何，皆茫然，惟对于某家藏有某部好书，记忆深刻。"

1897年〔清光绪二十三年　丁酉〕12岁

奉母命考入上海广方言馆。

广方言馆原由时任江苏巡抚的李鸿章于1863年仿北京同文馆之例而设，名为"学习外国语言文字同文馆"，简称"上海同文馆"。1867年改名"上海广方言馆"。这是一所"洋"学堂，聘请英、美、德、法人士及北京同文馆毕业生教授各国语文，并聘请宝山名儒袁希涛（观澜）教授国文。

广方言馆那时属于另类学堂。当时，社会上还以科举为正途，一般家庭不会送孩子上这种学校，故，招收学生时给予"优惠"条件，即每位学生每月可领到一两纹银的津贴。表兄刘镜人（士熙），也曾就读同文馆，毕业后任中国驻俄外交馆（后任公使），这也是张君劢投考同文馆的一个重要诱因。

在广方言馆，张君劢接受的是半西半中的教育。四天英文，三天国文，上午授课，下午则自修或体操。每周四天上午习英文，数学、物理、化学、外国历史，均用英文课本，必须熟读背诵。他阅读了大量译书局翻译的书，开始"知道世界上除了做八股及我国固有的国粹外，还有若干学问"②。广方言馆也极注重国学教育，每周其余三天上午诵习国文，国文的主要训练是读"三通"，即研究传统中国制度之学不能绕开的《通典》《通志》和《文献通考》。教国文的袁观澜（希涛），是一位博洽的学者，在他的培养下，张君劢对政治制度的兴趣得到启蒙。广方言馆还教授策论，由沈位卿教授，张君劢后来擅长写政论文章，也是在这里发蒙的。课余时间，张君劢还花了大量精力阅读《资治通鉴》《日知录》《曾文正（国藩）公全集》《近思录》，中国传统士人忧国忧民的道德观也浸润到了他的血液里。

在广方言馆，张君劢成绩优异，中西学方面都得到极好的训练，亦颇知世界大势。广方言馆的学习对张君劢的一生影响极大，特别是这里的英

---

① 张君劢：《学生自治》，《教育杂志》第15卷第9号，1923年9月20日。
② 张君劢：《我的学生时代》，《中西印哲学文集》上，台北：学生书局1981年版，第164页。

文训练，使他后来留学日本时，能熟练地阅读英文版图书，并为以后的学术研究和国际交往奠定了语言基础。独具慧眼的袁观澜已经看到这个年轻人的广阔前途，曾说："张君劢天生奇质，博闻强记，我不病其易于冲动，且喜其必为我邑之人杰。"① 在时人看来"读了洋学堂的书等于没读一样"的时代，张君劢母亲不随时俗，决然送子入学，这确乎值得张君劢感激一生。

1898 年〔清光绪二十四年　戊戌〕13 岁

戊戌政变后，清廷通令各省，缉拿康有为、梁启超等变法人士，广方言馆门口悬挂着通缉令和康、梁的"画影图形"，这引起了张君劢的注意，"心仪康梁之言行"，躁动的血脉受到莫名的激涌，对政治产生了一种从未有过的参与和付出的激情，由此"即有委身国事壮志"。②

1900 年〔清光绪二十六年　庚子〕15 岁

妹张幼仪出生。

是年，八国联军侵略中国，攻入北京，大肆烧杀抢掠。张君劢把一个从家中前院摘下的瓜剖开，解释这场可怕的屠杀给大家听。③

1902 年〔清光绪二十八年　壬寅〕17 岁

四弟公权考入广方言馆，兄弟二人同学于馆中。

是年，籍隶宝山的张君劢，应宝山县院试，中秀才。

时，清政府下诏改革科举考试，废八股，改试策论，张君劢对策论驾轻就熟，很容易就中了秀才。四弟张公权一同应试，也中了秀才，"张氏昆仲之名，遂为里人传诵"。

是年，张君劢同金侯城先生在宝山游胡公祠，曾询胡公为何人。得知胡公仁济先生在乾隆时曾在海滨筑堤防潮一事后，大呼：伟哉胡公。其胆识超群，逾于常人。④

---

① 金侯城：《童年时代的张君劢先生》，《张君劢先生七十寿庆纪念论文集》，本书编辑委员会，台湾文海出版社 1956 年版，第 39 页。
② 吴相湘：《民国百人传》第 3 册，台北传记文学杂志社 1979 年版，第 2 页。
③ 张邦梅：《小脚与西服》，时代出版传媒股份有限公司、黄山书社 2011 年版，第 14 页。
④ 金侯城：《童年时代的张君劢先生》，《张君劢先生七十寿庆纪念论文集》，本书编辑委员会，台湾文海出版社 1956 年版，第 11 页。

1903年〔清光绪二十九年　癸卯〕18岁

在震旦学院学习。

1902年11月初，上海南洋公学（今交通大学）因为"墨水瓶事件"引发学潮，导致200多名学生集体退学。为了收容这些失学学生，著名学者马相伯以西方大学理念，在上海徐家汇创办了震旦学院。刚从美国返回日本的梁启超不但将震旦学院的招生启事登在了他主持的《新民丛报》上，还特别在同期上发表自己所著《祝震旦学院之前途》一文，文中有"中国之有学术自震旦学院始"之语。张君劢被这篇文章所吸引，因而不惮于高额学费（半年一百两白银），欣然前往，投考入学。在这里读书时，读的全是拉丁语。马相伯的课也教得非常快，一星期就讲完了一厚册。接着由其他老师讲西洋哲学和罗马将军泰西多斯的《法国战记》等书。张君劢起初觉得很吃力，常觉赶不上功课，好在那时的先生教书很有耐心，久而久之，张君劢就勉强跟上进度了。

在震旦学院只学了一个学期（半年），因为每一学期100两白银的学费，家里难以承担，故第二学期，就没有再去学院。后，入南京江南高等学堂学习。

1904年〔清光绪三十年　甲辰〕19岁

前半年，在南京江南高等学堂学习。

是年，日俄大战于东三省，张君劢列名参加江苏人钮永键组织的抗俄义勇队，校长缪筱山认为此举为"上海革命党从中运动"所致，勒令张君劢等参与集会的学生退学，并交地方官严加管束。

是年，在南京写信给父母，表示欲赴日留学，未得获准。

上年，清政府颁发《鼓励游学毕业生章程》，规定：在日本普通中等学堂毕业并取得优等文凭者为秀才；在日本高等学堂（相当于现在的高中）毕业者为举人；在日本大学堂毕业者为进士。这就给青年学子们提供了一条可以不经过科举考试就获得功名的仕途道路，吸引了一大批渴望进入仕途的青年。

是年，清廷选派学生赴日留学，张君劢有望被选派。他少年志锐，跃跃欲试，写信向家中请求，书长数千字，反复陈词，又不敢伤父母教诲之言，终不获准。

下半年，赴湖南长沙、常德等地教学。

既退学，无所之，经友人介绍，到湖南长沙明德学校教英语，以广方言馆所学教人，所教学生都是三四十岁的成年人。在这里，张君劢结识了黄兴（黄克强）和张溥泉。黄兴当时在明德学校任斋务长。张溥泉在明德学校教法国革命史。张君劢在明德学校只教了两个月。此后，一说，应常德知府，宝山县人朱其珍（熊秉三先生内兄，时任常德知府）的邀请，前往常德师范学堂任教，后又往澧县任教。① 一说，到澧州、常德两中学任教。② 据说，张君劢在常德授课时，有一次论及国际形势和列强对中国的侵略，语调之激昂，竟使学生殷士奇等闻之号啕大哭，甚至晕倒在地，震动士林。③ 张君劢的话语竟能如此强烈地感染学生，足见他内心深处隐藏着的对中国这块土地上的民族、文化之强烈的热爱。

1905 年〔清光绪卅一年　乙巳〕20 岁

冬，学期结束后，辞去教职，带着积攒下来的 400 多银元返嘉定，遵父母命与沈氏完婚。

返乡路上他小心翼翼，诚惶诚恐，总觉有人要偷取他的银元（这是他准备东渡日本的盘资），由澧州至公安道上，舟行有戒心。赖县中警卫护，得以稳渡。江行之夜，因留学资金在箧中，辄以窃盗为惧，夜不安枕。警卫亦觉之，乃起立曰，"吾等为知县所派，一心奉公，请勿忧"。

1906 年（清光绪卅二年　丙午）21 岁

2 月，在嘉定与沈氏结婚。

3 月，赴日本留学。初到日本，入高师理化部。

是年，宝山县选派八人赴日本留学，张君劢入选，还在蜜月期的张君劢告别新娘，启程东渡日本。易日钞，购船票，更服装，去长发，同行者七人。抵日京，席地而坐，非所素，乃倾囊购买桌椅器用，陈设一如国内。暇时朋辈道从聚餐，放纵高论。

9 月，考入早稻田大学政治经济科，初入预科，后入大学部。

县里给张君劢的费用，是资助其学习理化的，而他却选择了感兴趣的法律和国家学。故，在进入早稻田大学的第二学期，资助便终止了，他原有的存款也用尽了。乃撰稿投送素所喜读的《新民丛报》，因此结识景仰

---

① 吴相湘的《张君劢老鹤万里心》持此说。
② 程文熙《张君劢先生年表简编初稿》《张君劢先生年表长编》，杨永乾《中华民国宪法之父——张君劢传》和李日章的《张君劢年表》持此说。
③ 江勇振：《中国历代思想家：张君劢》，台湾商务印书馆 1978 年版，第 11 页。

已久的梁启超。与蒋方震等亦于此时订交。写稿的工作,每月可得60余元,也够兄弟二人(四弟张公权得唐文治先生资助,在私立应庆大学学习)生活之用。可是,一年以后,《新民丛报》停刊,张君劢只能求助亲友,每月仅得十三元,只够伙食费用,被迫在清苦的环境下坚持学习。"居芝区,随时向人告贷,勉度苦学岁月,晨购野菜丼(即白饭上稍置青菜者)一碗,加开水服之,一条毛巾,剪成二小条,兄弟各用其半。"①

早稻田大学是明治时期日本传播现代自由思想的前沿阵地,各科教师均为一时名师:教政治学的浮田和民,教国际法的中村进午,教宪法(或国法)的有贺长雄,教财政学的是田中穗积,教解决学的是盐泽昌贞等。当时日本学校所用参考书,大都是英文本,"除讲堂讲义是日文外,我自己所读的是英文书。譬如政治学所用的参考书是威尔逊(Wilson)的国家论(*The state*),柏基士(Burgess)的宪法(*The Constitutional Law*),经济学是萨礼门(Seligman)的经济原理(*Principle of Economics*),国际法的参考书是奥本海(Oppenheim)的国际法(*International Law*),财政学是Bastable的*Public Fianance*。我日本语文虽不好,因为所用的是英文参考书,考试亦可用英文来写论文,所以勉强就毕业了。在日本五六年,学校给我最深刻的印象,是浮田和民所教的政治哲学,政治哲学是选科,选者甚少,就是我一个人,读的书是陆克政府论(Locke, *Two Treatiseson Goverment*)。上课时,最初是浮田先生站在讲坛上,后来因为看书不方便,他同我两人并肩而坐。这个人和蔼可亲,循循善诱,到现在我还想见他穿了和服及木屐的样子。日本学校虽然读英文参考书,但教授所常常提起的,是德国著名学者如Wagner和Schmoller等人,国法学上也提起Mayer及Laband等人的名字,所以在日本留学时,已引起我对德国学问的羡慕心。我在早稻田大学也曾读过德文三年,德文经济学,德文宪法也曾读过些,在那时我已经有意到德国留学。"②

11月1日,以"立斋"为笔名在《新民丛报》第4年第18号(原90号 光绪三十二年九月十五日)上发表《穆勒约翰议院政治论》一文。

此文是英国著名政治思想家穆勒(密尔)的名著《代议制政府》的编译。张君劢原拟将原著(共十八章)译编为五部分:第一章、政体;

---

① 王焱华:《青年时代之张公权》,《学生月刊》1940年7月。
② 张君劢:《我从社会科学跳到哲学之经过》,《再生》第3卷第8期。

第二章、议会；第三章、选举；第四章、政党；第五章、结论。此次发表的是第一章。不知何故，其他四章没有面世。第一章、政体，关涉原文的第一、三、四、六、十六、十七、十八等七章。内容如下：

利恺（Lecky）氏评价法国革命曰："国之大患，莫如其人民取往昔亲密之关系，一旦裁而断之。"而论英国人种之成功则曰："英国人种政治之天才，在善通旧制以适新需。故虽无赫赫之名，而善举幸福之实。"……吾国今日爱国志士之所以导其民者，不善以西方历史之所垂成告吾国人，乃独于其覆辙之循，追之若恐不及。……今日号称先觉之士所鼓吹者，窃恐今后之革新，竟乃背于西方政治进化之成例，而不免为昔日历史一度之繼染，是宁国家前途之福哉！……当今日活动之准备之期，取西方先哲之说以为国民鉴戒，或亦有心救国之士所乐闻乎！作穆勒约翰议院政治论。

一、必要之三条件。一个国家的政体，既不像器械派所认为的那样能随意改革，也不像有机派所认为的那样不能改革。改革固可，但必须具备以下三个条件：（一）政体必须与其国民之性情行谊不相冲突；（二）政体之永续，必其民之行动，足以维持之；（三）凡消极或积极之行动，政府之所需于民，赖此而能善其事者，都应该是民众所愿意且有能力胜任的。

二、立宪政体之必要与其效果。立宪制优于专制政体，专制国之末路，惟坐以待毙耳。专制之弊，上下交困，不待言矣。设君主予民以出版言论之自由，许民以地方自治之权利，一切大政，付之大臣公议，如是则二制即足以相调和。否则惟专制，而无自由，惟有一途，曰革命而已矣。夫专制之弊既若此，则二十世纪之列国，其必尽趋于立宪，又岂无故哉。立宪之益，在上有监督之机关，在下有言论之自由，国与民之关系，始益臻密切。

三、立宪国民之能力及其不相容之性质。以理论言，则政体诚有善恶，以实际论，则无所谓善无所谓恶，惟适而已。立宪政体能否取得善政的关键，是人民是否具有发达的智力、德力和活动力。国民的智力、德力和活动力，三者皆具，然后宪政之运灵。

四、代议政治之弊。代议政治之弊，有积极和消极之分，消极者：行政部之行动，常为议会所掣肘，故有运转不灵之困；代议政治操主权者民，故于三力，不如专制政府，能使为充分之发达。积极者：智识之程度低劣；阶级利害之偏私。凡言院议政治者，不可不研究议会之组织与其多数取决之方法。

　　五、立宪与国族之关系。凡两族之间，苟有可以同化之机，是人类大幸也。则今日满人与汉人，又岂单纯的复仇主义，毕乃事耶？且满族非真有自为一族之资格，同为黄帝子孙而今日国民刀锋所向，所愿天下人同心协力者，即此专制腐败之政府耳。案之各国所以获得自由民权之先例，又安见我之果不得耶？是为政治革命。

　　六、代议政体与联邦。此篇以及下一篇与中国政治无关，可窥英美二国政治，故略之。

　　七、自由国之邦属政治（略）。

　　张君劢对穆勒《代议制政府》的翻译是一种译、著合一的"创新式"翻译。张君劢曾说他是在"作《穆勒约翰议院政治论》"，而不是译《穆勒约翰议院政治论》。他的译包括大段的略过和高浓缩的意译，亦夹有小量的评论和按语。

　　编译《穆勒约翰议院政治论》，表明张君劢接受和认同穆勒的观点，由此初步确立他一生政治思想和实践的基本立场和基调，奠定他一生所遵守的基本政治准则。他以后的政治活动无论是斗争还是妥协，都是以这一准则为指南的。编译《穆勒约翰议院政治论》，也表明他的现实政治立场，此文发表在清末资产阶级立宪派和革命派关于中国应该"立宪"还是"革命"的论战进行得最激烈的时候，发表的地点又是论战的中心东京，张君劢运用别样的翻译技巧并借助特殊的作品形式，表达了他的立宪立场，为立宪派张本。《穆勒约翰议院政治论》奠定了张君劢一生政治思想的一个里程碑。[①]

1907年〔光绪三十三年　丁未〕22岁

　　1月1日，在《学报》创刊号上发表译著《耶方斯之论理学》（开头部分）。其余部分在该刊以后各期续登：第2期（1月29日）、第3期（3月1日）、第4期（4月1日）、第5期（5月1日）、第6期（6月1日）、第7期（7月1日）、第11期（1908年5月25日）、第12期（6月28日）。

　　张君劢在早稻田大学读书时，接触到耶方斯的逻辑学著作，"聊窃课余，译以饷吾国人"。译著先署名"英伦耶方斯原著，中国张立斋翻译"，

[①] 此文收入《张君劢开国前后言论集》，台北：正中书局1971年版，第1—28页。

后署名"立斋"。全文共四章十七篇。从内容上看,张君劢所译,底本是 1870 年出版的耶方斯的《逻辑学基础教程》。

内容如下:第一章,引论,论理学之界说及其范围、论理学之三分。第二章,端词,即名词,端词及其种类、端词之歧混、端词之二重意义、言语之变迁、兰勃尼氏(莱布尼茨)智识论。第三章,命题,命题之种类、命题之对当、直接推理、可谓词、分类及界说,以及巴斯噶、笛卡儿二氏法门论(即方法论)。第四章,推测式,思想之公例、推测式之定则、推测式之相反格、推测式变格之更化、推测式之变体。

张君劢在翻译《耶方斯氏论理学》时,人在日本,他的翻译以英文为基础,兼采日人研究西方逻辑学的成果。在人名、术语方面,受日本学界的影响非常明显。

书前有《论理学之绍介》,介绍论理学传入中国的情况和翻译此书的宗旨,文曰:"今者吾国以内忧外患之故,欧学之输入,速年月而锐一时。一二载以来,言公共典则者,动辄援引法律,作政论学说者,每多根究论理,二者并起,言说之界限益明。然而讲学论事,所资于论理者尤多,是亚利斯大德之遗魂,殆将东航太平洋而来吾国之朕兆也。此学之始传播于中土,自前明李氏之《名理探》始,岁庚子侯官严氏有《穆勒名学》之出版,然译而未竟。外此所可见者犹一二册,以有关全世界学术之大学,乃昧焉不知所措意,独见其物质文明之富,则相惊以告。呜呼,抑知其固有所自来者乎?今乃应于时势之必要,殆将有开发之机。蒙虽不敏,敢不尽其一得之愚,有所陈于吾学界。此则是书之所以译也。"

张君劢还介绍了西方论理学从亚里士多德至培根、笛卡尔、康德、耶方斯的演变脉络,对耶方斯在逻辑学方面的贡献赞赏有加,称"耶氏起,亦一世哲人也,承形式论理进步之后,又习闻陆克辈感觉之说,遂乃有机械的论理之创说。千八百七十年以论理机一座,演于皇家学院,谓前提备具,则断案可立得。是亦近世之伟观,而耶氏之奇巧也。原书不偏于一家之说,能颇撷形式、实质二派之所长,行世已久,在欧美素称善本。"

对于逻辑学的译名,虽沿用了日本人的"论理学"译名,但他的沿用是理解后的沿用,不是机械照搬。他认为严复将 Logic 译为"名学",实为不妥,日本人将其译为"论理学"更为符合原义。张君劢将书中许多例证,都改为与中国相关的内容,如讨论单独端词(名词)时,所举例证,如东方老大帝国、黄河、泰山、杜甫、苏东坡等。

张君劢在译作中,加了大段按语。这些按语,有的是对原书学说进行解释、发挥,有的是加以评论。有的按语很长,比如,述及逻辑学发展史时，他加的一条按语，竟有整整32页，从第16页到47页，远远超出此前的正文，分四个阶段介绍欧洲论理学沿革情况：（一）希腊之论理学，（二）中世纪之论理学，（三）培根、笛卡儿之论理学，（四）培根、笛卡儿以后之论理学。其中，希腊时代之论理学，分亚里士多德以前之论理学、亚里士多德之论理学两部分；培根、笛卡儿之论理学分笛氏学说、培氏学说；培氏、笛氏以后之论理学，分以心理的实验主义为基础之论理学、以超形的心理学为基础之论理学、康德的论理学、记号的论理学四个部分。这段按语，实是完整的欧洲逻辑学发展史。

10月7日，《政论》出版第1期。《政论》月刊是梁启超在日本东京创办的政闻社的机关报。主编为蒋智由。张君劢、麦孟华、黄可权、马相伯等先后参与编撰。以造成正当舆论，改良中国之政治为宗旨，内容设论著、时评、演讲、记载、来稿、社报、杂录等栏目。1908年春，随政闻社迁回上海，8月，政闻社遭清政府查禁后，停刊，共出七期。

是日，在《政论》第1卷第1期（创刊号）上发表《外国半年记事》一文。记述和评论1906年12月至1907年7月之间国际大事。

10月17日，上午，以发起人的身份出席政闻社在东京神田区锦辉馆召开的成立大会。政闻社不设正副会长，而设总务员一人，邀请马良担任。张君劢任评议员。

11月，和黄可权到上海发动速开国会的请愿活动，并酝酿组织成立国会期成会。经过努力，翌年初，由政闻社、预备立宪公会、宪政讲习会等立宪团体组成的国会期成会成立。

11月15日，在《新民丛报》第四年第23号（原95号 光绪三十三年十月一日）上发表《论今后民党之进行》。此次刊出的仅是整篇文章的前两部分，即，一、立宪政治无正当与不正当之别；二、开国会之迟速。后几部分则没有刊出（其后《新民丛报》停刊，其继刊《政论》亦未发现续篇）。

是日，在政闻社机关报《政论》（上海）杂志第1卷第2期上发表《国会与政党》和《海外大事记》两文。

是年，谛闲大师东游日本讲经，张君劢按时去听，通过蓝公武的介绍，与前来听讲的张东荪相识。

1908年〔光绪三十四年 戊申〕23岁

1月，政闻社总部迁往上海。与罗孝高、彭熙民、向瑞琨共同负责东京社务。他确定两条活动原则：一是致力工商，建立经济基础；二是投身政界，掌握政治实权。

2月23日，致书梁启超讲政闻社运动请愿速开国会的情形。

4月15日，致书梁启超，反对停办《大江日报》。

1909年〔宣统元年　己酉〕24岁

继续在日本留学。其间，以德文听讲，因迟到数分钟，德文教授藤井厉声曰，"此非中国衙门，何能迟到"！张君劢因而拒上此课。

6月，与吴贯因、萧堃（坤）、向瑞彝、彭渊恂等前政闻社社员在东京成立"咨议局事物调查会"。该会"目的在调查海内外地方区划政治上、行政上之事项以供谘议局议案参考之资……诸君以现在所研究而有待调查海外成例者委其责于同人，此本会设立之微意也"。且"对于一切政治现象皆将逐渐研究之"。①

9月14日，在《宪政新志》第1卷第1期上发表《日本租税制度论》一文。

11月15日，在《宪政新志》第1卷第3期上发表《日本租税制度论》一文（续）。署名张嘉森。

暑期应早稻田大学热海暑假训练班之聘，讲中国文化史。

1910年〔宣统二年　庚戌〕25岁

夏天从早稻田大学毕业，获政治学学士学位，旋回国。

9月，参加学部游学毕业生进士考试，获授进士。

本期主试注重工科，张君劢持政治学士文凭只能以七十分与试，各科成绩平均计算，自料难于获选，姑一试之。不料考试成绩各科均满一百分，主试者特予优待，将其文凭分数增为七十五分，总平均分名列优等，取得殿试资格。

1911年〔宣统三年　辛亥〕26岁

6月，应殿试，获授翰林院庶吉士（洋翰林），成为中国末代翰林。

《大清宣统政纪实录》曰："宣统三年辛亥，五月戊戌朔……戊申：引见廷试游学毕业生。得旨：进士蒋古怀、吴鼎昌……着授翰林院检讨。朱公剑、张嘉森……均着改为翰林院庶吉士。"按戊申即11日也。据统计，从1904年到1911年，清朝廷试留学生1300人，分别授予各科进士、

---

① 《宪政新志》第1卷第1期、第2期《要紧广告》。

举人出身，及翰林院编修、检讨、庶吉士、各部主事、内阁中书和州县各职①。

武昌起义后，回到家乡，任宝山县议会议长。与四弟公权等筹划发起神州大学与国民协会。前者拟仿照早稻田大学体制，以培养法律和政治人才为目的，后者在于养成国民的政治习惯。

是年，应黎元洪等的请托，前往日本，迎接梁启超返国。

12月25日，致书梁启超，力主联合袁世凯。

1912年〔民国元年　壬子〕27岁

3月8日，致书梁启超谈联袁、筹办神州大学之事。

4月13日，与林长民、孙洪伊等发起的共和建设讨论会在上海举行成立大会，汤化龙为主任干事，张君劢、马良、孙洪伊、黄可权、向瑞琨、罗纶等30人为常务员。共和建设讨论会成立后的第一件事，是介绍远在日本的梁启超加入该会，并奉其为党魁。他们积极活动，极力促成梁启超归国之事。

7月4日，致书梁启超，讨论其归国问题和组织第三党问题，并报告运动情形。

8月，撰《国际立法条约集自序》一文。

8月27日，民主党成立。该党是由"国民协会"和共和建设讨论会联合靳云鹏的共和统一会、广东的国民新政社、浙江的共和促进会等团体在北京合并成立的，总部设在上海。以汤化龙为干事长，张君劢、马良、谢远涵等为干事，后推梁启超为领袖。

9月底，受民主党委托去日本接梁启超回国。

9月28日，陪同梁启超由日本神户乘坐大信丸号回国。

10月5日，陪同梁启超抵达大沽。

10月8日，陪同梁启超抵达天津。

10月20日，陪梁启超一行由天津乘火车到达北京，朝野人士数百人齐集正阳驿热烈欢迎亡命海外十五载的维新领袖。

11月10日，撰《梁任公先生演说集序》。

11月21日，与黄远生、蓝公武共同发起的《少年中国周刊》创刊。张君劢在周刊上发表《袁政府对蒙事失败之十大罪》一文，因此得罪袁世凯，遂遭迫害。

---

① 《清续文献通考》，万有文库丛书，上海商务印书馆1935年版，第8457、8467页。

12月1日,《庸言》报第1号出版,张君劢为该报撰述之一。

12月,与蓝公武合编的《梁任公先生演说集》(第1辑),由北平正蒙印书局出版。

12月,译作《国际立法条约集》由上海神州大学发行(北平正书印书局8月付印,署名宝山张嘉森译纂)。

是年,为研究内阁会议案,赴北京任农商部秘书三四月之久。

是年,针对当时争论异常激烈的省制问题,著成《省制草案》一文,"对于省之处理,颇具心得"。此文刊登在1916年6月出版的《新中华》杂志第1卷第6期上。

1913年〔民国二年 癸丑〕28岁

1月,在梁启超安排下,以《宪法新闻》通讯员的身份,离北京取道西伯利亚往俄京。

张君劢在出国之前,被"宪法新闻社"社长李庆芳聘为该社的宪法起草委员,赴德前夕又被聘为该社所发行的《宪法新闻》的旅德通信员。

4月7日,到达圣彼得堡,通过其表兄时任中国驻俄公使刘镜人(刘士熙)的介绍,结识了帝俄时代"宪政民主党"领袖米留可夫,以及若干朝野人士。当时,正逢罗曼诺夫王朝三百周年纪念,街市喧闹的盛况给他留下了很深印象。自从奥国在1908年合并波斯尼亚与黑塞哥维纳两个斯拉夫人居住的省份以后,奥俄两国的关系即趋于紧张,张君劢在彼得堡时已感到战机系于一发的紧张气氛。

在俄故都莫斯科暂住了近两个月。

5月,抵德国,入柏林大学,从华格纳、许摩纳、李斯德诸教授,学习"国家法"或"国际法"及"国家学"等课。

当时在德国还没有"政治学"之名称。以早稻田学士资格,按章听讲一年,即可提出论文申请博士学位。由于当时的学术风气,求学问是为了改良政治,是为救国,以及他对参政议政高涨的热情,在德读书的二三年间,"自己无多大心得","始终站在学问之外,学问与自己尚未打成一片"。① 当时,马克思主义正在欧洲广泛传播,张君劢对之也发生兴趣,曾赴马克思主义者演讲会会场听讲。

5月18日,《宪法新闻》第6期名人国宪谈专栏刊登《张嘉森君之宪法谈话》。文曰:

---

① 《我从社会科学跳到哲学之经过》,《再生》第3卷第8期。

张君嘉森于四月七日抵俄后，俄国报界欢迎为中国第一记者之西游，各报纷纷往访。新时报者，俄政府之机关于外交界最有势力者也。兹译该报记者与张君问答之词如下：问：阁下行时，中国政治情形如何？答曰：余离北京时，正值选举已毕，各省议员纷纷到北京时。问：中国党派情形如何？答曰：自国民以后各省虽小有变动，大秩序已经恢复。盖革命为国家根本之变动，事后终不能不有小小波澜，故望海外各报，于中国革命之根本处着眼，万不可因一二小小暴动而断定秩序之扰乱也。总之，此次革命，出于国民之自觉，各省兵变，不过其余波，此行政上之不得宜，与政治无涉也。问：共和党对于总统问题之方针如何？答曰：共和党以维持现状为方针。故对于总统问题，决定举袁世凯，至孙君逸仙，未曾无得总统之望。不过彼注全力于铁道事宜，已屡次宣言，不作总统，故袁君之被举，已确定不易矣。众议院议长选出时，张君正抵柏林，复有电致汤议长云：公长众院，为国为党贺，目前大计：首宪法，次总统，三新内阁，四地方制，其无关国宪者，应缓议。望率同志督政府，奋励进行。

5月29日，统一、共和、民主三党在北京合并成立进步党。

8月31日，《宪法新闻》第17期刊登"本社旅德通信员张君嘉森"照片一张。张君劢在照片上注曰："民国二年，游西欧至俄都，各报来询远东情事，新时报记者遣人摄影，并请手持所从事报纸以作纪念，特此奉寄建斋、枫圃两主干。癸未五月时客柏林。"

9月8日，《宪法新闻》第18期名人国宪谈专栏刊登《张君劢之宪法谈》。文曰：

张君君劢，日前由德国柏林通信李君枫圃，评论学人所著民国宪法草案，皆极有见地。盖张君游学日本时，即国法专考家也，略谓海内宪法草案，僻处海外，未得尽览。特就所见者论，如康南海之草案，王亮畴之草案，汪衮甫之草案，李君超之草案，皆书生妄作，于法典精神，殊少窥见。惟英人毕各德氏所拟草案，深得吾心，唤为保未曾有，所恨只窥其半，尚非全豹也。恐当世知之者少，故特表而出之，冀当事者之一为注意，仍乞觅一英文原稿来云云。

是年，以英文稿投于英伦前锋报，揭袁世凯叛国之罪。

是年，朱家骅亦在德国留学，因得相识。

1914 年〔中华民国三年　甲寅〕29 岁
在柏林大学读书，获博士学位。
　　第一次世界大战爆发后，德报上忽传日本与德同盟，且派兵攻俄，德人闻而大喜，见街上黄色人种，抱而吻之。既而日人以爱的美敦书致德，要求其交出胶州湾，于是德人见黄面孔的人走在街上，常会从屋里扔出凳子和其他物品去袭击，许多中国留学生面对这种不友善的气氛纷纷回国，张君劢则认为这是千载难逢的机会，决意留在德国观战。中国驻德使馆发给学生国旗证一枚，以别日人，于是德人之莫辨中日人，妄加戕害之举始止。他买了许多书籍和地图，每天研究战事的进展，甚至，他在租住的房间内悬挂一幅地图，并在上面标示交战双方攻防进退的情形，这种超乎寻常行为，引起了房东太太的注意，居然怀疑他是日本间谍。有一天，当张君劢的德文老师来为他上课时，张君劢指着报上德舰被击沉两艘的消息说："你们德国到底有多少船，像这样一天打两艘，岂不要糟！"突然间，房门一开，房东太太冲了进来，说："今天我才断定你是一个间谍！"随即报警，警察立即前来侦查，他暂时失却自由，但是，德国警察尊重住宅自由的原则，并未擅入私房，只是紧紧守住大门，禁止他出入。后，张君劢动议警察入屋搜查，证明其清白无辜之后，已错过了午餐的时间，只好饿了一顿。

1915 年〔中华民国四年　乙卯〕30 岁
继续在柏林大学读书。
　　1 月 27 日，访时任中国驻德公使的颜惠庆，告诉颜他的汇款可能已到了海牙，请求颜帮助取款。
　　2 月 15 日，拜访颜惠庆，告诉颜中国无法与日本打交道，必须把精力集中在建立亚洲门罗主义上。
　　2 月 23 日，和张弧、宋山一同访颜惠庆。颜将上海经荷兰汇到德国的款子交给张君劢。
　　3 月 11 日，访颜惠庆，借阅《京报》。张君劢对中国外交事务的处理深表不满，认为中国受了日本的欺骗。还向颜询问了朱尔典和莫里循的才干。
　　3 月 13 日，到颜惠庆处看《京报》。
　　3 月 22 日，颜惠庆电告张君劢，已经给他汇去 1200 盾。

3月31日，访颜惠庆，带着《呼吁书》（英、德两种文本）（针对日本的）。

4月8日，访颜惠庆，谈《呼吁书》，意将该书寄往伦敦、华盛顿发表。

4月16日，访颜惠庆，张君劢建议中日、英德订立和约，以作为中日谈判的前提。这样，远东将恢复和平状态，而日本的要求也必将有所节制。颜的意见是，这一建议不可能为英国或日本所接受，如果英国能说服日本接受这一建议，那么 P. 维尔提出的让朱尔典参加会议的建议也同样可以被接受了。

4月17日，访颜惠庆，颜告诉张君劢说：他的计划行不通，因为日本和英国反对把和平做商品交易。

4月27日，颜惠庆设宴招待张君劢、普斯坦、瓦格纳等。

4月29日，在住处招待颜惠庆茶点，话题为国语的改革问题。

5月2日，访颜惠庆，在颜处待了一天。

5月26日，访颜惠庆，谈论意大利的参战和英国内阁的改组问题。

6月13日，与颜惠庆在动物园共进晚餐，然后散步。

6月25日，访颜惠庆，就经界局佣金事商谈。

7月2日，与弗兰克教授一同访颜惠庆。张君劢时为经界局做调查工作。

7月12日，访颜惠庆，告诉颜他打算下月去比利时看望汪荣宝。

7月24日，访颜惠庆，张君劢认为俄国人和日本人很可能结成同盟。德国人正被日本人愚弄着。日本人从德国人那里学会了一切，但就是害怕他们。

8月2日，访颜惠庆，告诉颜他将于10日去比利时。

8月9日，访颜惠庆，谈波兰命运问题。

8月11日，访颜惠庆，谈去布鲁塞尔的护照事，说现在很难弄到通行证。张君劢认为日俄很可能结盟，恐怕不是攻守同盟。颜说英美最好结盟。他们想到一个问题：英国是否愿意参加日俄同盟，或者中国是否想扎进去，不管怎么说，按照中国目前的状况来讲，它是不能和任何国家结盟的。

7月20日、8月20日，在中华书局《大中华》杂志第一卷第7、第8期发表《战时欧洲外交之新秘史》一文。此文系在柏林所写。就战前之欧洲外交系统三国同盟、三国协约委曲详尽论之。

8月12日，经德国参谋本部的同意赴比利时，参观吕铁希和比利时首都布鲁塞尔。

吕铁希是德国首先攻破的一座要塞，张君劢本打算进入各炮台内部，但被德兵以"要塞重地"为由所拒绝。此要塞是德军用新发明的四十二生大炮轰陷的，大炮先命中弹药库，引起弹药库爆炸，而炮台因以倒塌。布鲁塞尔，生活虽然一如常时，然而工业材料都被德国人搬运到德国去了，德国还强迫比人移居德国，为德国工厂做工，对此，张君劢深有感触："真所谓国破家亡，由人宰割而已。"①

9月1日，回到德国，访颜惠庆，告诉颜他对比利时的印象颇佳。他说比利时正在恢复它的旧貌，那里的人们寄希望于法国和俄国，在感情上既反对英国，也反对德国。颜请张君劢共进晚餐。张君劢对杨度评价很坏，对袁也有敌意，认为摄政王的废黜是杨度的主意。

9月10日，与颜惠庆共进晚餐。张君劢对国内局势极为不满。他不反对帝制，但反对目前的做法，他认为现在需要的是诚实和坦率。

9月11日，经界局给颜惠庆去信，附带张君劢的来信。

9月14日，访颜惠庆，告诉颜他将于下月去英国。是日收到伦敦寄来的一包书。

9月20日，访颜惠庆，告诉颜他将去荷兰和英国，然后回国。对局势感到忧虑。

9月22日，访颜惠庆，告诉颜他将于24日早晨动身前往荷兰。他认为总统和政府应以"良心"做行动的指导准则，他不希望也不打算反对政府。

9月25日，抵荷兰，在使馆致函费司林，约其晤谈。

9月27日，往阿姆斯顿市荷兰银行，访费司林。

费司林（C. Vissering）曾经担任过中国币制顾问，时任荷兰国家银行总裁。费氏著有两本关于中国的书：《中国币制论》和《中国银行论》。宾主畅谈了四个小时，从美国的远东政策和英德法等一战参战国财政经济状况，到中国的币制选择，再到中国未来金融政策应该遵循的方针，等等。费氏以为"美国大有弃东方利益不顾之态"，张君劢解释曰："美国之外交政策，将移其不干涉欧洲政治之原则以适用于东方。"张君劢关心英德两国战时财政持久力孰优孰劣问题，费氏答曰："自全局论之，持久力英胜于德。"关于中国的币制政策，费氏建议中国应实行金兑汇本位，但在实行金兑汇本位之前，可先实行银本位，因为"国内银本位既实施后，他日金兑汇本位之实行自然甚易"。不过，自银本位以达金兑汇本位

---

① 张君劢：《战争之全体性》，《再生》第4卷第2期。

之期应相紧接，不可过于延长。对于中国应采用何种银行政策，费氏指出："单一中央银行则利在消长金储，统一贴现政策；多数之国民银行则利在一款多用并确立公债信用。二者各有短长，不可偏废。"谈话完后，费氏请张君劢到家共进午餐，并将自己的夫人和二女介绍与张君劢认识。费氏还请张君劢观赏所收藏的东方古玩。临别时，费氏赠与张君劢一小像，并告诉张君劢：中国是一个大国，其国民担负的责任重大，正因如是，中国的改革不能太骤，"而择术之始，不可不慎"，如果一再地用不同制度来从事试验，这是"最不祥之事"，于国家无一利而有百害。张君劢对费氏的话，是"念其言而感不绝于余心焉"。①

10月初，到达伦敦，在英伦停留多半年。

10月29日，妹妹张幼仪（嘉玢）与徐志摩在硖石商会举行婚礼。

12月初，在伦敦《每日先锋报》上发表谴责袁世凯帝制自为背叛国体之罪的文章。

上海《时事新报》以国内倒袁将有大变，乃急请张君劢返国主持该报笔政，张君劢复函应允。

1916年〔中华民国五年　丙辰〕31岁

1月10日，在《东方杂志》第13卷第1期上发表《欧东新战区之外交潮流》和《记费司林氏国内外金融谈》两文。

1月20日、2月20日、3月20日，在《大中华》杂志第2卷第1、第2、第3期上连续发表《评五国不分和公约》一文。

2月10日，在《东方杂志》第13卷第2期上发表《欧东战区之外交潮流（续前号）》一文。

3月10日，在《东方杂志》第13卷第3期上发表《欧战杂记》（《大同日报》第1卷第2期转载）和《欧东新战区之外交潮流》两文。

年初，由伦敦赴英北部之牛喀塞尔考察。

原定夜九时到，不料七时顷至大林顿站，遇德国飞艇轰炸，于是英之东海岸全部熄灯，凡工厂铁道与夫电报皆停工。盖德国之所以为此，其大目的在于阻碍英国之军事工业，而毁其工业重心而已。车初停时，乘客得在车外仰望飞艇，及夜深，车门紧闭，至次日晨三四时，飞艇去后，车乃复行。抵达牛喀塞尔后，行走在市中，见电车倒

---

① 张君劢：《记费司林氏国内外金融谈》，《东方杂志》第13卷第1号。

卧街中者两三驾，公园铁门倒地，其他工厂船厂之受害者不知几何。①

3月，应梁启超电召，自英起程返国，为避开战区，原拟绕道非洲，但回国心切，考虑绕道非洲需时甚多，决定冒险经西伯利亚陆行回国。

他舍弃已购船票，倾尽余资，重新购票，途经瑞典、挪威各国，到达俄都圣彼得堡。在七天的行程中，身上仅有十三铜圆，成为他以面包开水充饥的最后依赖。在圣彼得堡，表兄刘士熙询问曰："德人何为乎不前进乎？"张君劢答曰："德军队分配在东西战场，藉铁道为东移西补之计，若大军入俄，陷于孤悬，不复能移至西方矣。"表兄对曰："俄国因军械缺乏，饥寒交迫，已不能一朝居。"从圣彼得堡到国内的这段路资，则是借自他的这位表兄的。

4月10日，在《东方杂志》第13卷第4号上发表《欧战杂记二》（《大同日报》第1卷第3期转载）和《英国军需大臣路德乔琦氏之军火与战争观》两文。

4月，因已宣布反袁独立的浙江督军吕公望的挽留，出任独立后的浙江交涉署署长，放弃原定赴云南的计划。

8月26日，张元济告诉拨可（人名）拟约请张君劢担任杂志论说、德文书之校阅。又代撰要紧广告，月薪一百元。②

8月31日，访张元济，言拨可（人名）所言，深恐无事受禄，于心不安，张元济曰："不必拘定论说若干，文字可以随便撰述。故又预备他事，一为阅德文稿，一为核正广告文字，则随便做一门，即不至一无所事。"张君劢回曰：广告文字极难，此层断不敢允。③

9月20日，在《大中华》杂志第2卷第9期上发表《联邦十不可论（省制余议）》一文。

9月，著作《省制草案》由上海泰东图书公司出版（重印），重申"大共和国之理想"的主张。

11月8日，收到蔡锷从日本寄来的祭黄兴挽联、祭文和为黄兴身后请恤电文。

10月31日，黄兴病逝在上海，远在日本的蔡锷闻讯，"哀悼竟日"，

---

① 张君劢：《战争之全体性》，《再生》第4卷第2期。
② 《张元济全集》第6卷，商务印书馆2008年版，第103页。
③ 同上书，第106页。

即撰挽联、祭文和为黄兴身后请恤电文,函托张君劢往祭请恤,挽联中写道:"以勇健开国而宁静持身贯彻实行是能创作一生者;曾送我海上忽哭公天涯惊起挥泪难为卧病九州人。"张君劢收到信的那天凌晨四时蔡锷在东京病逝,当张君劢手捧蔡锷写给黄兴的挽联时,悲伤地说:"孰知书来之日,欲祭人之公,乃已为受祭之人耶。"

11月,辞浙江交涉署署长,任《时事新报》总编辑。

冬,判断德国必败,乃主张对德宣战,作文响应辛博士参战之提议。将《时事新报》总编辑的笔务交给张东荪,北上,到处游说有影响的人物,以争取他们的支持。

12月18日,到达徐州,午后二时晤张勋。

1917年〔民国六年 丁巳〕32岁

1月5日,午后三时,抵达南京,与冯国璋晤谈。旋遵梁启超之嘱,代劝孙中山及康有为赞同对德宣战主张,皆不可得,乃由沪北返。

是日,致书梁启超,报告在徐、宁与张勋、冯国璋接洽内阁问题的经过情形。

2月17日,梁启超致函张勋,并派张君劢前往面陈。

2月25日,与梁启超、刘彦、蔡元培等社会文化精英发起的国民外交后援会在北京开发起会,该会"以研究外交,匡助政府为宗旨"。

3月8日,梁启超致书段祺瑞,对段政府当时迫切要解决的问题提出意见。特别向段祺瑞提起张君劢,建议段政府将其聘为国际政务委员会委员兼书记长。

3月13日,北洋政府国务院成立的临时国际政务评议会开首次评议会,宣告该会成立。张君劢被聘为书记长。任职期间,在段祺瑞面前"不苟言笑",刻意保持学人风度,每日与段共进午餐。

4月25日,写信给在天津的梁启超,商宣战布告问题。

4月30日,致书梁启超,商谈宣战问题。

5月5日,致书梁启超,报告外交进行情况,并请梁启超发表主张。

5月8日,致书梁启超报告政局情形与宣战问题。

5月11日,致梁启超书报告时局各事情形。

5月21日,致书梁启超报告政局情形。

6月1日,致梁启超书报告政局各事情形。

7月初,由马厂入京,告各国使馆,以段军不日返京,万不可承认宣统。

7月8日，到南京，面见冯国璋，劝其早日北上继任代理总统，并为冯代理总统一事游说各方。

7月10日，至上海与弟公权、张耀曾等晤面。

7月13日，致梁启超书，谈时局和个人出处问题。

8月6日，冯国璋在北京通电就任代理大总统，张君劢任总统府秘书。

8月7日，北洋政府国务院组织战时国际事务委员会，取代原国际政务评议会，陆征祥、陆宗舆、魏宸组，汤铸新（芗铭）、张君劢等五十人为委员。

年底，段内阁垮台后，辞去总统府秘书职，心情极悲凉、寂寥，作感想曰："岁云阑矣！问此一年来，所为何事，则茫然不知所以。盖自来救国者，未有不先治己。方今海内鼎沸，已同瓦解，求所以下手之方，而不可得，惟有先尽其在我，此治己之谓也。明年所定方针，约举其要者有四：第一，学书写圣教序；第二，读《汉书》每日廿页；第三，习法文；第四，编大学国际法讲义。平生所志，往往以牵于外务，行之数日。又复舍此他求。故标明于此，以自儆戒而已。"

年底，应北京大学法科学长之聘，拟担任法科研究所研究教员，给法科研究所研究员讲授国际法。

1918年〔民国七年　戊午〕33岁

1月12日，致梁启超信，论发起松社的目的和功用。

1月15日，北京大学法科研究所致函张君劢，谈上课事宜。

1月16日，北京大学法科研究所排定张君劢在该研究所授课时间。1月16日、22日、24日，3月19日《北京大学日刊》登载的法科研究所上课时间表中均有对张君劢的授课安排。

1月30日，写信给梁启超，谈购买房屋、出游欧洲和组织松社的事。

2月3日，北大法科研究所来信，谈调换授课（会集）时间。法科研究所四名学生中，有两名学生系法学本科生，所选本科课程授课时间和张君劢授课时间冲突，故研究所致信商调换。

3月5日，上午八时半至十时半，在北京大学法律门研究所做《国际法》演讲。据《北京大学日刊》所登各期集会一览表中显示，此系列演讲一直持续到6月25日。演讲日期分别是：3月12日、19日、26日；4月2日、9日、16日、23日、30日；5月7日、14日、21日、28日；6月4日、11日、18日、25日。

4月15日、5月15日、6月15日在《东方杂志》第15卷第4期、第5期、第6期上连续发表张君劢（署名张嘉森）辑译的《世界议和文牍汇录》。文首小记解释汇集和翻译世界议和文牍的目的和所译文牍名称。

4月18日，在北京国立法政学校的《法政学报》第2期上发表《未来议和大会中中国应提出之议和条件》演讲稿（刘震笔述）。

6月，介绍在北京大学法学院学习的徐志摩拜梁启超为师。

6月20日，与张元济相遇，畅谈片刻。张元济由天津入京，住北京饭店。①

6月23日，上午，张元济来访时，张君劢住总捕胡同29号。②

8月22日，张元济来张君劢住处辞行。③

10月10日，徐世昌在北京中南海怀仁堂就任中华民国大总统，聘张君劢为总统府顾问，辞之。

10月，东渡日本考察。在日期间，认识了返国途经日本的陈伯庄。在日期间，听到第一次世界大战结束的消息后，即归国，致书总统，言应付欧洲议和方针。并同梁启超与各国公使谈判关税自主及废除领事裁判权诸问题。

秋天，与梁启超、张东荪、蒋百里等发起组织学术团体——新学会。其宗旨是从学术思想上谋根本之改造，以为新中国的基础。最初参加者有梁启超、张东荪、张君劢等二十余人。

12月14日，做《欧洲议和大会之预测》之谈话，刘震笔述，12月30日，在北京国立法政学校的《法政学报》第6、第7期合刊上发表。

年底，与梁启超等筹划赴欧考察之事。

12月23日，与梁启超等离北京，到天津，宿一晚。

12月24日，晨，严范孙、范静生从美国回来，与他们长谈一日。晚，离开天津南下。

12月26日，早晨，抵达南京，在督署饭后即往上海。晚，抵沪，胡石青等设宴送行。

12月27日，中午，主张国际税法平等团体开会招待梁启超、张君劢等，张季直主席，梁启超演讲对于关税问题的意见。晚，张元济和陈叔通

---

① 《张元济全集》第6卷，商务印书馆2008年版，第372页。
② 同上书，第373页。
③ 同上书，第395页。

在都益处请梁启超、张君劢等共进晚餐①。夜，梁启超、张君劢等与张东荪、黄群讨论了一夜，相约此后决然舍弃政治活动，从思想界尽力。

12月28日，晨，与梁启超、蒋百里、刘崇杰、杨鼎甫等人在上海码头登上日本邮船会社"横滨丸"号启程赴欧。丁文江、徐新六等先期乘另船经太平洋、大西洋前往。

12月31日，晚八时，抵达香港。

1919年〔民国八年　己未〕34岁

1月1日，离开香港，西行。在轮船上作《香港行政纪略》一文。此文发表在3月19日、20日、21日《时事新报》上。

1月6日，早，抵达新加坡。

1月9日，抵槟榔屿。经过马六甲海峡，对当地华侨非常关注，写成《海外中华民族之前途》一文，发表在1919年2月13日《时事新报》和2月25日《法政学报》第1卷第9期上。也收入《我对于海外侨胞之意见》（国立政治大学藏版）一书中，为其第一部分。

1月13日，抵锡澜哥伦布（在楞伽岛，岛上的人叫它锡澜）。

1月14日，游坎第城。

"坎第城环以万山，中穴一湖，仿佛箱根芦之湖。十四夜，明月中天，同行者绕湖一周，叹赏久之。湖旁古寺，名圣牙寺，以供奉释迦佛遗齿故名焉。佛教人所传说，此佛火葬时所遗，留于印度之腾他坡勒八百年，四世纪时入锡澜，千三百五十年印度人夺之以去，后复归于锡澜，千五百六十六年，锡澜王维克勒马拔乎建庙祀之，垂至今日，牙藏金器中，外围缨络，以朔望示众，佛徒咸往膜拜。"② 是晚，梁启超、张君劢一行在湖畔宿了一宿，那天是腊月十四，天上月亮已经很圆很亮了，借着月色，他们联步绕湖一匝，其间，张君劢碰着一个当地土人，就攀谈起来，张君劢问那人说你们为什么不革命，弄得那人瞠目不知所对。③

1月15日，继续游圣牙寺。

"十五日晨，任公一人至庙中。则善男女环而跪者数百人，金器盛于棹上，自来英雄之遗迹，多为后人宝爱，矧其为教主之遗体乎，以吾古帝

---

① 《张元济全集》第6卷，商务印书馆2008年版，第460页。
② 《锡澜岛闻见》，《东方杂志》第16卷第5期，第221页。
③ 梁启超：《欧游心影录》，《饮冰室合集》第7卷，中华书局1989年版，第42页。

王迎佛骨之举推之，印度人之拜佛牙，固无足怪焉。"①

"吾既游坎第而归，向寺僧乞贝叶经一部，将以贻吾西山之寺，而什袭珍藏焉。"②

1月16日，在印度洋舟中写成《锡澜岛见闻》一文。此文发表在3月28日、29日《时事新报》上。

1月21日，船入红海。

1月22日，在红海舟中，听无线电收音机，得知印度辛哈氏已被英国任命为贵族。

1月26日，在苏伊士湾舟中写成《印度自治之政况》一文。此文发表在4月3日、4日、5日《时事新报》上。

1月28日，渡苏伊士运河。

1月29日，到达坡赛（赛得港），上岸散步，分外神旺。

2月1日，过西西里岛。

2月5日，渡直布罗陀海峡。

2月11日，到达伦敦。丁文江、徐新六偕英国使馆各馆员乘小轮来迎。

2月13日，在《时事新报》上发表欧游随笔之一——《海外中华民族之前途》（英属马来群岛之观察）一文。附梁启超跋。

2月16日，在伦敦写成《国际联盟条约（第一次草案）略释》一文。

2月18日，晚，随梁启超等抵达巴黎。

在巴黎和会开会之际，梁启超、张君劢等观察巴黎和会之情况，并代表中国报界作舆论鼓吹。其间，张君劢跟随梁启超、顾维钧等拜见美国总统威尔逊，梁启超力说山东是孔子的出生地而且是齐桓公管仲政绩展布的地方，如山东问题不交还中国，有违民主自决的大意，中国人民一定大失所望。威尔逊不知道青岛在哪，人口有多少，地方有多大，站起来请顾维钧在地图上指给他看，可见威尔逊对青岛问题还不大清楚。③ 其间，张君劢"徜徉巴黎书肆，得美人所著《法国学术》（Science and Learning in France）一书读之，尝喜而不寐"。④

---

① 《锡澜岛闻见》，《东方杂志》第16卷第5期，第221页。
② 同上。
③ 张君劢：《纪念五四运动的意义》，《再生周刊》1947年5月10日第163期。
④ 张君劢：《学说界之方向与学者之责任》，《民族复兴之学术基础》，中国人民大学出版社2006年版，第26页。

2月21日，拜访从德国来巴黎不久的时任中国驻德公使颜惠庆。谈话中张君劢表示对中国的局势很悲观。张君劢向颜问及副总统职位、总理、国会等问题。张君劢坚决认为裁军是和平的条件。

2月25日，在国立北京法政学校《法政学报》第9期上发表《海外中华民族之前途》一文。

3月6日，梁启超等利用和会休假之机对欧战的西部战地进行考察，持续了一个多月。此期间，张君劢代表中国人列席在伦敦召开的各国私立国际联盟研究会联合会。

3月12日，在巴黎住所接待来访的颜惠庆和曹云祥。

3月19日、20日、21日，在《时事新报》上发表《香港行政记略》一文（欧游随笔录之二）。5月15日，《东方杂志》第16卷第5期转载此文。

3月28日、29日，在《时事新报》上发表《锡澜岛闻见》一文（欧游随笔录之三）。5月15日，《东方杂志》第16卷第5期转载此文。

3月28日，在巴黎寓所写成《国际联盟成立记略》。

4月初，致信徐志摩。从此时起到年底，接连致信给徐志摩，谈自己去美及为徐志摩接洽官费事。

据徐志摩日记云：

四月三十日，君劢来片。

五月一日，君劢信去。

八月十五日，前日君劢来信（七月二十日）说须十一月中方可来美。

十月二十九日，收百里、任师、君劢（信）。

十一月十八日，君劢来信附致莲士一信。君劢云已托顾使转致严思桓，接洽官费事。君劢恐不复来美，以其再四迁延，今云须明年秋间矣。莲士云任公不愿君劢来美，恐遭猜忌。莲士以黄远庸为例，不免神经过敏。

十一月二十日，去（信）严楠章、西萱、君劢。

十二月二日，君劢来信，附顾少川复任师及君劢书。为予补官费事。云已致信严思樵，大概有望。惟此事终赖部内有人帮忙方可。①

---

① 《徐志摩全集》第5卷，天津人民出版社2005年版，第220—278页。

4月3日、4日、5日，在《时事新报》上发表《印度自治之政况》（欧游随笔录之四）一文。

4月11日，在《时事新报》上发表《世界新共和国之宪法》一文（译文）。文曰："方数月前，世界各国以为德将重蹈俄之覆辙而陷于无政府之状态者，今过激派倒矣，选举成立矣，国会定矣，总统及内阁出现矣。此后新共和国之前途，大可注意者也。吾今译其临时宪法，并举其要点如下……"

4月19日、20日、21日、22日，在《时事新报》上发表《国际大同盟条约略释》（附释文）。

5月20日，撰写《追记平和会议》一文。此文发表在1920年4月5日《时事新报》上。

5月30日，在《法政学报》第11期（周年纪念期）上发表《国际联盟条约（第一次草案）略释》和《国际联盟条约第一次草案（张嘉森译）》。

6月7日，随梁启超等返伦敦，寓居伦敦一月有余。其间，"与振飞纵步哈一特公园中，挟英帝国今后分裂抑保全耶问题，以相研究"，就所见以告，其所论发表在1919年10月15日《解放与改造》第1卷第4期上，题目为《英国之将来》。

6月7日、8日、9日、11日，在《时事新报》上发表《国际联盟产生记略》（欧游随笔录之五）一文。

6月12日，陪同梁启超等赴苏格兰京城。

梁启超等应英国海军部之招待，赴苏格兰京城。汽车以晚十点行，第二天晨到达。

6月13日，陪同梁启超前往英海军基地福斯海湾参观。

从苏格兰首都到福斯海湾，计半小时许。湾之上流，有地名罗萨意司，抵达海湾之岸，军港司令以小船迎接，泛舟湾上。

6月17日，在剑桥蒲尔旅舍写成《记剑桥大学并及英国学风》一文，发表在7月29日、30日、31日《时事新报》上。

6月22日，在伦敦旅社写成《英陆军兼航空总长邱奇尔氏英国外交政策观》一文，发表在7月29日、30日、31日《时事新报》上。

6月28日、29日、30日、7月1日、7月2日，在《时事新报》上发表《协商国关于议和条件上利害之异同》（欧游随笔之六）一文。

7月3日，在《时事新报》上发表《中国在和会中所得之教训》（欧游随笔之七）。

7月6日、7日、8日、9日，在《时事新报》上发表《巴黎和会中吾国外交之经过及其致败原因》（欧游随笔之八）一文。

7月11日，在《新欧洲报》上著文评论中日关系与四大国委员会决议。

7月12日，离伦敦再赴巴黎。

7月14日，参观法国国庆和凯旋典礼。

7月15日，在伦敦写成《英国政党现状与将来》一文，发表在11月1日《解放与改造》第1卷第5期上。

7月18日，与梁启超等离开法国游比利时。

7月19日、20日，在《时事新报》上发表《巴黎和会中吾国外交之经过及其致败原因续论》（欧游随笔之八）一文（5月28日巴黎寄）。

7月26日，陪同梁启超赴比利时外交部邀宴，并觐见比利时国王。

7月29日、30日、31日，在《时事新报》上发表《英陆军兼航空总长邱奇尔氏英国外交政策观》（欧游随笔之九）一文。

7月29日、30日、31日，在《时事新报》上发表《记剑桥大学并及英国学风》一文。

8月1日，游荷兰至海牙。

8月7日，复返巴黎。

8月13日、14日、15日、16日、17日，在《时事新报》上发表《平和会议中威尔逊之成功与失败》（欧游随笔之十）一文。

8月21日，随梁启超等到达瑞士。在瑞期间买到一本俄国新宪法文本，"连瑞士山水都不去游览"，赶快将其译成中文，在此文中他将俄文soviet译成"苏维埃"。汉语"苏维埃"一词由此而来。

9月11日，离瑞士，到意大利，一直到10月7日离意。

夏秋间，张东荪两次写信给张君劢、蒋百里、刘子楷、徐振飞，请他们不可专注于巴黎和会问题，对于和会以外的问题，特别是社会主义问题应予以极大的注意。其第一封信讲道：

日来不得通信，闷甚。据荪妄测，此次欧会恐于我一无所得，所希望之种种，恐皆成泡影，设其事已非，似宜另打主意，否则人将以种种无稽之言相加也。最好将此中内幕彻底宣布，免致国内人生疑。至学校计画，尤望进行。又世界大势趋于稳健的社会主义，公等于此种情形特别调查，并收集书籍，以便归国之用，未识以为然否。①

稍后，在接到张君劢等人的回信后，回复曰：

> 邮片及通信均收到，比来通讯渐疏者，实由无可告语耳，卖国风潮已熄，大学计画已由北京寄上矣。公等此行不可仅注视于和会，宜广考察战后之精神上物质上一切变态，对于目前之国事不可太热心，对于较远之计画不可不考虑，否则专注目于和会，和会了便无所得，未识以为然否。至于国内和议，大概可了，国会问题不外乎先行制宪，宪成解散南北两会耳。苟且之谋，无一顾之价值也。②

9月1日，新学会主办的《解放与改造》半月刊在上海创刊。主编及主要撰稿者为张东荪、俞颂华、梁启超、张君劢等。该刊自第3卷第1期起更名为《改造》，1922年9月15日第4卷第10期出版后停刊。

是日，在《解放与改造》第1卷第1期、第2期合刊上发表《平和会议中威尔逊之成功与失败》（欧游随笔）一文。

9月10日，将所译《俄罗斯苏维埃联邦共和国宪法全文》（1918年7月15日第五次全俄苏维埃大会通过）寄交张东荪，并附致张东荪信。11月15日在《解放与改造》第1卷第6期上发表。

9月15日，上海《解放与改造》杂志第1卷第1、第2期合刊再版。

10月7日，随梁启超等返巴黎。

10月11日，随梁启超等往巴黎郊区白鲁威。从此日起与梁启超等在此住了两个多月。

10月15日，在《解放与改造》第1卷第4期上发表《英国之将来》一文。文章写于6月7日。

是日，《东方杂志》第16卷第10期转载《平和会议中威尔逊之成功与失败》（欧游随笔之十）一文。

10月17日，在《时事新报》上发表《外交与国是》一文。此文系张君劢写给张东荪的私人信件。

10月23日，《时事新报》发表9月10日《致徐佛苏论各省先去督军然后可行自治书》。

---

① 丁文江、赵丰田：《梁启超年谱长编》，上海人民出版社2009年版，第574页。
② 同上。

10月31日，在《时事新报》"欧游通讯"栏上发表《英国政党现状及将来》一文第一部分。11月1日、2日、3日连续刊出。

11月1日，在《解放与改造》第1卷第5期上发表《英国政党现状及将来》一文。

11月8日，德国革命纪念日作《德国革命论》一文。

11月15日，在《解放与改造》第1卷第6期上发表《俄罗斯苏维埃联邦共和国宪法全文》（译作）一文，译文后附有《与张东荪书》。

12月12日，和梁启超等一行抵达柏林，居十余日。

12月23日，在柏林拜望《魏玛宪法》主笔魏玛民国首任司法部长柏吕斯博士，并带回柏吕斯博士起草的《宪法初稿》及国民会议通过的定稿，随即译成中文。柏吕斯博士赠以亲笔签名留言（为友谊之纪念）之相片。

1920年〔民国十年　庚申〕35岁

1月1日，与梁启超等按约到耶纳倭伊铿家中拜访。

1月3日，柏吕斯致书张君劢，谈普鲁士投票权和总统退职等问题。

是日，陪同梁启超等游马丁路德避难译经处和槐马。

1月5日，陪同梁启超等游希拉尔和哥特故居。

1月7日，陪同梁启超等返柏林。

1月9日，陪同梁启超等返巴黎。

1月12日，致书黄溯初，述与梁启超等在欧洲所商归国后各事方针甚详。

1月17日，陪同梁启超等由巴黎赴马赛。

1月22日，送梁启超登上法国邮船启程归国。即返巴黎。

1月23日，在巴黎写成《记法国总选举及总统选举》一文，发表在5月1日《解放与改造》第2卷第9期上。

2月1日、15日，在《解放与改造》第2卷第3、第4两期上发表于1919年11月8日德国革命纪念日所作《德国革命论》一文。

2月8日，在巴黎翻译英国人朗塞莫的《六星期之俄国》一文。发表在9月15日《解放与改造》第3卷第1期和10月15日《改造》第3卷第2期上。

2月10日，在《法政学报》第2卷第3期发表《俄罗斯苏维埃共和国宪法》（译作）一文。

3月10日，在《法政学报》第2卷第3期上发表《中国与国联》（英文）一文。

3月26日，在《时事新报》上发表《福斯海湾观英海军记》一文之第一部分。其余部分27日、28日、29日续完。此文于1919年7月中旬在伦敦写成，署名君劢。

4月5日，在《时事新报》上发表《追记平和会议》一文之第一部分。其余部分6日、7日续完，署名君劢。

4月7日，撰写《致王亮畴先生论中国加入国际联盟书》。

4月中旬，共学社成立于北京，会址设在北京石达子庙。其办会宗旨是"培养新人才，宣传新文化，开拓新政治"，张君劢和梁启超、蒋百里、张东荪等是该会的核心人物。9月15日，梁启超将《解放与改造》改名为《改造》，由新成立的共学社主办，其精神与《解放与改造》一脉相承，宣传温和的社会主义，主张脚踏实地的社会改良。

4月15日，在《解放与改造》第2卷第8期上发表译作《德意志国宪法》（全文1919年8月11日公布）。

4月16日，撰写《再致王亮畴先生论中国加入国际联盟书》一文。

4月17日，撰写《致张东荪书》，此信刊登在7月19日、20日《时事新报》上。

4月18日，撰写《再致张东荪书》，此信刊登在7月21日、22日《时事新报》上。

5月1日，在《解放与改造》第2卷第9期上发表《记法国总选举及总统选举》和《德国新共和宪法评》两文。

6月7日、8日，在《时事新报》上发表《致王亮畴先生论中国加入国际联盟书》一文。

6月27日，在耶纳住所写信给林宰平，谈自己在德国的学习情况。

7月2日，在《时事新报》上发表《再致王亮畴先生论中国加入国际联盟书》一文。

7月15日，在《解放与改造》第2卷第14期上发表《中国之前途：德国乎？俄国乎？》一文。

这篇文章由三封通信组成，其中前两封是张君劢写给张东荪的，落款时间分别是1920年4月17日和18日，第三封是张东荪给张君劢的，未有落款。张君劢的两封信系为答辩张东荪以及《民国日报》的社评对他左德右俄主张的指谪而发的。张东荪与《民国日报》皆同情于列宁革命，而张君劢则认为德之革命优于俄之革命，故于四月十七日、十八日致张东荪两函，详为比较说明。张东荪旋发函复之，合此三函，张东荪总表一题曰《中国之前途：德国乎？俄国乎？》在《解放与改造》上发表。

张君劢在给张东荪的第一信中说：

> 革命不能无种种之甘苦，喜惧、兴奋、成败、得失。于是有歌者，有哭者；有是之者，有非之者。以是著革命史者，当分左右袒……吾中国束缚于四千年陈陈相因之旧历史。凡属革命，不论其所争为思想、为政治、为民族、为社会，吾以为当一概欢迎之，输入之。……俄列宁辈之所为……则吾未之敢信……德之革命，则异乎是。建筑于五十年训练之上，酝酿于四年战争之中，有国民为之后盾，无一革再革之反复。及新政府既成，以各方之交让，议定宪法，循此轨道以行，则民意成熟，自然水到渠成……如是两国之长短得失，吾具知之……吾以为天下至难言者，莫如民意……民意之为物，不曾求一抽象的思想之中，而求之于事实……假令列宁去其贫民专制，而复恢人民自由，其所成就，吾殆不能必其能比隆德国……吾之一腔热血，倾洒于列宁者，未必下于公等。然以为所以指示人人共由之路，厥在理性，不在感情，此则吾之评价革命之标准也。圣人亦有言，教人者在示人以中庸之道，其过于中庸者，圣人不欲以之率天下焉。诚如是言，则吾国人之所当学者，厥在德社会民主党之脚踏实地，而不在列宁之近功远效焉。

张君劢给张东荪的第二封信说："仆于德俄革命，以左之右之者，不在其社会主义之实行，而在其采取之手段。仆为希翼以法律手段解决社会革命之一人……两国革命之异点，可以法律手段，与非法律手段衡之……"19世纪以来的民主政治，凡属国民，无论是有产者，还是劳动者，都有投票权，这体现了法律面前人人平等的原则。这种民主为"形式的或法律的民主"（Formal democracy）。但列宁领导的苏俄政府则规定，只有劳动者才有权参与政治，其他阶级被剥夺了参政权。这种民主为"工业民主或生产意味之民主"（Industrial democracy or democracy in Productire Sence）。"持工业民主说者，推尊劳动是也，然推尊之过度，而至于摒斥其他国民，则大非平等之义。诚以今日吾以强力推翻人，则明日人亦以强力推翻吾。如是两相推翻，虽有利国富民之美意，亦且变为祸国殃民之暴举矣。"今后社会革命之条理：甲、生计：（一）中国今后之生计组织，万不可将欧洲之资本主义失败史重抄一过。（二）社会所有事业，从铁道矿山入手，管理方法当以政府，技术家，消费者三者合组机关，万不可徒委之官僚之手。（三）银行及大工业，当重征所得税，且防其以资财左右政治。（四）新辟商埠土地当归之市有，国家荒地不可由个人领垦。（五）对于外国银行团，当详述其紊财政，消主权，扰世界和平之害。请国际联盟或各国舆论之赞助，设法废弃之。（六）各厂工人会议当渐次设立。不可待其与资本家相抗后，再行补救。乙、政治：（七）扫除军阀。（八）国会选举，当采用直接选举。（九）各省实行自治。省政府对省议会负责。（十）废现时之私人军队，改编瑞士式国民军。（十一）政府对议会负责任，议决不信任时，应去职。（十二）社会党议员相约不列席政府。

张东荪复函曰：（一）理想之社会必为平等、自由、向上三者平均发展之社会。经济制度务使人人得平等的生活，而政治制度务使得自由，而不致受强力之压迫也，精神生活即文化须向上不息。换言之即平等、自由、向上三者合为一体，所谓"平等—自由—向上"是已。（二）"弟近来思想倾向于工会的社会主义之原理。"（三）中国之国会制度绝非仅改间接选举法为直接选举法而即有希望。应对选举办法进行改革。（四）革命可分为有理想之革命与无理想之革命，俄德均为有理想之革命。（五）中国自有政党以来不思在野谋为政治之监督者，而专以入朝分肥为事，此所以降至今日欲求一真正政党而不可得也。（六）各国有法律基础者，其由法律手续上谋改革，"弟安得而非之"；独于中国，则本无法律，则法律手续之说无所附丽也。至于中国之前途，"以弟之观察，止有革命，且革命不止一次。此革命之来，吾人无权以拒之。吾人因无力以创造革命，然亦无法避免革命，仅能从事于文化运动，俾于革命之进程中增加其理性的要素耳"。

7月23日、24日，在《时事新报》上发表《张东荪答张君劢书》。

9月15日，《解放与改造》发行第3卷第1期，自此期起改名为《改造》，由半月刊改为月刊。"以名称贵省便，故更名改造，其精神则犹前志也"，"本刊所鼓吹在使文化运动向实际的方面进行"。在本期上张君劢发表《读六星期之俄国》一文（10月15日《改造》第3卷第2期续载）。

11月12日，倭伊铿在耶纳致信张君劢，谈不能应邀来中国讲学之原因。

12月1日，致书讲学社，讲柏格森、倭伊铿不能来中国讲学之原因。

12月15日，在《改造》第3卷第4期上发表《致林宰平学长函告倭氏晤谈及德国哲学思想要略》一函。

1921 年〔民国十年　辛酉〕36 岁

1月2日，在巴黎拜晤蔡元培，言：倭铿现方尽力于倭铿社事业，信从者在二千人以上，故不愿赴他国。柏格森不再在法兰西学校讲授，由其大弟子勒卢继讲，柏氏新著有《心力》。①

2月15日，在《改造》杂志第3卷第6期上发表《政治活动果足以救中国耶》《倭伊铿氏复张君劢书》《张君劢致讲学社书》三文。

《政治活动果足以救中国耶》系张君劢1920年11月在巴黎所做演讲之讲稿。

3月7日、8日，在《时事新报》上发表《政治活动果足以救中国耶》一文。

3月15日，在《改造》第3卷第7期上发表专门介绍倭伊铿哲学思想的《倭伊铿精神生活哲学大概》一文。

3月20日，蔡元培来访（耶纳）。张君劢对蔡元培讲：倭伊铿君不能来中国讲学，推荐奈托浦，奈氏为新康德派巨子，与科亨同乡。德国哲学界现最被推崇者为许绥尔君，许君著有《论理学研究》，反对心理学的伦理学最力。又有厉克德君，著有《哲学系统》等书，亦新康德派之著名者，惜其人现在神经异常，未便聘任来中国讲学。张君劢当时请一德国大学毕业生韦勃君共同研究。韦君熟于哲学史，熟悉康德派之纯理性批判。张君劢拟请其同往中国，共同筹备翻译康德著作，已约定每月酬以国币一百元。②

3月21日，陪同蔡元培、林宰平拜会倭伊铿，一起征求倭氏对于邀请德国学者访华的意见。倭氏认为，黎嘉德已逾七十，且身体不好，渡海远行，恐怕体力不支，而且黎氏的认识论偏于形式也不太适合中国当时的社会需要；那托伯虽以新康德派自居，然其学问是多方面的，于教育学造诣尤深，如果他能成行，那是再好不过的人选。但考虑到他年事也很高，可能不太现实。倭氏因而建议找一个年纪不超过50岁的德国学者代替，而在这一年龄段的德国哲学家中，他认为杜里舒为最佳，因为杜氏出身生物学，转而研究哲学，故其哲学有科学根据，这与当时中国的社会需要较为切合。三人认为倭氏的话有道理，先请那氏，那氏如果不能成行，则以杜里舒代之。询以对于宗教之见解，倭氏言即个人没入全体之义。又言人

---

① 《蔡元培日记》上册，北京大学出版社2010年版，第268页。
② 同上书，第277页。

类须脱去否认世界的偏见，而信世界为可以认识者，又言对于工作，不可单认为谋生的作用，当有乐工之意，深许中国人之以工作为乐事。①

4月30日，致书讲学社，述德国哲学名人七人之书，久不见回复。

5月15日、6月15日、7月15日，在《改造》杂志第3卷第9期、第10期、第11期上发表《德国工务会议法之成立及其施行情况》。此文系1920年11月所作。

5月18日，蔡元培来访（巴黎），言："倭铿不能到吾国讲学，荐奈托钵，而其夫人反对之。乃荐特里希。新康德派已宣言不专治认识论而从事于人生哲学。多数党学者，惟科赫尚得在野纳大学任大学教授。"②

5月23日，访蔡元培，言："柏格森于本月26日能见。蔡已定25日赴美，不能见之。"③

5月26日，与林宰平在巴黎柏格森家中对柏格森进行了约一小时的访问。张君劢所做之访问记录——《法国哲学家柏格森谈话记》发表于1921年8月15日《改造》第3卷第12期上，12月1日《民铎》杂志第3卷第1期"柏格森专号"转载，收入程文熙编著的《中西印哲学文集》。

6月19日，在巴黎亚东问题研究会做《欧战后世界外交大势及中国之方针》之演讲，发表在9月15日《改造》第4卷第1期上。

6月30日，下午二时半，和周恩来、陈毅、刘清扬、李树华、赵志游等300多名代表在巴黎哲人厅召开拒款大会。大会通过四项决议，坚决反对中法秘密借款。会议通过"反对中法贷款宣言"。

7月15日，在《改造》第3卷第11期上发表《德国工务会议法法律释文》和《社会所有之意义及德国煤矿社会所有法草案》两文。

8月9日，在《时事新报》上发表《国民政治品格与理想政党》一文。

8月13日，下午二时半参加在法华人举行的"反对中法借款大会"，并在会议上发言。

中法借款合同于7月25日草签，借款额由三亿法郎增为五亿法郎。这一消息经《巴黎时报》登载后，赵世炎、陈毅、周恩来、蔡和森等人以"华侨总会"名义召集旅法学生、华工、机关、工商界代表及中国在

---

① 《蔡元培日记》上册，北京大学出版社2010年版，第277页。
② 同上书，第280页。
③ 同上书，第286页。

法名流，于 8 月 13 日午后再次在巴黎哲人厅召开"反对中法借款大会"，责成陈箓公使、朱启钤专使及吴鼎昌次长出席大会，并向群众说明事实真相。公使馆居然亦派王秘书长曾思及沈秘书某代表到会。首由主席毛以亨君述开会理由及当日应讨论之问题。次李书华君报告各团体代表所组织之拒款委员会关于最近拒款之运动。李君言毕，由王秘书长登台，代表陈公使报告，力言借款签字之说，实属毫无根据。公使馆始终未与闻其事，且法报之登载亦未尝见。言时颇怒形于色，似怪同胞开会拒款为多事者，又时复以拳击案，表示其不满，听众本盛气而来，满腔义愤，正苦无发泄处，忽聆其言，睹其形，全场大怒，大呼打打，群起和之，一场武剧遂因之开始。张君劢君起而质问，谓中法实业银行开股东会时，王秘书长曾代表公使到会，对于借款事当知其详，何能诿为不知？中国外交，向误于秘密，当今民治时代，外交实无秘密之必要，应请向大家据情披露。王君答言：彼于中法银行股东会出席时，仅闻该行总理言，借款正在进行，他事实无所知。公使馆亦曾拍电至中国财政部询问兹事，亦未得复。嗣复有多人相继质问，王君终不肯吐实。最后乃由张君劢君提出两条办法，请众讨论：（一）应请公使即向法政府声明，反对此次借款，并向法国各报要求更正，并无签字草约之事。若借款仍然成立，公使及全馆职员，均应辞职，以谢国人。（二）以后凡关于中法借款之事，应交由留法各界所组织之外交委员会审议，得其同意，方能执行。兹议提出后，经到会人多数通过，王秘书长亦鼓掌赞成。当由沈秘书缮写以上决议案两份，由王秘书长签字其上。其文如下：（一）陈公使、王秘书及使馆全体各员，尊重留法中国全体国民公意，加入反对各种违反民意、丧失国权之大借款，即向法外交部声明反对此次五万万佛郎大借款，及中国将来各种大借款，并即时向法国各报要求更正签字于草约之借款。倘此次大借款及以后他借款成立时，公使及全体职员，立时辞职，以谢国人。（二）陈公使及王秘书全体馆员，正式承认中国无秘密借款之必要，准将一切在法借款事项，交由留法中国各界所组织之委员会审查，得其同意，方能照办。以上二条由陈公使王秘书本良心上之主张，亲笔缮写二份，一份由王秘书当众签字，一份带交陈公使签字后，于一周内寄交委员会。右宣读后，众无异辞。遂当场推举临时委员十人，为袁子贞、谢东发、毛以亨、李书华、徐特立、李先宇、宋绍景、张君劢、李哲生、曾琦。彼时尚有欲辞职者，经主席声明此系临时担任，以后尚须经正式选举，辞职可毋庸议。末复指论他事，乃散会。① 会后，华侨总会将王曾思秘书代表陈箓公使签字的文件寄回国内各报刊登，并送法国外交部备查，迫使中、法两国政府不得不停止借款之举。

8月，自巴黎返德。

是月，收到梁启超的回电，希望聘请一位英国经济学家，如果聘请不到英国经济学家，则于迭金生和杜里舒两人中聘请一人。收电后，先后与英国经济学家凯恩斯和霍白生联系，被谢绝。考虑到迭金生虽善言辞，但其学术不如杜里舒出名，于是通过倭伊铿，邀请杜里舒到中国访问讲学，得到杜氏的同意。

9月15日，在《改造》第4卷第1期上发表《欧战后世界外交大势及中国之方针》一文。

10月15日，在《改造》第4卷第2期上发表《国民政治品格之提高》一文。

11月15日，在《改造》第4卷第3期上发表《悬拟之社会改造同志会意见书》。

序语曰："今后吾国应有着手改造运动之团体，尽人所同认矣。改造之大本大源，曰去人的结合，而代之以主义的结合。曰去政客的播弄，而代之以群众运动。曰去人的起伏，而代之以制度的变更。诚本此三点为信仰中心，结合团体，如英之菲宾社……坦坦荡荡一条大路，于是乎在此。"

文章分三大部分：第一篇略谓：

> 人类社会之现象维何，曰继续不断的变动而已。变动何由起？曰人类心力实为之……心力，与人类之始以俱始……虽历千万年，而莫知其所终……人类之心力何物哉……是曰自觉性……人知善恶是非……故常不满足于现在之境界，而别求创造其他生活形式。新生活形式之创造无尽期，故文明之进化无止境……于是有新旧之争……以生命相肉搏，是之谓革命……人类性质中，有一种惰性，常好将五官心思之用，流为机械性：其在社会，则为习俗。其在学说，则为师统。其在政治，则为古今成法……有人焉……为之更上一层，非其人之有异于常人焉，自觉性发达耳……一线光明，时时照耀，以系吾人

---

① 原载天津《益世报》1921年10月9日。参见《周恩来早期文集》下卷，南开大学出版社1993年版，第142—146页。

之希望者，独此思想界，行为界之少数革命豪杰耳。

第二篇略谓：

两千年来之中国人……除一姓兴亡，不知有所谓政治……近数年来……有所谓新文化运动……欧洲之旧文章是否可供我作蓝本，盖真疑问矣。吾国今后奋进之方向，当求在我，而不在人。在我奈何？曰去桎梏驰骋之苦，而谋自由创造精神之发展而已。其所以达此目的，则知识之解放，政权之解放，与生计之解放，三者同时并行……以自由自动之个人，组织自由独立之国家。真所谓万年有道之基矣……

社会改造方案：第一，政治：（一）扫除军阀，按瑞士制度改编国民军。（二）国会采一院制，本职业代表之精神另设生计会议。（三）政府因信任投票而进退。（四）促进国民之识字能力以举普通选举之实。（五）国会议员选举应用直接选举制。（六）各省应有广大之自治权，以中央宪法及省宪法确定之。（七）关于外债募集应设严厉之限制。（八）对外一切条约之缔结，应经国会通过。第二，生计：（九）大实业应本社会所有方法开发之。（十）限制大地主，小农土地准其私有。（十一）繁盛口岸应归市有，奖励市有事业。（十二）奖励协作社。（十三）规定工人保护方法。（十四）确立救贫事业。（十五）遗产应课重税以限制之。（十六）银行公司及大商店应提利益若干成为办理教育及公益事业经费。第三，文化：（十七）促进家族分居使大家族变为小家族。（十八）女子在社会上之地位务求与男子平等。（十九）中央及省宪法中应规定教育经费最少限度。（二十）限若干年内实行教育普及。（廿一）奖励学校内学生自治精神。（廿二）各工厂负责开办学校之义务。使工人子弟入校，并工人应于规定工作时间内，每日许以入学校读书识字两小时。

社会改造之大方向：第一民主政治：为扫除四千年专制之旧习，而发达人民自由创造之精神，其第一要义，则在民主政治之实行。……一国之至可贵者，莫若人民自由自发之精神与能力。……同人以为民主政治下巴力门制，但有改良，而无废除。所以改良之者……使人人识字……直接选举……国会议员任期缩短……内阁以国会之信任为进退……劳动者为一国之生产者之重要地位……莫若仿德宪法，设生计会议……是巴力门者以地方区域人口多寡为比例，所以代表形式的民主（Formal Democracy）焉。生计会议者，以工厂或职业团体为标准，重在生产阶级之利益，所以代表工业的民主（Industrial Democracy）焉……第二社会主义：为扫除四千年专制之旧习，而发达人民自由创造之精神，其第一要义，则在社会主义之实行。……依欧洲工业革命后之历史证之……于是社会上成为两阶级：其一曰工主……其他曰工人……于是有所谓的工人运动……吾以为工业发达之要旨，厥在工主工人之协和……如曰社会所有方法，不足以发达实业也，我诚不敢以社会主义号于国人。如曰社会所有方法，他国方拟草案而施行焉，则吾国发达实业，何不以社会所有方法开始……居今日工业未兴之中国，欲确定工业之新组织，免阶级之战争。舍自始采取社会主义，而施行社会所有法外，殆无他道……

社会改造之方法：方向定矣，今后进行方法若何？以欧洲之例言之，其一曰议会政略；其二曰革命手段；其三曰暴动。此三者虽分为三项，然吾以为分中有合。以平日之鼓吹言之，则不能少议会政略。以零时之作用不能少革命手段。德之社会民主党之历史，谓为以议会为唯一武器可也。然德共和之成，何尝无同盟罢工，何尝无暴动？即以宝雪维几论，虽侧重暴动，然也何尝放弃选举？列宁对共产党之左派放弃选举者，则诤诤告诫之，以为不可。即今后英法诚有革命之一日，恐亦不能独以议会政略为唯一武器也。故曰三者虽分而实合。同人既主张知识之解放，且以为一切运动，以群众之信从为本，故目前所重者厥在文字鼓吹。及乎他日国体既成，或采取政治行动，或采工业行动，此视团体员之心理，非今日所得而预言。要之方法贵乎渐进，而行事贵乎彻底。其大旨如是而已。抑同人认定推翻旧历史，建设新局面，厥在有新信仰新生命之人物。故政治上之城狐社鼠，在所必摒……

第三篇乃就所以自觉自活自立者，再引申曰：

人类进化之大动力，曰生命的奋斗、曰冲动、曰意力。三者名虽异实则一。总之，则向上心耳……美詹姆斯之言曰：明知其难而为之者，是为理想的行为，道德的行为。故此二种行为，即向抵抗力最大方面进行之行为也。法柏格森曰：道德的人，是为至高度之创造者。此人也，其行为沈雄，故能使他人之行为因之而沈雄。其心地慈祥，故能燃及他人慈祥之火，使之炎炎而上。吾读两哲之言，而知所致力矣，曰世界改造之大动力，厥在道德精神耳，厥在道德精神耳。世之同志，盍归乎来。①

11月16日，应刘半农之邀，与留法北京大学同学诸君话别，会上发表演讲，演讲词以《学术方法上之管见》为标题发表在1922年1月15日出版的《改造》第4卷第5期上。

冬，梁启超在南开大学演讲时，曾致书在上海的张东荪、蒋百里、舒新城三位先生，曰：张伯苓校长拟在该校设一文科，拟请张君劢为主任，并询问何日可由欧返国，答以廿日必到。并嘱函约张君劢，勿他处截留，能早到校为好，即将此函交之一阅云云。

12月1日，在《民铎》杂志第3卷第1期上发表《法国哲学家柏格森谈话记》。

12月，乘轮船归国。

是年，与倭伊铿合作，撰成《中国与欧洲的人生问题》一书，下年在莱比锡出版（德文版）。

1922年〔民国十一年　壬戌〕37岁

1月初，乘轮船到达上海，住松社。

1月15日，在《改造》第4卷第5期上发表《学术方法上之管见——与留法北京大学同学诸君话别之词》一文。

1月17日，张伯苓为在南开大学筹建东方文化研究院，会晤张君劢、梁启超、张东荪等。

2月8日，午后三时，中华教育改进社开谈话会，请张君劢与北京观象台台长高曙青演讲。

2月10日，在《东方杂志》第19卷第3期上发表《欧洲文化危机及中国新文化之趋向》。

2月12日，在《时事新报》副刊《学灯》上发表《欧洲文化危机及中国新文化之趋向》（兼评梁漱溟先生新著《东西文化及其哲学》）一文。

2月15日，在《改造》第4卷第6期上发表《德国哲学家杜里舒氏东来之报告及其学说大略》一文。

2月18日，上午八时，上海徐家汇松社暨南学校商科请张君劢演讲。到会听讲者，除全体学生外，有教职员王祉伟等。

---

① 程文熙编著：《中西印哲学文集》上，台北：学生书局1981年版，第306—321页。

2月22日，在《时事新报》副刊《学灯》上发表《华侨与政治能力》一文。

3月11日，下午二时，苏社全体社员在上海南市陆家浜中华职业学校之职工教育馆开第三届第一次大会，并于晚间七时，在大东旅社举行聚餐会。会议开始后，主席报告，黄炎培致辞介绍，即由张君劢演讲，题为《英德美三国市制及广州市制上之观察》，《苏社特刊》第2期登载此消息。

3月15日，在《改造》第4卷第7期上发表《英德美三国市制及广州市制上之观察》一文。

3月19日，午后，上海市纳捐人会在城内凝和路也是园开大会，邀请张君劢演讲自治之真义。午后二时三十分会议开始，到会纳捐绅商公民百余人，公推沈信卿君主席。

3月23日，与阮介凡陪同德国哲学博士尉礼贤到同济大学和中国公学演讲。

3月25日，在《东方杂志》第19卷第6期上发表《英德美三国市制之比较》一文。

4月2日，《申报》星期日增刊刊登《英德美三国市制之比较》一文。

4月5日，致梁启超书，言个人生计情形和接办中国公学之事。

4月9日，《申报》星期日增刊刊登张君劢在上海纳捐人会之演讲稿《上海公共租界法租界之自治组织及上海市民对于自治之责任》一文。

4月10日，在《东方杂志》第19卷第7期上发表《上海公共租界法租界之自治组织及上海市民对于自治之责任》一文。

4月16日，下午三时至五时，上海美术专门学校请张君劢演讲，题为《美术上之三大主义》。

4月19日，《时事新报》副刊《学灯》登载张君劢在上海美术学校之演讲《美术上之三大主义》。

5月6日，与沈恩孚同任吴淞市政筹备处副主任，袁希涛任主任。

5月7日，上海总商会聂云台和江苏省教育会黄炎培组织的八团体国是会议在上海总商会开幕。

5月17日、18日、19日、20日、22日，在《时事新报》副刊《学灯》上发表《德国哲学家杜里舒氏东来之报告及其学说大略》一文。

5月，撰写《新德国社会民主政象记》自序。

6月2日，在《晨报·副刊》第六期上发表《德国哲学家杜里舒氏东来之报告及其学说大略》一文。此次刊登此文的两个部分：第一，杜里舒氏招聘之经过。第二，杜里舒氏略传及其著作目录。

6月4日，上午十二时，上海新闻记者联欢会假东亚旅行社安徽厅举行6月份聚餐会，会员到者24人，张君劢因紧急事故，不能到会，致函告知，并允诺下次开会，无论如何必莅临演讲。

下午二时，吴淞镇商埠市政筹备处，借该镇公共体育场，举行开幕典礼。吴淞商埠局张謇菴督办由其公子孝若代表出席。张君劢、袁观澜、刘海粟、沈信卿等200余人列席。

6月5日，在《晨报·副刊》上发表《德国哲学家杜里舒氏东来之报告及其学说大略》一文。此文是6月2日文之续，包括：第三部分形上学和结论部分。

6月10日，梁启超致函张君劢、黄溯初、张东荪等商谈时局问题及《晨报》、公学各事。

6月11日，在《时事新报》上发表《国民委员会制之问答》。

6月16日，在公园遇胡适，长谈。

6月20日，赴顾维钧宅，出席由蔡元培、王宠惠、顾维钧、罗文干发起的讨论现实政治的茶话会首次聚会（欧美同学聚会）。据胡适日记云：

> 孑民、亮畴、少川、钧任发起一个茶话会，邀了二十多位欧美同学在顾宅谈话，讨论今日切近的问题。这个意思甚好，我因与钧任提议，继续定期开茶话会，每次由四五个人作主人。大家赞成此意，下次的主人中，我也是一个。今日到会的有丁在君、张君劢、秦景阳、陈聘丞、严琚、王长信、周季梅、蒋百里、林宗孟、陶孟和、李石曾、高鲁、叶叔衡等。讨论的总题是"统一"。这种谈话会，无论怎样无效果，总比那"群居终日，言不及义"的留学生生活要高一点。①

6月21日，撰写《直奉战后政变之教训》一文。此文发表在6月25日出版的《努力》周报第8期上。

是日，下午三时，国是会议开国宪草拟委员会会议，到者九人，会上选出正副委员长，张君劢、张东荪、张仲仁、汪精卫、章太炎、金邦平、蔡元培等七人被推举为顾问。②

---

① 《胡适日记全集》第3册，台北：联经出版社2004年版，第643—644页。
② 《申报》1922年6月22日。

6月29日，在《时事新报》上发表《直奉战后政变之教训》一文。

7月12日，出席上海八团体国是会议国宪草议委员会召开的临时会议。

7月15日，在《时事新报》上发表《国宪制定与施行之要义》一文。

7月22日，下午四时，"八团体国是国宪草议委员会开第五次常会，到会者：章太炎、张君劢、黄任之、张东荪等十余人，由沈信卿主席。先由孙福基干事将印就之宪法草案分给各人，互相研究，继即讨论。结果，第三条加'或其他区域之变更'八字于新省之设置之下。……第九条，有违反民治精神者，改为有违反本宪法或各该省宪法者"①。

7月26日，八团体国是国宪草议委员会开会，张君劢、章太炎出席，沈信卿主席，讨论结果，决改原定一院制为两院制，以职业团体所选之议员归入下院，并将上次所议定之职业团体议员名额条文，请张君劢酌量修正。继论总统制与委员制之利弊，决定总统制与委员制各拟一册，以供国人采取。②

7月29日，下午三时，八团体国是会议国宪草议委员会开第六次常会，张君劢等十余人到会。沈恩孚主席，宪法草案第94至109条，大都通过，唯第105条，张君劢主尚需考虑，第106条主席主删去，崔藩主暂为保留，俟修改后再行讨论，张君劢主根据101条修改，以遗产税累进所得税代之，众赞成，遂通过。草案经众将全文略加修改，遂得成立。公议仍请张君劢详加修改后，再付二读。至二院制，经此次到会者详细研讨，咸主仍用一院制，较为适宜，将下院制归于附则内云。

8月2日，在《时事新报》上发表《国宪中的省宪大纲》一文。

8月9日，下午三时，八团体国是会议国宪草议委员会开宪法二读会，到会者，章太炎、张君劢、沈信卿、温少鹤等十余人，委员长沈信卿主席。是日，共讨论五章，计分总则、联省及各省权限之划分、参议院、大总统、国务院，时至六时始散会，余条至下次会议讨论。③

8月19日，在《时事新报》上发表《瑞士委员会制之讨论》（国宪议之一），附致太炎先生书和太炎复书。

8月23日，出席国是会议国宪草议委员会讨论会。

9月6日，国是会议国宪草议委员会发出"敦请书"，请张君劢和章

---

① 《申报》1922年7月24日，本埠新闻《国是国宪草议委员会开会记略》。
② 《申报》1922年7月28日，本埠新闻《国是会议讨论国宪之顺利》。
③ 《申报》1922年8月11日。

太炎演讲。

9月10日，在国是会议国宪草案演讲会上讲国宪案之要点。

9月15日，《太平洋》杂志第3卷第7期上转载8月2日在《时事新报》上发表的《国宪中的省宪大纲》一文。

10月，在《法学季刊》第1卷第3期上发表《法律生活之统一》一文。

10月13日、14日，在《时事新报》上发表《对于省宪之意见》（复四川电询省宪意见函）一文。

10月14日，在虹口汇山码头迎候杜里舒。

德国莱泊齐希大学教授杜里舒博士应讲学社之请来华进行为期一年的演讲。讲学社自请罗素和杜威二大哲学家来华演讲后，即函请杜里舒来华演讲。杜里舒由欧启程，月初到达香港，转搭日轮三岛丸，于本日十一时到虹口汇山码头，但以天雾及潮小原因，延之晚六时始到埠，欢迎者甚众。①

10月15日，《国宪议》一书由时事新报社出版。

10月15日，晚七时，出席江苏教育会、东南大学、同济大学、中国讲学社与中国公学在卡尔登饭店举行的欢迎杜里舒与其夫人的宴会，并发表讲话。

> 德国驻华公使代表威铃汉姆、德国驻沪领事梯尔以及郭秉文、蒋百里、张君劢等共约50多人出席，蒋百里主持，张君劢致词，谓觐遇博士之欣幸，曾已著文述博士之历史。博士曾以外人致中国之如何影响见询，答谓如昔印度高僧之来中国传教，及清代南怀人等以天文学等饷华人，均为中国社会文化上发生极大影响，最近杜威与罗素之来华讲学，吾人欢迎之心理，可想而知。且德国昔有两种主义，其一为人文主义，其一为铁血主义，今者博士来华，吾人深幸德国人文主义将有以见惠，乐何如之，敬祝博士夫妇此游之幸福。②

10月17日，陪同杜里舒及其夫人，乘沪杭车赴杭，作西湖游。先已致电浙江省教育会副会长李俊夫君，以便在杭站欢迎招待。当日下午，即在该教育会演讲。

---

① 《申报》1922年10月15日。
② 《申报》1922年11月16日，《时事新报》1922年10月17日，登载张君劢《欢迎德国哲学家杜里舒之演说》。

10月19日，陪同杜里舒和夫人返沪。

10月20日，陪同杜里舒在商科大学演讲，到者杜里舒夫人、德国总领事、德国公使馆参赞等，合计听讲者五百人，首由校长郭秉文致辞介绍，次由杜里舒用德语演讲《生命问题》（生机哲学），张君劢口译。

10月21日，陪同杜里舒在同济大学、交通大学讲演。

10月22日，陪同杜里舒夫妇乘沪宁路午刻十二时三十分火车赴南京。同行者还有德国公使馆参赞韦理士博士、梁启超等。郭秉文于昨晚十一点半先行返宁，以便布置招待。杜里舒来东南大学，除普通演讲外，兼授哲学课一学期，寓该校美国体育专家麦克乐氏之宅。梁启超与张君劢住该校成贤学舍，张君劢除为杜氏翻译外兼授政治学课。

10月22日，在《时事新报》上发表《军人与总统选举》一文。记者按语：此篇系张君劢所著国宪议中之一，近日传闻颇有总统选举之暗中活动，而希冀此座者又为手握兵符之人，故张君之言实为深切时弊，故重揭之。

10月23日，下午七时，在东南大学大礼堂用英语演讲《中德文化之沟通》，全校男女学生听者千余人。

10月，著作《新德国社会民主政象记》由上海商务印书馆出版，署名宝山张嘉森。

11月3日，在上海昆山路20号东吴大学法科演讲，题目为《德国新宪法》。

11月13日，出席中国文化教育界欢迎爱因斯坦的欢迎宴会。

11月，罗文干被诬在签订对奥借款合同时受贿，被收入狱。张君劢于下年初抵北京后到监狱看望罗文干，并于翌日将自己新出版的《国宪议》赠送罗文干。罗在狱中"寂然苦坐，执君劢书自遣。阅读数遍"，写成《君劢国宪议书后》一文，发表在1925年《民大月刊》第1、2、3期上。后，罗文干将此文，连同张君劢的《国宪议》合为一书，以《狱中人语》为名，由民国大学出版社出版。

11月28日，《时事新报·学灯》（生机主义研究号）登载张君劢译《杜里舒学术概略》一文。

11月30日，《时事新报》东南大学近闻纪要曰：

张君劢偕杜里舒博士来宁，在东大担任演讲根本政治，每星期日下午七时在该校大会堂演讲，听者有二三百人之多，其内容分为十种：一、释题；二、政治上之精神生活；三、自由意志；四、创造；五、习惯；六、善意；七、公平竞争；八、礼仪与衣食；九、国民自觉；十、新式政治。

此时，已从现实政治中息影的梁启超赴南京东南大学讲学，在政法经济系教授中国政治思想一课。在南京期间，张君劢对梁启超极关怀照顾。

12月1日，由张君劢翻译的杜里舒论文《生机主义与教育》在《新教育》第5卷第5期（总25期）上发表。

12月2日，在《晨报副刊》上发表《评向导报中之中德俄同盟论》一文。此文系在南京高等师范演讲会演讲稿。

12月15日，在《太平洋》第3卷第8期上发表《张嘉森覆四川电询省宪意见书》一文。

12月16日，在东吴大学做演讲，题目是《德国及其邦宪法对于世界法制史上之新贡献》。1923年1月，发表在东吴大学《法学季刊》第一卷第四期上。

12月19日，在《时事新报·学灯》上发表张君劢译《国家哲学》一文（杜里舒在江苏法政专门学校演讲稿译文）。

12月，下半月，著作《新德国社会民主政象记》由商务印书馆出版发行。

12月28日、29日、30日，《时事新报》副刊《学灯》登载张君劢翻译的杜里舒著《杜里舒学说概略》（一名个性问题）。

12月29日，结束在南京的讲学，即赴汉。行前晋见韩紫石省长，韩以国家治本为问，张君劢以先设养成国民政治能力之机关对，韩然之。出公署，访法政专门学校教务长王伯秋，告以与韩所谈。

1923年〔民国十二年　癸亥〕38岁

1月1日，陪同杜里舒博士到汉口，随行者还有瞿菊农等，住六国饭店。

1月2日，下午，出席湖北省教职员联合会在黄鹤楼举办的欢迎杜里舒博士夫妇和张君劢、瞿菊农的宴会。杜里舒致答谢词，由张君劢翻译，谓西方文化，在科学上对中国有供给，在伦理上对中国无供给，西方学者之伦理学，不如中国孔孟原理之精密，希望中国人士，研究西方文化，勿过于盲从，致失其固有之国粹。次张君劢、瞿菊农致辞，并在奥倾楼前摄影，以志纪念。午后三时，同赴华中大学。演讲毕，华中大学设宴款待。

1月3日，上午，萧督在署宴请博士。

1月，上半月，由张君劢、瞿世英译记的《杜里舒演讲集》第一期由商务印书馆出版发行。

2月11日、12日，陪同杜里舒在南开大学做演讲，杜里舒演讲的题目是《历史之意义》和《伦理之自觉性》，张君劢做翻译。

2月14日，应吴文藻的邀请，在清华大学为一批即将赴美学习科学的学生作题为"人生观"的演讲，提出科学不能解决人生观问题的观点。这篇演讲词发表于3月9日出版的《清华周刊》第272期和5月2日《晨报副刊》第112期上。

张君劢开宗明义地指出："科学之中，有一定之原理原则，而此原理原则，皆有证据"；然而"同为人生，因彼此观察点不同，而意见各异，故天下古今之最不统一者，莫若人生观"。"人生观之中心点，是曰我。与我对待者，则曰非我也。""我与我之亲族之关系，我与我之异姓之关系，我与我之财产之关系，我对于制度之激渐态度，我在内之心灵与在外之物质之关系，我与我所属之全体之关系，我与他我总体之关系，我对于世界之希望，我对于世界背后有无造物主之信仰。""凡此九项皆以我为中心，或关于我以外之物，或关于我以外之人，东西万国，上下古今，无一定之解决者，则以此类问题，皆关于人生，而人生为活的，故不如死物质之易以一例相绳也。"

接着，张君劢将科学与人生观加以比较：第一，科学为客观的，人生观为主观的。第二，科学为论理学的为方法学所支配，而人生观则起于直觉。第三，科学可以分析方法下手，而人生观则为综合的。第四，科学为因果律所支配，而人生观则为自由意志的。第五，科学起于对象之相同现象，而人生观起于人格之单一性。"就以上所言观之，则人生观之特点所在，曰主观的，曰直觉的，曰综合的，曰自由意志的，曰单一性的。唯其有此五点，故科学无论如何发达，而人生观问题之解决，决非科学所能为力，唯赖诸人类之自身而已。""人生观虽非制成品，然有关人生观之问题，可为诸君告者，有以下各项，曰精神与物质，曰男女之爱，曰个人与社会，曰国家与世界。"科学是关乎物质的，而人生观是关乎精神的。

最后，张君劢强调自己演讲的主旨，"方今国中竞言新文化，而文化转移之枢纽，不外乎人生观。吾有吾之文化，西洋有西洋之文化。西洋之有益者如何采之，有害者如何革除之；凡此取舍之间，皆决之于观点。观点定，而后精神上之思潮，物质上之制度，乃可按图而索，此则人生观之关系于文化者所以若是其大也。诸君学于中国，不久即至美洲，将来沟通文化之责即在诸君之双肩上。"

2月15日，陪同杜里舒在高等师范生物学会做演讲，题目为《一与多》（张君劢口译）。

2月，《严氏复输入之四大哲学家学说及西洋哲学界最近之变迁》一文在《申报》馆编辑出版的《最近之五十年》上发表（第1编第5篇），署名张嘉森。

2月27日，下午四时半，陪同杜里舒在北京大学第二院大礼堂演讲《系统哲学》。

从是日起至5月15日，杜里舒在北京大学、北京高等师范学校做系列演讲，题目是：系统哲学；哲学史。每周二、五下午四时半在北京大学第二院大礼堂讲演《系统哲学》，每周一、四下午四时半至六时在北京高等师范学校讲演《哲学史》。另，每星期做《哲学讨论》演讲一次。

3月8日，在《申报》上发表《省宪运动之目标》一文。

3月8日、9日，《晨报副刊》第57、第58期上发表由张君劢口译，李小峰记录的杜里舒的演讲《系统哲学》第一讲（所谓系统哲学，就是哲学的系统）。

此后，此演讲稿在《晨报副刊》上陆续刊出。

3月18日，梁启超致陈叔通、黄溯初、张东荪、张君劢书，商谈出售并改组《时事新报》各事。

3月21日，《申报》登刊《东南大学新气象》一文，文中讲道：该校文哲科主任刘伯明博士，鉴于中国哲学之重要，为联合全国同志，组织一中国哲学会，已草拟简章23条，总会设于南京，各省外邦有会员十以上者亦得设分会，其组织分总理事会、会计、文牍、图书、通信、出版六种。北京由张君劢召集一二十人，协商一切进行事宜。预定今年7月1日于南京开成立会。

3月28日，在松坡图书馆京寓写成《关于杜里舒与罗素两家心理学之感想》一文。

3月，在《文哲学报》第3期上发表《现时两大哲学潮流之比较》（上）。

4月25日，在《东方杂志》"杜里舒专号"（第20卷第8期）上发表《关于杜里舒与罗素两家心理学之感想》一文。在专号扉页上，刊有与杜里舒、瞿世英的合影。

4月，在《法学季刊》第1卷第5期上发表《政法上的唯心主义》一文。

4月29日、5月6日，在《努力》周报第50、51期上发表《再论人生观与科学并答丁在君》（上篇）一文。此后，《晨报副刊》5月6日、7日、8日第116、117、118号刊登（上篇）；5月9日、10日第119、120

号刊登（中篇）；5月13日、14日第124、125期刊登（下篇）。文章旁征博引，洋洋万言，批评丁文江"中了迷信科学之毒"，重申科学不能支配人生观的观点，强调支配人生观的不是理智，而是情感和意志。核心议题，仍在于人生观与科学的界限。文章分上中下三篇，从十二个方面答复了丁文江的驳难。

上篇：一，"精神科学，依严格之科学定义，已不能认为科学。"二，科学的"自然公例"也并不是"万能"的。"关于纯粹之思想"的"纯正心理学"更无"公例"可求。三，物质科学与精神科学之不同：（1）凡在空间之物理易于试验，而生物学之为生活力（Vital force）所支配者，不易试验，至于心理学则更难。（2）凡在空间之物质，前后现象易于确指，故其求因果也易；生物界前后现象虽分明，而细胞之所以成为全体，其原因已不易知；若夫心理学则顷刻万变，更无固定状态可求。（3）三坐标或四坐标，验诸一质点之微而准者，可推及于日月星辰，此尤为生理学、心理学所不能适用之原则。（4）物理上之概念，曰阿顿，曰原子，曰质量，曰能力，此数者得之抽象（Abstraction）而绝不为物体之具体的实在（Concrete Reality）所扰。至于生物学，有所谓种别，有所谓个性，而心理学为尤甚。因而生物心理两界日为个性之差异所扰，而不易得其纯一现象（Uniformity）。物理现象惟有此四大原则，故日趋于正确；生物心理现象惟无此四原则，故不能日就于正确。四，"物质科学与精神科学内容不同，绝对可以分别；即以科学分类，久为学者所公认一端，可以证之"；"人与动植物同是活的，然动植物学之研究之对象为动植物，精神科学之所研究者为人类心理与心理所生之结果，故不得相提并论"；"凡为科学方法所支配者，必其为固定之状态。纯粹心理，顷刻万变，故非科学方法所能支配"；"人生观超于科学以上，不能对抗，故分家之语，不能成立。"

中篇：五，关于"君子之袭取"问题，丁文江讥讽玄学家之所以厌倦科学而取玄学，"以其袭而取之易也"，张君劢反唇相讥，认为丁文江"抄袭"皮耳生。六，反驳丁文江的"科学的知识论"：首先，如果所谓"科学的知识论"是指科学家的知识观，"则古今科学家中有关于知识论之主张者，不止赫氏、达氏、詹氏、杜氏、马氏数人"，还有许多其知识观绝不相同的科学家，那么，究竟哪一家的才算是"科学的"？进一步讲，"知识论者，哲学范围内事也，与科学无涉者也。"科学是知识，但并不是"形而上"的"知识论"；只有哲学的知识论，而无所谓"科学的知识论"。七，关于"科学以外之真"。他引证英国生物学家托摩生的话，以说明在科学认识之"真"之外还有三种"真":哲学(形而上学),宗教(道德),美术(艺术)。八,关于"玄学在欧洲是否'没有地方混饭吃'",张君劢列举若干事实,称欧洲最近二三十年的思潮可以叫作"新玄学时代"。

下篇:九,"吾以为教育有五方面:曰形上、曰艺术、曰意志、曰理智、曰体质。科学教育偏于理智与体质,而忽略其他三者。社会改造派之教育,偏于意志与牺牲精神。""玄学教育",包括三条:形而上学(超官觉、超自然的条目),艺术,自由意志。十,我对于物质文明之态度,对西方列强那种科技立国、工商立国的政策及其造成的恶果进行了批判,告诫国人不要重蹈覆辙,而应"别寻途径"。十一,我对心性之学与考据之学之态度,中国的汉学与宋学之争,同欧洲的经验派、唯物派与理性派、唯心派之争,是"人类思想上两大潮流之表现,吾确信此两潮流之对抗,出于心同理同之原则",因而是可比较的。"关于自然界之研究与文字之考证,当然以汉学家或欧洲惟物派之言为长";"其关于人生之解释与内心之修养,当然以惟心派之言为长。"十二,对私人批评之答复,重申自己对待科学与人生观的态度:"(一)知识以觉摄与概念相合而成。(二)经验界之知识为因果的,人生之进化为自由的。(三)超于科学之上,应以形上学统其成。(四)心性之发展,为形上的真理之启示,故当提倡新宋学。"

不久,在中国大学发表《科学之评价》的演讲。演讲阐述了下面几个问题:

科学的能力是有限的:(一)科学的目的在求一定之因果关系,此方法最成功的地方,无过于物理界,而对于不受因果律支配的心理学、生物学特别是社会、历史领域,如"文学之创作,思想之途径,乃至个人之意志与社会进化之关系",科学则无能为力。(二)科学家但说因果,"但论官觉之所及",至于"伦理学上善恶是非之标准,以及人类之美德,如忠信笃敬之类"官觉之所不及的,"则科学界所不管"。(三)科学家对于各种问题,不能为彻底的问答,如物理学家以物质为出发点,但不回答"物质何自来"的问题,生计学家以财物产生为出发点,然"物质文明之利害问题,则非科学家所问"。(四)科学能给人类带来物质文明,但不能带来精神文明。

不可只重视科学,而忽视人生观问题。人生在世,存在五个方面的问题:形上、审美、意志、理智、身体。除身体外,前四者是心灵的问题,分为两个层次:形上、形下。形下又分两个方面:情意(审美、意志)、理智。科学主义注重于身体和理智，忽视了形上和情意。"诸君听我的话，或不明白我意思所在，我的意思，就是要诸君认清今后发展之途径，不可蹈前人覆辙……若专恃有益于实用之科学知识，而忘却形上方面，忘却精神方面，忘却艺术方面，是绝非国家前途之福。方今欧美先知先觉，在精神方面提倡内生活，在政治方面提倡国际联盟，这种人已经不在少数；只看我国人如何响应他，必可以达到一种新境界。"

正确处理欧洲以往思潮与吾人之思潮之关系。"若以欧洲以往之思潮为官觉主义，而以吾人之思潮作为超官觉主义，则其利害得失当如下表：第一，官觉主义之结果：实验科学发达，侧重理智，工商立国，国家主义。第二，超官觉主义之结果之预测：重精神（或内生活）之修养，侧重情意，物质生活外发达艺术，国际主义。今后吾国将何去何从，是文化发端之始的极大问题，望诸君再三注意。"

5月1日，在《时事新报》副刊《学灯》上发表《再论人生观与科学并答丁在君》一文（上）。

5月9日，丁文江请张君劢吃晚饭。丁文江说："我答你的文章的帽子已经做好了。"①

是日，在《时事新报》副刊《学灯》上发表《再论人生观与科学并答丁在君》一文（中）上。

5月10日，在《时事新报》副刊《学灯》上发表《再论人生观与科学并答丁在君》一文（中）下。

5月11日，胡适写就《孙行者与张君劢》一文，5月20日发表在《努力》周报第53期。5月22日《晨报副刊》转载。

文曰："我的朋友张君劢近来对于科学家的跋扈，很有点生气，他一只手捻着他的稀疏的胡子，一只手向桌上一拍，说道：'赛先生，你有多大的手心！你敢用逻辑先生网罗我吗？老张去也！'""张君劢翻了二七一十四天的筋斗，原来始终不曾脱离逻辑先生的一件小小法宝——矛盾律的笼罩之下！哈！哈！"

文末附有致张君劢的一封信：

君劢兄：南下二十天，无一日不病；在西湖四日，有两日竟不能走路。现借一个外国朋友家养病，病中读你和在君打的笔墨官司，未免有点手痒，所以写了这篇短文，给你们助助兴。文虽近于游戏，而

---

① 丁文江：《玄学与科学——答张君劢》，1923年5月27日《努力周报》第54期。

意则甚庄。我希望你不至于见怪吧。

适

5月19日，在《时事新报》副刊《学灯》上发表《再论人生观与科学并答丁在君》一文（下）。

5月23日，梁启超写成《人生观与科学——对于张丁论战的批评》一文，发表在6月2日《时事新报·学灯》上。

梁启超称："我对于君劢、在君的主张，觉得他们各有偏宕之处"；"我以为君劢和在君所说，都能各明一义。可惜排斥别方面太过，都弄出语病来。我还信他们不过是'语病'，他们本来的见解，也许和我没有什么大分别哩。""在君过信科学万能，正和君劢之轻蔑科学同一错误"，因为"人生关涉理智方面的事项，绝对要用科学方法来解决。关于情感方面的事项，绝对的超科学。""人生问题，有大部分是可以——而且必要用科学方法来解决的。却有一小部分——或者还是最重要的部分是超科学的。"

5月27日，丁文江在《努力》周报第54期上发表《玄学与科学——答张君劢》（本题）一文，6月6日《晨报副刊》刊登此文。

5月30日，丁文江写成《玄学与科学——答张君劢》（本题续），发表在6月3日《努力》周报第55期（增刊）上；6月7日、8日、9日、10日《晨报副刊》上。

6月5日，丁文江作《玄学与科学的讨论的余兴》一文，发表于6月10日《努力》周报第56期和6月30日《晨报副刊》第170期上。

6月7日，在《晨报副刊》上刊登启事曰："关于人生观与科学之论争承京沪诸贤哲多所指示，顷因杜里舒讲演急待结束，且将有济南太原之行，无暇作文，一俟杜氏事毕，当综校群言，专文答复，乞谅为幸。"

夏秋之季，就设立国民委员会，以解决时局问题，致书张季直先生。

6月10日，在《时事新报》副刊《学灯》上发表在中国大学的演讲稿，题为《科学之评价》（童过西笔记）。

6月11日，在《申报》上发表《时局关键——宪法派与非宪法派之争》一文。

6月15日，杜里舒在北京的演讲期满，讲学社主人梁启超召集北京学界及外交界有关人士，在金鱼胡同海军联欢社为杜里舒饯行，北京大学代表蒋梦麟、高等师范代表查勉仲分别发表欢送词，张君劢受梁启超之委托，代表讲学社发表欢送词。

张君劢在演讲中介绍了邀请杜博士来华演讲的原因、过程、内容及其预计的结果等。特别提到杜博士的思想之特色，曰："杜博士哲学之特色，莫若借用美人詹姆士之语，詹氏曰，理性主义者，以全体解释部分者也，经验主义者，以部分解释全体者也。杜博士之哲学，以全体性为根本观念，故惟有厕之于理性主义或惟心主义之林。吾国先杜博士而来之西方哲学家二人，曰杜威，曰罗素，杜氏实用主义者也，工具主义者也，罗素氏英之新惟实主义者也。惟心之说，未之前闻，则杜博士者，谓为吾国思想史中惟心主义之先驱可也。"

是日，杜里舒博士夫妇离北京南下，经开封、济南等地，回沪。7月8日离沪赴日、美讲学。

秋天，在筹备泰戈尔访华招待会上经郭梦良、黄庐隐介绍，与王世瑛相识（据王世瑛的弟弟王世宪说，最初的介绍人是他们的同乡兼世交的北京大学教授林宰平，郭梦良、黄庐隐是在林宰平提出后的促成介绍人）。

王世瑛，福州人，1897年生，1917年至1922年就读于北京女子高等师范学校国文专修科。王世瑛与冰心为福州女子师范前后期的学生，是当时小有名气的女作家，王世瑛曾以本名及好友冰心为她取的笔名"一星"，发表诸多文章。王世瑛的出现，在张君劢的心湖投下一枚石子，像一缕春风，吹皱一池春水。据王世瑛回忆云：翌年六月，始有情书往来。那时，王世瑛率她所执教的福建女师的学生访问沪、杭、宁，两人的交往日密。尽管张君劢因他办的国立政治大学经费受阻而四处奔波，"忙得饭都难顾得上吃"，但仍坚持每日与王见面、晤叙，十余日的相处，拉近了他们的距离，之后，福州、上海之间情书往返一时如过江之鲫，素不作诗的张君劢也诗兴大发，咏叹自由爱情的幸福。1925年，张君劢毅然与沈氏离异，与王世瑛结成伉俪。时张君劢三十九岁，王世瑛二十六岁。婚后，王世瑛成了得力助手，襄理张君劢的译著《政治典范》的出版，故张君劢在书首冠上"谨以此书献于释因（王的笔名）女士"。王世瑛是贤妻、良母，这是一桩美满婚姻。1945年，王世瑛因难产过世，时张君劢在美出席联合国成立大会，获此噩耗"伤心惨绝"，此后孑然一生，不再续弦。

9月7日，在《申报》上发表《现有国家机关否认之提议》一文。

9月10日，上午十二时，国民外交同志会公宴苏俄代表加拉罕及其随员于中央公园来今雨轩，宾主到者80余人。席将终，由雷殷君代表外交同志会致词欢迎加拉罕君等，次由加拉罕君致答词，末由张君劢演讲。

至下午三时许，宾主尽欢而散。

9月15日，与胡善恒、徐六见、郭梦良、瞿世英等四人，以共同拥护唯心史观，在北京西山灵光寺缔结四条盟约，张君劢自称：从此得一新生命，负起新责任，家室及著作与办学实业均不足累，而以身许国之念自矢。自此始，写灵光室日记，至1924年1月23日停止。

此后不久，又与张东荪、郑振铎、陈霆锐等商议，创办一份以宣传唯心史观为宗旨的杂志，企图通过对唯心史观的宣传，广结同志，为以后组建政党做准备。

9月20日，在《教育杂志》第15卷第9期上发表《学生自治》一文。

9月23日，接江苏省省长电报，由北京赴上海，开始自治学院的筹建工作。临时院址设于爱文义路。

张君劢办自治学院是在较为复杂的政治背景下进行的，1923年6月，曹锟贿选引起社会舆论的喧哗，江苏省国会议员姚文玥等致书省长，述创办自治学院之必要与迫切，同时江苏省教育会会长袁观澜、黄炎培等也有同类书致省长。省长因对现在政治感受痛苦，觉欲促进民治发扬法治，养成自治人才，实为首要，故对于创办学院十分赞成，惟论及如何办理，则颇费踌躇，国会议员主张特设，教育会主张附设东大。9月22日，江苏省长召集会议，讨论办学事宜，列席者为东大校长郭秉文，省教育会袁观澜、黄炎培，教育厅长蒋竹庄，法政专门学校校长王甸伯，政务厅长傅雪丞等，讨论结果，皆认为附设东大，有很多困难，因决定特设，遂由省长电北京，请张君劢回省主持。张君劢回省后，各项准备工作按期进行，10月19日，送交省政府"缘起"，20日，送交"理由书"，11月10日送交全部章程。但11月财政部未准他们的财政支援申请，以至经费问题不得不由张君劢与江苏省负责。张謇、袁希焘、黄炎培、蒋维乔等江苏省教育会的人物都任其中董事。他们的支援在省议会停拨经费决定与社会批判舆论的积极对应中显示出来。1924年6月29日，江苏省财政会议，为了整理省财政，决定停拨自治学院经费，将其与同类学校合并，从而引起了国立自治学院的反对风潮。史量才、袁希焘、蒋维乔、沈恩孚等董事积极响应，一面与江苏省政府积极交涉，一面通过《申报》等的舆论声援，使自治学院得以维持。后该校发展比较顺利，1925年新校舍竣工，改为国立政治大学，并改革学制及结构。重要的是，当时江苏绅商代表反对中央政权而追求自治的政治势力，该校继承从前自治讲习所培养自治人才的宗旨，标榜养育具有道德意识的政治人才。当时上海的众多名流学者，如张东荪、罗文干、瞿世英、陈霆锐、刘英士、潘光旦、朱亦松、吴经熊、闻一多等均被聘请来校授课，章太炎、蒋百里则被邀来学院作报告。身为一校之长的张君劢也亲自为学生讲授"英伦政治""唯物史观之批判"等课程。学校特别重视学生的政治实践训练，张君劢有意要把政治大学办成"民主政治的实验所"，曾在该校受教的王世宪这样回忆道：在政治大学，除基本的必修课程外，经常进行民主政治的实验，有议会实践的自治会和辩论会，张君劢时常注意自治会的"政党活动"，并时常以主办的身份参加学生的辩论会。1927年，因张君劢有"进步党"余孽之嫌，国立政治大学被国民党党部接受。"政治大学为刘大白、陈望道所接受，其藏书室中之书，后来成为中央政校之书。"①

10月3日，与徐志摩、瞿菊农等去常州。

10月9日，会见胡适等。

10月10日，在《申报》上发表《我心里上国会之死刑宣告》（为《申报》国庆增刊作）一文。

10月11日，在《申报》上发表《论宪法公布》一文。

是日，中午，张东荪借张君劢处请客，胡适、徐志摩、朱经农到席。夜，出席叔永夫妇之宴会。宴会后，与胡适步行回旅馆，谈至十二时胡适始归去。

10月13日，接到江苏省长的聘书。

10月27日、28日，在《申报》上发表《国立自治学院缘起》一文。文曰：

> 国之治乱，人为之耶？法为之耶？人存政举，人亡政息，此人治之说也。如前者之言，政术听诸其人之贤不肖，而治乱为不可必之数。如后者之言，贤者不能越法以为治，不肖者不能骩法以为乱。以法立信，则治平可以长保，此儒法两家之言，数千年来固有试行之者，然但取其一而舍其他，则人法有两穷之日，当其既穷，乱亡不旋踵而至，于是治乱循环，视为天然之数，此国人政治之思路，至今鲜能自拔者也。中外互通以来，见夫西方之治，有所谓宪法，有所谓预算，与法家之言顾相类，乃亦以法治名之。然事实果如是耶，财用出入悉遵预算，官吏进退赖法保障，乃至统治权之行驶，悉以法文为准绳。西方之不能离法为治明矣，然国民教育普及，故国中有正确舆论，此固国民知识之提高，民治乃有以善其用，则其所以赖乎人者一

---

① 《再生》（香港）1952年5月1日总第314号。

也。内阁因舆论而进退，甲去而乙代兴，故政府不积于一人，甲乙可因时发挥所长，此所以保全人才者又一也。政治家之行己立身，以政见为旨归，平日在学校生活既养之有素，而前后互相衔接，规随之中，能有所创作施为，此则政治之培植有方，而因收得人之效者又一也。此种种者可见西方政治之注重人的方面为何如，岂徒法为治而能致今日之效哉。自逊清之末，以至今日，国人误信法治之说，若条文早颁则治效夕至。今民治之法令以蔚然为全书，而实际效果如何，国人共见。何也？无撑持之人故也。大多数之国民，虽居主人之地，然民意表示之选举漠然焉。谓选举能影响于国政者几何，可谓绝无而已，而况闻国之人杰，既无华盛顿之诚意，妄抱拿破仑之野心，以法律为戏，恣意踩躏民意。盖国号共和，而共和之人之元素，上自政府，下至人民，其缺也不具，未有若吾国者也。此数十年政局，其教训国人至深且切者，则人与法相须为用，不可缺一而已。诚有人矣，无法不能图治；诚有法矣，无人则法为具文，人法二者之兼筹并顾，乃今后国治第一要义也。所以养成人才者如何乎？曰自治而已。所以确立法制者如何乎？曰自治而已。专制之国一人高拱于上，而下则臣妾也、奴仆耳，举国嗷嗷，日以国泰民安，坐待诸不世出之圣君贤相。欧美共和国反是，人人为治者，人人为治于人者，彼此迭代，以恰其国。故为政善恶之责乃在国民双肩。行政有内阁，立法有国会，二者皆以定期选举，随民意以进退，乃至司法之陪审、地方之自治，亦无非此精神之表现已。彼西方人民，岂不知委心任远，坐享升平之为逸乐，顾乃于权利争之惟恐不力，于义务尽之惟恐不至者。盖以一国人而自理其国，乃事理当然。自立法而守之，自行政而自受之，必如是然后为真正自由人民。而此顶天立地之身，乃为充竭其量耳。同为人类未有不乐自由，而恶专制者，乃有其名则是，而其实则非者。国民之政治知识，诚政治道德不足以济之也。大多数之人民，对于政策善恶，有无识别之能，对于议员去取，有无进退之力，皆民治之关键也。

10月31日，在《申报》上发表《北京新宪法纠谬》一文。
11月9日，自治学院与中国公学签订院基转让合同。
11月13日，接待来访者，谈自治学院经办情况。
11月13日，陈独秀应邀为即将出版的《科学与人生观》作序。11月29日，胡适也应邀为此书作序，并作《答陈独秀先生》。陈独秀又于

12月9日作《答适之》。两篇序文和答文一并收入《科学与人生观》书中。

11月22日,在《时事新报》上发表《北京新宪法与江苏》一文。文前附有张君劢21日写的附识,曰:"此稿成于旬月之前,以示诸友好迟迟未刊行,昨《申报》先生有文促之,似已不容久闷,故寄东荪先生发表之"。对宪法的态度是:"是者是之,非者非之"。他主张以北京国会所议决公布的宪法分省付诸人民投票公决。"与其待诸一二人不可必之胜败,何如国民自起而图之,此吾立言之要旨也。"

12月10日,接到江苏省长发来的自治学院董事正式聘任书。

12月17日,在《教育与人生》杂志第10期上发表《政治教育四论》一文。

12月18日,撰写《人生观之论战·序》。文曰:
"第一,科学上之因果律,限于物质,而不及于精神。第二,各分科之学之上,应以形上学统其成。第三,人类活动之根源之自由意志问题,非在形上学中,不能了解。"

12月底,序并签署的《人生观之论战》一书由上海泰东图书局出版发行。

12月28日,下午四时,国立自治学院在爱文义路88号该学院内开第一次董事会,报告筹备经过,并讨论此后进行计划。

到会董事计十七人,张君劢被公推为主席,会议开始后,先请省长代表报告,略述自治学院筹备经过。次选举常务董事,当选者黄炎培、沈恩孚、史量才三人。六时散会。

冬,拟组织理想会,拟办《理想》月刊,邀徐志摩参加,并向他约稿。

1924年〔民国十三年 甲子〕39岁

1月1日,八时半,到自治学院,晚十时半归眠。"自是先生有书可读,有事可办,亦即理想中之悠然自得之生活也。"[①]

1月8日,为征集江苏各县财政预算案,致上海沈宝昌知事公函。

1月10日,在《东方杂志》第21卷第1期(廿周年纪念专号上册)上发表《政治学之改造》一文。

[①] 程文熙:《张君劢先生年谱初稿》,收入台北中国民主社会党中央总部印行的《张君劢先生九秩诞辰纪念册》,第24页。

文章首先指出："二十年前初读政治学书以之与今日之政治思想相较，其对象与根本概念，已经一种绝大变化"。然后，介绍和评价了世界政治学领域的七个新的思想观点：第一，国家毁灭说。第二，公共职务说。第三，政治组织之改造。第四，直接行动之意义。第五，贫民专政之可否。第六，联邦主义之推广。第七，国际主义之萌芽。文末，指出："读者见我以上所举七端，殆必有感想焉曰：昔之论国家性质者必以主权为要件者，今则易为公共职权说矣；昔之论政府组织者必曰三权分立，今则易为立法行政混合之中央执政委员会矣；昔以议会为分区选举之代表结合地者，今则易为分业代表矣。且以政制正在改造之中，故其所用手段有所谓直接行动，有所谓专政，岂非昔日政治学中所奉为原理原则者，可一切视为覆瓦之资？故曰'今昔政治学之异同，尤哥白尼前后之天文学矣'。其所以然之故安在？曰前既言之，人事者变动不居，非有公例可求者也，因人自由意志之奋进，而制度因之以变更。"①

1月11日，理想杂志社开成立大会。此社是张君劢与张东荪、筑山霆、郑振铎等发起组织的，以鼓吹唯心主义史观为目的，等到响应者多了以后，再俟机组党。

1月14日，在《教育与人生》杂志第14期上发表《政治教育四论（乙）》一文。

1月22日，午后，主持国立自治学院第一次院务会议。是日及次日考试新生，亲自口问。

1月23日，停止了灵光室日记的写作。

1月25日，杜里舒从德国致信给张君劢，谈回国后的情状。征得张君劢同意，《时事新报》3月15日刊登此信的简要内容。

2月11日，在《教育与人生》杂志第17期上发表《政治教育四论（丙篇）》一文。

2月12日，致信梁启超，约其为《申报》撰稿，并论时事。

2月27日，下午二时，国立自治学院举行开学典礼仪式，先由校长张君劢宣布开会，向国旗行三鞠躬礼，继由韩省长代表江苏教育厅长蒋竹庄代表省长致训词。然后，由沈信卿代表该院董事致训词……继由张君劢请章太炎演讲，章太炎就国宪立论，谓自治乃现今中国政治唯一之途径……演讲长达两小时。继由院长张君劢介绍全体教员与学生相见，相向

---

① 《东方杂志》第21卷第1号，第8页。

行鞠躬礼，礼毕散会。该院定于三日开始上课。①

2月，在自治学院写成《杜著爱因斯坦氏相对论及其批评译序》一文。文前题有"此书之译我为慈母六旬纪念——家森"之款识。

文曰："杜氏之东来也，讲题本以生物学及哲学为限，惟其新版秩序论中有批评相对论文字一段，批评爱氏至猛，若不两立者。窃以学理不贵一尊，有反方之文，则正方之理，或因而尤显。尝以此意商诸尚志学会林宰平先生，宰平先生然其意，乃恳杜氏发表其反对之意见，此则杜氏作此文之由来也。"

3月9日，辛酉学社于下午二时许在上海公平路一号辛酉学社社内开春季全体大会，报告去年经过情形，以及讨论修改章程、选举职员等事。特请张君劢做题为"政治与个人"之演讲。

3月15日，由全国商教联席会议发起之国事会议在上海举行开会式，并正式名为"中华民国八团体国是会议"。国是会议成立"国宪草议委员会"，张君劢、张东荪、章太炎、蔡元培等被聘为顾问，负责起草宪法。

3月17日，在《教育与人生》杂志第22期上发表《自治学院开学日训勉学生词》一文。

3月23日，苏社在扬州开第五届常会第一次会议，借省立第五师范风雨操场为会场。到会者，旧会员160余人，新社员150多人，旁听者亦200余人。张君劢应邀在会议上演讲"联省自治与公民投票"，列举联省自治在学说上事实上确有提倡之可能与必要，至公民投票为人民对于宪法上最正当之手续。②

晚八时，张君劢、黄炎培应扬州第五师范、第八中学和代用商业三学校的邀请在五师大讲堂做演讲。上述三校利用苏社在扬州开会之机会，合组敦请张君劢、黄炎培两人演讲，以资传播新教育，到会听讲者三校教职员及各校各年级学生，数在千人以上，后至无插足之地。首由校长致欢迎词，嗣后即请演讲者登台，张君劢讲马克思学说之批评，黄则以自己思想，解释张之演讲词，两君方言，以张君劢口齿清白，听者颇能领会，直至十时始告终结。

3月31日，4月1日、2日、3日，在《时事新报》上发表《联省自治及公民票选宪法问题》一文。

---

① 《国立自治学院开学记》，《申报》1924年2月28日。
② 《申报》1924年3月25日、27日。

此文是张君劢在苏社于扬州举行的第五届大会第一次会议上的演讲词（黄春官笔记）。文曰："总之，从时局的解决方面看来，联省自治，已经成了独一无二的法门；从国家永久的组织讲起来，更有很大的利益，所以，这个制度，真正是我们中国拨乱反正的关键。"达到联省自治目的的关键是省宪，或者可以说省自治法。"我们不能把贿选和宪法并为一谈，我以为这次的宪法，虽和贿选一起产生的，我觉到他很合于联省的制度。……总之，代表民意的，如果希望法治的局面早为决定，没有不乐于赞成新宪的"。张君劢主张通过公民投票来决定新宪法是否施行。这是因为：第一，新宪法颁布于贿选之后，议员的名节已经扫地无余了，非用公民投票的方法，不能维持宪法的庄严。第二，因为宪法现在虽已颁行，而全国的人民，还视为漠然，非用公民投票来做后盾，恐怕这宪法终究没有实行的希望。第三，国民用公民投票批准新宪，庶几乎可以把宪法权由议员手里夺来，交还国民。第四，如章太炎致韩省长书中所云："若冒昧承诺，既于人民不关痛痒，尤惧对于西南显然立异，将来反对蜂起，则承认之效自消。吾以为宪法之行，不能独限于一方，若江苏独承认而他省则否，是吾苏将成为宪法沙漠中之绿岛，故不如留此一步，为西南转圜余地，庶全国咸纳于同一宪法之中。"所谓公民投票的意义，就是这样。

4月12日，清晨一大早，与徐志摩、殷芝龄、潘公弼、钮立卿等以及在沪外侨三十多人齐集汇山码头，恭候泰戈尔。上午九时一刻，泰戈尔一行乘"热田丸号"（Atsuta）如期而至。礼节性的照相完毕，泰戈尔一行登车直奔位于静安寺路的沧州别墅（今南京西路锦沧文华大酒店处）。原计划下午二时在慕而鸣路（今茂名北路）37号张君劢宅举行的欢迎泰戈尔的茶话会，由于泰翁未到，不得不推迟。下午四时零五分，在徐志摩等的陪同下，泰戈尔出现在张宅的草坪。晚上八时，泰戈尔在沧州别墅与徐志摩、瞿世英、张君劢、殷芝龄等人小酌，"至九时半始散"。

下午四时，自治学院在该院董事室举行第二次董事常会。董事十七人到会。会议开始后，第一案为十三年预算案，张君劢说明十三年预算案内容。第二案通过教职员薪俸章程。第三案通过派遣教职员出洋留学规则。第四案通过附设自治讲习科大致办法。六时散会。

4月13日，下午二时，上海自治学院、讲学社、中国公学、文学研究会等团体假借慕尔鸣路37号张君劢家草坪，专为欢迎泰戈尔准备了一次茶话会，由张君劢主席。到场名家有郑振铎、殷芝龄、张东荪、黄柏樵、朱经农、陆鼎揆等百余人。

4月14日，泰戈尔与由印度同来之五人赴杭州游览西湖，晨八时，自沧州别墅乘汽车往北站，搭早快车赴杭，偕行者讲学社、文艺研究会瞿菊农、徐志摩两君。张君劢、张东荪、郭秉文、朱经农诸君及报社记者十余人在车站晤候泰氏，为他们送行。

下午七时，上海市议事会、市董事会所发起的演讲会，在上海市南市小南门中华路救火联合会楼上举行，各机关及各学校男女教员之听讲者，均持券到会，签名入席。讲场设在该会二层楼，总计到会者九十七人。开会后，由市议会议长沈信卿报告开会宗旨后，即请张君劢演讲，张君劢演讲题为近代市政之性质及其根本职掌，内分三节，当日只讲二节：一、行政系统；二、自治团体性质之市。张君劢在每节演讲时，在黑板上绘画阶级，示明大意，使听者易于领悟，引起兴趣。至八时讲毕。①

4月15日，接徐志摩电报，报告与泰戈尔在杭州的活动情况。文曰："君劢兄：寒（十四）偕泰戈尔到杭，欢迎者众，下午正十二时四十分，现下榻西湖饭店八二、八五、八八号房间。铣（十六）在教育会演讲。拟篠（十七）晨返沪，巧（十八）演讲。然后北上。诸同志均好。摩删（十五）"②

4月16日，上海市议董两会所组织之市政演讲会，请国立自治学院院长张君劢演讲，本日到会者百余人。

4月17日，下午两时，出席江苏督军齐抚万召集的关于筹建金陵学院的讨论会。江苏督军齐抚万发起组织金陵学院，仿从前书院试士成规，而扩充其规模。当天会议在秀山公园英威阁举行，到会者有韩省长、蒋教育厅长、绅学界要人袁观澜、黄炎培、沈信卿、仇徕之、魏海苏、黄伯雨、张君劢等。由军署主任秘书刘芸生主席，决议事项如下：（1）修正简章；（2）推定袁观澜、沈信卿、张君劢等担任起草员；（3）简章修正后，另行定期开会。议毕游园，并至历史博物馆参观，旋至英威阁款以西餐，至五时散会。③

4月18日，下午三时半，中外各界人士一千二百余人，借宝山路商务印书馆的图书馆会议室，为泰戈尔举行盛大的欢迎会。欢迎会本来由张君劢主持，但因他这时还未到，故改由沈信卿、聂云台轮流主持。沈在介

---

① 《申报》1924年4月15日。
② 《申报》1924年4月16日。
③ 《金陵学院讨论会纪事》，《申报》1924年4月19日。

绍词中盛赞泰戈尔对于人类精神的贡献，说明上海各界为了表示对这位大诗人的热烈欢迎之意，特地举行这次欢迎大会。

4月20日，《时事新报》刊登《张君劢先生之市政演讲》（一）一文。文前附有记录者杨昌第的注，曰："上海市议会市董事会所发起之市政演讲，已于前日在小南门救火联合会楼上，请国立自治学院院长张君劢先生开始演讲，昌第对于市政欲研究而无机会，前晚得领张先生宏论，堪慰私衷。爰不揣冒昧，记录于下。"

4月21日，《时事新报》刊登《张君劢先生之市政演讲》（二）一文。

5月25日，下午二时，苏省国立学校预算委员会在署开会，到会者袁观澜、沈信卿（以上教育行政委员会推出），蒋百庄、谭静渊（以上教育厅推出），吾士朝、仆忠厚（以上省公署推出），张君劢（瞿世英代表），郭秉文、刘虚舟（以上国立学校校长），公推沈信卿为主席。关于十三年预算，决定如下：自治学院十三年度经常费，照上年度核定之数，仍例七万二千二百元，其增加之学费收入八千元，作为临时费，共列经临两费八万零二百元，预算册应由该院依此另编。①

5月29日，黄昏，在慕尔鸣路37号住宅设宴欢送泰戈尔，泰氏28日乘吉和轮由汉口抵上海，晚六时乘车抵达张君劢住宅。出席欢送会的有：沈信卿、殷芝龄、瞿菊农、徐志摩，印人喜司爱，朝鲜人赵素印，以及自治学院学生等共计150余人。讲演在草坪举行，来宾环坐而听。

> 张君劢主席并致辞曰：鄙人自泰戈尔先生自上次由印抵沪后即患病，致未曾听过其演说。余之病，系天花，人皆谓为传染所致，余以为此由泰氏带来，盖泰氏常言，人当作小孩，故今余患天花，或泰氏欲余再作一次小孩吁。又余对于泰氏颇为抱歉，有人谓泰氏赞助玄学，特别帮忙鄙人。实在余在其来华之前，从未读过泰氏文章。今读其在京沪之演讲，乃知其有满腔爱与美之心。然则知泰氏与余无其关系，决不来帮助余。且泰氏有高深之学问，更不曾赞助余之玄学。自来人之主张各有不同，有赞成物质文明者，亦有赞成精神文明者，然均为难免受人批评。今泰氏批评赞成物质文明者，又泰氏注重爱与美，而人患之若大砲，不亦奇乎？今泰氏将去，希望亚洲文明独立造出一种新时代，并望泰氏将中国缺点见告。张君劢讲话毕，泰戈尔做了他在上海的最后一次讲演——《告别辞》。泰戈尔演讲毕，略进茶

---

① 《苏省审核国校预算会议记》，《申报》1924年5月27日。

点，时已至七时，张君劢即在室内请泰戈尔进晚餐，用中国菜。十时，将泰戈尔送至汇山码头，准备乘上海九赴日本神户，该船定于30日早八时三十分启碇。①

6月2日，在自治学院演讲《倭伊铿哲学》。

6月13日，始与王世瑛情书往来。王世瑛是时正率闽女师学生到沪，与张君劢第一次相晤于张宅。后王世瑛往宁、杭参观，7月11日返沪。时自治学院学费正为人否决，在奋斗中，然不忘日日聚晤，约旬日，王世瑛返乡里。

6月27日，中午，与讲学社代表徐志摩，在大西路犹太人住宅（原定慕尔鸣路张宅）宴请由日返沪的泰戈尔。泰氏于26日上午十时抵沪。泰氏演讲在日所得之感想。定于明天赴广州演讲。至九时始散，泰氏等乘汽车至杨树浦，换乘小汽船登轮，到埠送行者张君劢等十余人。

7月1日，江苏财政会议做出决定停办自治学院决议，张君劢对此表示抗议。

7月13日，自治学院在该院开临时董事会，决定三步办法：（一）致函省长，请求维持；（二）推蒋竹庄、袁观澜二君为董事会代表，往见省长；（三）推定史量才、蒋抑卮二君为建筑校舍董事。七时散会。

7月14日，《时事新报》刊登《张君劢对于江苏财政会议决议停办自治学院之抗议》一文。阐述自治学院的创办经过及自治学院创办之宗旨、意义等。

7月22日，《申报》报道：苏省长允维持自治学院经费。文曰："国立自治学院，为请求省长维持该院起见，于前次开校董事会时，经议决由各校董联名致函省长，并派代表二人赴宁，面商省长，请予维持。兹悉该二代表已公毕返沪，闻已得韩省长允准维持，不日即可见诸明文云。"

8月9日，乘江新轮离沪赴武汉讲学，在轮船上赋诗有"不因哲学忘政治，不因政治忘哲学"之句。

8月19日，应武昌中华大学暑（期）校之聘到汉口。

8月20日，汉口银行公会宴请马寅初和张君劢。在汉口期间，萧漾请张君劢到署，谈话甚久，并捐千元给张君劢，用作创办自治学院之经费。

8月24日，返回上海。

---

① 《张君劢宅中之欢送太戈尔会》，《申报》1924年5月30日。

9月8日，为自治学院特别演讲之第一日，由张君劢主讲，上午九时开讲，讲题为何谓内战：（一）战争之性质；（二）对外战争与对内战争；（三）中国历史上之内战。听者二百余人。

9月9日，继续上一日演讲，讲题为各国内战之往事，分述：（一）英国革命战争；（二）美国独立战争；（三）法国革命战争。自明日至礼拜六，每日讲一题，为"欧美近百年免于内战之原因"；"各国宪法上关于军事及和战之规定"；"内战与国际法上之责任问题"；"内战与时局之将来"。

9月13日、14日、15日、18日、19日、20日、21日、22日，《时事新报》连续刊登张君劢在自治学院特别演讲"国内战争六讲"之记录稿。由崔志德、徐昌硕记。

9月17日，下午二时，国立自治学院开学典礼仪式在该院举行。与会者除院长张君劢暨各教职员外，并有韩省长代表庞甸材及该院董事袁希涛、沈恩孚、张仲仁诸人。

> 先由张君劢致辞，略谓当此炮火中，本院得以开学，实为难得，而光阴更是宝贵，同时诸君之责任，亦较他人为大。忆一千九百十四年秋，欧战起时，德境以内，学校仍开学读书，在一千九百二十四年添办一大学，是可见战争由于仇恨心，而讲学则超乎敌视心、仇恨心而上之。继为省长代表致辞。后为袁、沈、张诸董事演说，……最后由张君劢介绍教职员与学生，行一鞠躬礼，四时散会。①

9月20日，以董事身份出席大夏大学在槟榔路潘家花园举行的第一次开学典礼。

本年夏，厦门大学出现学潮，6月1日，义愤的学生，请求在校九位教授至上海另创大学。于是，厦门大学三百余位教师和学生离校奔赴上海，刚卸任的原国民政府交通部长王伯群与前厦门大学教授欧元怀、王毓祥、傅式说等人在上海成立"大厦大学筹备处"。"大厦"即"厦大"之颠倒，去其地方性之厦，为华夏之夏，并取"光大华夏"之意定名"大夏大学"。大夏大学在9月20日，借潘家花园举行秋季开学典礼仪式，校董张君劢、王伯群、叶楚伧、邵力之，以及

---

① 《自治学院开学记》，《申报》1924年9月19日。

新聘教授、新旧学生数百人参加。下午二时，会议开始……主席请诸董事讲话，张君劢先登坛发言，略谓现在中国时局扰攘，公私立学校均受政治经济上之影响，多致不能开学。而大夏适于此时开幕，虽暂时不免有经济上缺憾，然建事立业，虽重物质，而尤特精神，今大夏已有此战胜困难之精神，将来财政问题，当可努力解决。盖精力集中常能胜任非常之任，此亦今日大夏成功之由来，亦即前途发展之所赖。并言求学须务真理，做人需求实现，自己参加是非，徒作壁上观者，为最无用之人，语语恳挚真切。①

张君劢在大夏大学任董事两年多，他向浙江兴业银行借款三万元，为大夏大学建立了第一批新校舍。

9月30日，撰写《〈国内战争六讲〉自序》。全文如下：

哀哉我国，处二十世纪人权大昌之世，而政权之消长，尤决于力而不决于平和的自由的讨论也！夫同为人类，同为理性的动物，关于一群之利害，各本其自由意志，共同讨论，以决可否定取舍，此至当不易之理也；而吾国政象何如乎？尝见西欧山中之牧童矣，背手枪，随猎犬，阔步前行，其四足著地，徐徐逐队以进者，则群羊也，羊在田间啄草自饫，则童持鞭作响以警之。今之持兵柄者横行国中，旁若无人，非牧童乎？军队者军人之利器，犹童之枪与犬也。所谓国民，供奔走敲剥之资耳，生死不可知，财产不可保，非羊而何？呜呼！吾四万万之人民，固神明之胄也！奈何以羊自居，至数千年之久而不自知乎？今世界则大通矣，民治之规模广行于大地矣，其早觉醒，其早具决心，其早识途径，去此羊群之心理，而还此自由自在之身！此则新历史新时代开创之惟一方法，而我之所欲与国人共勉者也！②

10月13日，离沪赴北京。

10月16日，在《晨报副刊》上发表《国内战争六讲——第一讲　战的意义》一文。

10月17日，在《晨报副刊》上发表《国内战争六讲——第一讲　战的意义（续）》一文。

---

① 《大夏大学开学记》，《申报》1924年9月22日。
② 1924年11月13日《时事新报》副刊《学灯》。

10月18日，抵达北京。

是日，在《晨报副刊》上发表《国内战争六讲——第二讲 中国历史上的内战》一文。

10月19日，在《晨报副刊》上发表《国内战争六讲——第三讲 欧美内战之往事及其近百年免于战事的原因》一文。

10月20日，在《晨报副刊》上发表《国内战争六讲——第四讲 各国宪法上关于军事及和战之规定》一文。

10月，《国立自治学院丛书第一种——国内战争六讲》由国立自治学院出版发行。

11月1日，在《晨报副刊》上发表《国内战争六讲——第五讲 内战与国际法上之责任问题》一文。

11月2日，由北京抵达天津。

是日，在《晨报副刊》上发表《国内战争六讲——第五讲 内战与国际法上之责任问题（续）》一文。继续讨论内战中外人所受损害应该不应该赔偿的问题。

11月3日，上海图书馆协会编辑委员会，为举办月刊问题在天后宫上海总商会图书馆举行第一次会议，张君劢等被推为名誉编辑。

11月4日，在《晨报副刊》上发表《国内战争六讲——第六讲 内战与时局之将来》一文。

11月6日，在《晨报副刊》上发表《国内战争六讲——第六讲 内战与时局之将来（续）》一文。

11月8日，返回上海。

11月9日，晨，在国立自治学院演讲北京政变中之见闻。

余于前月13日赴京，适卢氏通电下野，此亦大可纪念之一日也。18日抵京，自治学院报都事，适将接洽就绪。忽23日，冯玉祥回京，京津交通断绝。余以事毕急应回院，苦无法到津。最后余以英文报道之关系，值该报主笔柯乐文氏有天津之行，遂由柯氏请国民军司令部发给护照时，多添一人。幸于本月二日乘汽车通过两道战线到津。历时七小时，其经过困难，殆难尽述。余与柯氏通过冯军战线，而又安然越过杨村，盖吴军已于十时半失守杨村，而向天津、北仓方面退却矣。由津海行，又以船舱定满遂厕身统舱间，与一班吃鸦片做小本生意者同居三日。而今安然抵沪。余二十五日来之旅程，大概如

是，今欲为诸君述者，则为此次京变见闻……①

11月19日，致电段祺瑞，表示对时局之意见。

　　天津段芝老大鉴，奉支电，搁楮数日，必欲有言，文不成理。为公言法律乎？旧法已穷，新法超乎法统之外。为公言政策，名位未定，何暇计及实施。为公言用人乎，刀枪剑戟之中，敢言善恶进退之。则此三事触处荆棘，措手无所，而海内嗷嗷向心，惟恐公之不出。森则转以轻于一出，为公危耳。既承明问，敢贡三义：一曰，法系应根本改造也。国会成立，垂十余年，贿选以后，秽德彰闻，若犹姑息，必贻后患。间有为公计者，由国会选为总统，则顺序合法，地位牢固。无论议员负贼私之罪，不应行使职权。即令能之，彼等以其污曹氏者转以污公矣。为今之计，惟有结合各职业代表，重定大法，但望中央勿存树党之心，则民意自出，必得真正代表，以参国政。二曰国内战争应该设法消除也。各省于中央向背不常。政府于号令不及之地，动以讨伐出之，究其实际，讨人者未必尽是，被讨者未必尽非，及乎胜负既分，败者退居被讨之列，胜者入居讨人之地，则讨伐之名，视强力所属，何尝有公道是非存乎其间。森以为处此混乱之局，应在北京设一调处机关，以各派元老五六人组织之，若督军更动，军队移防，与夫内争中和战之局，必经此机关同意，公布理由，而后执行，庶几中央少劫持之苦，当衡者免袒护之私，而国内战祸或可稍减。三曰，势力扶植之策应放弃也，政令之行，必以力为后盾。然年来执政误解此意，每于所亲爱者，假以地方之寄，师旅之柄，意谓如是则指挥由我，令行如志。不知外人之向背，视乎吾人之公私，徒恃一二同类之夹辅，岂敌数十异己之离二。其为贤者，不因其疏而远之，其为不贤者，不因其亲而近之。在我者既无植党之嫌，在人者可钳其分赃之口。抑更有进者，公于入京之先，应将国政兴革，与各方明白言定，署名示信，若不同意或中途折挫，宁可弃职，勿稍苟且。如是在公无名位之私。则坐永重兵者，无所施其傀儡之计。

---

① 《张君劢演说：北京政变中之见闻》，《申报》1924年11月10日。

11月20日，出席大夏大学董事会全体会议，与会者有叶楚伧、王伯群、邵力子、马君武、张君劢、汪精卫等。会议讨论校长人选、募集经费、推定董事会主席等事，推举马君武为校长，王伯群为董事会主席。

11月22日，下午二时，自治学院举行教授德人翁钢夫人就职礼节及演说。该院全体员生百余人、中外男女来宾十余人出席会议。张君劢出席典礼仪式并讲话，曰："今日礼节在中国虽为创举，而在中国教育史上亦非无相似之故事。翁夫人为历史教授，今日所讲为殖民地之发展……"

12月14日，《申报》登载《张君劢致段执政电》。文曰：

> 北京段执政大鉴：政府追源战祸，去齐督而以韩省长理善后，可谓能顺民意矣。虽然，去齐之日，忽有卢永祥宣抚苏皖之令，苏人闻之，骇愕不知所云。吾苏自民二以来，困于驻兵，军费屡增，已超千万，全省岁入，尽供军备，生聚教训，概不遑及。逮江浙战起，人民荡析流离，损失以五六千万计。苏人痛定思痛，图复省权，乃请以韩代齐，意谓收束军队，节减军费。庶几轻省民之担负，拓自治之公权。不谓苏人拒虎于前，而公乃纵狼于后也。张督请裁巡阅使之言曰，专阃之外，进而兼圻。政府既据其言以裁巡阅，奈于苏皖忽遣宣抚之使，地连两省，非兼圻而何。名目虽更，安知非暮四朝三之技，此不可解者一。或谓两令同下，所以制齐之反侧，不知齐果抗令应速将讨伐，何有抚慰，齐不抗令，何赘此骈技之使节为，此不解者二。卢督曾语张君一虚云，雨帅屡促南下，奈我得罪苏浙之人，何颜再见江东父老。是卢督不自矜伐如此，若中央强之南行，转示天下循环报复之无已，此不解者三。江浙师旅，皆曾与卢督对垒疆场，此敌对之主帅，宣抚之德意，天下古今，罕有所闻，此不可解者四。浙督孙氏之附曹，（穷）在齐，松江之役，尤为胜败关键，以两不相容之人，各驻接壤之省，岂非给苏人宣抚之美名，隐为苏浙第二战争之预备，此不可解者五。道路传闻，长江问题，已为政争中心，卢督南下，乃公受人劫持，非出本怀，果如所言，则此举不独害及我苏，抑且祸延全国矣。盖今后国家之治乱，系乎军制，诚采瑞士义务民兵之制，各省保境自卫，兵役普及人民，则割据之局自去，龙磐之念自消，反是者，以据地之广狭，为后援之多寡，则北洋与西南之争，直皖直奉之战，岂非公之所目睹而亲历者，此后奉与非奉之战，可以翘足待耳。卢督南下，在公或为暂局，抑知事之长短，原非所计，国民观听，影响则一，曰是公以长江之险，托诸心腹，以扶植势力，排除异己矣。

吾苏军固永不能裁，驻防永不能撤。而凡不属公之谱系者，有以窥其隐微，如以争师旅、争督席、争地盘相要挟，不知公之东山再起，所以再造我国者，将何以御之。且张督歌电，明言各省军事善后，暂留军事长官一人，中央既以军事善后责诸韩省长，何为于常规之外，又复巧立名目。苟非有心以临省为泄兵之壑，则必视我苏省为北方之征服地矣，人心向背，国家治乱，在此一举，望公幡然改图，收回宣抚明令，不胜祷祀之至。张嘉森元叩。

11月，译并自序的杜里舒（Hans Driesch）《伦理学上之研究：爱因斯坦相对论及其批评》（尚志学会丛书）由商务印书馆出版。

12月29日，下午二时，国立自治学院举行周年纪念典礼，张君劢致开幕词。

> 词曰："国事混乱之秋，区区学校，有何庆祝之必要，惟人类有一种能力，心理学上所谓记忆，积以往种种记忆，以为将来发展之预备，今日也不过为吾院算一种记忆而已。且国人莫不渴望国家进于民治法治，而此责任，又莫不加于吾院，此吾于诸公祝词中见之，吾院何能胜此全国大责，但亦不敢辞。盖当此政治不合轨道时代，吾人不能不问国是，若说无办法，即是对时局问题无决心。故吾人当时时记忆吾人之责任，以待异日之回顾，今日庆祝，即本此意。"①

是日，《时事新报》副刊《学灯》发行国立自治学院纪念周刊。张君劢发表《一年来之杂感》（发刊词）一文。文曰：

> 一年之短日月中遭重大打击者再。……痛哉今日之所谓校长，盖买办之属耳。教育者，人格之感化而已，先有可为模范之人而后向慕者从而应之。……我之理想上之教育，以为应合三者而一之，第一，以东方之存养工夫，砥砺名节，变化气质。第二，以西方之团体活动，培养纪律与公平竞争之精神。第三，以伦理与科学方法，练习正确思想与理智的忠实。月月寓于……吾一岁爱儿之自治学院，汝其毋恐，我且与汝共此饥寒之苦以终身也……物质虽能限精神，而精神亦自有不尽为物质所限者矣。

---

① 《国立自治学院周年纪念典礼》，《申报》1924年12月31日。

12月31日，在《晨报六周纪念增刊》上发表《诗之反柏拉图主义》一文。此文是张君劢在新月社之演讲稿。

全文分四部分：一、柏氏论诗论剧之大概；二、柏氏反对诗剧之理由；三、柏氏学术之反动；四、历史上之实例——对于新月社之希望。

1925年〔民国十四年 乙丑〕40岁

1月10日，夜，在家中招待黄炎培等。

2月15日，下午二时，参加在商科大学召开的江苏国立四校联合会议。

据《申报》1925年2月17日《教育消息：江苏国立四校开会记》报道：东南大学、同济大学、自治学院、暨南学校所组成之江苏国立四校联合会，于昨日（十五日）下午二点在商科大学开会，到者有郭秉文、阮介藩、张君劢、沈信卿、黄任之、陈光甫、严孟繁等十余人。由沈信卿主席，赵叔通记录。冷遇秋提出辞职，议决挽留。抽定乙种会员九人，任期年限：史量才、冷遇秋、沈信卿各三年，严孟繁、陈光甫、袁观澜各二年，盛竹书、蒋竹庄、黄任之各一年。末讨论四校经费问题而散。

2月16日，下午二时，国立自治学院举行开学典礼式，出席开学典礼的除该校教职员工及全体学生外，还有朱经农、郭秉文等来宾。

首由院长张君劢报告，曰："假期中我曾于杭州山中，小作勾留，自觉在山中所读书，与城市中所读，有截然不同之处，其所得亦更多，静与不静之别也。目下时局愈趋混乱，我想诸君或不无冲动，其实我人处现时此种局面，外间愈动，我辈当愈静，在短促之三五年内应捉住此可宝贵之预备时期，努力读书与修养，以为将来奋斗之准备。"[①]

2月，段祺瑞召开善后会议，屡次电邀张君劢参加。张君劢回信曰：

北京段执政大鉴：奉艳电敬悉。海内方苦兵革，森敢自暇逸？顾今国事消长，以刀枪剑戟为衡，百数十人揖让从容，于事何补？是非

---

① 《国立自治学院开学记》，《申报》1925年2月18日。

固有待于民意，而关键尤在公之决心。诚能宣告国中曰，兹约法四章：一、各省私斗即日停止。二、一月内，省城军队移防，俾民政独立，实行自治。三、三月内，各省实施裁减计划。四、兵制采瑞士式义务民兵制。四者有不依期实行，即日去职以去。此言一出，天下晓然于公之宁为玉碎不为瓦全，则怀异心者，无所司其劫持，同气类者益鼓其勇往之气，否则隐忍迁延，束手束策，即欲纵容谕道，日月能有几何？故于参与之先，谨询公宗旨，以便知所进止。

3月1日，上午十时，淞沪特别市公约起草委员会，在爱文义路国立自治学院开第一次会议。张君劢、王伯秋、袁观澜、沈信卿、韩森等出席会议。先摄影，后开会，由曾友豪记录，讨论三小时之久，决议如下：(1) 公推张君劢为起草委员会主任。(2) 推定张君劢、董修甲管理起草事务，由张君劢与韩森往各市乡实地调查，并决议请王伯秋，未赴日本时，与起草委员会商酌一切起草事务。(3) 议定两礼拜内草成公约大纲，由各委员会审订后，即行起草。(4) 草案成后，按议事方法逐条讨论，经三读后作为定案。

3月2日，发表对于淞沪特别市之意见。

淞沪市政协会委员长俞保村及委员洪澜祥、李寿彭、朱水澄于3月2日，特至国立自治学院访调特别市公约起草委员会主任张君劢询以对于特别市之意见。张君劢云：淞沪改组特别市，固为一般人所欣幸，惟改组特别市，仍当以各市乡能否有自治自卫及担任经费之能力为先决问题。良以市区内永不驻兵，果能如愿以偿，则保卫团等自治机关，必一律举办，方能维持地方安宁。惟苟欲举办保卫团等自卫机关，必先各市乡有负担经费之能力。倘各市乡对于此点而有所畏缩或非难，则恐无其良果。现今各市乡纷纷请愿，加入特别市，不妨容纳其要求，惟须先将保卫团等自卫机关举办成立，或添筑一二条有关系之道路，然后可以言加入，否则空言无补，徒将区域扩大而不能成一事，于实际上仍毫无裨益，又何责乎改组特别市。故日下淞沪市民，应彻底悟解改组市政之真谛，对于自治自卫等公共事业，必猛进不懈，对于经济上尤应共同负担，不能稍有偏见，如是协力合作，或可造成一完全之市政云云。①

---

① 《张君劢对于特别市之意见》，《申报》1925年3月4日。

3月4日，午后三时，淞沪特别市开第五次筹备会，姚文枬、袁希涛、沈恩孚、许沅、陆伯鸿、张君劢、赵正平、阮尚介、黄炎培、王彬彦等出席会议。首由筹备委员会主任李重钰将该会一切经过手续，当众报告，次即提议关于淞沪特别市筹备进行各案，由众公同讨论良久，然后做出决议。至六时半散会。

3月5日，下午二时，淞沪特别市临时议会，在上海市公所开成立大会，上海宝川南各市乡代表、上海市议会正副议长、上海县副议长、上海市总董、各筹备员等人员出席会议，张君劢以筹备员身份出席会议。晚五时许散会。

3月8日，淞沪特别市公约起草委员会主任张君劢8日偕该会顾问韩森，吴淞教育会会长朱水澄，国立自治学院教员曾友豪，乘汽车赴宝山各市乡实地调查，以为市公约草案根据。①

3月9日，偕洋顾问韩森，乘坐汽车，赴上海西南各市乡，实地调查，藉资起草根据。是日，午后，先至漕河泾乡乡公所，接洽第八区户籍员杨心才，询问该乡地势及地方自治情形。后由杨君陪往沿沪闵长途汽车路一路观察，直至闵行镇乡公所调查一切，分门记录。

3月10日，偕洋顾问韩森，乘坐汽车，往宝山之大场、罗店及大场之浏河等地，实地调查。

3月11日，偕洋顾问韩森，乘坐汽车，往浦东、川沙、南汇等处，实地调查。

3月13日，返沪。对于各市乡之调查结果，甚为满意，所经区域为上海、宝山、太仓、川沙、南汇五县，各市乡居民均有加入特别市之志愿。现已将调查所得之结果，着手起草，毕后，交筹备会进行。

3月14日，晚，江苏教育会、中华职业教育社、国立自治学院、同济大学、中国公学、商科大学、商务印书馆等七团体假座西藏路一品香宴请德国社会学家蓝德雷氏。到会者黄炎培、袁观澜、沈信卿、张仲仁、张君劢、黄伯雨、阮介凡、俞颂华、高践四等二十余人。由阮介凡主席，酒半主席致欢迎词，沈信卿代表致词。蓝氏即起立做长时间之演讲，由张君劢、金井羊相继为之口译。末由主席道谢，尽欢而散。

3月21日，负责起草的《淞沪特别市公约草案》完稿。

3月23日，上午九时，自治学院开会，行授予德国社会学家蓝德雷

---

① 《张君劢等为计划特别市之调查》，《申报》1925年3月10日。

氏教授仪式，学院全体教职员工学生列席。

　　张君劢致辞："中国目下正在寻觅一种文化制度，特因所信不同之故，或主守旧，或主维新，莫衷一是，依吾人之见，守旧固绝对不可，能维新而不顾及国情，亦所得不偿所失，故究应如何取长舍短，殊未易下一决语。此次蓝氏来华演讲阐明采拾新文化制度之方法与条件，实与吾人以莫大之指导，而确说新制度之实行，不必受经济之约束，可以人类之自由意志为转移，尤足以坚吾人之信仰，感激之衷，难以言喻。兹当蓝氏离沪，特赠与名誉教授。次蓝氏答词，谓承赠名誉教授，至深感谢，此次居沪，虽为时不久，然与沪上知识阶级相接，觉不独彼此主义相同，即具体节目亦若合符节。"①

　　3月初起，太平洋国民会议中国筹备会积极活动，进行各方面的准备工作。筹备委员会前后共推选出提案委员七十余人，并组织提案专门委员会，委员会下设关税规则、治外法权、移民问题、违禁品私运、教育方针、人种平等、劳工问题、宗教问题八个股。张君劢、陈衡哲、张东荪、陈立廷等为人种平等股委员。

　　4月17日，午后三时，淞沪特别市议会选举正副议长会议举行，选举毕，由市公约起草员陆叙百代张君劢说明公约起草经过。报告毕，沈恩孚议长令贾叔香宣读市公约毕，认为初读通过，交付审查，全体起立通过。张君劢有要事赴南京，不能参加当日会议。

　　5月6日，梁启超为祝张君劢父张润之先生之双寿，撰写《张润之先生六十双寿诗》并序。计五十五韵之五言长古，共五百五十字。

　　5月25日，在《东方杂志》第22卷第10期上发表《社会学研究方法上之争辩》一文。

　　6月1日，上午，参加大夏大学周年庆典，主席并讲话。大夏大学于6月1日在胶州路该校新校舍间壁潘家花园举行周年纪念庆典，来宾约20多人，连同该校学生共300余人。该校校长马君武博士及主席董事王伯群在北京因津浦铁路不通，未能赶回，遂电张君劢，请其担任此次庆典主席。以校董身份致辞，云：本校师生最富合作精神，而新校舍能于短期促其实现，基础永固，尤堪纪念。

　　6月25日，致书梁启超先生，言圣约翰大学聘请讲学及草拟政党政纲事。

　　9月12日，出席江苏省教育会召集的公民教育研究会，并发表讲话。

---

① 《自治学院授蓝特雷名誉教授记》，《申报》1925年3月24日。

据 1925 年 9 月 13 日《申报》报道：江苏省教育会召集之公民教育研究会，昨日下午二时在该会三楼开会。首推张君劢发表意见，张即以自治学院学生自治会组织上之改革及现在之成绩报告，并发表对公民教育之意见。

9 月 16 日，上午十时，自治学院请北京大学教授马寅初博士，讲演劳资问题，张君劢作陪并在演讲前介绍马教授于听众。

10 月 1 日，国务会议通过上海自治学院改称国立政治大学之议案。

10 月 7 日，《申报》登载：北京 6 日下午专电，云：政治大学校长简张嘉森。

10 月 10 日，参加致公堂五祖祠开幕式并发表演说，演讲主要谈建此祠的意义，张君劢将此祠比作美国之朝圣宫，认为二者有绝相类似之处。

11 月 8 日，被国民大学聘为校董。

11 月 10 日，《申报》登载北京 7 日公电，云：各省衙门钧鉴，临时执政令，任命张嘉森为国立政治大学校长此令。

11 月 11 日，下午，在戈登路国民大学做演讲。

是日，适值欧战休战纪念日，故演讲题为《欧战回想》，首述欧战之起原，继述欧战时英法比德各国之状况，末述个人之感想。

11 月 12 日，《申报》登载江苏国立学校校长张嘉森等致当局电函，请勿提用教款。

是日，撰写向江苏教育经费管理处稽核员会之议案，并请参与会议的袁观澜带宁交付会议。

11 月 16 日，出席江苏省教育会宴全国教联会代表之宴会。

11 月 20 日，晚，国立政治大学举行第一次辩论会，辩论题为"多数政治与少数政治"，辩论者为该校校长张君劢与该校教授刘芙士。首由金井羊博士主席致辞介绍。此二君互相答辩，雄论滔滔，口若悬河，听者具大为动容。

11 月 24 日，国民大学开校董会成立大会于大东酒楼，校董九人，到者六人，宣告国民大会校董会正式成立，张君劢派殷芝龄为代表出席会议，会议公举章太炎为正式校长，议定募集捐款十五万元。

12 月 1 日，在《晨报七周增刊》上发表《论教化标准——国立政治大学新校舍成立记》一文，署名张嘉森。文章论述了国立政治大学的成立目的及教学原则。

12 月 3 日，与张东荪等四十二人在《申报》上登载"公祭郭孟良"之公告。

12月6日，撰写《祭郭君梦良文》，记述郭梦良对基尔特主义之追求的精神及两人在社会道路选择上的志同道合的情谊，并述其在自治学院的办理上对张君劢的大力支持。感叹道："今而后求有以知识道义相勉者，复有何人"。此文登刊在12月7日《时事新报》副刊《学灯》追悼郭君梦良专号上。

12月20日，《申报》报道：国立政治大学启用校章。

12月25日，写成《乔特〈心与物〉译序》。

文曰："世界上心与物，既不可以说是由甲生乙，也不可以说是由乙生甲，不若明认二者为最终元素。""换词言之，曰确立二元主义而已。""故自认识方面言之，心物虽并存，而其主客先后之分，吾惟有答曰：心先而已，心为主而已。"①

12月29日，上午十时，率领来宾、教职员、学生全体绕行新校舍一周后，在校舍旁隙地演说，略谓勉哉同事，勖哉诸生，要知今日所立者，不独区区新校舍，物质之基实为国立政治大基，而将来邦基之奠定，实利赖之，新建无可贵，可贵者，凭借此新校舍而活动之精神与活力，是即吾曹今后努力之所在，而愿永矢不忘者也。词毕，即欢呼万岁而散。散后复至大会堂重新集会，举行两周年纪念式。张君劢先致开会辞，继由校董代表袁观澜报告建筑校舍经过。来宾代表发言。下午一时摄影，聚餐而散。

是日，公函各教育机关，告知自治学院正式改名为政治大学并启用新校章等事。

是年，与原配夫人沈氏离婚。秋，与王世瑛于福州结婚，时张君劢三十九岁，王世瑛二十六岁。

1926年〔民国十五年　丙寅〕41岁

1月2日，出席大夏大学教授宴请第一届毕业生会议，并即席讲话。

2月4日，下午四时，江苏省教育会公民教育委员会开第七次二月份常会，沈信卿、张君劢、杨卫玉、陆规亮、潘仰尧、章伯寅、程湘帆、杨聘渔、顾臣庐、谢守恒十人出席会议。通过八项议案。

2月20日，上午，与徐志摩晤谈并请午餐。

3月10日，江苏省教育会附设之公民教育委员会分别致函张君劢、袁观澜、黄炎培等公民教育讲习会讲师。

---

① 《心与物》（尚志学会丛书）一书由商务印书馆1928年3月出版。此序收入程文熙《中西印哲学文集》，台北：学生书局1981年版。

函云:"敬启者,敝会附设公民教育委员会,议决于四月十日至十二日,举行公民教育讲习会,推请先生为讲师,业经函达,兹定本月十一日,下午五时,开演讲预备会,敬乞拨冗光临为幸,专此并颂台安。"①

3月17日,江苏省教育经费管理处之稽核员会在管理处开会,张君劢派陈逸凡为代表出席会议,出席会议的还有袁观澜、杨卫玉(李仲霞代)、陈步青(仇亮卿代)。

3月22日,《申报》报道《江浙协会通过简章》一则消息,曰江浙士绅组织之江浙协会,已于3月7日成立,于日前全浙分会开第一次常会,通过简章八条……该会加入会员至昨日有王孚川、章太炎、张君劢等四十人。

3月27日,正午十二时,国立政治大学第七次董事会在上海西藏路一品香开会,到会十三人。推定沈信卿为主席,校长张君劢报告建筑情形,略谓宿舍已经竣工,校舍五月间亦可落成,建筑经费共需九万一千元,根抵不敷约一万九千元,除向兴业银行透支一万五千元外,尚不足四千元。下午二时聚餐散会。②

4月21日,江苏教育会于下午四时,借中华职业教育馆,招待英国庚款委员会代表团,到会者有英委员威木顿、苏希尔、安特生女士、秘书长庄士,华委员胡适之、王景春、丁文江,省教育会代表袁观澜,以及张一麐、张君劢、张东荪等80余人。

4月29日,致函英国庚款委员会,建议将此款用于中国的政治和社会教育。

5月6日,下午四时,出席江苏省教育会公民教育委员会五月份常会。与会者还有沈信卿、胡叔异、王丰谷等。沈信卿主席,会议通过《议组织公民教育图书审查会》等四项决议案。

5月21日,在北京访颜惠庆,谈英国庚子赔款问题,欲得一部分经费。③

5月25日,在《东方杂志》第23卷第10期上发表《爱国的哲学家——菲希德》一文。

6月8日,晚七时,由张君劢等发起的中国社会科学社在大同大学开成立大会。

---

① 《公教委员会今日开演讲预备会》,《申报》1926年3月11日。
② 《政大暨南两校董事会开会记》,《申报》1926年4月4日。
③ 《颜惠庆日记》第2册,中国档案出版社1996年版,第337页。

张君劢等上海各大学担任社会科学之教授，鉴于中国社会科学尚在萌芽时代，极应集合同志，共图社会科学之发展，并建设合乎中国国情之学说，以为改造今后中国之方案，爰于日前推举金井羊、叶之龙等为筹委会，着手组织中国社会科学社，颇得一般社会科学家之同意，于8日晚七时在南火车站大同大学正式开成立大会，到会者有李权时、金井羊等数十人。当推潘序伦为临时主席，刘南陔为临时书记，将社章草案逐条讨论，直至午夜始散。该会以社会科学命名与自然科学相对待，凡于政治经济法学历史研究有素者，皆有入会资格，现已加入之会员，皆为欧美留学归国，而于国内学术界负有声望者，将来必可与研究自然科学者所组织之中国科学社并驾齐驱。①

6月12日，与黄以霖、褚辅成等联名致信南京孙传芳、陈陶遗，要求暂停放垦。

是日，下午二时，由张君劢等发起的中国社会科学社在商科大学继续开会，列席者数十人，仍由潘序伦主席，继续讨论章程，当将章程全部修改通过。

6月20日，出席大夏大学毕业典礼会，代表校董向毕业生颁发文凭，并发表演讲。

6月22日，《申报》报道：政治大学教室及办公室之一部日前竣工。

6月26日，下午，中国社会科学社在商科大学开会，张君劢被选举为理事。

7月4日，出席上海美专毕业典礼仪式并发表演讲。

7月15日，下午四时，出席在江苏省教育经费管理处召开的第十六次江苏省教育经费稽核员常会。出席者还有袁观澜、蒋竹庄、仇亮卿等。

7月20日，教育总长任可澄电张君劢，云：俄款关系教育前途，至为重要，委员职务未备之处，现经会同外财两部，奉恳台端担任俄款委员会委员，阁议已通过，即日早请发表，务请大驾从速入都就职，共策进行，曷胜翘企，任可澄。

7月22日，午，出席大夏大学校长马君武在功德林举行的欢迎新校董王省三宴会。出席者还有王伯群、王一亭等在沪董事。

7月25日，《申报》刊登"京各校欢迎张君劢任俄款委员会委员"一则消息，文曰：

---

① 《中国社会科学社成立纪闻》，《申报》1926年6月10日。

国立政治大学校长张君劢新被任为俄款委员会委员，闻该氏尚不拟即行就职。且目下正规划下半年校务甚形忙碌，一时不克北上。而北京各教育机关欢迎函电，日必数起，兹录国立九校欢迎电文及北京专门以上学校校务讨论会原函及张氏复电如下：（一）闻先生被任为俄款委员，无任欢迎，盼即晋京，共商进行。北京国立九校校长仝叩。（二）君劢先生大鉴，仰企卿辉，日深延想，云霄在望，翘注为劳，迩来首都教育日趋颠危，补救维持，端赖贤达，先生为学界先河，后进宗仰。此间被任俄款委员，于京师教育前途，更多裨益。同人引领卿云，倍深慕切，恳请即日命驾莅都，共同商榷，以利进行，临楮不尽，无任欢迎，专肃敬颂，道绥。北京专门以上学校校务委员会启。（三）张氏复函云，北京任总长并转九校校长鉴，俄款关系外交内治，森岂能胜任，尊电促行，惟有渐悚，交涉有期，俄员尔和能到，当来京晤教。森敬。

8月5日，与汤尔和应教育部之召，同车北上进京。教育总长，因教育费无着，维持为难，拟发行教育公债，即以此项俄款充作基金，故有急于补充委员，解决一切之举。但张君劢、汤尔和处分俄款之意见，仍以用于教育事业为主云。[①]

8月24日，下午三时，教联会在北京教育会开茶话会，招待俄、英、日、法各国庚款委员会及董事会中国委员及董事，交换支配庚款意见。到会者除庚款董事会及各省董事李步青、吴钦笏等十余人外，来宾有中华文化事业董事会（美款）董事范静生，俄款委员会委员张君劢等。首由主席奚国钧致辞，张君劢、邓萃英、沈尹默等均有演说，大都报告经过事实及对于协商机关之赞成，略如范言，唯张君劢主张维持九校与解决全部应并重。八时散会。

在北京期间，清华大学暑期在北海集学之同学邀请张君劢演讲，张君劢做"宋贤名理"的演讲。吴鼎昌先生于"丁卯初夏清华学校研究院同学录"中，称张君劢"盖穆然有鹅湖鹿洞之遗风"。

8月30日，上午十时，与汤尔和由北京乘车回沪，临行之时，曾致教长任志清一函，报告交涉经过，以及不能担任委员原因，同时并致九校校长，以及京师公立中小学各一函。

---

① 《补充俄款委员会今日启程北上》，《申报》1926年8月5日。

（一）致教长函：

  志清总长赐鉴，奉尊电，以俄款委员席相属，尔和嘉森自顾疏庸，不敢膺此重任，徒以教育为一国观瞻所系，勉强应招入京，后审查情形，以九校开学在即，俄委员伊万诺夫离京赴俄，乃商请俄加大使委派代表开议，加使以事关政府，续请命而行，先后晤谈三次，首次为月之九日，加使云三、四日内必有复电，十三日至二十日间，曾屡次电诺催询，二十三日再晤，云：星期五（二十七日）定有复到，及期往访云，已有电文，此事须经俄阁议，究竟此事所以迟迟之故，事关两国外交，非局外人所能窥见，尔和嘉森在南中负有教育行政与学术研究之责，长此守候，势难兼顾，俄款为数甚巨，于救济九校及规划全部用途，尔和嘉森本乐于稍尽绵薄。惟此次奔走一月，所怀目的，丝毫未达，即令日后俄代表派定，恐亦非尔和嘉森所能当此交涉之衡，故于日内南下之际，预为陈明，敢请大部另选长才，续此重任，不胜大顾之至，专此敬请崇安。

（二）致九校校长函：

  九校校长及教职员公鉴：尔和嘉森此次入京，诸承屋遇，感谢之至，北上之始，原期俄款委员会成立，于救济九校，及规划全国教育，有所尽力，乃守候将及一月，俄代表迄未派定，尔和嘉森在南方各有职守，故定三十日南旋，所有交涉情形，略详致任总长函中，特录副送，达尊览一切，尚希亮察为幸，专此顺清公安。

10月7日，与黄以霖、沈恩孚等江浙协会同仁邀同殷汝骊、褚辅成等集商，续推和平代表。

  江苏接洽和平代表张一麐奔其太夫人之丧，折回上海。七日晚江浙协会江苏同人黄以霖、沈恩孚、姚文枬、马世杰、袁希涛、史量才、黄炎培、张嘉森、朱叔源，邀同褚辅成、殷汝骊等，集商续推和平代表。当经推定董廉，并请陈其采偕往，会同前推之蒋尊簋、赵正平、魏煐从速进行，即拍电双方，电文如下：九江孙总司令、汉口唐总司令并转蒋总司令鉴：张仲仁因母丧回沪，敬加推董君授经为代表，并请陈君霭士偕往，不日就道。同人深感双方各有趋向和平之表示，务恳一面停战，一面开示办法，切实协商，以苏民困。江浙协会。①

10月14日，与吴秉元作东，在联珠里召开江浙协会勘视太湖报告会。

10月24日，下午二时，出席在上海宁波路七号四楼新会所举行的德奥瑞同学会成立大会。

> 到会者有马君武、胡仁源、阮介凡、张君劢等数十人。首由马君武致开会辞，略谓同学会之目的有三，一为联络感情，二为交换知识，三为研究学术。次各位参会者演讲。张君劢演讲谓，留学英美回国者多有所贡献，留德同学不应谦让。②

10月中下旬，秘密赴武汉考察。

校方和家人都以为他失踪了，十天以后，他却从武汉安然归来。返回途中，"在九江停留了几天，顺便购买了一些江西瓷器。当时的浙闽苏皖赣五省联军总司令孙传芳正在停泊在长江江心的一艘船上指挥他的部队和蒋介石作战。张君劢上船与孙传芳讨论军事问题"③。

11月，《武汉见闻》一书由国立政治大学正式出版。

回到上海的次日，张君劢召集全校师生就武汉考察所得做演讲。后将考察所得写成《武汉见闻》一书交由国立政治大学正式出版（11月出版）。

此书分两部分，第一部分介绍他在武汉的所见所闻，第二部分对国民党的党治体制及非政治、反政治的性质进行剖析和批评。

11月30日，江苏省教育会公民教育委员会分别致函张君劢、贾季英、杨聘渔、胡叔异、赵霭吴、杨卫玉、余庆棠诸君云，本月二十五日本会举行公民教育图书审查会，以各校应用公民教科书，尚少全合公民信条八条之本，议决组织编撰公民教科书委员会，以应需要，并公推先生为委员，合亟函达，务乞惠允担任。十二月四日星期六下午四时举行第一次委员会，并请拨冗莅会为幸。

---

① 《申报》1926年10月9日。
② 《德奥瑞同学会开成立大会》，《申报》1926年10月26日。
③ 张君劢：《中国第三势力》，台北：稻乡出版社2005年版，第85页。

12月7日，应邀出席公民教科书编撰委员会第一次会议。由于到会者只有张君劢、胡叔异、杨聘渔三人，未能成会，略有谈话即散。①

12月9日，江苏教育委员会公民教育委员会及编撰公民教科书委员会下午四时同时开会，出席者七人。其通过之决议中，有请张君劢汇集公民教科书材料，就政治大学组织委员会编定之议案。②

是年，出版《我对于海外侨胞之意见》（上海：国立自治学院）。内含三文：《海外中华民族之前途》《华侨与政治能力》《参与致公堂五祖祠开幕演说》。

1927年〔民国十六年　丁卯〕42岁

2月18日，母亲刘太夫人病卒沪寓，享年63岁。

3月22日，国民革命军攻克上海。国民党控制上海后，政治大学被关闭，乃闭门翻译拉斯基《政治典范》一书。

由于张君劢曾长期追随梁启超反对同盟会和后来在同盟会基础上建立的国民党，被国民党视为"进步党"的余孽，再加上他又拒绝执行国民政府要求各学校每天清晨集合念"总理遗嘱"的命令，特别是在北伐军占领武汉之时，张君劢曾亲往实地考察，各种"过火"举动使他大为不满，即著《武汉见闻录》一书，对国民党持批评态度。国民党占领上海即强行接收了张君劢所办的政治大学，学校图书馆也被中央政治大学接收。

政治大学被关闭后，无以度日，向商务印书馆商译《政治典范》一书，稿费月支二百。当时，世界书局也请张君劢写一本《政治学ABC》，书未成，先登广告，哪知广告刚登出，书局就收到国民党上海市党部通知，要求毁版，书局没有答应，差点遭到封闭的命运。商务闻讯后，知此书倘以译者真名印行，将遭政府禁止，乃托俞颂华来商，请张君劢将他所译拉斯基的《政治典范》以笔名"张士林"出版，1930年10月由上海商务印书馆出版。《政治典范》是拉斯基于1925年完成的新作，原名《政治学原理》（张君劢翻译为《政治典范》），出版后备受赞誉，"立即成为各大专院校公认的教材"，拉斯基也由此奠定了他在欧美学术界的权威地位。

2月28日，梁启超在给孩子们的信中，谈到其儿子梁思成从美来信

---

① 《编撰公民教科书昨开会未成》，《申报》1926年12月8日。
② 《省教育会公民教育委员常会纪》，《申报》1926年12月10日。

谈及张君劢之事。信曰：

> 君劢可以就坎大之聘，我曾有电报，并问两事：一问所授科目（君劢意欲授中国哲学），二问有中国书籍没有，若没有请汇万元来买（华银）。该电发去半月以上了，我还把回电的（十个字）电费都付过，至今尚未得回电，不知何故。①

3月30日，国民党上海特别市党部正式接收政治大学。

据1927年3月31日《申报》《市党部昨日接收政治大学》报道：

> 中国国民党上海特别市党部，委任陈望道、刘大白两君为接收国立政治大学委员，于本月二十五日前往吴淞接收，因该校负责人员均不在校，改定二十七日正式接收一节，业志前报，兹悉陈刘两委员于二十七日上午驱车前往，而是日适遇租界断绝交通，致该校负责人员，仍未能到校交代。遂又定于昨日（三十日）上午十时，在法租界孙中山先生葬事筹备处接收一切，届时该校出席者，有校长秘书室秘书金井羊，教务长潘广照，总务长张仲友，庶务平毅，会计陈明翘五人，及学生代表四人。因葬事筹备处各室均无隙地，临时改在江苏省党部举行。当由金君等按照该校校产簿具清册，将该校章契券簿籍文件，及现洋一百七十四元，共计三十八项，并锁匙两串，一一点交陈、刘两委员接收。至一切校具图书，因陈、刘两委员一时无暇，须暂缓数日，到校点验，当时并于该校原有职员中指定四君，暂行驻校，维持现状。

4月初，蒋介石赴张宅吊唁。

4月23日，上海教育委员会第一次会议，决定政治大学暂行停办。②

5月4日，在上海买办资产阶级的操纵下，各团体"纪念五四"，通过下列决议：第一，改组全国学生总会；第二，请国民政府通缉学阀，并指定学阀为章太炎、张君劢、黄炎培、沈信卿、蒋维乔、郭任远、殷芝龄、刘海粟、阮尚介、凌鸿勋、张东荪、袁希涛……③

---

① 丁文江、赵丰田：《梁启超年谱长编》，上海人民出版社2009年版，第721页。
② 《政治大学暂行停办》，《申报》1927年4月26日。
③ 《民国日报》1927年5月5日"本埠新闻"《二十余万人纪念五四》。

6月16日，上海特别市党部临时执行委员会，为通缉学阀事，呈中央文云，呈为通缉学阀，以制止反动事，窃本年上海五四运动纪念大会，曾经决议，通缉著名学阀章炳麟、黄炎培、沈恩孚、张君劢、蒋维乔、郭任远、朱炎、胡敦复、殷芝龄、袁希涛、张东荪、阮尚介、刘海粟、沈嗣良、凌鸿勋等，曾以大会名义，通电各法团各界民众在案，当时大会以冀其悔过自新，故尤未请钧会命令通缉，乃近来该学阀等不仅不知敛迹，且活动甚力，显系意图乘机反动，殊属藐视法纪，理合备文呈请钧会，迅予实行通缉，俾儆反动而申党纪，实为党便，此呈中央执行委员会。上海特别市党部临时执行委员会。①

　　秋冬之际，在留德学者时任光华大学商学院院长的金井羊家里，结识了李璜，一见如故。

　　12月，以世界室主人为笔名撰写的《苏俄评论》的小册子由新月出版社出版（1929年4月再版）。这是张君劢在政治大学上课时的讲稿，出版前做过修改。

　　《苏俄评论》全书约六万字，共分十大部分：第一，俄国革命思想之变迁；第二，十一月革命；第三，红军；第四，俄宪之"虚伪"；第五，新生计政策之前因后果；第六，苏俄之财政币制；第七，俄国之东方政策；第八，俄共产党之"内讧"；第九，"红色恐怖"之再现；第十，托氏徐氏之开除党籍。附录德人俞哥氏著《俄国生计状态及共产党危机》。

1928（民国十七年　戊辰）43岁

　　2月1日，与李璜在上海秘密创办的《新路》杂志（半月刊）第1卷第1期出版发行。张君劢负责筹款、印刷和发行。每期两人各写一篇长文，有时加一篇短文。第1卷第1期上发表《新路半月刊发刊词》。

　　张君劢曾谈到创办刊物的动机说："吾人处于国民之地位，诚不忍见革命先烈，以头颅碧血仅乃换得之民权二字，终乃自摧抑与号称民权主义者之手，故始有本志之刊行"②据李璜回忆，两人合办刊物是缘于"精神上都无出路"③。杂志系半月刊，二十四开本，每期约八十页，每期印3000份，皆以所谓"特种方法"即夹在新《申报》及其他书报中邮寄出租界，传往全国各地，颇引人注目。国民党中执会在《新路》出版发行

---

①　《申报》1927年6月17日"本埠新闻"《市党部呈请通缉学阀》。
②　《新路禁止发行令书后》，《新路》第1卷第4号，第2页。
③　《学钝室回议录》，台北：传记文学出版社1973年版，第157页。

第三期之后即宣布《新路》"言论反动，主张乖谬，意在危害党国，破坏革命，亟应严行查禁，以清邪说"①，下令停刊。但在张君劢等人的坚持下，该杂志仍继续出版，至第 10 期（12 月 1 日出版），由于印刷所不敢继续承印，遂告停刊。

《新路半月刊发刊词》未署名，但从行文特点和思想风貌来看，可以肯定是张君劢所作。

2 月 15 日，在《新路半月刊》第 1 卷第 2 期上发表《一党专政与吾国》和《甚么是应该清楚的共产党理论和由此理论下产生的实际行为》两文。

2 月 26 日，至沈信卿家餐，与黄炎培等畅餐。

2 月 27 日，黄炎培、静涵合招钱新之、张君劢、史量才、马士杰（隽卿）、袁观澜、穆藕初会餐。

3 月 1 日，在《新路半月刊》第 1 卷第 3 期上发表《现时政潮中国民之努力方向》一文。笔名立斋。

是日，黄炎培招张君劢会谈。

3 月 15 日，在《新路半月刊》第 1 卷第 4 期上发表《新路禁止发行令书后》（署名"房君"）和《吾民族之返老还童》（署名立斋）两篇文章。

3 月，译作《心与物》（英国人乔特 Joad 著；尚志学会丛书）由商务印书馆出版发行。署名张嘉森，1933 年 2 月再版。

4 月 1 日，在《新路半月刊》第 1 卷第 5 期上发表《济南事件与今后救国大计》（署名"立斋"）和《1919 年至 1921 年旅欧中之政治印象及吾人所得之教训》两文。

4 月 15 日，在《新路半月刊》第 1 卷第 6 期上发表《俄国无产专政制之解剖》一文。署名立斋。

4 月 20 日，午后，黄炎培访张君劢长谈。②

5 月 1 日，在《新路半月刊》第 1 卷第 7 期上发表《辟训政说》和《英国现代政治学者赖司几之学说》两文。

5 月 9 日，午后，黄炎培至甲子社，访张君劢，谈大局。③

5 月 15 日，在《新路半月刊》第 1 卷第 8 期上发表《当代政治哲学

---

① 《申报》1928 年 3 月 22 日。
② 《黄炎培日记》第 3 卷，华文出版社 2008 年版，第 65 页。
③ 同上书，第 68 页。

之趋势》（署名"立斋"）和《意大利法西斯主义与其国中反对党之呼声》（署名"立斋"）两文。

5月17日，父亲张祖泽（润之）病卒上海寓所，享年六十二岁。

6月15日，在《新路半月刊》第1卷第9期上发表《读英儒陆克传》一文。署名立斋。

6月28日，午后三时，黄炎培来访，约丁文江来同谈。①

6月，赴东北访晤罗文干、陈博生两先生。

8月10日，与王一亭、吴贻芳等各界名流在上海沧州别墅设宴为太虚大师西游饯行，与会士女六七十人。张君劢将达姆斯达德城之开在林伯爵、杜里舒、倭伊铿等德国著名人士介绍给大师。后来，大师在德期间，分别会晤和拜访了张君劢介绍的这些人。

9月11日，午后，黄炎培偕黄方刚（黄炎培长子）访张君劢，长谈，夜始去。②

9月18日，致梁启超书，颇殷殷以梁启超先生之病为虑，因请梁启超先生速做对于国事党事之自述，以为以后同志继续奋斗之标准。

12月1日，在《新路半月刊》第1卷第10期上发表《廿世纪革命的特色》和《致友人书论今后救国方针》两文。

12月，《新路半月刊》被迫停刊。

是年，在《大夏周刊》上发表《欧洲政治哲学新趋势》一文。

1929年〔民国十八年　己巳〕44岁

年初，在李璜办的知行学院讲授《欧洲政治思想》，每周两次，约四个月。

年初，中国青年党在上海英租界威海卫路同孚路口以西英租界租赁一座红砖花园小洋房，开办了一所"学术式的党务学校"——知行书院，由各省、市党部报送大学修业生或毕业生，至少须高中毕业而成绩优良者来校学习，毕业期不定，不收学费，食宿自备，或由各地党部津贴。容纳学生四五十人。院长李璜，聘请"不满于南京方面措施"的学术界一流人物到学校"畅所欲言"。张君劢、张东荪、潘光旦、梁实秋等教授应邀前往。张君劢讲授的是欧洲政治思想史、张东荪讲授哲学概论、罗隆基讲授的是行政学。这些教授热情很高，"皆不要钟点费，而且自贴车费，从

---

① 《黄炎培日记》第3卷，华文出版社2008年版，第78页。
② 同上书，第95页。

不缺课"①。张君劢在知行学院只教了四个月便发生了被绑票失踪的不幸事件而终止。这个学院也仅办了三个学期,至1930年暑假就关门了。

1月19日,梁启超在北平协和医院去世,临终无遗言。二月十七日津沪均举行追悼会。

5月31日,下午七时多,在知行学院授完课,步行回家,行至静安寺路口,突然有"匪徒"二人将他挟入汽车,以两脚踏背,双眼被蒙上,不许作声,车子绕了好多圈子,才停下来,把他推到一个房间内,到晚上才有人来问,询问时,命他跪在一条铁链上,所问内容,大多是关于为何批评国民党一类的话。

张君劢家在西摩路,距威海卫路同孚路口甚近,故每周上课,皆以步行来去,按时不误,因之被"匪徒"侦知。

据胡适1929年6月1日日记云:"今天始知张君劢昨夜在马路上被人绑去。我们一班朋友都疑此中有政治意味。今天见着禹九,始知昨夜匪人已有电话来,今早又有信来,其意似在得钱而已。"②

张君劢后来回忆道"我甚至还被国民党的一些喽啰绑架,给囚禁在上海警备司令部附近的一间屋子里,囚居其间,我每天早晨可听得到警备司令部传来的起床号,关了将近一个月"③。"每日有所谓参谋长者,夜十时来,令我跪在铁链圈上,加以讯问,曰你在上海办学反对国民党,意欲何为?我答以此为政治问题,我无法在此解释,不如将我解至南京,我自能说明理由。每日室中四人看守,昼夜不休,以布裹眼,不令张目。"

"绑匪"以电话恐吓张君劢妻子王世瑛,令她携巨款来换人,不然将张君劢的耳朵送到府上。王世瑛认为,张君劢是一介穷书生,"绑匪"的目的肯定不是为了钱,而是别有企图,送钱定然无济于事。"绑匪"见张家不理,便声称,如再不送钱来,便砍下张君劢的头,弃之大西路旁,但王世瑛不为所动,如此僵持了20多天。

期间,张君劢九弟张禹九托章太炎和杜月笙向"绑匪"交涉,交出3000元。在张君劢写下"倘我素有积储,不与君等共之者,则我一家三儿定遭天殃,自绝人世"之后,被释放。被囚禁期间,还遭受了肉刑,

---

① 李璜:《学钝室回忆录》,台北:传记文学出版社1973年版,第163页。
② 《胡适日记全集》第5集,台北:联经出版社2004年版,第627页。
③ 张君劢:《〈中国第三势力〉导论》,载张君劢学会编译《中国第三势力》,台北:稻乡出版社2005年版,第7页。

腿被打成重伤，从此行走不便。最后，张君劢答应出狱后不再从事政治活动，到国外去。张君劢拖着一条病腿回到家中，事后不复来知行学院上课，其课由夏涛声继续教授。不久后，便离国去德国耶那教学。

6月4日，黄炎培在日记中有这样的记载："午后至职社，闻张君劢被绑。"①

8月30日，到达满洲里。

秋天，赴东北考察。时中俄间为中东路问题而战，张君劢因此特至满洲里绥芬河考察。俄人疑为要人，翌日，俄机轰炸绥芬河车站，幸张君劢已经离开。东北期间，曾在朋友罗文干家居住多日。返沪以后，友人为他安全着想，送他旅费一千元，让他携眷到德国（另说，罗文干向张学良借款七百元，作为赴德路费）。

8月31日，在满洲里致信胡适，曰："昨抵满洲里，今晨观阵地，俄军运输可远望见，事可和平了结，但每日小冲突当不免。"②

10月14日，乘船离沪赴欧洲。

10月13日《申报》登刊"张君劢明日赴德讲学"之信息，云："哲学家张君劢，近应德国大学聘请，前往讲学。张氏现定于明日离沪赴欧，在德讲学后，并拟赴美游学。"③

1930年〔民国十九年　庚午〕45岁

年初，经倭伊铿介绍，在德国耶纳大学做客座教授，讲授中国哲学，并用功于康德哲学的研究。

10月，译著《政治典范》（万有文库丛书）由商务印书馆出版发行。因迫于国民党高压统治，不得已以"张士林"的名义出版，"士林"二字各取"嘉森"二字的上下部分。

此书六册凡818页近50万字。内容：卷头语；译者序；译者例言；赖氏学说概要。上卷：第一章 社会组织之意向；第二章 主权；第三章 权利；第四章 自由与平等；第五章 财产；第六章 民族主义与文化；第七章 权力之联治性。下卷：第八章 政治制度；第九章 生计制度；第十章 司法制度；第十一章 国际组织。

---

① 《黄炎培日记》第3卷，华文出版社2008年版，第159页。
② 中国社会科学院近代史研究所中华民国史研究室编：《胡适来往书信选》（上），社会科学文献出版社2013年版，第389页。
③ 《申报》1929年10月13日。

译者序曰:"赖氏书之所以译,所以示英人以政治思想名于世,而后起学者致力之勤如此,非吾国人所当取法者耶。"

译者例言曰:"本书每章译成,请内子释因先读,认为文义不显豁者,即加笔削。赖氏于序中声明得其夫人之助,我亦云然……本书上卷每日以译千字为常课,历六月而后成,修改工亦费月余"。

《赖氏学说概要》一长文(约一万五千字),原名《英国现代政治学者赖斯基学说》,收入本书时取现名。文章对于赖斯基书中要义作了十分准确的概说,并敏锐地指出赖氏于本书中,所阐述的政治思想的核心是追求国家、社团、个人"相济于平"。其实质是调和社会主义与自由主义的矛盾,在贯彻社会主义理想的同时,又以个人主义为至鹄。

6月14日,邀颜惠庆与斯怀尔先生会晤。[①]

12月25日,在《东方杂志》第27卷第24期上发表《德国新宪起草者柏吕斯之国家观念及其在德国政治学说史上之地位》。此文写作于德国。

是年,在福兰克福中国学社的《中国》(Sinica)杂志第5卷第2期上发表《卫礼贤——世界公民》一文。

文曰:"卫礼贤来到中国时,是一名神学家和传教士,他离开中国时却成为孔子的信徒","他曾对我说:令我感到欣慰的是,作为一介传教士,在中国我没有发展一个教徒。""卫礼贤教授,因为你促进了东方对西方文化的认识和西方对东方文化的认识,我是否可以称您为当代的世界公民?"[②]

1931年〔民国廿年 辛未〕46岁

8月,经张东荪介绍,燕京大学校务长司徒雷登致电张君劢,邀请张君劢回国任燕京大学黑格尔逻辑学教授。

9月17日,抵北平。

抵北平前,途经沈阳,四弟公权时在旅顺访南满铁道公司总裁内田康哉,嘱张君劢在沈阳稍待,张君劢答以燕大限以早日到校,须即早赶回北平,因而未能与久别的四弟见面。回北平后旋即到燕京大学任教授,讲授黑格尔哲学,定名为"无名氏讲座"。据说他的薪俸是有一个不肯透漏身

[①] 《颜惠庆日记》第2册,中国档案出版社1996年版,第586页。
[②] 福兰克福中国学社《中国》第5卷第2期杂志发表《卫礼贤——世界公民》一文,第71—73页。

份的人提供的。

"九一八"事变后不久,着手翻译德国思想家费希特在拿破仑占领德国时,不顾个人安危,对德意志国民发表的《告德意志人民书》之演讲摘要本。

10月,与张东荪联络罗隆基、梁秋水等在北平秘密筹建"国家社会党"。

11月19日,在《北平晨报〈北晨学园〉》第201期上发表《黑格尔之哲学系统与国家观》一文。11月14日为黑格尔逝世百周年之期,水森嘱张君劢为《北平晨报》作文,以资纪念。

12月18日,中华民国国难救济会在上海召开第一次大会,宣告成立。该会以"发扬民治,共济国难"为宗旨,会址设在上海威海卫路150号。张君劢是该会的会员。

是年,在瞿菊农的倡导下,中国哲学界举办了一次纪念黑格尔逝世100周年的论文征集活动,征集到的论文在1933年7月《哲学评论》第5卷第1期(专刊)刊出,内收录有张君劢、贺麟、瞿菊农、朱光潜等当时中国黑格尔哲学研究者的文章。由于张君劢在第三次留德期间,除在耶纳大学教书外,还于教学之余研究过黑格尔哲学,回国后又任燕京大学主讲黑格尔哲学的教授,是当时国内屈指可数的黑格尔哲学专家,他因而也积极参加了这次活动,并为专刊写了篇《黑格尔之哲学系统及其国家哲学历史哲学》论文。

冬天,某日晚举办茶会,款待德国学者魏勒。

1932年〔民国二十一年 壬申〕47岁

1月5日,在《北平晨报〈北晨学园〉》第222期上发表《关于黑格尔哲学答张真如先生》一文。

1月18日,撰写《黑格尔之哲学系统及其国家哲学历史哲学》一文。此文载于1933年7月《哲学评论》第5卷第1期上。

1月19日,出席公祭梁启超大会,并讲话。

1月19日,为梁启超逝世三周年纪念日,梁启超生前友人特发起公祭,仪式在北海松坡图书馆之蔡公祠中举行,典礼于下午三时开始,参加者皆四十以上学者,计有周大烈、张东荪、丁文江、张君劢、江庸、冯耿光、杨遇夫等四十余人。先由丁文江演讲,后由张君劢致词,张君劢说:"认识梁启超是在1905年,然二十年之友谊从未相处过三月,惟互相过从,作友谊之间谈。惟任公处处表现真性情,待人接物,莫不如此,其对于政治之见解，则在保持国家元气。任公一生，最主张择手段，曾谓不择手段，必鲜好结果，故欲图中国之强，非先择手段不可。"

1月底，自北平返沪与弟张公权晤面。因上次路经沈阳未能与公权见面，故寒假回沪与其见面，略谈国内外形势。

1月25日，在申报馆与黄炎培长谈。

1月26日，与黄炎培、黄膺白（黄郛）畅谈。

1月27日，中社全国国难会黄炎培等招待各大学教授，并请张君劢演讲。

1月28日，吴铁城市长于下午一时半将取消一切抗日运动并封闭抗日救国会通告日方。当夜，日本在闸北开火，"一·二八"事变发生，张君劢时在上海。

回北平后，燕京大学、清华大学、北京大学及协和等闻张君劢自沪归，皆约其讲在沪所闻。对于其他三校，皆辞却，惟燕大为其服务之校，无法推辞，乃以在沪所见所闻，讲与学生。校中嘱自笔记，登诸校刊，及文已印，分布于读者，校长雷川忽派人至教授家中，嘱交回所收之报。且请张君劢前往，告以演讲词中说中央政府派张治中军队去沪，所以监督十九路军，乃毁谤中央政府之言，本校已免张君劢教授职。

2月16日，黄炎培乘胡石青离沪返北平之机，托其捎信给张君劢。

3月22日，歌德逝世百周年纪念日，德国驻北平使馆，举办纪念晚会，请张君劢演讲歌德的人生观，郑寿麟做现场记录，郑的记录稿于24日在平津两地的大报上登出。此外，张君劢与郑寿麟合编《歌德纪念特刊》，张君劢主持德文，郑寿麟主持汉文，全部作为天津中华日报之专刊。

4月16日，与张东荪等研究系成员在北平北海公园内的松坡图书馆（观雪堂）秘密召开"国家社会党"筹建会议，建立"再生社"。参加成立大会的有二三十人。由于当时党禁甚严，为了避免引起国民党的注意，与会者分批，三三两两前往，人到齐后，立即宣读宣言，随即散会，又三三两两离去。

后，有西南之行，由安南入云南，并去两广，仍返北平。

5月1日，黄炎培复张君劢长信。

5月20日，《再生》杂志在北平创刊发行。在创刊号发表《我们所要说的话》《再与张真如先生论黑格尔哲学》和《我之俄国观》三篇文章。

《再生》明确把"中华民族复兴"作为办刊宗旨。

《我们所要说的话》，是该杂志创刊号的第一篇文章，是一篇鸿篇巨制，全文分二十七部分，文长三万余言，署名记者，实由张君劢、张东荪、胡石青三人合作，主要由张君劢撰写。于 2 月 28 日写成。该文在 1938 年 4 月重新印发时，改称为《中国国家社会党宣言》。

文曰："中国这个民族到了今天，其前途只有两条路：其一是真正的复兴；其一是真正的衰亡。……现在且就复兴的方面来说，所谓转机的关键就在以敌人的大炮把我们中华民族的老态轰去，使我们顿时恢复少年时代的心情。这便是民族的返老还童。……我们以为民族的返老还童是不能专属望于士大夫这一班人。""我们不以阶级为立场。……我们相信民族观念是人类中最强的。阶级观念绝不能与之相抗。……只有民族的纵断而能冲破阶级的横断，却未有阶级的横断而能推翻民族的结合。……中国前途的一线出路亦就在于这个有民族自觉心的民众。"

文章重点阐述政治、经济、教育等方面的基本主张。

（一）政治主张："我们的意思只是主张民主政治仅仅是一个原则。……行政效率的加高，实在与民主政治根本不相冲突。……所以民主政治的原则是不动摇的；各国得依他的环境与时代要求而设法变化之，以得适应。……我们现在依照民主政治的原则，来提出一种'修正的民主政治'。我们的修正的民主政治其实乃真是真正的民主政治。至于普通所谓民主政治却是根据民主政治原则而生有偏颇的政治制度。我们为便利起见，名为'修正的'，而其实只是去其偏枯，救其过甚。……即必须求办到人民公意仍能于党派意见中脱颖而出。……我们所想出的修正的拟案是：必须建立一种政治制度在原则上完全合乎民主政治的精神；在实践上必须使党派的纵操作用不能有所凭藉。于是这种政制，在平时，不拘两党或多党都能运用，即假定无党亦可运用；而在紧急时候立刻可以集中全民的意识与力量，不分党派。……普通民主政治太把人性的差异忽视了。老实说，一个国家的形成乃是一个异质的结合，而不是同质的结合。……我们于行政总希望能尽量办到专门化、稳定化、敏活化与统一化，但必须在不违背民主政治的原则之下。……我们以为选举是一切政治的根本。……我们中国政治所以弄到这步天地，决不是因为选举制度不好，实只是因为二十年来从未有真正的办过一次选举。……我们把民主政治略加修政，而这个修正却使民主政治由空想的趋于科学的。因此不妨即名曰科学的民主政治，用以别于十八世纪民约论派的基于平等原理的民主政治。"

（二）经济主张："中国不但不应走资本制度的路，并且亦很难走上这条路去。……我们以为这个有计划的经济的实施在经验上与方法上是人类最可宝贵的一件事，……我们必须把原有自然的混合经济而一变为全盘计划的混合经济。……把国家资本的经济与私营的经济以及合作的经济制定一个相当的比例,在统一计划之下进行。……我们主张的即是把国家社会主义的要素加入中国的经济中。第一是必须把一个民族在国际上对外作一个经济单位。第二是必须把全国的经济由国家来通盘计划,定一个统一的发展方法。第三是必须国家以公道与平和的方法吸收或转移一大部分私人经济的社会生产上剩余而由国家用于再生产。……在现在的中国最先要设法解决的问题就是贫穷,则我们相信只有采取这样的国家社会主义方是办法。……共产主义还有两点是我要反对的。第一是一切生产工具收归国有以后,势必都变为官营。第二是一切生产工具属于社会以后则私有制度必是废除了。……我们一方面因为增加生产的需要太急切,所以不能不主张国家社会主义;而他方面又不能不设法防止官僚政治。……国家对于产业只有全盘计划之权,至于经营管理的公务人员不妨即为所委托的同行工会的'行员'。……对于私产是不能用革命手段来废止的。……在社会主义的国家中亦正不妨碍有私产。……我们遂主张关于私产一方面采用这样的普化方式。……主张土地私有而国家有全盘整理权与支配权并公用征收权。……各国为实行社会政策起见大都利用租税,于是有所谓租税制度。……把全国的租税列在一个统一计划下与一个统一计算中了。"

(三)教育主张:"我们有一个改革方案,其精神尤在把教育认为是造成民族团结之惟一方法与再造国民经济之最好途径。我们的意思是必须办到人人都受教育,受教育的结果是把他变成民族国家的总动员之一,于是每人都是生产者。换言之,即我们的目的是把全国的人每个都要变成军事动员之一与生产动员之一。……我们的教育标准必须注重三点:(一)军事训练的普遍化;(二)生产能力的普遍化;(三)共同生活的新道德习惯的创造与养成。……根据上述的第一点所谓必须人人都受教育就是指强迫教育的实施。第二点所谓不受经济的限制就是指免费的教育。第三点所谓生产技能的普遍化就是说把所有的小中各级学校都与其所在地的产业发生联络,使所有学生同时为生产的实习,且于毕业后有生产技能。第四点所谓军事训练的普遍化其目的在养成民族自觉心与军人生活的习惯。第五点所谓共同生活的习惯的养成是指另一种生活态度而言。凡要一个新制度能确立起来必须要设法造成人民有一种新的生活习惯。……我们的教育必定是有计划的教育……必须依我们的计划来造人,但同时又必须造出人来实现那个计划。"

(四)思想文化主张:"政治上效率的提高与社会上自由的开放不但不相抵触与矛盾并却正相助相成。……政权务求其统一,行政务求其集中，而社会务使其自由，思想务听其解放。"

（五）关于军队："我们所应努力的是，其一，如何使现在祸国殃民的军队变为救国卫国保民的工具；其二，如何制定一个国防大计以与经济计划教育方针打成一片。"

文章指出："必须有一个全体的计划，把政治经济教育军备冶于一炉，对于中华民族所以生存与发展之道作一个大的推进。……即必须在不丧失公平与自由之范围内来提高效率，促进进步。……我们以为非打破这个循环的连续的革命之趋势则中国永无希望。……立刻敷设一条新路，以便全体民族人人都能循此向着一个目标而竞走。……所以要免除继起的革命则于新制度中必须有公平与自由。……并且须使公平与自由各能发展到高度方可。换句话说，就是在不妨碍效率的范围内使公平与自由发展至最高度。我们于政治是把根据效率的科学与个性差别的科学以与站在平等原理基础上的民治主义调和为一；于经济是把易于造产的集产主义与宜于分配的普产主义以及侧重自治的行会主义调和为一；于教育是把淑世主义与自由主义调和为一。然后三方面再总综合之，成一整个儿的。"

6月20日，在《再生》第1卷第2期上发表《国家民主政治与国家社会主义》（上）和《国民党党政之新歧路》两文。

7月11日，黄炎培来北平，午后偕黄方刚访张君劢，长谈至晚十时。

7月13日，与张东荪、梁秋水、陈博生、胡子笏等在东安市场森隆素餐部招待黄炎培。下午三时半至汤铸新（汤芗铭）家，国家社会党开会。张君劢主席，张东荪、梁秋水、陈博生、证刚、胡子笏、博沙、瞿菊农、黄方刚、黄炎培述近今工作及意见。

7月14日，黄炎培、罗隆基来家长谈并午餐。

7月16日，与梁秋水、汤铸新（汤芗铭）等访黄炎培。后，黄炎培、陈博生、梁秋水等至张君劢家进晚餐。

7月17日，下午三时，在汤铸新（汤芗铭）家开会，晤见徐君勉等。八时十五分，黄炎培乘车离北平，到站送行。

7月20日，在《再生》第1卷第3期上发表《国家民主政治与国家社会主义》（下）和《菲希德〈对德意志国民演讲〉摘要》两篇文章。

8月20日，在《再生》第1卷第4期上发表《中华民族之立国能力》和《菲希德〈对德意志国民演讲〉摘要》（续）两文。

9月2日，在《北平晨报〈北晨学园〉》第366期上发表《读洛克传》（一）一文。

9月5日，在《北平晨报〈北晨学园〉》第367期上发表《读洛克传》（二）一文。

9月20日，在《再生》第1卷第5期上发表《我之俄国观》（续）和《菲希德〈对德意志国民演讲〉摘要》（再续）两文。

10月20日，在《再生》第1卷第6期上发表《国联调查团对于中华民国国格之判断》《我之俄国观》和《〈大学中之教授与学生〉序》三文。

11月20日，在《再生》第1卷第7期上发表《我之俄国观》（续）和《斯宾诺沙之政治哲学》两文。

12月20日，在《再生》第1卷第8期上发表《我之俄国观》和《〈社会所有之基本原则〉序》两文。

1933年（民国二十二年　癸酉）48岁

1月1日，《东方杂志》新年特大号（总第30卷第1号）以83页的篇幅刊出142人的244个"梦想"，其中包括张君劢的梦想。

1932年11月1日，《东方杂志》向全国各界知名人物发出约四百多封征稿信："在这昏黑的年头，莫说东北三千万人民，在帝国主义的枪刺下活受罪，便是我们的整个国家、整个民族也都沦陷在苦海之中。……我们诅咒今日，我们却还有明日。假如白天的现实生活是紧张而闷气的，在这漫长的冬夜里，我们至少还可以做一二个甜蜜的舒适的梦。梦是我们所有的神圣权利啊！"《东方杂志》之所以发起"于1933年新年大家做一回好梦"，旨在征求两个问题的答案：（一）先生梦想中的未来中国是怎样？（二）先生个人生活中有什么梦想？征"梦"活动激起热烈回响，截止到12月5日，共收到160多封答案，其中部分是《东方杂志》的读者。

张君劢以燕京大学教授的身份将题为《中国今后之出路》一篇长文作为答案寄给《东方杂志》，编辑觉得"中国的出路"不应该是该杂志所关注的问题，且张君劢文中所提主张也不属于"梦想"范畴，但为了尊重作者，编辑还是以摘要的形式登出了张君劢的"不是梦想的梦想"。其文字如下：

（甲）吾人之要求：——

不论中央军人与地方军人应一律去职，今后之总司令，由国民代表公举，地方军人由政府任命。

内战中之和与战，应取决于国民代表。

军队之增加一兵一马，应由国民代表同意而后执行。

现代军人除在师部旅部内训练军队外，不得对政治问题发表意见。

（乙）政治制度建设之基础：——

第一，国家政事贵乎敏活切实。

第二，社会确立平等基础。

第三，个人保持个性自由。

（丙）经济建设之目标：——

第一，民族自活，五年之内求食品之自给，十年之内求纺纱棉毛织物之自给。

第二，社会公道。

……吾国之经济的建设惟有国家社会主义而已。①

1月14日，午后，在住处接待黄炎培，时，罗隆基、胡适在。

1月19日，下午四时，到石板坊头条二号汤铸新（汤芗铭）家开会，到会者黄炎培、张东荪、梁秋水、陈博生等。

1月20日，在《再生》第1卷第9期上发表《呜呼！不成国家》（一名《热河失败之严重教训》）一文。

2月16日，午后三时，出席于外交大楼（北平）召开的东北热河后援协进会成立会。宋子文、张学良、朱庆澜、熊希龄、汤尔和、穆藕初、蒋梦麟、周作民、胡适、黄炎培、张君劢、查良钊、李组坤、阎宝航、于凤至等平津各届领袖、上海地方协会、义军代表百余人到会。

2月20日，在《再生》第1卷第10期上发表《民族复兴运动》一文。

此文系张君劢于1932年在定县平民教育会所做演讲的演讲词，由王世宪记录。他以为复兴中华民族，有三点当注意：第一，民族活力。第二，民族知觉的敏锐。第三，民族道德感觉的敏锐。现代的国家，可以一个字来代表就是整个的，或说是有机的。有机的意义，就是说身之使臂，臂之使指，政府是脑神经，人民是手足，二者须相互一贯，如是乃能成一国。……所以吾国的国难问题，绝不限于东三省热河等等眼前问题，实在有其根本整个的问题在。

3月7日，立法院增聘胡适、张君劢为宪法起草委员会顾问。

3月21日，到上海市静安寺路1138号上海市地方协会访黄炎培。

---

① 《东方杂志》第30卷第1号，新年梦想专栏，特第21页。

3月22日，在中华职业教育社访黄炎培，与江问渔、杨卫玉等长谈。晚，陆叙百、诸青来、李微麈为张君劢招餐叙百家。

3月27日，夜，黄炎培等公邀张君劢会餐于功德林。江问渔、杨卫玉、元怀、庄文亚、郑西谷、佛如、重远、抑尧、姚惠泉出席。

是日，与郑寿麟、袁同礼等邀请中德学者二十余人在北平袁同礼家，召开"中德文化协会"筹备委员会会议（由于南京有同名协会，1935更名为中德学会）。协会成立后，张君劢任干事部翻译组组长。

3月31日，晚八时，在陆鼎揆家聚餐，黄炎培、卢毅安、李微尘、赵一湖、金侯城、唐以修等出席。

4月5日，在潘仲昂家会谈，与黄炎培、诸青来、吴泽霖、黄任坚等共谈教育问题。

4月，"再生社"在天津旭街召集临时代表大会（以后追认为国家社会党第一次全国代表大会），通过了政纲和党章，选举张君劢、张东荪、胡石青、罗隆基、诸青来等十一人为党中央领导机构——中央总务委员会委员，张君劢任总秘书（国家社会党不设主席），主持中央日常工作。中央总部设于北京石板房。[①]

5月1日，出席在南宁举行的广西第一次行政会议。张君劢是此次会议遴（特）聘的九位会员之一。其他八位没有出席此次会议。

5月4日，下午五时，由张君劢、徐道麟、华企孙、袁同礼、郑寿麟等十一人发起和筹备的中德文化协会在德国使馆举行茶会，并开成立大会。会议推定董事会成员，通过章程等。张君劢未出席会议。

5月7日，晚，在广西行政会议演讲会做《历史上中华民族中坚分子之推移与西南之责任》演讲，此文发表在《再生》第1卷第11号上（此期《再生》没有按期出版发行，可能是在1933年6月以后才出版的）。由叶鸣平记录。文曰：

> 我讲的题目是"历史上中华民族中坚分子之推移与西南之责任"。我想中国数千年的历史，自地域性观察，把他分为三个时期：第一，黄河流域时期；第二，扬子江流域；第三，珠江流域。可以说中国文化之变迁，是从黄河流域到长江流域及珠江流域。换一句说，古代之重心在北方，近代及最近代之重心在南方，这是历史的地理之

[①] 程文熙：《张君劢先生年表简编初稿》，载台北中国民主社会党中央党部印行的《张君劢先生九秩诞生纪念册》。

推移……广西地位及其性质上约有五特点：一、广西省在中原文化史上为后起；二、广西人富于自信力；三、广西人有勇气；四、广西人诚朴，故宜一心一德；五、广西人能刻苦耐劳，故合于革新时代所需要之清教徒的精神。此五大特点之中，其第三点，换一名词来说，可名曰"少不更事"。惟其少不更事故，能有朝气，故愿意有所作为……文化落后的缺点，固当矫正，然其优点，不可不图保存。今后救国运动中，西南人所凭藉者，自较他处为优胜，而所负责任亦特重，敢望诸君本目前之方针，努力前进，以复兴中华民族。

5月10日，在广西行政会议闭幕式上做演讲。

在广西期间，还做有下列演讲：在广西军事政治学校《从东北热河的失陷说到复兴民族的责任》；在广西梧州广西大学《科学与哲学之携手》；在广西南宁一中《思想的自主权》。

《从东北热河的失陷说到复兴民族的责任》一文，指出英、法、德、俄等欧洲国家绝无主动对日作战之可能，决不可能阻止"日本人吞并东北"。"在复兴民族的运动下，无论如何须听领袖的命令，须有纪律，须有服从，须有民族的完美的道德。""有了民族生存的智力活力道德力，则什么困难都可以打破"；"最后我诚恳地希望，广西做复兴中华民族的种子，负担复兴中华民族的责任，做一个德意志的普鲁士——不是希望吞并的意义——希望以广西之军事民事，可以作为模范，而引起全国的效法。"

7月19日，到上海市静安寺路1138号上海市地方协会访黄炎培，长谈。张禹九邀餐一枝香，同席黄炎培、张澜、卢作孚、胡筠庄、徐新六等。

8月，译作《伦理学上之研究：爱因斯坦相对论及其批评》（Hans Driesch著；尚志学会丛书）由商务印书馆再版。

9月11日，写成《严群著：亚里斯多德之伦理思想》序。

此序文登载于1934年1月1日出版发行的《再生》第2卷第4期上。

10月1日，在《再生》第2卷第1期上发表《欧美派日本派之外交政策与吾族之立国大计》《科学与哲学之携手》《覆王吉占（恒）论广西民众来源书》《思想的自主权》四文。

在《欧美派日本派之外交政策与吾族之立国大计》中指出，总而言之，不外一义，在国家未统一实力未充足之日，应以同等友谊待各国，而不必有所倚轻倚重是矣。

《科学与哲学之携手》是张君劢在广西梧州广西大学演讲的演讲稿。张君劢强调,"集中力量到确实科学,我是不反对的"。但是,中国人对科学应有一个正确的态度,即不是为政治上实用的目的,而是真理的追求。

《覆王吉占(恒)论广西民众来源书》是张君劢给王吉占(恒)的一封回信。文曰:"吉占先生赐鉴:返平后,捧读大作,对于拙讲承引伸其义,尤为欣感。尊著之意,认广西今日居民能继承华族真正文化,而以'江西白话'为证;森前此在南宁所讲以历史自北而南之潮流为根据,初非有特殊之研究。近日稍觉当代人类家著书,乃知彼等所考证有远出森所言之上者:李君济《中华民族构成论》(英文本)一书,自造城工作与姓氏传布,研究各省进化之先后各省之省的年龄;全国各省年龄最稚者:厥为广西、广东、福建、贵州;盖自移植时期之先后言之,西南诸省为国中最青年的省份,无可疑焉。……森在两粤所得印象,觉两粤人民之面目,与今之中原人不尽相类;更有今之中原人所不具之气质,殆以移入之华族与此新种交相混合之故呼?此为人类学上之大问题,非森等人种学之门外汉所敢赞一辞矣。《近代西江流域学术思想之采溯》稿,一并发表,并附尊注于后,以待当世之讨论。"

《思想的自主权》系张君劢在广西南宁一中所做演讲的演讲词,由王春华记录。文曰:"现在国中一般所呼号的,曰关税自主,曰民族自觉,可谓普及极了。……然而有一种自主,为大家所不大注意,就是思想的自主权。……惟其思想有自主权,而后各民族在世界上乃有特殊的文化,也就是各民族的特殊贡献。……思想自主权之扫地以尽,未有如中国今日之甚者。……欲图思想自主权之恢复,有二事当注意:第一,提高对于本国文化之信心。第二,运用自己的思想力。"

11月初,为冯森译《陶彝论中国政治》一文作序。

序文曰:"陶彝氏为英国经济学者,曾游中国,有所建议。所著有《中国之土地与劳工》,为国人所赞赏。其论吾国政治一章,如老吏断狱,洞中隐微,皆针针见血之言,应书万遍读万遍者也。锦柏既译以饷世,更识数语,以唤起注意而已。"[①]

11月1日,在《再生》第2卷第2期上发表《经济计划与计划经济》《学术界之方向与学者之责任》和《世界大战中指挥同盟军》(书评)

---

① 冯森译:《陶彝论中国政治》及张君劢之序,刊登在1933年12月1日出版的《再生》第2卷第3期上。

三文。

11月初，《1928—1933年史泰林治下之苏俄》一书由北平再生杂志社出版。

12月1日，在《再生》第2卷第3期上发表《民族观点上中华历史时代之划分及其第三振作时期》和《学术界之方向与学者之责任》（续）两文。

12月31日，午，在范园接待来访的黄炎培。下午五时，黄炎培再次来访。

1934年〔民国二十三年　甲戌〕49岁

1月1日，在《再生》第2卷第4期上发表《序严群〈亚里斯多德伦理思想〉》一文。

1月13日，到达福州，"方二日，而事已败"。后，去广州、香港。

十九路军在福建成立人民政府，李微尘电邀张君劢去闽，党中人士以为在平与闽函电往来，不如去闽，张君劢乃先到厦门，后由厦门至福州，及抵闽不二日，延平失陷，章伯钧来访，催促离闽，乃同乘轮赴广州，然后，转赴香港，在香港见到了"福建事变"的主要人物陈铭枢，陈对他说："我之名字已见诸国际共产会议记录中矣。"①

1月22日，到中山大学任教。

张君劢是应国立中山大学校长邹鲁的聘请到该校任教的。从此时起到7月，在该校任文学院哲学教授兼法学院政治系教授。张君劢为中山大学法学院政治系开设什么课程，未见可靠资料为依据。仅见1934年2月22日，中山大学法学院政治系三年级和四年级课程表中，有政治学名著研究选课程，标明任课教师姓张，而1933年度国立中山大学教员录中，法学院各系教员没有姓张的，张君劢即聘即到未列入教员名单中，故该课疑为张君劢教授讲授。

张君劢教授到校后的学术活动，《国立中山大学日报》有下列数次报道：

1月23日，在题为《本校聘张君劢先生任教授》一文中，报道曰："张君劢先生，名嘉森，以治哲学政治学名家，十年前思想界玄学与科学论坛，先生实为其领袖。旋创办江苏自治学院于上海，造就政治人材甚众。数年前复游德国苏俄而归，作游记述俄国现状，足资参考。归国后任

---

① 张君劢：《陈铭枢评毛泽东》，美国《世界日报》1957年9月10日。

北平燕京大学教授，本月应邹校长聘南来，任本校文学院哲学系兼法学院政治系教授。""到校后，经与文学院院长兼哲学系主任吴康教授面订下学期讲课课程为：哲学上唯心物之争及哲学名著一种，并定于1月24日晚在学校大礼堂先做公开讲演，讲题为《民族复兴之精神的基础》。"

1月24日，中山大学校长邹鲁发布布告，曰：张君劢教授定于本月24日在本校进行以《民族复兴之精神的基础》为题的公开演讲，师生员工准时往听。

1月26日，刊登题为《哲学系教授张君劢先生讲演志略》的报道。介绍讲演大会情况："本校新聘哲学系教授张君劢先生于昨廿四日（星期三）晚七时，在本校大礼堂举行公开演讲，讲题为《民族复兴之精神的基础》。入场听讲者，除本校员生外，尚有校外人士，凡六百余人，济济一堂，座为之满。由文学院吴院长主席，周鼎培、黄昌柞纪录。首由吴院长致词，述张先生生平教学著述经过甚详。继由张先生演讲，从民族情感，民族思想，民族毅力三方面，发挥题义，而以求恢复民族意识为自强之本，纵横透辟，痛快淋漓，听者无不欣动，直至九时始毕。"

3月14日和15日，连载张君劢教授于1月24日在大礼堂讲演的详细内容，题目是"中华民族复兴之智，情，意"。

4月11日，中山大学校长邹鲁签署大学布告："本校现请法学院张君劢教授于本月12日下午7时在大礼堂演讲《宪法之前提》，合行布告，希本校员生届时出席听讲。"

4月19日，中山大学校长邹鲁签署大学布告："准广东省立民众教育馆函开，该馆定于本月22日举行演讲《中国民族之过去与未来》，主讲人张君劢，仰本校学生一体知照。"

1月24日，在中山大学大礼堂讲演，题目是"中华民族复兴之智，情，意"。

4月1日，在《再生》第2卷第6、7两期合刊上发表《东西政治思想之比较》和《中华民族复兴之精神的基础》两文。

《东西政治思想之比较》是张君劢1934年初在广州国民大学演讲的演讲词。

4月12日，下午七时，应中山大学法学院院长邓孝慈的邀请，在大礼堂向法学院师生讲演《宪法之前提》，讲稿刊登在1934年4月26日的《国立中山大学日报》和6月1日《再生》第2卷第9期上。

5月1日，在《再生》杂志第2卷第8期上发表《人生观论战之回顾》和《中学生知识之基本》两文。

6月1日，在《再生》第2卷第9期上发表《我与宪法》和《中华新民族性之养成》两文。

6月，在广州《民国日报》副刊上发表《学术界之方向与学者之责任》一文。

7月1日，在《再生》第2卷第10期上发表《法治与独裁——在广州法学院讲演》《童司几氏〈学说上真理与政治上之独裁〉一文之介绍辞》《〈唯物辩证法论战〉序》和《〈五十年来德国学术〉序》四篇文章。本期杂志上还载有吕学海所著《读张君劢先生〈学术界之方向与学者之责任〉后》一文。

7月，辞中山大学教职。

张君劢在《二十余年来世界政潮激荡中我们的立场》一文中述及此事曰："……未去之先，我再三向邹鲁校长声明我的党政活动及所办之杂志等，与其时所谓'党外无党''党内无派'之旨，决不相容，邹校长初颇殷勤，待之半年后，即表示不愿意，并说某方将有谋杀举动，故请辞去，因此离开中山。"（一说张君劢以中山大学有胡思敬讲唯物论，颇不恰，乃辞去，并即返平）

8月1日，在《再生》第2期第11、第12期合刊上发表《山西对于未来世界战争之责任》《常燕生〈德意志民族自由斗争史〉序》《中外思想之沟通》《德国经济学之特点》《当代政治思想之混沌》五篇文章。《当代政治思想之混沌》是本年在北平华北大学的演讲词，此文还于1935年5月25日发表于《宇宙》第2卷第2期。

9月18日，国家社会党举行"九一八"事变三周年纪念大会，发表宣言，提出救国须自救及收复东北四省再造中国之主张。

10月21日，八时，在范园接待黄炎培，长谈。午，和金侯城一道来上海地方协会，与黄炎培长谈。

10月23日，在中山大学任教期间所撰写论文《东晋对于异族之抵抗精神》刊登在国立中山大学《文史研究所月刊》第3卷第1期上。

12月15日，《宇宙》杂志在香港发行创刊号（第1卷第1期），孙宝毅任编辑人，宣传国家社会党的主张，与北平的《再生》杂志南北呼应，两年后停刊。

12月26日，北平当局焚烧所谓反动书籍12819册，其中《再生》3120册。

1935年〔民国二十四年　乙亥〕50岁

2月17日，下午五时，与黄炎培长谈。

2月19日，黄炎培招张君劢、沈信卿、陈陶遗、克诚、金侯城会餐，谈文化，谈国事。

3月5日，在《宇宙》（香港）第1卷第6期上发表《民主独裁以外之第三种政治》一文。

3月15日，在《再生》第3卷第1期上发表《十九世纪德意志民族之复兴》一文。

3月25日，在《宇宙》（香港）第1卷第8期上发表《中国新哲学之创造》一文。

3月28日，在广东省地方自治工作人员训练所演讲"如何提高大多数国民的人格"。此文发表在《再生》《宇宙》和《新村半月刊》（第39期）上。

4月13日、14日，中国哲学会第一届年会在北京大学开幕。冯友兰先生致开幕词说："中国之有哲学年会，以此次为第一次。"

4月15日，在《再生》第3卷第2期上发表《民主独裁以外之第三种政治》和《〈民族复兴之学术基础〉自序》两文。

是日，在《宇宙》（香港）第1卷第10期上发表《如何提高大多数国民的人格?》一文。

4月，在《中华教育界》第22卷第10期上发表《欧洲大学教育之新趋势》一文。

5月5日，在《宇宙》（香港）第1卷第12期上发表《亡国的小组主义》一文。此文也发表在《正气半月刊》第1卷10期。

5月6日，明德社学术研究班举行开学典礼，张君劢出席并演讲。正副主任、董事及导师均有演讲，会上张君劢以导师身份做演讲。明德社六月出版的《新民》第1卷第2期刊登了包括张君劢演讲稿在内的五篇演讲稿。演讲稿还以《西方的大学和我国的书院》为题发表在6月5日《宇宙》第2卷第3期上。讲演指出："英国人对于文化对于教育的态度，可以用两句话来代表：一曰'内容可以逐渐变换，制度外形继续不变'。二曰'学校功课尽可改变，而学校外观无妨保存'，这便是英国人的中心思想，一贯的态度。返观我国，则大反此道，特别是近四五十年，因为受了外来的刺激，几欲将二三千年的文物制度，一概废掉，比如中国古代的书院，是我们的教育机关，历代的政治上学术上的伟人，不少从书院造就出来的……我国近年来一般人牢记培根的'知识就是权力'一语。大家震惊于西洋的物质文明，以为知识一项便可了却一切。要知道西洋教育偏重知识，吾国旧教育偏重身心之克制，是属于意志。现在既一反旧日所为，而效法西洋，然吾国注重德性之教育，自有他不可磨灭的价值，无论如何不容抹杀。这是我所望于今日成立之学术研究班的。"

5月15日，在《再生》第3卷第3期上发表《如何提高大多数国民的人格》和《亡国的小组主义》两篇文章。

是日，在《宇宙》（香港）第2卷第1期上发表《理学对于中华民族之功罪》一文。

5月25日，在《宇宙》（香港）第2卷第2期上发表《当代政治思想之混沌》《〈五十年来德国学术〉序》两文。

6月1日，明德学社第十四次董事会议，正副社长提议，拟创办书院一案，经议决通过，定名为学海书院。聘请张东荪为院长。7月31日，广州学海书院开始在广州招生，正式开办。书院开办后，张君劢任学长，讲授宋明理学。1936年6月，与蒋介石矛盾甚深的国民党西南地方实力派人物陈济棠、李宗仁、白崇禧等，不满于蒋氏的对日妥协和剪除异己政策，揭起反蒋抗日旗帜，"两广事变"发生。结果，陈济棠被蒋介石赶下台。陈下台后，学海书院因陈的关系被国民党关闭。张君劢则于书院关闭前夕，不辞而别，去了香港。

在学海书院任教期间，张君劢住在东山梅花村附近很深入的一所洋房里，这所新宅建于农田之中，四邻都没有房屋。

在张君劢的要求下，校方成立国际政情调查室，其目的是为了增加学员对国际政治形势的认识。

张君劢在学海书院期间的讲稿《国家哲学概要》现存香港浸会大学图书馆，全书繁体竖排，共114页，目前还未正式刊行。

6月5日，在《宇宙》（香港）第2卷第3期上发表《西洋的大学和我国的书院》一文。

6月15日，在《宇宙》（香港）第2卷第4期上发表《〈民族复兴之学术基础〉自序》一文。

6月，论文集《民族复兴之学术基础》由北平再生社出版发行。

6月，在明德社出版的《新民》第1卷第2期上发表《理学之系统结构之第一步》和《在明德社学术研究班演讲辞》二文。

7月5日，在《宇宙》（香港）第2卷第6期上发表《吾国思想家之善恶论》一文。

7月7日，十一时，与克诚、黄炎培长谈。晚，在克诚住宅与黄炎培长谈。

7月9日，与黄炎培、克诚谈话。

7月15日，在《宇宙》（香港）第2卷第7期上发表《十九世纪德意志民族之复兴——在广州南海中学演讲》一文。

7月25日，在《宇宙》（香港）第2卷第8期上发表《理学之系统结构之第一步》一文。

夏，帮助费孝通到广西进行实地调查。

是年夏，费孝通从清华毕业，获得硕士学位。他的导师俄国学者史禄国让他到少数民族地区调查一年，之后申请公费出国进修。张君劢在燕京大学任教时，费孝通通过吴文藻介绍，认识了张君劢并常听他的哲学课，还为张君劢所办的《再生》杂志投稿，两人来往较多。经张君劢帮联系，李宗仁同意由广西省政府提供调查经费，1935年9月，费孝通与新婚妻子王同惠一起南下，赴广西象县东南乡考察，进行"广西省人种及特种民族社会组织及其他文化特征研究"。后以王同惠的名字出版了《花篮瑶社会组织》一书，书前的题词是："敬献于以学为国本的张君劢先生。"

8月15日，在《再生》第3卷第6期上发表《中华民族之自力安在？》《中、印、欧文化六讲》和《广西建设与中国民族史上的意义》三文。

8月25日，在《宇宙》（香港）第2卷第11期上发表《现代科学家之所谓情欲》一文。

9月23日，晚，在南宁学术研究会做演讲，题目为《中华民族之自力安在？》。

9月25日，在《宇宙》（香港）第3卷第2号上发表《中印欧文化六讲》一文。

9月，在广州明德出版社出版的《新民》月刊第1卷第4、5期合刊上发表《自孟荀至阎戴之性论》。

10月5日，在《宇宙》（香港）第3卷第3期上发表《中华民族之自力安在？》和《中印欧文化六讲（续）》两文。

10月15日，在《再生》第3卷第8期（此期未能如期出版，疑在11月以后发表）上发表《我从社会科学跳到哲学之经过》一文。

是日，在《宇宙》（香港）第3卷第4期上发表《广西建设与中华民族之改造》一文。

10月，《新民》月刊第1卷第6期上发表《重刻陈白沙集序》一文。

11月25日，在广州岭南大学社会科学会演讲，题目为"我从社会科学跳到哲学之经过"。

12月15日，在《宇宙》（香港）第3卷第10期上发表《教育家与国民气质的变化》一文。

12月19日，晚，出席明德学社社长陈维周举办的欢迎太虚大师的宴会。

是日，太虚大师应中山大学哲学系之约，往讲"佛教与中国文化"。晚，应明德学社社长陈维周之欢宴，同席有陈济棠、张之英、张君劢等作陪。

12月25日，在《宇宙》（香港）第3卷第11期上发表《我从社会科学跳到哲学之经过》一文。

是日，撰写《明日之中国文化》自序。

12月28日，在广州学海书院做《书院制度之精神与学海书院之设立》的演讲，由鲁默生记录的演讲稿在本年12月出版的《新民》月刊第1卷第7、8期合刊和下年3月5日《宇宙》（香港）第4卷第7期发表。

《书院制度之精神与学海书院之设立》一文指出，所谓教育，应包括两方面的内容：一是传授知识，增进学生学业；二是人格培养，教育学生如何做人。但近来的大学，都只讲前者，而不重视后者，这有违中国"师者，传道授业解惑"的教育传统。所谓"传道"，不仅传知识，更要传品行，要重视学生的人格修养。这是书院的精神所在。重视人格修养，也是中国文化的重要特征，几千年来的中国学问特别注重探讨人与人之间的关系问题。个人既然不能离开他人而存在，这中间就有个做人的道理。这个做人的道理，也就是每个人在社会上必须彼此遵守的原则。平时必须重视人格的修养。当然，几千年来的中国学问因太偏重人与人之间关系的探讨，对知识的探求有所忽视，结果影响了中国的学术健康发展。因此，我们创办学海书院，一方面要恢复中国学问重视探讨人与人之间关系的传统，研究古人修养的精义，另一方面又要大力吸收西方的知识，二者不可偏废。"于知识之传授采用西方学术之方法，而于人格之陶养，则多取吾国先儒之遗规，务使所造之人才，其知识足以应付世界潮流，其品行足以担当民族复兴。"基于此，张君劢为学海书院提出了办学原则：第一，学行并重。西洋之学重在求真，中国之学重在求善，我们既要发挥人家之真，更要发挥自家之善，学则重真，行则重善，将真和善完美地结合起来。这是书院第一要义。第二，各科之联合与综合。现在的大学分科分得太细，这虽然有利于精深研究，但其内容不免过于狭窄，缺乏对各科相互关系的了解。所以，书院的第二义，就是求学问之会通，以期养成通才。第三，从民族复兴的立场研究国故。二千年来的学者，多半是在文字中讨生活。最近有人提倡以科学方法整理国故，但实际上是跟在清代汉学家的后面跑。要知道离了义理是整理不出什么有思想、有系统的东西的。所以书院对于国家，要从民族复兴的需要上研究国故，而不做那于民族复兴无补的考据。

12月，在广州明德出版社出版的《新民》月刊第1卷第7、8期合刊上发表《书院制度之精神与学海书院之设立》和《明日之中国文化自序》两文。

1936年〔民国二十五年　丙子〕51岁

1月15日，在《再生》第3卷第10、11期合刊上发表《理学对于中华民族之功罪》一文。

是日，《宇宙》（香港）第4卷第1期特大号上发表为《宇宙》（香港）周年纪念的题词和《明日之中国文化》一文。

1月17日，与克诚一道访黄炎培。

1月18日，参加丁文江追悼会，并讲话。

> 丁文江1月5日在长沙湘雅医院逝世，1月18日下午，中央研究院在南京和上海两地同时举行丁文江追悼会。上海追悼会在白利南路中研院理工试验馆内之礼堂举行，追悼仪式，下午二时半开始，由蔡元培主祭（因蔡元培赴南京主持南京追悼会，故由工程研究所所长周仁代表），参加人员有吴铁城、蒋百里、张君劢等，及该院在沪全体同仁约200余人。周仁代表，宣读蔡元培书面悼辞，毕，各来宾演说，张君劢谓：丁先生具有科学知识，兼具有办事热心，实属难能可贵，渠之一生事业，将亘千古而不泯，同仁纪念丁先生，应将丁先生事业予以表彰云云。张君劢送挽联，文曰：科玄争是非虽各执；义利辨朱陆本同乡。[①]

1月20日，访黄炎培。时，张君劢住上海蒲石路（今长乐路）怡安坊64号。

---

① 《申报》1936年1月19日。

2月15日，在《再生》第3卷第12期（本期杂志未能按期出版，具体出版日期不详，疑在本年六月以后）上发表《中华民族之长生术》《汉学宋学对于吾国文化史上之贡献》和《吾国思想家之善恶论》三文。

3月15日，在《宇宙》（香港）第4卷第7号上发表《书院制度之精神与学海书院之宗旨》一文（由鲁默生记）。

4月4日、5日，中国哲学会第二次年会在北京大学举行，会议决定正式成立中国哲学会，通过会章、成立理事会，并决定《哲学评论》改由中国哲学会主办。张君劢被选举为理事。此后，在1940年第四届年会（云南大学）和1946年年会上均当选为理事。

4月5日，在《宇宙》（香港）第4卷第9期上发表《对广西设立国民中学之短评》一文。

5月18日，在香港大学中文学会演讲《汉学宋学对于吾国文化史上之贡献》，此文发表在《宇宙》（香港）第5卷第3号、《再生》第3卷第12期上。

6月，在《新民》第2卷第4期上发表《中国学术史上汉宋两派之短长得失》一文。

6月5日，在《宇宙》第5卷第3期上发表《汉学宋学对于吾国文化史上之贡献》一文。

7月，国家社会党第二次全国代表大会在上海举行，张君劢被选连任中央总务委员兼总务秘书。大会发表宣言，主张立即抗日。总部由北平迁上海。

7月4日，十一时半，在克诚家，与来访的黄炎培晤谈。

8月，《明日之中国文化》由上海商务印书馆出版（1938年10月再版）。

10月29日，夜，王平秋夫妇招餐功德林，张君劢夫妇、陈筑山夫妇、崔竹溪、黄炎培同席。

11月4日，致信樊仲云先生，就"文化本位问题"进行商榷。信曰：

　　仲云先生著席！文化建设月刊刊出大作对于拙稿《明日之中国文化》有所讨论，捧诵之余不能不罄所怀以答雅意。拙稿105页有"提倡中国本位文化或复古之说以抗之者"云云。但谓国人因十余年来盲从外来学说之无效而想到自己之本位或复古说，即其表现之一端，义止于此。初无如公所推定本位说不足为未来文化建设之基础之意也。昔日仆等屡言迷信外人必陷于盲人瞎马夜半深池之境。而今果何如乎？故公等提倡本位之说，仆等不特不反对，且引为可喜者也。诸公讨论此问题之日，仆远在南方，各种杂志，未能收集。故多有未寓目者。近日始购《讨论集》读之，觉陶希圣先生"自己发现自己"之语最为扼要。盖人类文化之制作不外自己表现自己，希腊也，罗马也，印度也，皆民族中之能自有所表现者。岂有号为独立民族专以随人俯仰为事者哉？精神自由说，仆信之甚坚，而不必海内识者皆同此意，独公首赞同此意，且举雅典与斯巴达为例以证之，此又仆所引为空谷足音者。匆匆奉覆，惟祈为国珍重！11月4日。对于文化建设问题未尽之意，另以一文畅言之。并附录于下。①

11月12日，到达南昌。

应江西省政府函约，携夫人王释因（王世瑛）莅临讲学。在南昌五日，除了演讲外，还参观了农业院、地政局、合作社、壮丁训练班、妇女生活改良促进会、保甲家属训练班等地方。然后在熊芷、柏芦的陪同下乘"轻车"南行，经临川，观王介甫之故居，览翠微峰易堂九子之遗迹。后经南城、南丰、广昌、宁都，到达瑞金。后步行十余里到达叶萍。

11月17日，在南昌南州国学专修院做题为《近来国人对于国学态度之变迁》的演讲。

11月18日，在江西临川中学做题为《王荆公三不足说》的演讲。

11月22日，在红军撤离后的瑞金考察并做《瑞金是精神上防共的第一线》的反共演说。

在江西期间，还有下列演讲：

《三十年来学术思想之演变及其出路》；

《中国教育需要那一种哲学》；

《对于文化之态度——中国本位论与全盘西化论》；

《教育者的人生观》；

《精神的力量》。

1937年〔民国二十六年　丁丑〕52岁

1月1日，在《东方杂志》第34卷第1期上发表《中国教育哲学之方向》一文，此文又名《知识与道德各派哲学及拘束与开放各时代之大

---

① 此信及其附录之文登刊在1937年3月1日《再生》第4卷第1期上。

结合》，亦名《中国教育需要那一种哲学》。

是月，《张菊生先生七十生日纪念论文集》初版，内收有张君劢《中国学术史上汉宋两派之长短得失》一文（列文集第一篇）。

1月18日，撰写《全民族战争论》译者序。

1月20日，晚，应江西省主席熊式辉之约，到沧州旅馆餐叙，谈经济建设问题。

> 熊于本日晨抵上海。当晚同席者有卢作孚、杜重远、张嘉璈、王又庸等人。①

2月，译著《全民族战争论》由中国国民经济研究所出版发行。扉页上张君劢题写："敬以此书奉献于绥远前线卫国守土之将士"之句，以示出版此书之意。书前有张肖梅、熊式辉、蒋百里、汤铸新（汤芗铭）、张君劢所写五篇序言。此书于1938年和1943年多次重印。

2月，为再版的《远生遗著》作序。

文曰："公之哲嗣济生于公殁后二十年，来索一言为尊著行世后再版之序，乃述公之志行与后死之友近状以归之。此乃在伦敦闻耗时，尝欲为之而未得者，今补为之，以赎前愆云。民国二十六年二月张君劢。"序中对黄远生的死因作了猜测：远生是"蒙袒袁而遭狙击"，张君劢已经猜到远生为反袁势力所杀。但远生死时张并不在国内。作为早稻田法政学士的张君劢比远生（中央大学法律系毕业）在政治上更为激进，在猛烈抨击了袁世凯的蒙藏政策之后，听从了任公的劝告，去国赴德游学。张君劢在英国碰见吴稚晖后才得知，"反袁之同志"黄远生在美国遇害。黄远生于1915年12月25日傍晚六时左右，被中华革命党（国民党）美洲支部派人枪杀在美国旧金山都板街的中国餐馆"广州楼"，一说"上海楼"。张君劢的序的基调既旨在替远生辩诬，这时已是20多年以后了，说明辩诬仍存在极大的必要性。换句话说，当时的主流意见想必始终将远生误认为袁党。而张君劢则认为，是因为他："一正一反之间，最容易引起恶感"，张君劢的意思是：由于远生立场左右摇摆导致了袁党对立面的误解。

2月，1936年11月在江西所做各次演讲的演讲稿由江西教育厅编辑成《张君劢先生演讲集》出版发行。内有张君劢的八篇演讲稿，附有张君劢夫人王世瑛的后记。江西省教育厅长程时煃为此书作序和题写书名。

---

① 熊式辉：《海桑集：熊式辉回忆录》，香港明镜出版社2008年版，第199页。

3月1日，在《再生半月刊》第4卷第1期上发表《关于中国本位文化建设问题答樊仲云先生》和《今后文化建设问题——现代化与本位化》两文。

4月1日，在《再生半月刊》第4卷第2期上发表《战争之全体性》和《鲁屯道夫小传》两文。

4月15日，在《再生半月刊》第4卷第3期上发表《再论现代战争之全体性》和《三十年来学术思想之演变及其出路》两文。

5月1日，《再生半月刊》第4卷第4期上发表《瑞金是精神上防共的第一线》一文。

5月15日，在《再生半月刊》第4卷第5期上发表《未完之国家哲学初稿》和《介绍一部指示世界经济新途径之名著》两文。

5月25日，在《新中华》第5卷第10期上发表《西方学术思想在吾国之演变及其出路》一文。

6月1日，在《再生半月刊》第4卷第6期上发表《未完之国家哲学初稿（二）——科学派之国家观与哲学派之国家观》一文。

6月15日，在《再生半月刊》第4卷第7期上发表《对外抗战问题》和《未完之国家哲学初稿（三）——国家哲学之两主潮》两文。

7月1日，在《再生半月刊》第4卷第8期上发表《未完之国家哲学初稿（四）——国家之性质》一文。

7月8日，离北平赴上海。

张君劢1943年11月写的《国超儿自沪至渝日记跋》文中，说："余自平而沪，为卢沟桥事变爆发之翌日。"[①]

7月15日，参加庐山谈话的王云五、黄炎培、张君劢、曾琦等32人致电晋冀政务委员会宋哲元、秦德纯等称：

敌扰平郊，乍退又进，传将大举来犯，其为民族生死关头，我军将士矢志坚守，报载公训将士"华北即吾军坟墓"，壮哉此言，闻者激奋，燕赵几千里河山，旧都七百年文物，平津四百万人民，共存共亡，千钧一发，凤钦大勇，宁建奇功，凡我同仁，愿为后盾。

是日，在《再生半月刊》第4卷第9期上发表《共产党变更方向与人类德性之觉悟》和《未完之国家哲学初稿（五）——国家之演化》

---

① 《再生》第94期，1944年4月30日；《龙凤》第1期，1945年1月。

两文。

是日，在《月报》第 1 卷第 7 期上发表《对外抗战问题》一文（转载于《珠江日报》）。

是日，在庐山驻地，外出散步时遇周佛海，谈教育问题。①

7月16日，上午九时，"庐山谈话会"第一期在庐山火莲院牯岭图书馆举行。出席开幕式的共 158 人，张君劢代表国社党出席会议。

会上，他在张群、汪精卫演说后，第一个发言说："在民国成立前，国内各党派，意见容有不同。民国成立后，对于国家爱护意见，完全一致。民国十三年以后，各人对于若干问题，或有见解不同，然综合而言之，民国成立二十五年中，对于中山先生理想及国民党报国志愿，无不竭诚希望其完成。目前国难严重，在此时期，民族生存之重要，超过一切，必先有民族，方可谈到其他，在精诚团结声浪中，在野人士，对政府应表示信任，发挥善意，本人尤郑重表示此意。"谈话会十一时结束。午十二时，蒋介石、汪精卫在牯岭图书馆宴请与会者。

7月17日，晨九时，庐山谈话会第一期会议开第二次共同谈话，首由汪精卫报告五全会以后外交情形，次由蒋委员长报告河北情形，次由来宾胡适、林宰平、马君武、张君劢等发表意见。十一时一刻闭会。第一次谈话会就此结束。闭会后，还被邀请参分组谈话。

7月19日，庐山谈话会举行分组谈话，上午举行政治组谈话，由汪精卫报告，并引论制宪及实施问题，提出两要点：一宪法整个的可决或否决，抑逐条修正；二制定宪法之国会与实施宪法之国代会，是一抑二。张君劢、刘大钧、左舜生等十余人在会上发言。

7月27日，与出席庐山第二次座谈会各界名流相聚仙岩饭店，并庆祝中国军队克复丰台重创日军。出席聚会者胡适、蒋梦麟、张伯苓、王云生、潘序伦、陶希圣、蒋百里、萧一山、潘公展、段锡朋、经亨颐、张君劢、杜重远、叶楚伧、洪深等一百多人。洪深建议以谈话会名义，发电勖勉宋哲元将军及二十九军全体将士。电文云：

第二期谈话会开始之际，奉读感电，敬悉我忠勇将士守土御寇决心，至深敬佩。读阅站报，尤切激昂。顷闻移节保定，且盼与中央所派各军同心戮力抗战到底。同仁等不敏，竭心力以从诸公之后。中国每一块土地，皆满布每一个国民之血迹，宁使人地都成灰烬，决不任敌人从容践踏而过，谨布精诚，遥祝胜利。

---

① 《周佛海日记全编》上 1937 年 7 月 15 日条，中国文联出版社 2003 年版，第 51 页。

8月11日，中国国民党中央执行委员会政治委员会召开第五十一次会议，决议设置"国防最高会议"，《国防最高会议组织条例》第九条规定，国防最高会议设国防参议会，由国防最高会议主席指定或聘请若干人充任之。张君劢是首批被聘任的参议员。

8月13日，淞沪抗战爆发，张君劢正在庐山。

是日，去上海商业银行的旅行社，去订长江的船班，已付定洋，说定午后取票，张君劢去邮局寄信，不料时间相隔不到十分钟，当他再过旅行社门口时，被旅行社的工作人员招进屋内，说票不能卖了，理由是长江战略要地江阴已经被封锁了，因而没有船只能下行至上海。旅行社的工作人员不希望公然告诉他这些消息，就把张君劢带到他的房间，悄悄告诉他。

又隔了两三日，托人在汉口买了张民生公司由九江到南京的船票。

8月17日，晚八时半，国防最高会议参议会第一次会议在南京汪精卫住宅内召开，应到会人员十六人：胡适、张伯苓、张耀曾、蒋方震、毛泽东、蒋梦麟、沈钧儒、梁漱溟、马君武、黄炎培、曾琦、陶希圣、晏阳初、李璜、傅斯年、张君劢。实际到会者只有胡适、张伯苓、蒋方震、梁漱溟、陶希圣、李璜、傅斯年。

8月18日，乘船到达南京。

到南京后，被告知无论汽车或火车都不安全，因此，去上海看望家人的计划被迫放弃。滞留南京两个多月，遇到空袭数十次，8月26日一次最为厉害，时张君劢与弟公权住在铁道部一号，晚十一时预告开始，十二时仆人来说，四五十架飞机在空中，要张君劢起来入防空洞，张君劢认为敌机不可怕，不必要起床，到了凌晨二时，仆人来说日机已经投弹，天上高射炮与照明弹同日机纵横交叉，张君劢勉强起床，到公权卧室内叫他起床，他睡得正酣，但说不必怕，不许起床，张君劢只好回屋继续睡觉。过了半小时张公权来叫张君劢起床，也没有叫起来，兄弟二人继续睡觉。

10月11日，在《大公报》上发表《严明战时赏罚大权》一文。此文也发展在《国闻周报》第14卷第42期。文曰：

> 作战出力者，应受上赏，更应擢而进之，以奖其踊跃赴难；其不出力者与见敌逃走者，不论其为出于贪生抑为保全实力之念，应处以严刑峻法。庶几社会上知国家赏罚之大公意向之所在，而人心为之一振。……我亦效法国梅氏之言，以作本文之结束曰：中国今日之法律

不外一语：非胜利则死而已。①

10月25日，《时事类编特刊》第3期刊登张君劢的《吾人立场与民族生存战争中之三字诀》一文。

10月27日，下午五时，周佛海来访，谈及战局及壮丁训练、举办刊物等问题，约一小时。②

10月31日，下午七时，至汉口路20号德大使馆参赞飞尔师宅晚餐。汪精卫、何应钦出席。

11月1日，上午，周佛海来访，谈合办日报问题，并论及今后政治方针应取开放，全国各党各派在不违背三民主义之原则下，订一共同国策，一致遵守。

11月中旬，与罗文干、梁漱溟、左舜生、黄炎培、沈钧儒、马君武、李璜、杨赓陶等八人向当局呈递建议：第一，调整政府机构，使之合理化、简便化。第二，发动民众。第三，成立有各党派和各方代表参加的民意机关。第四，肃清贪污。③

11月27日，晚十一时，和弟公权乘"德和"轮船离开南京驶汉口。

11月30日，抵达汉口。

1938年〔民国二十七年 戊寅〕53岁

1月1日，在广西桂林。中午，黄旭初家备素餐，宴请黄炎培、张君劢等。晤白鹏飞、张一气、邱毅吾。林隐青邀游象鼻山，坐游艇往，同游有黄炎培、马君武、王志莘夫妇、杨朝玑、许克诚、杨卫玉，艇中设餐，晚始归。

1月3日，居门人廖竟存家，黄炎培来访，长谈。

1月4日，居廖家，黄炎培再次来访。

1月6日，黄炎培再访张君劢，张君劢告诉黄炎培，日本内阁及大本营，将于十日联席会议，决定对我国之态度。

1月9日，为广西大学战时服务团演讲《绝对的爱国主义》。此文首先发表在《全面战》第3期，袁石之发文质疑，张君劢在《全国战》第9

---

① 转引自王芝琛《1949年以前的大公报》一书，山东画报出版社2002年版，第260—263页。
② 《周佛海日记全编》上，中国文联出版社2003年版，第86页。
③ 梁漱溟：《我努力的是什么——抗战以来自述》，《梁漱溟全集》第六卷，山东人民出版社2005年版，第187页。

期发表《关于绝对爱国主义答袁君石之》。

1月23日，在武汉市召开的世界反侵略运动大会中国分会会议上被推定为名誉主席团成员之一。

2月，在《路向》半月刊第6卷第4期上发表《绝对的爱国主义》一文。

文曰："吾们平日所以爱国，并不是从国家手中得到好处，而是尽吾们道德上的责任，那么爱国之义务，是为尽责任而不是为得好处，是绝对的，而不是附条件的，这就是吾所谓'绝对的爱国主义'。"

3月17日，到汉口，夜，黄炎培来访，有克诚、廖竟存信付黄炎培。

3月18日，访黄炎培，长谈自桂林分别后之情形。

春，受赈济委员会许世英先生之托，在广西桂林创办移桂难民垦殖处，张君劢自任处长，蒋匀田任秘书。

4月13日，致函蒋介石、汪精卫，申述中国国家社会党的主张与三民主义最高原则在精神上并无二致，表示愿在最高领袖领导之下，精诚团结，共赴国难。

4月15日，蒋介石、汪精卫覆张君劢书，表示慰勉。

4月16日，九时，黄炎培来访，长谈。

4月25日，在《民族战线》第17期上发表《现代国际政局之真相》一文。

文章指出："现代国际政局中之真相：第一，国家应靠自己，不可存靠人之念。第二，国家各种力量之中，以武力为第一重要，富力次之。第三，自己有了武力，方可以找到友邦。"

4月28日，与许孝炎、炳藜同访周佛海，谈言论自由限度问题，周答以三民主义为度。①

5月4日，中午，出席张群之宴会，在座有周佛海、左舜生、李璜、曾琦等。②

5月14日，黄炎培访张君劢，晤彭文应、罗隆基、吴贻芳、潘季勃夫妇、王世宪夫妇吃茶。

5月16日，介绍蒋匀田访黄炎培。

5月21日，夜，新宴酒店叙餐，到者：周恩来、博古、王明、张君劢、胡石青、罗隆基、曾琦、左舜生、李璜、沈钧儒、吴玉章、黄炎培。左舜生为主人。

---

① 《周佛海日记全编》上，中国文联出版社2003年版，第117页。
② 同上书，第121页。

5月24日，出席武汉文化界人士在普海春举行的欢迎世界学联代表团大会。在会上讲话：中日问题不仅是一个国家问题，而是一个文化存亡问题，所以全世界维护文化的人应秉着拜伦援助希腊的精神来帮助中国。

5月25日，下午三时，中共代表团假一江春大礼堂举行茶话，招待世界学联代表团。到会的有各党派、各群众团体代表和外国友人。夜，出席黄炎培、沈钧儒主持的聚餐会，出席者有：周恩来、王明、秦博古、吴玉章、张君劢、罗隆基、胡石青、曾琦、左舜生、李璜等共十三人。

5月30日，黄炎培到张君劢处，与张君劢、李璜、左舜生长谈，同座陈筑山、刘石荪、陆叙百。

5月31日，与左舜生、李璜、黄炎培共访张仲仁。

6月1日，夜，聚餐会，到者：周恩来、秦博古、王明、张君劢、胡石青、曾琦、左舜生、李璜、沈钧儒、吴玉章、黄炎培、江问渔。

6月15日，夜，出席周恩来所邀之聚餐会。出席者还有：王明、博古、胡石青、曾琦、李璜、左舜生、沈钧儒、黄炎培、梁漱溟、江问渔、邹韬奋等。

6月17日，国民政府公布第一届国民参政会的参政员名单。依照《国民参政会组织条例》第三条〔丁项〕之规定，张君劢被遴选为第一届国民党参政会的参政员。他所领导的国社党在参政会中占九席。

6月24日，以国民参政会参政员身份发表谈话。

  我与其他参政员的意见都是大同小异，再没有什么特殊的意见。我个人也没有什么提案。本来，按照参政会条例，应当是政府来提提案，参政员个人的提案也不过是帮助政府提一些提案而已。因此，在开会的时候，我希望政府能多多地提出提案，供大家在会上讨论和商酌。至于这次参政会，能不能由此树立中国民主制度的基础，这要看政府怎样去做。①

6月25日，在汉口《西南导报》第1卷第3期上发表《建设西南之一大前提》一文。文曰：

  "根据于政治上、地理上、经济上、国际上种种理由，国人均认定西南诸省，实为今日再造国命，建设一切实业之惟一根据地。"建设西

---

① 《新华日报》1938年6月24日。

南最重要之前提就是要"痛除优游自在之旧习",树立艰苦卓绝之精神。①

6月26日,晚,宴请国社党领袖及重要干部,汪精卫、张群、周佛海等亦应邀出席。

7月1日,国民参政会议长汪精卫与副议长张伯苓举行欢迎茶话会。会中,张君劢起立质询问:"参政会组织条例第五条规定:在抗战期间,政府对内对外之重要施政方针,于实施前,应提交国民参政会决议。前项决议案,经国防最高会议通过后,依其性质,交主管机关制定法律或命令行之。现在政府除施政报告外,有无准备内外方针之议案?在法律或命令之前,是否标明国民参政会决议?在国防最高会议未通过前,国民参政会决议案,是否不能公布?"汪精卫谓:"俟报告国防最高会议决定后,再行答复。"

7月2日,午,在新燕餐厅邀请黄炎培、罗隆基、胡石青、王幼桥、陆叙百、罗钧任等会餐。

7月6日,上午九时,第一届国民参政会第一次会议在汉口两仪街二十号上海大戏院开幕,参政员张君劢、张一麐、王造时、黄炎培、史良、邹韬奋、章伯钧、罗隆基、许德珩、陶希圣、谭平山、王云五、梁漱溟等160多人出席了这次会议。

下午,举行第一次会议,被推定担任第一审查委员会召集人之一,审查军事及国防之议案。

夜,出席叶楚伧、赵棣华在黄陂路19号举行的招餐会,同席有黄炎培、张一麐、冷御秋、江问渔、顾子扬、钮惕生等。

7月7日,下午,第一届国民参政会第一次会议举行第三次大会,张君劢、张炽章、吴玉章、胡建中、曾琦、黄炎培、周炳琳、陶希圣、陈裕光被推举为宣言起草委员会委员。

是日,《再生周刊》第1期在汉口出版发行,在此期上发表《关于中国国家社会党成立感想》一文。

国家社会党的基本原则,和孙中山的三民主义是一致的。但,时代不同了:"(一)苏俄之计划经济与德意之法西斯主义为中山先生所不及见。(二)德意法西斯主义之出现,即欧洲国家对于议会政治信念之动摇。"

---

① 《西南导报》第1卷第3期,1938年6月25日。10月31日《中外经济拔萃》第2卷第10期转载此文。此文亦收入西南导报社编辑1938年8月15日出版的《中国今日西南建设问题》一书中。

因此，我们提出了适应新形势的新主张，"在国内无有与我党所主张相同者"。此乃，国家社会党成立之基础。

7月12日，国民参政会宣言起草委员会在汪精卫住宅举行会议，参加会议的有黄炎培、曾琦、吴玉章、胡建中、陶希圣、周炳琳、陈裕光、张君劢、张季鸾九人，推张季鸾作稿。

7月14日，在《再生周刊》（汉口）第2期上发表《政治家之领导》一文。

文章认为政治上的领袖人物必须要有良好的素质：第一，体力或精力：精神饱满；体格健全。第二，智力：先见；博大；定识；深谋；知人。第三，德力。

7月15日，上午，第一届国民参政会第一次会议举行第十次大会，张君劢、董必武、胡适、罗隆基、沈钧儒等25人被推举为驻会委员会委员。下午，大会闭幕。

第一届国民参政会第一次会议期间，张君劢写成了《清明政本以救危亡建议案》，提案对抗日战争的形势深表忧虑，对国民党的抗日政策提出了严厉批判。他认为如果不改革中国的内政，中国抗战的连续失败局面将会继续延续下去。为彻底改变战争的不利局面，他建议：第一，政府应将立国复土的决心昭示天下，以增强国民抗敌的信心和勇气。第二，检讨过去，力谋政治改良。政府应对十余年来军事设施与行政当局之操守，一一加以检讨，以振人心而移风气。第三，晓谕国人投敌、附敌、屈妾于外人之耻辱，晓以大义，知耻而止。第四，全国上下刻苦砥砺，以增强我民族之体力、德力、智力。根据《国民参政会议事规则》提案须"由参政员二十人联署"的规定，张君劢征得罗文干、陆鼎揆、罗隆基、王幼侨、胡石青、沈钧儒、左舜生等人的联署。但是，当他向会议提交时，"同人中谓其言过于激切，嘱令勿提"，于是，他只好将其搁置一旁，没有提交会议讨论。至1947年7月，《再生》杂志向他索稿时，他才将其交该杂志，发表在该杂志的第172期上。①

7月18日，赴蒋介石官邸谈话，黄炎培、江问渔、胡石青亦到。蒋介石提请江问渔任苏民政，容许考虑再说。

7月26日，拜访周佛海。②

7月，商务印书馆出版发行《全民族战争论》一书（1943年6月再

---

① 参见《再生》周刊第172期。
② 《周佛海日记全编》（上），中国文联出版社2003年版，第149页。

版)。

8月8日,张元济致信张君劢。信曰:

> 甲午战争战败,竞言新学。于是设学校,遣派留学生,惟以外国学术为尚,而于己国所以律身行己之道,毫不措意。新学之害一至于此。我公幡然谋所以挽救之策,思重兴书院制度,于人格品行之修养,民族精神之发动二者交重,甚盛甚盛。鄙见异日开院讲学之光,必先标明勤劳节俭之旨。凡饮食起居之微,亦惟以锻炼其体肤,淬厉其精神为务,而后一切学术可以听受,而后可以造成有用之才。①

8月15日,《今日中国西南建设》一书出版发行。此书由西南导报社编辑出版,由中国建设出版社发行,内有张君劢的《建设西南之一大前提》一文。

8月,《立国之道》一书完稿。9月,由桂林商务印书馆出版。此书又名《国家社会主义》,至1947年12月共印行四版。

5月至7月中,张君劢每日必以二三小时口讲《立国之道》,由冯今白先生笔记,讲毕,将经济一部分,交由黄公笃先生略加修改,最后一段——《吾人思想之哲学基础》,则由张君劢酌拟大意,由牟宗三代为写成。

9月21日,新疆督办盛世才电邀黄炎培、张君劢、胡筠庄、范长江飞新疆。黄炎培等以此时备飞机困难,请待异日办。

9月26日,新疆代表张元夫告诉黄炎培,飞机已向交通部商得,因此时张君劢在桂林,不能前往,黄炎培等也没有成行。

10月28日,八时,第一届国民参政会第二次会议在重庆国民政府军事委员会礼堂开幕,共有110多名参政员出席会议,张君劢出席会议。

张君劢等向大会提出《刷新政本以利抗战案》,提出三条建议:第一,(由原提案人撤回)。第二,国政之进步,惟有以公开为纠正之法。"同人等以为应扩充国民参政会权限,改为监督机关。此种机关既立,全国之心思才力冶于一炉,国家之施政大端,既经代表之讨论而赞可,则自可得民众之同心协力。此应请政府注意者二也。"第三,国家之治乱与政治之善恶,端视用人之当否。"政府本廓然之公心,对于各种政务,各种事项,严密检讨用人之当否,确立一秉至公之标准,以吸收全国之人才,

---

① 《张元济全集》第2卷,商务印书馆2007年版,第285—286页。

然后国事有昭苏之望,此应请政府注意者三。"其中第二点、第三点,经议决送请政府注意,第一点则收回。

10月22日,在《再生周刊》(重庆)第4期上发表《理智与救国》一文。此文是在华中大学做演讲的演讲稿。

10月29日,上午,出席第一届国民参政会第二次会议之第一次会议。会上通过了各审查委员会名单,会议共设五个审查委员会,张君劢为第一审查委员会(国防军事)委员,张君劢、孔庚、左舜生为该组召集人。

是日,在《再生周刊》(重庆)第5期上发表《国家社会主义经济建设之具体方案》一文。

10月30日,在傅斯年等人起草的致蒋介石的信件上签字,此信是一封谴责和讨伐孔祥熙檄文。

11月5日,上午八时,参政会全体审查会,讨论张君劢提案、王明提案、梁漱溟提案。下午三时,第九次会议,各审查会报告。

11月6日,上午八时,出席国民参政会全体审查委员会会议,会议审查军事、政治、财政问题。

下午三时,出席第一届国民参政会第二次大会第十次会议。参政员138人参加此次会议,会议听取秘书处工作报告,讨论通过关于经济、内政、文化、教育、国防方面的十一项提案,并选举张君劢、董必武、左舜生、孔庚、吴玉章、秦邦宪等25人为驻会委员。六时,国民参政会第一届第二次会议休会。

11月8日,午,晏阳初、梁漱溟招餐永年春,张君劢、左舜生、罗隆基、王造时等出席,商下届参政会准备问题。

11月11日,下午三时,出席国民参政会驻会委员会第一次会议。

11月18日,在《再生周刊》(重庆)第6、7期合刊上发表《〈立国之道〉绪论》一文。

11月25日,在《再生周刊》(重庆)第8期上发表《修正的民主政治之方案》一文。

11月27日,在重庆佛教会演讲,题目为《论中国学术之落后》,演讲稿发表在1938年12月23日出版的《再生周刊》(重庆)第11期上。

演讲中,张君劢首先论述了西洋学术之优点:一、学术兴趣广博;二、智慧之锐人;三、研究功夫之恒久。然后,分析了中国学术界之弊病所在:一、利禄之途;二、门户之见;三、立言之无界限。他希望"从根本上将我们学问基础改革一番:第一,我们应该认识学问是研究宇宙及秘奥，并非求一己之功名利禄。第二，我们应该认识宗教哲学及各种学问各有其立场与界限，不是互相排斥的。第三，研究学问，应以研究为其毕生事业。不但一人为然，而且要引领后辈，继续研究。无论何种学问，皆应立下五十年一百年的基础。第四，大家应该承认各种学说各有其立场、范围，与各名词的定义，彼此讨论，应平心静气，自然可以养成合作的思想。……一个民族道德与知识，如其是健全的，不怕无复兴的希望。"

12月5日，发表行营纪念周演讲——《德国复兴与其国民性》。

张君劢讲道："今天承张主任约来参加纪念周，讲述德国普鲁士的复兴，讲到普鲁士的复兴，先来讲德国的国民性，德国的国民富有研究性、责任心，每事都有从根源研究的天性。""德国复兴由于人民的责任心，忍耐力与坚定的意志，以及他们真诚、诚意的心。"

12月10日，撰写《致毛泽东先生一封公开信》，此信刊登在1938年12月16日出版的《再生周刊》（重庆）第10期上和12月26日的《中央日报》上。以统一抗战为名，劝共产党交出地盘和军队，放弃马克思主义。

12月11日，午，出席大三元会餐，同席黄炎培、傅孟真、左舜生、李璜、罗隆基、曾琦、高惜冰。

12月14日，与王世杰、曾琦、左舜生在汪精卫家晚餐。张君劢、左舜生、曾琦等建议，希望国民党中央党部予以津贴从事办党及出版。汪精卫颇欲接受他们的请求，因约叶楚伧、陈立夫等商量。王世杰未发言。[①]

12月16日，午，参政会同人暇娱楼，到者张君劢、左舜生、曾琦、李璜、罗隆基、江问渔、孟春、惜冰。三时，参政会驻会委员会，王宠惠报告外交情况。

12月23日，午，参政会同人暇娱楼，到者张君劢、曾琦、罗隆基、江问渔、陈启天、高惜冰。后同黄炎培同访冷御秋。

是日，《再生周刊》（重庆）第11期上发表《论中国学说之落后》一文。

12月30日，黄炎培来家晤谈，黄炎培出示其所做文章，请张君劢教正。

12月31日，到张群家，同邀者黄炎培、冷御秋、李璜、梁漱溟、江问渔、周恩来，讨论动员问题。周恩来提出动员组织的原则：统一领导，统一计划、联合组织、分工合作。黄炎培提出口号二句：安有力者之心，

---

① 台湾"中研院"近代史研究所编印：《王世杰日记》（手稿本）第1册，1990年，第448页。

用有心者之力。①

1939 年〔民国二十八年　己卯〕54 岁

1 月 3 日，在李璜家与黄炎培、曾琦谈话。

1 月 6 日，下午三时，参政会驻会委员会议，何敬之报告军政情况，极详。

1 月 12 日，在《再生周刊》（重庆）第 12 期上发表《德国复兴与其国民性》和《哭蒋百里先生》两文。

1 月 13 日，同人聚会暇娱楼，李璜、曾琦、黄炎培、高惜冰等出席，张君劢、左舜生、罗隆基未到。下午，参政会驻会委员会议，蒋介石出席谈话，经济部长翁部长报告。

是日，重庆电台播出张君劢的《科学之计划的发展》演讲。

张君劢讲道："科学与国防的关系至为重大。……现在我们亦在与人作战，试问我们科学家有什么贡献有什么发明。""我今晚要讲的，不是向我们科学家要发明，而是讨论国家一般科学如何发展"：第一，各大学应将学科开设齐全；第二，应派人向世界杰出科学家学习；第三，各大学应非常重视科学研究工作；第四，对有贡献之科学家和大学进行奖励；第五，应该重视哲学的研究。此稿登刊在 1 月 25 日出版的《再生周刊》（重庆）第十三期上。

1 月 19 日，聚餐瞰江楼，到者江问渔、褚辅成、冷御秋、章伯钧、张君劢、曾琦、梁漱溟、沈钧儒。江问渔、褚辅成、冷御秋为主人。谈及战委秘长事。

1 月 21 日，在中华大学做题为"持久战之自信心"的演讲。

1 月 25 日，《再生》第 13 期上发表《科学之计划的发展》一文。

1 月 30 日，陈真如招餐，同席黄炎培、梁漱溟、曾琦、罗贡华、黄艮庸、段锡朋、光明甫、薛农山。

2 月 2 日，夜，味腴聚餐，到者张君劢、江问渔、叙百、高惜冰、曾琦、左舜生、张忠绂。

2 月 8 日，写成《日本军部的"一九一八"年》一文，发表在 2 月 24 日《再生周刊》（重庆）第 16 期上。

2 月 10 日，写成《答陈绍禹——延安演词中之附带质问》一信，发表在 2 月 24 日《再生周刊》（重庆）第 16 期；4 月 20 日出版的《时代文

---

① 《黄炎培日记》第 6 卷，华文出版社 2008 年版，第 61 页。

选》第 1 卷第 2 期；《天文台》第 238 期上。

2月12日，上午八时，第一届国民参政会第三次会议在重庆国民政府军事委员会礼堂开幕，到会参政员 116 人，张君劢出席会议。会议期间，张君劢等向大会提交了《切实统筹第二期战时行政计划之实施条件以争取胜利案》和《请速拨巨款赈济苏北黄泛区域案》两案，连署由罗隆基提出的《调整机构，集中人才以增加行政效率案》。

2月14日，上午，第一届国民参政会第三次会议举行第二次会议，会议讨论并通过了各组审查委员会审查委员及召集人名单。张君劢为第一审查委员会（军事国防）委员，张君劢、孔庚、李中襄为该组召集人。

是日，在《再生周刊》第 15 期上发表《持久战之自信心》一文。

2月15日，朱家骅致信张君劢，希望张君劢：第一，相信领袖，相信政府，团结抗战，绝不能以个人的恩怨来和国家民族的利益抗衡。第二，不要发表损害国共合作的言论，不要诋毁共产党和八路军的抗战行动，不要为别人所利用。第三，自己出来纠正一切荒谬的言论和行动，不要再做有损本党形象的事。

2月19日，下午，第一届国民参政会第三次会议举行第六次会议。对张君劢等二十二人所提《切实统筹第二期战时行政计划之实施条件以争取胜利案》进行了专门讨论，经决议送请政府注意。

2月20日，上午，在第一届国民参政会第三次会议第八次大会上张君劢再次被选为休会期间驻会委员会委员。

2月22日，张群招餐于家，同席章行严、黄炎培、张一麐、张季鸾、罗钧任等。

2月23日，夜，克利西餐馆会餐，到者章行严、张君劢、张一麐、沈子万、彭俊仁、浦心雅、褚辅成、徐梦岩、陈叔澄、陶行知。

2月24日，《再生周刊》（重庆）第 16 期上发表《答陈绍禹延安演词中之附带质问》和《日本军部的"一九一八"年》两文。

3月30日，在《再生周刊》（重庆）第 19、20 期合刊上发表《福煦大将军对于捷克的预言》一文。

3月下旬，《立国之道》一书在重庆再版，由中国图书杂志公司代理发行。

4月21日，午，沈钧儒招餐都邮街俄国饭店，到者张君劢、左舜生、博古、邹韬奋、李璜等共七人，述视察感想外，商合作问题。

5月1日，张公权视察滇缅公路，张君劢与之偕行。"此游由昆明而大理而缅边，入缅之后，留曼谷三日，游柬埔寨一日，更经西贡河内返昆明。""抵大理之日，汪奠尘先生来接，遇于圣麓公园，翌日导游其所主持之中央政治学校大理分校。""经滇缅路，尝取英人台维斯大佐所著《云南——印度与扬子江之连锁》一书读之。……译而出之。"

5月30日，在河内写信给梁实秋，"报告旅行情况，并涉及途中感想。"

5月，《文汇年刊》第1期上发表《日本——东方文化的罪人》一文。

文曰："请问日本朝野，这种奸淫掳掠的举动，可以为日本大陆政策开始的第一页吗？可以成为安定东亚的势力吗？可以称为东方文化吗？""把四千年的民族古国，破坏他，扰乱他，这种做法，可以算为安定东亚的势力吗？可以称为东方文化吗？"日本国内动乱不堪，"试问这种局面，如何能称为安定东亚的势力？乃至于称为东亚文化吗？""日本人偏要把造成东方文化的中国，先行打倒，而对于其他西方文化国家，如英美苏等反而向他们打躬作揖，或者赔款道歉，这可以够得上做东方文化的护法大师吗？""日本不但对于东方文化创始人的中国，不表感激，反而要杀死他，可以说是东方文化的罪人，是一个乱臣贼子。"

6月10日，在《再生周刊》（重庆）第25期上发表《自由阵线之恢复》一文（译文）。

6月25日，在重庆大学做《南巡所见》之演讲。述游滇缅公路、仰光、曼谷、西贡、河内等地的经过和观感。讲稿登载于8月25日出版之《再生周刊》（重庆）第28期上。

6月，写成《〈云南各"夷族"及语言研究〉序》。文曰：

台氏文中，有若干重要论点，如谓苗、瑶语近于蒙吉蔑族，如谓粤人近于掸族云云。……凡台氏之所见，其为是者，吾人应从而赞成之，其为非者，吾人应从而驳斥之，要为中华民族学上最有关系之论文，而国中治史学治人种学者所不可不知者也。其可以矫正吾人对于夷族之观念者，更有二事：第一，台氏所以分云南各族之类者，以语言为准，可谓已达乎种族类别之最后根据。第二，台氏之言曰："中国语、掸语与藏缅语三系，在原始时期之互有关系，"台氏既认此共同关系之存在，同时进而推求其三语系之互同者，竟至不可认识之故，则曰音韵之淘汰实为之。

7月中旬，为章士钊的《逻辑指要》一书作序。

此序文以《对于梁任公胡适之章行严学术工作之感想》为名首先刊登在8月10日出版的《时代精神》（独立出版社出版）创刊号上，文前按语曰："《时代精神》之将出版，编者征稿于余，苦无以应。适为行严先生新著逻辑指要作序一篇，其内容系评论梁胡章三公对于学术之贡献，乃改为今名，以充篇幅云尔。9月5日，《再生周刊》（重庆）第29期上刊登此文。章士钊一生从不请人作序，"平生著书，不请人序，有之自今始。"张君劢借评价章士钊之际，发表了自己对于当时学界领袖人物的一些看法，他说："近年治学术史者，举国中人物，辄曰章太炎、王静安、严又陵、梁任公、胡适之、章行严等六人，章王所治为国学，严之声名在译述欧洲名著，此三人应俟别论。其能贯穴中西以贡献于学术者，推梁章胡三公。然三公之学问与心力所注者各异，故其思想文章因之而亦异。"梁启超的文风由畅达恣肆到晚年的谨严而守学者规矩。"整理国故之大者，无出其右。"胡适对于中西学术精微不能说了解多少，单单对于文艺复兴以后的历史倾心摹仿，正如梁启超称谭嗣同为彗星一样，胡适也称得上一阵狂风暴雨，"然风雨既过之后，可遵行之途辙如何，换词言之，学术上与社会上之新建树如何，正有待于后人之努力，而非适之所能为功焉"。

7月19日，上午九时出席国民精神动员设计委员会会议。

7月23日，写成《关于移桂难民垦殖处》一文。文曰：

> 去年春，承中央赈济委员会拨款十万元，移皖鄂苏之难民至桂垦殖。当时柳州沙塘有田两万亩，须先开水渠以通河道，我闻其说而题之，然以为难民移垦贵能早有收成，以免年年仰给于国币，因力主在桂林四郊觅地，免旷日持久。尝以一月之力寻得十里坪、虎岭、红景山三地，共有荒地七千余亩。着手以还，已逾一载，顷闻难民近千人，种熟地亩共二千零四十六亩。今年稻、大豆、玉米黍、烟叶等，已可希望收成。各家并养有家畜鱼类。其所费之国家金钱共为七八万元，而对此千里跋涉之男女老少总算有了交代。闻信之下，引以为幸。因将该处招待启示与各报参观记录之如下，俾海内言垦殖者得所参考云尔。

7月24日，熊天翼代表程懋型、邱大年招餐味腴，为筹备中正大学政治学院，电邀张君劢、黄炎培、邱大年、陶行知、晏阳初、程希孟、许德珩、罗隆基前去。当日到者张君劢与黄炎培，刘守朋作陪。

7月26日，为外汇问题见黄炎培，携带函稿，李璜同往。

7月27日，午后四时，为外汇问题黄炎培、张君劢、李璜上书蒋介石议长主张：（一）发钞各银行宣布财产价值，指定为币价维持之用，以免再跌。（二）发钞各行如存有外国有价证券，应集中于政府，指定为另发新钞票之准备金。（三）此行另行厘定金融制度。（四）财政应另立预算，避免以钞票填补国库支出之不足。此书由张君劢起草定稿后，由张群送王雪艇代陈。

7月29日，午，应蒋介石之招，至中四路103号官邸会餐，同餐二十一人，张君劢、黄炎培、李璜、王世杰、张公权、张群、陈立夫、翁文灏、李惟果、王宠惠、张忠绂、黄少谷、陈豹隐、叶楚伧、朱骝先、陈布雷、陈博生、程沧波、董显光、王芃生等。

8月1日，与黄炎培一同致电熊天翼，陈述关于中正大学政治学院的意见：（一）天下为公不涉任何党派；（二）培养抗战人才并建国基本人才；（三）以社会实际问题为对象，合理论与事实于一炉而冶之。

是日，张东荪撰写《士的使命与理学》一文，寄张君劢，张君劢并未收到该文，七年后该文重回张东荪手中，张东荪即将该文发表在《观察》第1卷第13期。

8月上旬，在重庆南岸清水湾衡山之独立苍茫室写成《尼赫鲁传》自序。

8月25日，在新生活运动促进会干部训练班做《近代思潮的特征——从理性主义到反理性主义》的演讲，演讲稿刊登在12月1日出版的《新运导报》第23期（总第63期）和《中国青年（重庆）》1卷4期上。

8月，《哈拉耶宛尼赫鲁传》（印度独立运动领袖尼赫鲁传）由《再生》周刊社出版发行。

9月5日，在《再生周刊》（重庆）第29期上发表《章行严著〈逻辑指要〉序》①《〈尼赫鲁传〉序》和《关于移桂难民垦殖处》三文。

9月9日，上午，第一届国民参政会第四次大会开幕式在重庆大学礼堂举行。到会参政员128人，张君劢出席会议。

9月15日，八时半，第一届国民参政会第四届大会开第三次审查会，审查张君劢等，左舜生等，江恒源等，张申府等，孔庚等，王明等七案，皆关于请政府结束党治，实施宪政，及用人不问党派，免除党员摩擦等事，请各位提案人出席说明，自十时至十二时没有结果，定晚续会扩大讨论。午，叶楚伧、朱骝先以国民党中央党部名义招餐，讨论上午七案问题，到者陈立夫、张君劢、罗隆基、李璜、左舜生、许孝炎、李中襄、刘

---

① 《文哲》（上海）第1卷第1期也刊登此文。

百闵、江问渔。

9月16日，十时，第一届参政会第四次大会闭会词起草委员会开会。黄炎培、张君劢、左舜生、周炳琳、李中襄、邹韬奋、张季鸾七人为委员，推张季鸾为执笔，黄炎培提供材料。

下午，第一届国民参政会第四次大会举行第七次会议，议长蒋介石、副议长张伯苓及参政院137人出席会议。会议讨论第三审查委员会对于要求民主实施宪政七项提案的审查报告，对七项提案合并作了决议案。其中包括张君劢等提出《改革政治以应付非常局面案》，案中提出："同人等以为今日扶危救急之道，厥为两端：第一，立即结束党治，实现宪政，以求全国政治上之彻底开发。第二，立即成立举国一致之战时行政院，以求全国新政上之全盘改革。"

七项提案中，还有孔庚、陈绍禹、左舜生、章伯钧、江恒源、张申府、王造时、张君劢等提出的《请政府定期召集国民大会实行宪政决议案》，在讨论此案时，张君劢、李璜等，主张加上"结束党政"四字，孔庚谓开始宪政即系党政。陶百川、陈绍禹等亦发言。

9月17日，下午，第一届国民参政会第四次大会举行第九次大会，会上张君劢再次被选为休会期间驻会委员。

9月18日，下午三时，第一届国民参政会第四次大会闭会式。议长蒋介石在宣读闭会词前致辞。随即提出宪政期成委员会名单：张君劢、张澜、周炳琳、杭立武、史良、陶孟和、周览、李中襄、章士钊、黄炎培、左舜生、李璜、董必武、许孝炎、罗隆基、傅斯年、罗文干、钱端升、褚辅成等十九人为期成会委员，召集人为黄炎培、张君劢、周览，会议全体通过。

9月19日，下午四时，蒋介石在中四路103号官邸邀茶叙，讨论外交问题，到者罗文干、张季鸾、傅斯年、张君劢、张忠绂、王造时、王家帧、李璜、左舜生、罗隆基、章士钊、周炳琳、杨端六、胡景伊、胡石青、陶孟和、钱端升、杭立武、周览、江庸、陈豹隐、陈博生、王世杰、黄炎培等二十三人，对最近苏联之动态加以详尽之推测。

9月20日，下午三时，宪政期成会第一次会议在油市街四号国民参政会举行，黄炎培主席。公决：一、本议决案在政府未表示接受以前，先为假设的研究；二、请政府明令最好在双十节；三、公布宪法期间，以速为宜，至迟不过参政员现任期满九个月；四、明令发布以后，再召集本会公宣进行程序表。

9月，战时综合丛书第五辑《统一战线问题论战》一书由独立出版社印行。《张君劢致毛泽东先生一封公开信》作为文化界第二次统一战线论战的重要文章被收入其中。

10月1日，由救国会、第三党、职教社、乡建派，还有青年党、国社党及无党派参政员张澜、褚辅成、沈钧儒、莫德惠、张申府、王造时、章伯钧、李璜、左舜生、胡青石、江恒源、张君劢等十二人，于上午九时，借重庆市银行公会邀请各界关心宪政人士，举行宪政座谈会，到会者百余人。中共参政员董必武、吴玉章及《新华日报》社社长潘梓年也应邀到会。座谈会围绕宪政实施等问题展开了热烈的讨论，并决定把座谈会经常化，并拟组织一种协助宪政实施之民众团体，以使宪政旨意，深入人民间，以利宪政进行。

11月17日，下午，太虚大师过洱海，张君劢于海边晤见大师，时张君劢正在此筹创民族文化书院。

11月23日，黄炎培、沈钧儒、章伯钧、梁漱溟、左舜生等在重庆发起成立了统一建国同志会。张君劢当时在大理，他嫌这个组织不是正式的政党，无意列名参加。

11月，张君劢在西南联大发表题为《中国战时宪政实施及其步骤》的演讲，批驳目前中国正处于战争时期不宜颁布宪法，实现宪政的观点。

11月，在昆明西南联大的张君劢、罗隆基、周炳琳、陶孟和、罗文干、钱端升以及傅斯年等期成会会员受宪政期成会委托，研究宪草。这批富有声望资历的学者，以学理性思维和冷静的态度，慎重对待国家根本大法的草拟工作。他们定时"集会研究，并推罗隆基主稿。稿成后，讨论数月，几经修正"。这个宪草文稿后来向宪政期成会正式提出，名为《中华民国宪法草案（五五宪草）修正案》，共7章120条。因这个草案是在昆明研讨而成的，故又称为"昆明宪草"。

11月20日，在《再生旬刊》第32期上发表《中国战时宪政实施及其步骤》一文。

11月下旬，"民族文化书院"董事会在重庆开会，推定张君劢为院长，主持院务，并由各董事互推国民政府委员会"侍从室第二处主任"陈布雷为董事长。院址择定云南大理洱海之旁（今大理市洱海西岸才村城邑中学所在地）。时，学院屋舍正在建设中，会议决定：一面加紧建设，一面由张君劢积极筹备，一俟租定房屋，即先行开学。董事有张群、朱家骅、周煌甫、卢作孚、张公权、周钟岳、张道藩等。书院兼具古代书院与现代大学研究院之长，下设经子学、史学、哲学与社会科学等四系，教授有彭举、牟宗三、施友忠、陈庆祺、李源澄等。张君劢除主持学院的日常工作外，也为学生讲授宋明理学、西洋哲学史课程。张君劢撰写《民族文化书院缘起》、民族文化书院组织大纲、民族文化书院学规。

《民族文化书院缘起》就书院成立的理由、宗旨、德性四纲、治学方法和研究工作作了介绍和说明。他以北宋哲学家张载所说"为天地立心，为生民立命，为往圣继绝学，为万世开太平"说明书院的宗旨。学院专门招收大学毕业生入学，重在实践宋明讲学传统，弘扬中国传统文化，培养现代新儒家的接班人。

民族文化书院组织大纲。第一章　总则　第一条：民族文化书院，以培育德智交修，诚明并进之学风，共同研讨学术文化，致力身心存养，以期担负文化复兴之大任为宗旨。第二条：凡大学毕业学生，或具有同等学力经验，经考询或呈验论文审核及格者，得加入本书院，称为学友。第三条：本院研究年限，以二年为率，得缩短或延长之。其研究有相当成绩，并提出著述，经审核及格者，得发放推荐证，不发毕业证书。第二章　组织（略）。第三章　分系（略）。第四章　会议（略）。第五章　奖给（略）。第六章　附则（略）。

民族文化书院学规。第一条：本书院为实现德智交修之讲学方针，订定德性修养要目如左：一、立己：子、体格锻炼。丑、德性存省：诚朴、仁勇、公忠。二、达人：子、敬人敬事。丑、胞与为怀。寅、集团纪律。三、爱国：子、爱护本国历史。养成法治精神。寅、履行国民责任。第二条：本书院关于求知之态度，应守下列各点。一、积极方面：子、仰观俯察。丑、力求正确知识。寅、培养协作思想。卯、博通约守。二、消极方面：子、力戒门户偏私。丑、力戒人身攻讦。寅、力戒随俗浮沉。卯、力戒剿袭。第三条：本书院讲学之鹄的如左：子、完成各人人格。丑、粹励智慧以贡献于世界学术。寅、本德智合一之功夫以效力于经世致用之大业。本书院董事，董事长：陈布雷；董事：张群、朱家骅、周惺甫、张公权、张道藩、卢作孚；院长：张君劢。本书院院址：云南大理洱海旁。

12月7日，写成《与熊天翼主席论江西中正大学书》。

信中对于熊天翼提出的"中正大学，以合于江西省需要为标准，研究一省人事与自然为对象"的办学方针予以肯定和赞赏，称"公之创见，海内之未曾见及者也"。对于江西省政和教育提出如下建议："以救济一省人民之痛苦为政治上教育上之目标，实为万无可疑之一点。""改善一省政治，决非一所大学之事，尤视乎各县之中坚分子。谋保留各县中坚分子，实为改良省政不容忽视之一事。第一，改善乡村，先促进其治安与交通，使居乡者亦能享受城市之乐。庶几有志之士，不必轻去其乡。第二，子弟之入高中者，宜加限制。其资质稍差之青年，难望对于文实科有深造者，应在初中毕业后，授以一县一乡所需之知识，使之管理一乡之事，渐次上升，得为县府之课员。彼等既有上升之望，或可安于一乡。再则各县之路政农政卫生每年应有比赛一次，由省政府发给奖品，亦所以鼓励乡人向善之一法。有如是各县各乡有为之中坚者，而后下层稍有基础，上层之大学，乃若脑神经之发纵指示，而四肢随之而运转矣。此为弟对于江西大学与省政之意见。"

12月20日，在《再生旬刊》第35期上发表《与熊天翼主席论江西中正大学书》。

12月27日，晚，与左舜生、章伯钧等参政员应王世杰之约与叶楚伧、张群等商讨宪政实施问题。近日以来，民主人士、共产党对此颇有微词。

1940年〔民国二十九年　庚辰〕55岁

1月，与其他参议员，就香港《南华早报》所载中国太平洋学会代表有关东北问题的声明，向国民党政府外交部和国民参政会秘书处提出质询，并转请议长向钱端升、周鲠生二人询问。

1939年11月22日至12月2日，太平洋国际学会第七届会议在美国弗吉尼亚州的弗吉尼亚海滩举行，中国派颜惠庆、胡适、钱端升等出席会议。会议结束后，香港《南华早报》援引12月5日美国合众社一则有关会议的新闻称："关于满洲，中国代表团代表声明，国联会议曾通过李顿代表团报告书：中国于满洲建议，仍可接受作为交涉之基础。""中国代表坚持任何解决，必须在《九国公约》范围内，且必须符合中国领土之完整，或至少长城以南十八省之领土完整。"此消息迅即在中国国内引起争议。

当张君劢等提出上述质询后，钱端升、周鲠生二人自美复电称："并无此事，余容面谈。"张君劢等以中国代表团对此报道并未予以更正，"未免是非混淆，启人忧疑"为由，呈请国民党中央执行委员会秘书处，呼吁予以驳斥，称"同人等以兹事体大，所关非细，拟请我政府除速电该代表团速向该社该报要求更正外，并由我政府负责人利用发言机会明白声述否认，此外，在报纸著论驳斥或借广播纠正闻听，庶国土主权不致因言语误传而蒙重大之损失为幸也。"

2月2日、3日，与李璜连续两日致书王世杰，深以国民党压迫青年党和国家社会党为遗憾。

2月10日，在《再生旬刊》第39期上发表《抗战以来之外交》一文。

3月1日，熊式辉致函张君劢等，详告办学设想及省议会要求将中正大学改为国立的动议。

下午三时，参政会驻会委员会议，何应钦部长报告军事问题。

3月10日，在《再生旬刊》第43期上发表《论多党一党问题——兼述梁君大鹏之言》和《苏芬休战后中苏携手问题》两文。

3月15日，在《大公报》发表文章，主张中苏两国之密切合作，以谋两国之互利。盖中苏两国国境相接达数千英里，无论中国或苏联，皆无力于若是绵长之国界上建树马奇诺防线。不仅中苏两国无力从事若是伟大之工程，即20世纪之经济力量与科学技术，亦不足以语此也。故中苏两国实有密切合作之必要。再则，中国强盛之后，足以防阻帝国主义之联合反苏运动。苏联之强盛亦足以保障中国之自由，不致再受外力之侵凌。故亚洲之安全与荣盛，全恃中苏两国之合作。我人希望苏芬和约成立之后，更增加对华之援助，并支持中国之立宪运动。

3月15日，《学生月刊》第1卷第3期上刊登有张君劢《悼吴佩孚》一文。原刊于《时代精神》第1卷第6期。

是日，参政会驻会委员会会议。与黄炎培、左舜生、李中襄谈话，对大局为国共问题极为顾虑。

3月18日，国家社会党在重庆发表《国家社会党宣言》，斥责汪伪政府假借国家社会党名义发表附逆谬论，称这种行为属于"盗窃名义之举"。

3月19日，夜八时半，赴参政会秘书处，共黄炎培、王世杰、周枚荪商定明日宪政期成会议程。

3月20日，上午九时，宪政期成会第三届会议，到者张君劢、周炳琳、张澜、杭立武、史良、陶孟和、李中襄、章士钊、左舜生、李璜、董必武、许孝炎、罗隆基、罗文干、梁上栋、胡兆祥、章伯钧、马亮、王家帧、李永新、黄炎培，共二十一人，黄炎培为主席。报告，议定工作方式，各提案人说明毕，明日续会。

3月22日，宪政期成会第三天会议，张君劢主席，讨论宪法至第三章，未完。下午三时，宪政期成会继续开会，讨论至国民大会章，未完。

3月25日，上午九时，宪政期成会第六天，周枚荪、张君劢主席，近午摄影。

3月26日，上午九时，宪政期成会第七天，张君劢为主席，继续讨论宪法。

3月28日，黄炎培到张君劢家，张君劢与黄炎培、罗隆基、张澜、左舜生、李璜、钱端升等应蒋介石之邀，入谒蒋介石，座谈宪政、川政问题。午后宪政期成会第八天会议。

3月29日，九时，宪政期成会第九天会议，至中午宪法讨论完了。下午三时，参政会驻会委员会议，张君劢、周枚荪、黄炎培报告宪政期成会讨论宪法经过。

3月30日，九时，宪政期成会第十天会议，宪法草案完全通过，共138条。关于宪政促成，建议两点，均当场通过。黄炎培担任草报告，张君劢草说明书。此会共二十五人，除周览在海外外，张君劢、周炳琳、张澜、杭立武、史良、陶孟和、李中襄、章士钊、左舜生、李璜、董必武、许孝炎、罗隆基、罗文干、梁上栋、胡兆祥、章伯钧、马亮、王家帧、李永新、黄炎培皆到。

4月1日，上午，第一届国民参政会第五次会议在重庆国民政府军事委员会礼堂开幕。参政员145人出席会议，为历次大会之冠。张君劢出席会议。

4月5日，下午，第一届国民参政会第五次会议举行第五次会议，宣读了蒋介石以议长身份交议的《本会宪政期成会草拟中华民国宪法草案修正案和建议案》。

会上，逐条宣读"期成宪草"后，张君劢以宪政期成会召集人身份，在会上做了40分钟口头说明。他承认10天完成的"期成宪草"与耗时两三年的五五宪草相比，的确快了些，但从抗战建国出发，就得要快而不能缓。以2000余人的国大代表行使直接民权绝不是件轻而易举之事，因此常设性的议政会实际上就是"经常的国大"。他还以世界诸国为例，说英国上下院各为740与615人，美国为96与436人，法国314与618人，意大利376与400人，苏联亦在600至700人之间，这些国家的议员没有中国的多，政权行使却能由此而出，这恰恰证明设立议政机关的必要。

4月6日，下午三时，第一届参政会第五次会议举行第六次会议。会议继续讨论"期成宪草"。

关于共产党"违反军纪事件"问题，会议决定由议长指定张伯苓、黄炎培、林虎、褚辅成、张君劢、毛泽东、李中襄、秦邦宪、傅斯年、许孝炎等十一人组织特种委员会审查研讨解决。①

4月9日，下午，第一届参政会第五次会议举行第八次会议，再次被选为休会期间驻会委员会委员。

4月10日，下午三时，第一届参政会第五次会议举行休会式。四时五十分散会。

4月14日，下午，国民参政会特种委员会第二次会议召开，出席会议者：张君劢、张伯苓、黄炎培、傅斯年、褚辅成、林虎、左舜生、李中襄、许孝炎、秦邦宪、毛泽东（未到）。

5月11日，国民政府教育部成立的学术审议委员会举行第一次会议，聘任吴稚晖、朱家骅、张君劢、陈大齐、陈布雷、马寅初、蒋梦麟、吴有训等二十五人为委员。该会任务为：审议全国各大学之学术研究事项；专科以上学校教员资格审查事项；审议国际文化之合作事项等八项。该会由教育部长、次长、高教司长及25位聘任委员组成。

5月30日，大理民族书院写成《吾人处抗战时期中之态度》一文。

6月20日，在《再生旬刊》第50期上发表《养成民族思索力》一文。

7月7日，国家社会报在香港出版，张君劢请徐傅霖主持，伍藻池为总编辑，时与国民党在港之国民日报对于国是作笔战，香港失陷后停办。

7月11日，张君劢等国民参政会驻会委员唁电张自忠家属，表示慰问。

军事委员会，转张总司令荩忱先生家属礼鉴：襄东之役，荩忱先生为国捐躯，精忠义气，将永为吾民族军人之模范，用特专电奉唁，藉申同人等对于张总司令敬仰之忱，至希鉴察。

8月29日，中国哲学会第四届年会在云南大学会泽院第一教室开幕。张君劢当选为第三届理事会理事。

8月，在大理民族文化书院写成《〈胡适思想界路线评论〉自序》一文。

9月初，民族文化书院正式开学。书院共分四个系，即经学系、史学系、社会科学系、哲学系。为保证学院的教学质量，张君劢想方设法将不少知名学者聘请到学院任教。如哲学家施友忠当时正在美国，民族文化书院成立后，张君劢便不断给他写信，邀他回国参加。施是张的连襟，施的妻子是张夫人的胞妹。张的一再邀请，施友忠感到盛情难却，离开美国，回到各方面条件都很差的云南大理。

---

① 台湾"中研院"近代史研究所编印：《王世杰日记》（手稿本）第2册，1990年，第253—254页。

9月，在大理民族书院写成《〈龙云白禅师语录选〉序》一文。

10月1日，在《再生旬刊》第51期上发表《胡适思想界路线评论》和《〈龙云白禅师语录选〉序》二文。

11月15日，夜，参加一心聚餐会，到者还有：张申府、章伯钧、邹韬奋、左舜生、梁漱溟、陈启天、黄炎培等，见朱德、彭德怀、叶挺、项英、致何、白佳电。

11月17日，周恩来和叶剑英到张申府寓所同张君劢、梁漱溟、左舜生、沈钧儒、邹韬奋、张申府、章伯钧、黄炎培等交谈最近国民党制造摩擦的情况。周恩来叙述了为顾全大局，新四军正在移动中的情况，并陈述了局部划界解决的主张。

11月27日，午后三时，在枣子岚垭83号，与沈钧儒、黄炎培、邹韬奋、李璜、左舜生、张申府等人再次"谈和平建国问题、国共问题、改革政治问题"①。

11月29日，蒋介石宴请张君劢、张伯苓、黄炎培等，听郭斌佳（常熟）、张忠绂、王芃生报告国际形势。餐毕，偕张伯苓、黄炎培、李璜、左舜生别座深谈：一，共产党问题；二，经济问题；三，川康建设问题；四，参政会问题。②

12月4日，夜，职教社招餐，到者许静仁、吴达诠、杜月笙、曲文方、黄伯度、张君劢、梁仲华、李璜、胡仲纾、南映康、康心之、张骥先、李维绅、潘序伦、雷宾南、蔡仁抱等。③

12月23日，周恩来与张君劢、梁漱溟、左舜生、陶行知、章伯钧、黄炎培、周韬奋等在重庆良庄沈钧儒寓所会见美国著名作家安娜·路易斯·斯特朗，斯特朗自莫斯科来，将回美国。

是日，国民政府公布第二届国民参政会参政员名单。根据《国民参政会组织条例》第三条丁项之规定，张君劢当选为第二届国民参政会委员。参政会改议长制为主席团制，张君劢当选为第二届国民参政会主席团成员（主席团成员为：蒋中正、张伯苓、左舜生、张君劢、吴贻芳）。

12月24日，黄炎培访张君劢于新村四号，见述民族文化学院现状：研究生十余人：（经）彭举，（史）陈庆麟（中国法制史），罗钧任，（佛学）龚云白，（西洋史）周谦冲（西洋古代史）（藏文）（梵文）。

---

① 《黄炎培日记》第7卷，华文出版社2008年版，第34页。
② 同上书，第36页。
③ 同上书，第37页。

下午三时，黄炎培、梁漱溟、左舜生在重庆新村4号张君劢家聚会，深感"同志会"组织松散，人数太少，不能达到预期的目的，商议将各自领导的党派组织结合起来，成立"中国民主政团同盟"。

12月25日，八时，黄炎培、左舜生、梁漱溟在张君劢家继续商谈组织民盟问题，午后二时始散。后，周恩来、张君劢、左舜生、梁漱溟、沈钧儒、邹韬奋、张申府在章伯钧家会商时局及解决危机的办法。

12月27日，九时，黄炎培、冷御秋、江恒源到张君劢家，和张君劢、梁漱溟共商组织同盟问题。

是年，当选为中国太平洋国际学会执行委员会委员。其他委员是蒋梦麟、陈光甫、张伯苓、刘驭万、刘大钧、吴贻芳、陶孟和、梅贻琦、刘鸿生、钱永铭、周鲠生、陈达、钱端升、甘介侯。

是年，应四川大学校长程天放先生之邀，由大理去新漕新生院演讲。

1941年〔民国三十年辛巳〕56岁

1月1日，晤时任清华大学校长的梅贻琦，据梅贻琦日记载："八点至新校舍，为新年师生篮球比赛开球……五点半至省政府礼堂赴龙主席新年宴会，晤张君劢及关麟征总司令。席间戏剧，栗成之《宁武关》颇好，惜配角太差，余则皆不足道矣。"[1]

2月3日，胡石青病逝于重庆北碚。张君劢作《胡石青先生之言行》以悼之，《再生》出专刊以为纪念。

2月10日，周恩来在重庆玉皇观与张君劢、沈钧儒、黄炎培、邹稻奋、章伯钧、张申府、左舜生等民主党派人士商谈出席参政会问题，周恩来说明中共不参加的方针，沈钧儒等表示谅解，并建议中共以十二条作为出席的条件，还提出准备成立各党派委员会，讨论国共关系和国内政治民主化问题。周恩来认为可取，当即电告延安。14日中共中央书记处来电，决定采纳这一妙计，利于参政会发起新的政治攻势。

2月18日，下午四时，黄炎培、冷御秋、江问渔到张君劢家谈参政会前途。

2月20日，褚辅成、黄炎培、张君劢、左舜生、沈钧儒、张澜六参政员面见蒋介石，商讨解决办法。再同周恩来及中共参政员接洽商谈、协调。

---

[1] 黄延复、王小宁整理：《梅贻琦日记（1941—1946）》，清华大学出版社2001年版，第1页。

2月21日，与李璜、左舜生访黄炎培，长谈。

2月22日，下午三时，在沈钧儒寓宅，与沈钧儒、黄炎培、左舜生、李璜、梁漱溟、章伯钧、张申府、张澜、罗隆基、邹韬奋、周士观等十五人商谈国民参政会提案建议问题，并再次提出在参政会下设立一个特别委员会来调解国共关系和讨论民主问题，他们都"深深地感到政治的逆流的可忧"，于是一致同意在参政会开会前，有联名写一封信的必要，决定由梁漱溟、罗隆基、左舜生三人负责归纳大家意见，起草文稿，作为向国共双方说话的依据，由梁漱溟执笔起草。

2月24日，十时，黄炎培来家，假卡尔登草文，未完。①

下午三时，与沈钧儒、张澜、褚辅成、左舜生、罗隆基、李璜、周士观、邹韬奋、虞陶、梁漱溟聚会，会商梁漱溟代表大家所写的关于当前形势的四条意见，准备以书面的方式呈蒋介石，大家看后"无甚修改，即依年龄为顺序而签名。第一为张（澜）表方先生，第二为褚辅成先生。除章伯钧张申府两位未签名外，仍得十六人之数。"② 正式签名的意见书的主要内容是：国民参政会二届一次会议，中共参政员必不可少；成立一个有各方代表参加的特种委员会，检讨抗战建国纲领的执行情况以及监督其实行，同时该委员会决议的事项立即生效，不再经任何机关核定。十六人签名的一份，又在四条前后加了头尾，做成一封信的方式，准备呈给蒋介石。

2月25日，九时，张澜与黄炎培、张君劢、左舜生等人在张君劢寓所秘密集会，商谈中国民主政团同盟筹备事宜，修改、定稿各项文件，确定同盟的发起人和出席成立大会的人员名单。会餐于两路口。

是日，邹韬奋因其生活书店的五十余家分店被关，愤而辞去国民参政员职务，前往香港。临行前留下致沈钧儒、黄炎培、张君劢等信。信曰：

> 一部分文化事业被违法摧残之事小，民权毫无保障之事大。在此种残酷压迫之情况下，法治无存，是非不论，韬奋苟犹列身议席，无异之侮，即在会外欲勉守文化岗位，有所努力，亦为事实所不许，故决计远离，暂以尽心于译著，自藏愚拙。……敬恳诸先生根据事实，代为纠正，而勉于政治压迫之余，复遭莫须有之冤抑。③

---

① 《黄炎培日记》第7卷，华文出版社2008年版，第70页。
② 《梁漱溟全集》第6卷，山东人民出版社2005年版，第162—163页。
③ 邹韬奋：《抗战以来》，韬奋出版社1941年版，第231—232页。

2月27日，上午九时，黄炎培来家。

十一时，与张澜、黄炎培、沈钧儒、褚辅成、左舜生等五人相偕晋见蒋介石（二十四日会商上蒋介石意见书，报经蒋介石，于十四人中指定以上六人）。会见开始后，他们向蒋介石提出四条意见：（一）参政员开会中共参政员必不可少。（二）军队国家化，与党派绝缘。（三）检讨抗战建国纲领及一切条令之实行。（四）成立各党派的特种委员会，以讨论并保证上项之执行。蒋介石表示"原则同意"。但又提出：（一）参政会原为政府邀请大家共谋团结，无条件可言。在政府，当然希望中共参加，但中共出席与否，当由其自决。（二）军队与党派绝缘，最好勿外说，否则国民党人会以为向中共投降。然后各党派代表又向蒋介石说明四点：（一）各党派特种委员会不属参政会；（二）特种委员会由九人组成，以蒋介石为主席；（三）请各党派负责人参加，绝不限于参政员；（四）以此与中共代表商谈。蒋介石表示同意，但商决者须中共能执行。左舜生回答说，希望大家都能执行。

晋见归来，六人在张君劢家稍事会商，便向应邀前来的共产党代表周恩来、董必武转达他们同蒋介石谈话的上述内容，商谈一直到半夜。周恩来答复两点：一，中共必须在十二条有满意解决的办法，并能保证这些办法能够落实，才能出席参政会；二，各方面委员会，可以在参政会外公开商讨十二条及国家大计，中共愿参加，但委员会名额应扩大，中共代表人选及其意见，须请示延安。

2月28日，为前问题再集商张君劢家，蒋介石派张群参加，对中共关于组织党派委员会和出席参政会的有关意见，进行商谈。

11时，与黄炎培、沈钧儒、左舜生、褚辅成等再次晋见蒋介石，蒋对特种委员会完全同意，嘱起草规程，并拟议人选，容纳各党各派，包括中共。唯对中共参政员出席问题，如决定不出席，唯有根本决裂。代表们从蒋介石处出来后，便到曾家岩五十号周恩来住处，劝告中共要认识到现在是分水岭关头，共产党必须对蒋介石的意见引起高度注意。退至张君劢家接洽。

晚八时后，集中在张君劢家草委员会要点及拟选人选。

3月1日，七时，周恩来、董必武前来见通宵在第十八集团军重庆办事处等候消息的黄炎培和梁漱溟，说电台发生障碍，收不到延安电报，不便出席。经再三恳谈，终无法相强。正欲前往参政会，"忽于电话上，蒋公亲语黄先生，瞩我们代表他，敦劝董、邓两位参议员出席。"①

九时，第二届国民参政会第一次大会在重庆复兴关（浮图关改名）国民大会堂开幕，参政员193人到会，共产党参政员皆不到。

黄炎培与王世杰等商量，由黄炎培、张君劢等四十二人临时动议，将下午大会停开，所有主席团的选举改在第二天进行，得到同意。十一时，散会。

十一时半，与黄炎培将展期选举的消息告诉周恩来，作最后的劝告。

下午三时，黄炎培、左舜生、沈钧儒、梁漱溟、罗钧任、罗隆基等到张君劢家共商共产党参政员出席参政会之事，万一决裂后如何应付。

3月2日，晨，周恩来、董必武、邓颖超一起致函黄炎培、张君劢、张澜、江恒源、罗隆基、梁漱溟、左舜生、李璜、章伯钧、沈钧儒等，声明为顾全大局起见正式用书面提出解决办法十二条，作为出席第二届国民参政会和解决"皖南事变"的条件。文曰：

> 敝党代表之碍难出席此届参政会，所有苦衷，早经洞鉴。现为顾全大局起见，特与敝党中央往返电商，改定临时解决办法十二条，具见于与参政会公函中。凡有可以谋团结之道者，同人等无不惟力是赴。今兹所提，已力求容忍，倘能得有结果，并获有明确保证，必武、颖超必亲往参政会报道。考其形，容或有负诸先生之望；察其心，又知诸先生之必能见谅。方命事小，国家事大，惟求诸先生能一致主张，俾此临时办法早得结果，斯真国家民族之福。万一因一时扞格，大局趋于恶化，同人等实已委曲求全，问心可告无愧。而诸先生尤为爱国先进，届时必有更多匡时宏谟，同人等窃愿追随不谢也。②

八时，第二届国民参政会第一次大会召开预备会议，选举主席团。出席会议的参政员193人，其中国民党参政员占一百零几席。大会根据《国民参政会组织条例》第十六条的规定，参照参政会驻会委员会委员选举办法，以连计无记名投票方式，选举主席团主席，结果是蒋介石、张伯苓、张君劢、左舜生、吴贻芳等五人当选。实际上是依预设名单选出的。

十二时，与梁漱溟、黄炎培等十四人聚于重庆一心饭店，商谈今后行动如何。梁漱溟提出成立一个委员会，把问题交这个委员会裁决的建议。

---

① 《梁漱溟全集》第六卷，山东人民出版社2005年版，第165页。
② 《新华日报增刊》1941年3月10日。

而委员会如何组织则请周恩来与张群直接见面，再加上张君劢、左舜生四人商洽起草，得出草案，即刻请领袖核定，一经核准，即可一面成立委员会，而一面中共出席参政会。梁漱溟的意见未被大家采纳，结论是：梁漱溟个人可以单独进行，不与大家相关。黄炎培建议他先征得张群同意，然后再见周恩来。梁漱溟托张君劢询问张群，张君劢对梁漱溟说："你欲晤张群，我可替你向他约个时间。"

3月3日，上午，第二届国民参政会第一次大会第二次会议举行，蒋介石、张伯苓、张君劢、左舜生、吴贻芳等171人参加。午，蒋介石招共进便餐，蒋介石、蒋夫人、张群、王世杰同餐。黄炎培与张君劢、左舜生、冷御秋共同进见，黄炎培畅陈此次努力无成之看法，并今后应重定方针。

下午，第二届国民参政会第一次会议第三次会议举行，张伯苓、张君劢、左舜生、吴贻芳等152人参加。

3月4日，上午，第二届国民参政会第一次大会第四次会议举行，张伯苓、张君劢、左舜生、吴贻芳等190人参加。

3月5日，清晨，梁漱溟访张君劢，恰遇张群。张群说：今晚蒋公在嘉陵宾馆招待全体参政员，我也被邀陪坐，届时定可答复梁漱溟。在张群走后，张君劢极力劝梁漱溟不必等待张群，尽可先访问周恩来。于是，梁漱溟先访周恩来，未谈眼前具体之事，而从根本大端上有所讨论，如军队统一于国家等问题。晚上，嘉陵宾馆席散后，张群招梁漱溟于一旁，问梁漱溟是否进行，若未进行，过了明天再说。梁漱溟问何故，张答曰：蒋公定于明天亲自代表国民政府，向参政会宣布共产党事件，并希望参政会对此有所表示。所以我们要看了明天的形势再说，言罢，即匆匆分手。梁漱溟立刻找到张君劢商议，梁漱溟说：不知蒋公将作何宣布，又不知参政会作何表示？假若双方洽商好，而以领袖之宣布，参政会之表示，作一转圜文章，最妙。否则，多一次宣布表示，即加重一层痕迹，更难转圜，我愿今夜作一度努力，请你代我约张群明早等候我，希望在明天下午蒋公出席参政会之前，能洽商出一结果。张君劢允为照办。梁漱溟即刻访周恩来，当夜宿于周恩来家。第二天梁漱溟将与周恩来谈话之实情告诉张君劢，张君劢表示且待过了下午再商。

下午，第二届国民参政会第一次大会第五次会议举行，张伯苓、张君劢、左舜生、吴贻芳等166人参加。

晚，蒋介石招宴全体参政员于嘉陵宾馆，政府各部长及高级将领几乎全体参加作陪。①

3月6日，下午，第二届国民参政会第一次大会第六次会议举行，蒋介石、张伯苓、张君劢、左舜生、吴贻芳等174人参加。

3月7日，下午，第二届国民参政会第一次大会第七次会议举行，蒋介石、张伯苓、张君劢、左舜生、吴贻芳等173人参加。

晚上，全体参政员赴嘉陵宾馆应五院院长之宴会，蒋介石未到，孔代蒋主席，于右任讲正气歌，张君劢答词。

3月8日，下午，第二届国民参政会第一次大会第八次会议举行，蒋介石、张伯苓、张君劢、左舜生、吴贻芳等164人参加。

3月9日，上午，第二届国民参政会第一次大会第九次会议举行，蒋介石、张伯苓、张君劢、左舜生、吴贻芳等162人参加。

下午，第二届国民参政会第一次大会第十次会议举行，蒋介石、张伯苓、张君劢、左舜生、吴贻芳等161人参加。会议选举褚辅成、孔庚、黄炎培、李璜、沈钧儒等二十五人为休会期间驻会委员会委员，主席团主席为驻会委员会主席，未出席会议的中共参政员董必武也被选为驻会委员会委员。

3月10日，上午，第二届国民参政会第一次大会闭幕，蒋介石、张伯苓、张君劢、左舜生、吴贻芳等主席团成员及178名参政员出席会议。

3月12日，上午九时，黄炎培、左舜生、李璜、罗隆基、张澜、梁漱溟、江恒源、冷御秋在张君劢住处商议中国民主政团同盟事，黄炎培被推选为主席。②

3月13日，午，在一心饭店会餐，有李璜、董必武、章伯钧、张申府、张澜、沈钧儒、罗隆基、周士观、虞陶、梁漱溟、冷御秋、江恒源、褚辅成、左舜生、黄炎培等十五人，讨论国共问题。此前，3月10日，张澜、梁漱溟冒雨走访张群，他们指出原来商量成立的特种委员会仍是解决国共争端的最好办法。梁漱溟认为，党派委员会成立后，国共争端可以在委员会上"有清楚明白的解决"，"我希望当局不要以为那委员会是只利于共产党和第三者的。"在这种情形下，张群也认为这个方案可行，希望梁漱溟等人继续努力。席间，"董必武对委员会问题，仍愿进行。"因推定张君劢、左舜生、褚辅成、梁漱溟、黄炎培五人见蒋介石并负责此委

---

① 《大公报》1941年3月6日。
② 《黄炎培日记》第7卷，华文出版社2008年版，第75页。

员会的成立事宜。①

餐后，中国民主政团同盟筹备会在张君劢寓所举行第一次会议，出席会议的有黄炎培、张君劢、左舜生、李璜、罗隆基、张澜、梁漱溟、江恒源、冷御秋、罗文干十人。会议通过中国民主政团同盟纲领十二条草案。

3月14日，下午五时，黄炎培来住处续谈。

3月15日，九时，黄炎培来住处续谈。

3月18日，上午八时，在寓所，与黄炎培、左舜生、李璜、梁漱溟、章伯钧、张澜、杨赓陶、江恒源、罗文干等人继续商谈中国民主政团同盟筹备问题，黄炎培提议非准备完成不公表，但先发表同人对时局主张，皆同意，于是，对梁漱溟起草的宣言修改审订。

3月19日，中午，与黄炎培、褚辅成、左舜生、梁漱溟等人一道与国民参政会秘书长王世杰商量组织特别委员会组织，调处共产党问题，约定第二天见蒋介石时，请其核定。

午后，四时至九时，统一建国同志会成员十三人在特园秘密集会。张君劢、罗隆基代表国家社会党参加会议，此外还有中国青年党左舜生、李璜、林可玑，第三党章伯钧、丘哲，中华职业教育社黄炎培、江问渔、冷御秋、乡村建设派梁漱溟，以及无党派人士张澜、杨赓陶等。决定以各民主党派联合为中心，将"统一建国同志会"改变为"中国民主政团同盟"，形成国共两党之外的第三方面。张君劢、黄炎培、左舜生、章伯钧、梁漱溟五人被推举为中央执行委员会常务委员，主席推举黄炎培担任。

民盟在国统区无法公开活动，于是决定派梁漱溟去香港办报，在海外建立言论阵地，宣传民盟的政治主张，准备造成既成事实，逼蒋承认。为促成梁漱溟的香港之行，黄炎培、左舜生、张君劢各捐款1万元，梁漱溟捐6000元。

3月20日，中午，蒋介石宴请国民参政会驻会委员二十五人。饭罢后留下张君劢等五人细谈。黄炎培、褚辅成、张君劢、左舜生、梁漱溟五人向蒋介石陈述，再次强调"组织特别委员会，并陈所拟组织规条"，希望继续接洽中共问题。蒋介石表示同意他们所拟的特别委员会章程草案，只是建议将常委改为三至五人，委员改为十五至十九人，并嘱咐他们继续与中共接洽。

① 《黄炎培日记》第7卷，华文出版社2008年版，第75—76页。

晚八时，在张君劢寓所召开民主政团同盟第一次常委会。

3月21日，蒋介石在餐席上当众责问张群民主政团同盟秘密成立一事，张立时以电话询张君劢，张君劢否认之。次日又访张君劢于家，张君劢适外出，张语张君劢弟公权，谓："已探得宣言全文，又知有纲领十二条，而未得其文"，且指出："迭次聚议之地在特园某号"。

3月22日，黄炎培、周恩来、董必武等到张君劢寓所，就特别委员会事宜继续商谈。考虑到国民参政会直接受控于国民党政府，如果特别委员会隶属于国民参政会，特别委员会做出的决议只能有利于国民党，而不利于共产党。因此，周恩来、董必武坚持特种委员会必须在国民参政会之外。黄炎培等人解释说，这个委员会必有所属，"与其系属于政府，不如属于国民参政会。并且大会已闭幕，我们准备由驻会委员产生出来"。周恩来则认为国民参政会一次一次的宣言和议决，已经使中共处于非常不利的地位，因此中共不可能出席产生于此参政会，而且隶属于此参政会的特种委员会。看到周恩来的态度如此坚决，黄炎培不得已，"乃嘱其开具意见"。

是日，黄炎培在张君劢家读李云麾（桂人）正字初桄《佾俙》。

3月23日，黄炎培致函张君劢、梁漱溟勿遽离此，待中共事告一段落。①

3月26日，夜，张君劢、左舜生、章伯钧、梁漱溟到黄炎培住处谈话。②

3月27日，下午二时，张君劢、黄炎培、左舜生、梁漱溟、章伯钧在黄炎培家与周恩来、董必武商谈。周恩来再次转达了延安对特别委员会的意见，其中要点："一、名称各党派委员会；二、不隶属于政府"。黄炎培等人听后，知道蒋介石不会同意。"认为双方诚意不足，此事殆无成功之望，只好结束，不再进行。"随后他们向周恩来声明，同时告知王世杰，请其转告蒋介石，声明此事不再进行。

3月30日，夜，与左舜生、章伯钧访黄炎培。

是日，在《再生旬刊》第63期上发表《张君劢致瞿菊农先生函》，此函附在瞿菊农《思想与时代——读张君劢〈胡适思想界路线评论〉》文后。文曰：

---

① 《黄炎培日记》第7卷，华文出版社2008年版，第79页。
② 同上书，第81页。

菊农弟鉴承：赐示及书稿均收到。弟之立场等于说石器时代有石器，铜器时代有铜器而已。吾人知道思想者不可以思想史之著作人自居，但说各派思想各有其时代上之地位。此外，各有其关于前进方向之指示也。历史学派如黑格尔非徒保存传统，即创造亦在历史精神之中，惟创造之不离此精神者，其创造乃为真创造，否则，模仿而已，抄袭而已。此兄之所见，不知与弟所见合也否也。

　　4月30日，在《再生旬刊》第66期上发表《此次欧战前之外交及战事胜败综合观》一文。

　　此文系张君劢的演讲辞，由王君始先生记成之。此文共分六个问题：第一，裁兵问题及德退出国联；第二，法苏条约及罗加诺条约与德之重占莱茵河；第三，奥地利之吞并；第四，捷克问题；第五，开战前，德俄之外交战线；第六，各国政治家之才调。此次所登为全文之第一部分，其他部分在六十七期、六十八期上连续登出。

　　5月30日，在《再生旬刊》第67期上发表《此次欧战前之外交及战事胜败综合观》一文之续，所续为全文的第二、第三、第四部分。

　　6月20日，在《再生旬刊》第68期上发表《此次欧战前之外交及战事胜败综合观》一文之再续，再续为全文的第五、第六部分。

　　6月23日，在大理。午后，返西之法国籍主教来访，告知张君劢德苏已经开火之消息。

　　7月8日，夜，李希尧招餐其家，同席黄炎培等。

　　7月9日，下午三时，在商务酒店六十一号住处接待黄炎培来访，与黄炎培、罗隆基深谈。

　　7月10日，至西寺巷张西林家招餐，同席黄炎培、罗钧任、范旭东等。①

　　7月12日，九时，和黄炎培、罗隆基、罗钧任到西山缪云台家谈话，决定不少问题，至下午四时止。②

　　7月13日，十一时，和黄炎培、罗隆基、罗钧任、何永佶到西山下潘光旦家，观其所著书稿。午餐见连理葫芦。午后三时回。③

---

① 《黄炎培日记》第7卷，华文出版社2008年版，第125页。
② 同上书，第126页。
③ 同上，第126页。

晚七时，见龙志洲主席于其私邸，黄炎培同见，共谈七刻钟。①

7月14日，九时半，与黄炎培、罗隆基、罗钧任往缪云台家，再度深谈。午后二时始毕。

7月15日，夜，龙志洲主席招餐，同席石曾、黄炎培、罗钧任、蒋梦麟、润章、云台、仲钧、子安。②

7月16日，午，与黄炎培、罗钧任、罗隆基到缪云台家第三度畅谈，张君劢先退。③

7月30日，在《再生旬刊》第70期上发表《赵自强译法国悲剧序》一文。

8月18日，蒋介石将民盟主席黄炎培派往南洋募集救国公债，企图使民盟处于瘫痪状态。为不使蒋的阴谋得逞，黄出国前辞去了民盟主席职。张君劢被推继任主席，蒋介石则令其胞弟张嘉璈出面，以重金促张君劢出走云南。

8月，夫人王世瑛携子国浏、国超、国康，女敦华、敦复，由沪到港，又，飞渝转滇，张君劢前往楚雄迎接，一家人团聚，然后往大理。

8月，译著《云南各"夷族"及其语言研究》一书由商务印书馆出版。是英国人台维斯所著《云南——印度与杨子江之联锁》（1909年）一书中关于"夷族"的一节。

10月10日，致信林大芽君与之讨论论数学与哲学问题，此信以《与林大芽君论数学与哲学》为名发表在1942年1月31日出版的《再生旬刊》第78、79期合刊上。

11月7日，为《新华日报社苏联建国纪念刊》题词。曰：

> 苏联自三个五年计划以来，不独有伟大的工业建设，并且现在又对外作战以求其国家之自由独立。彼此境遇相同，双方之同情与友好日益增进。④

11月8日，在陈布雷家中举行大理民族文化书院董事会会议，张公权等出席。

---

① 《黄炎培日记》第7卷，华文出版社2008年版，第125页。
② 同上书，第127页。
③ 同上。
④ 《新华日报》1941年11月7日。

11月10日，下午四时，张君劢、张澜、左舜生、李璜、章伯钧、林可玑、黄炎培等在特园会谈。

10月20日，在《时代精神》第5卷第1期上发表《唯物史观与唯物辩证法述评》一文。

11月12日，十时，周恩来、董必武在左舜生寓所，同沈钧儒、张澜、张君劢、左舜生、章伯钧、黄炎培、李璜、罗隆基、余家菊等共商国事。

11月14日，午后二时，到特园晤张澜、张申府、李璜、左舜生、章伯钧、沈钧儒、冷御秋、周恩来、董必武、黄炎培、罗隆基、林可玑，杂谈。①

11月15日，夜，张群招餐其家，张君劢、左舜生、李璜、罗隆基、褚辅成、冷御秋、吴铁城、王世杰等在场，谈如何使参政会获得圆满结束。②

11月16日，午，张君劢、左舜生招餐临江路俄国餐厅，到者可五十人，向各党派公开报告民主政团同盟成立经过。③

11月17日，上午九时，第二届国民参政会第二次会议在重庆国民政府军事委员会大礼堂（重庆段牌坊）开幕。出席参政员一百七十三人。中共参政员董必武至此因力劝而出席。

下午，举行第一次大会，主席团主席张伯苓、左舜生、张君劢、吴贻芳及参政员一百六十二人出席了会议。

11月18日，上午八时，第二届国民参政会第二次大会举行第二次会议，蒋介石、张伯苓、张君劢、左舜生、吴贻芳及一百三十五名参议员出席会议。

下午三时，第二届国民参政会第二次大会举行第三次会议，张伯苓、张君劢、左舜生、吴贻芳及一百三十九名参议员出席会议。

11月19日，上午，第二届国民参政会第二次大会举行第四次会议，张伯苓、张君劢、左舜生、吴贻芳及一百一十名参议员出席会议。

下午，第二届国民参政会第二次大会举行第五次会议，张伯苓、张君劢、左舜生、吴贻芳及一百二十七名参议员出席会议。

11月21日，张君劢、张澜、左舜生、罗隆基等人，根据民盟"十大纲领"提出了《实现民主以加强抗战力量树立建国基础案》：一，结束训

---

① 《黄炎培日记》第7卷，华文出版社2008年版，第180页。
② 同上。
③ 同上。

政；二，成立战时正式民意机关；三，不以国库供党费；四，勿强迫入党；五，勿在文化机关推行党务；六，保障人民种种自由；七，停止特务机关活动；八，取消县、镇、乡代表考试制；九，禁官吏垄断投机；十，军队中停止党团组织。此议案得到董必武、邓颖超、沈钧儒、史良、王造时、陶行知、黄炎培、冰心、晏阳初等二十三位参政员联署。几乎涵盖了当时在野各党派代表，以及无党无派的代表。蒋介石没有想到身为参政会主席团成员的张君劢、左舜生和声望很高的张澜，会联合这么多人，提出令自己难堪的要求。蒋甚至口不择言地对王世杰说，怀疑张君劢"与德国及敌伪有勾结"，不准将这个提案交给大会讨论。

11月22日，下午，第二届国民参政会第二次大会举行第六次会议，张伯苓、张君劢、左舜生、吴贻芳及一百六十名参议员出席会议。

11月23日，晨，王世杰与张君劢、左舜生会面，商谈如何处理他们所提提案的问题，并力告以不可与国民党决裂，左舜生态度尚好，张君劢则语言无序。当晚，王世杰又和张群一同去见蒋介石，建议由参政会主席团出面另外提出一个提案，明确在抗战结束之日，马上召开国民大会，实行制宪。蒋同意了。①

午，在左舜生家，与黄炎培、左舜生、李璜、张澜等商提案情形，餐。下午，到交通银行，与黄炎培、钱新之、杜月笙商提案问题。

11月24日，下午，第二届国民参政会第二次大会举行第七次会议，张伯苓、张君劢、左舜生、吴贻芳及一百五十二名参议员出席会议。王世杰参考张君劢等二十三人的提案，接纳其中部分主张，拟就《促进民治与加强抗战力量》案，内容分四款，即：（一）抗战终了之日，召开国民大会制宪；（二）扩充战时民意机关职权；（三）用人不歧视党外之人；（四）保障人民之合法自由。此案以大会主席团名义向大会提出。此案比起张君劢等的提案有了很大的不同，但也算强势的国民党做了些妥协、让步，蒋介石及张君劢、左舜生等均同意由主席团将此案向参政会提出，而张君劢等的原案由主席团保留。

11月25日，上午，第二届国民参政会第二次大会举行第八次会议，张伯苓、张君劢、左舜生、吴贻芳及一百五十一名参议员出席会议。

下午，第二届国民参政会第二次大会举行第九次会议，张伯苓、张君劢、左舜生、吴贻芳及一百六十一名参议员出席会议。会议一致通过了主

---

① 台湾"中研院"近代史研究所编印：《王世杰日记》（手稿本）第3册，1990年，第191页。

席团提出的《促进民治与加强抗战力量》案。

11月26日，上午，第二届国民参政会第二次大会举行第十次会议，张伯苓、张君劢、左舜生、吴贻芳及一百四十二名参议员出席会议。

上午十时，第二届国民参政会第二次大会举行闭会式，蒋介石、张伯苓、王世杰、周炳琳等参政会首脑及一百一十六名参议员出席会议。国民政府各院要员、中外记者、特别来宾五百人参加。蒋介石致闭幕词，继之，参政员谭赞致辞，十二时大会结束。

夜，张澜、张君劢、左舜生招张群、王世杰餐，与鲜特生谈处理财产及教育子女问题。

11月29日，参加中国泰戈尔追悼会并讲话。

泰戈尔8月7日去世，11月29日，中国佛教协会、中印学会、东方文化协会、《扫荡报》、《中央日报》、《新华日报》、中国哲学会、国民精神总动员会等机关、团体二百余人在中央图书馆公祭泰戈尔。戴季陶主祭，朱家骅、陈立夫、国立北平研究院院长李书华、张道藩等十一人陪祭。张君劢出席会议，并做《回忆泰戈尔氏来华讲学情形》的演讲："泰氏来华正是在五四以后，所谓社会改革运动，共产主义和社会主义在我国蓬勃的时候，大家以泰氏为主张精神文明者，所以对他很不客气。……他有坚强的自信心，相信东方亚洲文明是很有价值的。……他对这个时代很悲观，……泰氏所注意的是将来，不是现在。他和他的学说和现代是不适合的。……泰氏对西方物质文明表示怀疑。……泰氏对西洋物质文明和科学的批评，自然在当前中国有不能接受之处。我们可以两个字代表东西文明，西洋出于'智'，东方出于'悲'，从'智'出发，自然会想到拿武器来支配世界，便免不了互相残杀。从'悲'出发，自然会想到世界大同，人类一体，以及恺悌慈祥的境地。……我们中华民族以后所负担的任务，就是在'智'与'悲'中，求得一持中之路。末了，我还有一句话，今天朱先生戴先生等开会追悼泰戈尔，把前几年我们对他的无礼，大大地补过来了，可以安慰这位诗哲在天之灵了。"①

晚上，王世杰与蒋介石谈释放叶挺以及张君劢飞赴香港等事。蒋介石同意将叶挺移来重庆，对于张君劢赴香港一事则不同意。蒋介石说：据情报称，纳粹德国有以五十万元贿赂张君劢及同党张东荪、汤铸新（汤芗铭）等之说。

12月1日，特园盟会，到者张澜、黄炎培、张君劢、左舜生、李璜、

---

① 《再生旬刊》1942年2月20日第80期。

林可玑、冷御秋、章伯钧、罗隆基、杨赓陶、张若谷、杜斌丞、张云川、张文、彭泽民。

12月12日，出席参政会驻会委员会委员会议，会议拥护政府对轴心国宣战。

12月16日，十时，到特园会商意见书稿，到会者还有张澜、左舜生、李璜、林可玑、冷御秋、章伯钧、鲜特生及黄艮庸、夏涛声等人。

是日，致国民党中执会诸公书。文曰："同仁以为所以转移今后战局者，有其应行采取之方针：第一，就国际方面言之，中美英苏四国间宜设一战事最高会议，其职权范围：（甲）统筹作战；（乙）欧亚两战场上陆海空实力重新分配；（丙）吾国所负之任务；（丁）民主国间交通之联系；（戊）俄国对日宣战问题；（己）军械产额问题。就国内情况言之，改革军事；行政机构及服务人员改革；财政金融改革；生产事业改革。同仁就国际大势国内情况二者，既略陈其应兴与应革之要点，而此二者之背后，应有一种精神，以贯彻其间，即在政府发号施令，以民主政治为依归而已。"此文以《太平洋战起致国民党中执会诸公书》为名发表在1947年7月19日《再生周刊》（上海）第173期上。

12月17日，到同人约会处，署名于上国民党九中全会书（张君劢、董必武、张澜、张一麐、沈钧儒、黄炎培、冷御秋、左舜生等人联合署名）。

午，王世杰、张群就在政会秘书处招餐，张君劢等递意见书，并商参会决议案四条实施办法，到者张澜、张君劢、左舜生、褚辅成、李璜、董必武、周恩来、王造时等。

12月18日，晚宴特园，张君劢为主人，因病未到。周恩来、董必武、张澜、黄艮庸、杨耿光、冷御秋、杨赓陶、张一麐、李重毅、张怀久、陈启天、夏涛声、林可玑、王造时、左舜生、鲜特生、杨卫玉、张申府、沈钧儒、黄炎培、章伯钧等聚会，商谈时局问题，未有具体结果。

12月19日，和周恩来、董必武、张澜、黄炎培、王造时、左舜生、褚辅成等再次出席王世杰、张群举行的午宴，继续商谈参政会决议案四条实施办法。黄炎培慷慨陈述政治机构之混乱，前途之危急。

12月21日，下午二时，在特园，与黄炎培、左舜生、章伯钧、沈钧儒、周恩来、张澜商议对于政府设国事协议机关意见，公议如设战时最高机构，将各机关大加裁并、整理，而以协议机关附丽之，固所赞成，如一切仍旧而反添一协议机关，绝不同意。

12月23日，夜，钱新之招餐交通银行，与张群、黄炎培、张公权、何北衡、王正廷、戴自牧等饮。

1942年〔民国三十一年壬午〕57岁

1月6日，西南联大学生举行"倒孔"示威游行，抗议孔祥熙夫人宋霭龄置大批滞港文化人士于不顾，用飞机抢运财物以至洋狗。国民党当局诬陷张君劢是"幕后指使者"，对其进行指责，并将其软禁。

太平洋战争爆发后，香港遭到日机轰炸。国民政府紧急征用停泊在香港的飞机运送撤退人员和物质，时任国民党政府交通部部长的张公权在日记中写道："昨晚飞香港之客机三架均返渝。其中一机载孙夫人（宋庆龄）、孔夫人（宋霭龄）等，一机载中航公司同事，及孔夫人介绍之乘客，一机载美籍机师，及泛美航空公司人员。许多重庆要人往机场接亲友者，均未接得（一些要人家眷滞留香港），惟见有人携狗下机，大起责难，有谓狗属孔夫人的，有谓狗属美技师的。"飞机运送洋狗到重庆的消息传出，引起西南联大学潮。张君劢被当局指控为学潮的"幕后指使者"，兼之本年张君劢"促进民治"的政治热情引起了国民党当局的不满，张君劢当时正在重庆参加国民参政会，住在弟弟张公权家中。某日，内阁会议上，蒋介石向张公权出示一封电报，指称昆明发生的学生示威运动是张君劢煽动的，蒋介石在其日记"上星期反省录"中有云："反动派鼓动昆明各大学学生游行示威，以庸之为其目标。文人政客之卑劣污陋，如张君劢之流可谓丧心病狂极矣。"（《蒋介石日记》手稿本，1942年1月17日）蒋介石曾考虑过动用"权力"，为此思考过三天，但觉尚非其时，决定通过张公权与张君劢的兄弟关系对张进行劝说："勿再作无聊举动。"（《蒋介石日记》手稿本，1942年1月13日）当张公权把蒋介石的意思告诉张君劢后，张君劢说：对此事毫无所悉，但会写信给他在昆明的政界朋友代为查证。第二天，张公权向蒋介石转达张君劢的意思时，蒋介石却下结论说："这一定是他在政界的朋友搞的。"因为当时罗隆基被认为是张君劢在昆明的代理人，罗隆基在回信中说：在学生示威前十天，他就因感染伤寒而住进了市立医院，故对此事一无所知。张君劢的文化书院在大理，而从大理乘公车到昆明需要两日的路程，所以张君劢的十三名研究生不会和这件事有联系。一星期后，张君劢去找担任民族文化书院董事长的陈布雷，陈布雷给张君劢看了一张蒋介石亲笔写下的关闭书院的条子。于是，张君劢就去找国民参政会的秘书长——王世杰，请王替他订张机票，以便他能从重庆经昆明前往大理，去结束书院和遣散学生。王世杰痛快答应："好，你可以拿到一张机票。"一个星期五，张君劢从王世杰处拿到了机票，但为了保险起见，张君劢问王世杰，他是否真的被允许离开重庆，王世杰说："你已经拿到了机票，怎么还怀疑准不准你离开呢？"到了星期六，王世杰请张君劢吃饭，张君劢又问他明天真得能成行吗？张君劢一再问同样的问题，把王世杰弄得很烦，王回答："机票已经在你的手里了，何必如此多疑？"到了星期日上午，当张君劢离开弟弟张公权家前往机场时，王世杰来电话，说蒋介石要求收回机票。从那时起，张君劢只能待在汪山，甚至出席国民参政会时，也有特务人员跟踪。华西大学有一次邀请张君劢赴成都演讲，也不被允许。

1月9日，民盟在黄炎培寓所午餐并会谈，到者张君劢、张澜、左舜生、沈钧儒、张申府、章伯钧、林可玑、鲜特生等，中共代表周恩来、董必武亦到。

1月11日，下午三时，黄炎培、左舜生来家深谈。

1月21日，九时，在特园，共左舜生、黄炎培、张澜、章伯钧深谈。"民主即是共产"，半月刊遵令停止。

1月30日，下午三时，在特园会谈，到者：张澜、黄炎培、左舜生、李璜、林可玑、章伯钧、周恩来、董必武，主张坚壁清野。

春节时，王云五及何廉两先生陪同西南联大教授访张君劢，张君劢问及西南联大教授近况，何廉先生谓某某教授煮饭，某某挑水，叹曰：见面只谈柴米油盐，谈了又如何？

2月20日，在《再生旬刊》第80期上发表《回忆泰戈尔氏来华讲学情形》和《参政会追悼会中述罗钧任先生生平》两文。

2月27日，下午二时，在左舜生家，张君劢、黄炎培、罗隆基、章伯钧、陈启天、林可玑等会谈。

2月28日，罗隆基会见王世杰，表示他与张君劢决定登报声明与南京、北平等地国家社会党人（如汤芗茗、诸青来等）断绝关系。据《王世杰日记》云："罗、张近日颇为政府所忌，故提出此以自白。"①

3月10日，晚，张公权、陈公洽宴请翁文灏，张君劢、熊式辉、陈芝町、徐陪根、张禹九等出席宴会。②

3月31日，在《再生旬刊》第81期上发表《第二次世界大战中人与物记》一文。

4月15日，写成《自鲍尔温至邱吉尔》一文。1943年5月15日发表

---

① 台湾"中研院"近代史研究所编印：《王世杰日记》（手稿本）第3册，第254页。
② 《翁文灏日记》，中华书局2010年版，第750页。

在《东方杂志》第 39 卷第 5 期上。

文曰："英国历史上所以对待路易十四，拿翁一世与威廉二世者，在外交上军事上均能措置裕如。此次不免于捉襟见肘，不能不谓鲍尔温因循误之于前，张伯伦刚愎误之于后者，有以铸成此次大错也。""使鲍氏张氏早采邱氏之言，而见诸施行也，则希氏势不能无顾忌，或者此次战争不至发生，即令发生，亦决不至有若初期之惨败。"

4月20日，在《时代精神》第6卷第1期上发表《章行严先生逻辑指要序》一文。

初春，国民党当局将张君劢软禁于重庆汪山。此后，张君劢被软禁长达两年之久。张君劢闲居山中，读书并为《再生》写文而已。唐宜君曾谓：某日，张君劢在山散步，不慎失足，竟从山上滑坠，至山中腰时当有小树阻隔，未酿大祸。也是当年的一件险事。

大理民族文化书院也被勒令停办，大理民族书院存在的时间不长，甚至没有一个学生毕业。

5月31日，在《再生旬刊》第82期上发表《读史五言古》诗一篇。全诗如下：

读史五言古

昔闻儒家言，斥私因尚公。
惟公无所蔽，耳目四达聪。
公能致祥和，举国自从风。
此义悬天地，谁敢向之攻？
乃考三代下，秦政轨文同，
烧书愚黔首，文物付祝融。
汉高举义日，三杰宠命隆，
一朝天下定，鸟尽先藏弓。
下至名宰相，宋代半山翁，
书生权在手，目中一切空。
旁证西方史，曲异亦同工。
亚历山大帝，凿空欧亚通。
法国革命日，拿翁吐长虹，
一时意气横，举世成沙虫。

呜呼！历史大变局，不造自仁民爱物之贤主，反起于私心自用之枭雄。

辛巳冬日客巴蜀张君劢

5月，在重庆汪山写成《译尼赫鲁〈近一百五十年之印度〉序》一文。此文是张君劢为自己翻译的尼赫鲁的《世界历史瞥见》一书（节选）所作的序。

6月3日，在重庆汪山丁家坡写成《印度复国运动》序。

6月20日，写成《德苏战争周年纪念之文》，22日发表在《新华日报》上。文曰：

> 去年德苏开战之日余寓居大理，消息隔绝，竟不知有此事，及二十三日午后，返西之法国籍主教来访，乃知德苏开火已超过二十四小时以上矣。希特勒及德国军略家，素以东西两面作战为大戒，忽于对英战事尚未告终之日，又树敌于东境之上，殆已逆知胜利之无望非盗取俄国物质作持久之战不可矣。今德苏之战已届一周年，其所希翼之战果正与对法比荷挪所获者相反，已往一年欲收功于奇袭而不可得者，今苏俄则既有备，且有英美军火为后援，则希特勒开境拓土于乌拉尔山边之好梦之难圆可以断言矣。况希特勒与其轴心国伙伴之志愿，甚切，独彼等享有至高无上之权，而他国皆为臣仆，是为民族主义之消灭。独希氏戈氏与东条等得发号施令，其国内人民亦噤若寒蝉，他国人民更无论矣，是为自由主义之消灭。彼等穷国内之财富，夺国外之财富，以遂其建设大帝国之迷梦，而内外人民物质上精神上之痛苦漠不关心，是为社会主义之消灭。此三者十九世纪以来各国所以立国大方针也，希特勒与东条等欲消灭之，则中苏英美惟有起而反抗。驱逐希氏等摒之于世界之外而已。因新华日报征文略书所感以报之。

7月15日，在《再生旬刊》第83期（印度问题专号）上发表《译尼赫鲁〈近一百五十年之印度〉序》《四月十日印国民会议主席阿沙德氏复克里浦斯氏拒绝英国建议函》《四月十二日尼赫鲁氏在新闻记者会谈席上谈话记》三篇文章和《哭儿国康》辞。

7月27日，国民政府公布第三届国民参政会参政员名单，根据《国民参政会组织条例》第三条丁项规定，张君劢再次被遴选为参政员。

10月21日，张君劢、左舜生均表示不愿出席参政会。

10月22日，上午九时，第三届国民参政会第一次大会在军事委员会大礼堂开幕。蒋介石致辞，着重物价问题，力言加强经济统制之必要。参政会选举主席团，李璜当选，张君劢、左舜生俱落选。

11月15日,《志学月刊》第11期发表熊十力的《答张君劢》一文。

12月24日,与弟公权及家人、朋友欢度圣诞节。

12月25日,做"英美法德日俄六国制宪由来及宪政实行要件"之演讲。

是日,在《世界学生》第1卷第12期上刊发表《理学罪案平反》一文。

文章指出:"国人之负理学,非理学之负国人明矣。然此吾国独有之学问之特质安在乎?伸论如次。一,理学非宗教而有宗教效用。二,理学能提高各人人格。三,理学能存养身心。四,理学能培养民族道德。此四者,理学之效用有益于个人与国家也如此,奈何世之学者,以其不类于欧洲之所谓哲学而排之,又误以其重内心而轻物质之故而排之,真可谓舍本遂末矣。"

12月,写成《菲希德对德意志国民演讲节本第五版序》一文。此文发表在1943年3月1日出版的《读书通讯》第61期上。

12月,译著《印度复国运动》由商务印书馆出版发行(1945年6月再版)。

1943年〔民国三十二年癸未〕58岁

继续被软禁于重庆汪山。杨永乾先生于上年从国立社会教育学院毕业来渝,今仍在山随侍。

1月15日,在《再生旬刊》第86期上发表《〈法国崩溃日记〉序》一文,是为中文译本《法国崩溃日记》(商务印书馆出版)所做的序。

2月15日,在《再生旬刊》第87期上(纪念胡石青先生特刊)发表《胡石青先生之言行》一文,张君劢为悼念胡石青(胡汝麟)先生而作,文章简要介绍了胡石青在河南开封入狱,以及游历北美、中南美、欧洲、东南亚等国、著《三十八国游记》等情况。

2月21日,晤见王世杰。据《王世杰日记》云:"今日为星期日,渡江往南岸,晤郭复初、张君劢、张公权。并在汪山看梅,山中红梅、绿梅盛开,为陪都第一胜景。"

2月25日,与沈钧儒等联名发表致印度总督林里资哥电,请释放被禁绝食中的甘地。

是日,写成《英美会师太平洋之正式约束问题》一文。

3月1日,在《读书通讯》(半月刊)第61期上发表《菲希德对德意志国民演讲节本第五版序》一文。

3月10日，写成《美国白皮书中所见日本之战志》一文。

3月15日，在《东方杂志》第39卷第1期（复刊号，第三次复刊）上发表《希德拉殆病矣乎？》一文。

是日，在《再生》第88期上发表《菲希德对德意志国民演讲节本第五版序》一文。

3月27日，写成《苏俄与同盟国间猜疑之袪除》一文。

3月30日，在《东方杂志》第39卷第2期上发表《英美会师太平洋之正式约束问题》一文。

4月4日，赠黄炎培《再生旬刊》胡石青特刊。午，左舜生招餐其家，沈钧儒、章伯钧、李璜、黄炎培、罗隆基、冷御秋、鲜特生、夏涛声、郑振文、葛则枕、刘东岩等出席。①

4月15日，在《东方杂志》第39卷第3期上发表《美国白皮书中所见日本之战志》一文。

4月25日，蒋介石招餐，同席刘尚清、刘敬舆、刘孟馀、缪云台、胡春藻、罗志希、沈成章、李印泉、黄炎培、王世杰、陈布雷、冷御秋、子航。②

4月26日，到张公权寓所，答复张群所询对国事之意见，嘱其转告张群。

据张公权日记云："君劢家兄来云，昨岳军询问其对国事之意见，渠意：（一）应改造内阁，加入在财政金融方面有信用之人；（二）邀英美两国派遣代表，共同商议如何维持法币；（三）容纳各党各派参与国事，嘱为转告。"③

4月30日，在《东方杂志》第39卷第4期上发表《苏俄与同盟国间猜疑之袪除》一文。

是日，在《再生》第89期上发表《轴心同盟之怪状》一文。（此期未能按期出版）

4月31日，写成《和议按脉派》一文。

5月，译著《法国崩溃日记》由商务印书馆印行。内中有张君劢自序一篇，落款为"民国三十一年对日抗战之第六年第二次世界大战之第四年九月张君劢识"。本书原著者为Armstrong，本书以日记的形式记述了法

---

① 《黄炎培日记》第8卷，华文出版社2008年版，第90页。
② 同上书，第100页。
③ 姚崧龄：《张公权先生年谱初稿》上册，传记文学出版社1982年版，第335页。

国在"二战"中败亡的过程。

5月15日，在《东方杂志》第39卷第5期上发表《自鲍尔温至邱吉尔》一文。

5月19日，致信王云五，就战后国际和平问题谈自己的看法，以与王云五商榷。此信以"与云五先生商榷战后国际和平问题"为题发表在6月15日《东方杂志》第39卷第7期上。

5月27日，写成《邱吉尔氏与陈德勒氏对德日战略之争辩》一文。

5月30日，在《东方杂志》第39卷第6期上发表《和议按脉派》和《邱吉尔氏与陈德勒氏对德日战略之争辩》两文。

6月6日，写成《德日盟约与苏日战争之推测》一文。

6月15日，在《东方杂志》第39卷第7期上发表《与云五先生商榷战后国际和平问题》一文。

6月18日，写成《第二战场开辟声中英美与苏俄东西响应及其空海陆并进战略》一文。7月15日发表在《东方杂志》第39卷第9期上。

6月30日，写成《裴斐教授令人勃然兴起之新著〈远东和平方案〉》一文。

是日，在《东方杂志》第39卷第8期上发表《德日盟约与苏日战争之推测》一文。

是日，在《再生》第90期上发表《美国国是之根本改造》一文。

7月7日，写成《日本对德能始终尽同甘共苦之义务乎？》一文，发表在8月15日《再生》第91期上。

7月15日，在《东方杂志》第39卷第9期上发表《第二战场开辟声中英美与苏俄东西影响及空海陆并进战略》一文。

7月20日，在重庆汪山写就《张东荪著〈思想与社会〉序》一文，发表于1944年9月15日《东方杂志》第40卷第17期上。

7月30日，在《东方杂志》第39卷第10期上发表《裴斐教授令人勃然兴起之新著〈远东和平方案〉》一文。

8月8日，写成《墨索里尼下台与意大利和战问题答客问》一文。

8月30日，在《东方杂志》第39卷第12期上发表《墨索里尼下台与意大利和战问题答客问》一文。

9月12日，晚，与左舜生、李璜、章伯钧邀请沈钧儒等赴"特园"聚餐，纵谈时事。同席者有黄炎培、刘王立明、史良、董必武、陶行知、鲜特生。①

9月16日，与左舜生一起会见王世杰，提议政府与参政会共组宪政筹备机关吸收党外人员，共同讨论推进关于言论、结社自由以及民选机关等问题。并把此项提议能否获得蒋介石的同意，作为他们此次是否出席参政会之前提。王世杰于次日晨将他们的意见转告蒋介石，蒋表示原则上接受。②

9月18日，上午，第三届国民参政会第二次会议开幕，到会人员一百九十余人。张君劢、左舜生等虽报到，但未出席。

9月25日，下午，出席第三届国民参政会第二次会议的第八次大会。

此次大会自9月18日开幕，已开过七次大会，直到第八次大会，张君劢才首次迈进会场，"所有报告书一次领取，堆得座椅上高高的，这庄严沉重的气氛……"③

9月30日，在沈钧儒处，同董必武、左舜生、邓初民等交换对目前民主运动的意见。研究了对付蒋介石拟组织的宪政实施筹备会的办法。④

10月2日，午，张君劢、左舜生、章伯钧招餐特园，宴请黄炎培。晚，王世杰招餐参政会，同席黄炎培、左舜生、李璜、褚辅成、邵力子、周枚荪、雷震等共九人，商讨关于宪政实施筹备会种种问题，多数意见主张：（一）隶属于国民政府；（二）任务若干点；（三）人数不超过三十五人；（四）蒋委员长为会长；（五）召集人为三人；（六）常务委员会不超过十五人；（七）五院院长为当然委员或名誉会员；（八）中共须参加，其人选以可能到会者为宜；（九）所有会员均由蒋主席指定。⑤

午后，王世杰与张君劢、黄炎培、左舜生、李璜、褚辅成、邵力子等商量宪政实施筹备会组织及人选问题。大致认为，这一团体应由中央委员及参政员各若干人组成，并约以外之人数人如沈钧儒、梁漱溟参加。张君劢等注重于言论自由之逐步开放。

10月20日，国防最高委员会公布《宪政实施协进会组织条例》及名单。宪政实施协进会，隶属国防最高委员会，会员由蒋介石指定，张君劢任会员、常务委员。

---

① 《黄炎培日记》第8卷，华文出版社2008年版，第155页。
② 台湾"中研院"近代史研究所编印：《王世杰日记》（手稿本）第4册，1990年，第153—154页。
③ 袁冬林、袁士杰：《浦熙修记者生涯寻踪》，文汇出版社2000年版，第90页。
④ 《董必武年谱》，中央文献出版社1991年版，第188页。
⑤ 《黄炎培日记》第8卷，华文出版社2008年版，第161页。

10月19日，十时，至左舜生家，共左舜生、章伯钧、黄炎培会谈，章伯钧主张处处持大体，可敬爱。午餐。①

10月25日，撰写《英国高等文官序》一文。此文发表在1944年2月5日出版的《再生》第93期上。

10月27日，写成《苏京三国会议协调之预测》一文。

10月29日，午，到左舜生家餐，左舜生、黄炎培、章伯钧、沈钧儒共谈宪政会问题。②

10月30日，在《东方杂志》第39卷第16期上发表《苏京三国会议协调之预测》一文。

11月2日，夜，黄炎培以宪政实施协进会召集人正副秘书长名义邀餐，详谈是会进行要项（宪草研究问题，国民大会代表问题，言论开放问题）。到会者：孔祥熙、孙科、吴铁城、张厉生、熊式辉、梁寒操、褚辅成、张君劢、黄炎培、王云五、左舜生、莫德惠、董必武、傅斯年、王世杰、邵力子、雷震等。③

11月5日，黄炎培邀餐，商谈宪政协进会问题，张君劢未到。④

11月12日，十时半，宪政实施协进会在军事委员会开成立大会，蒋介石任会长。会上，蒋介石致辞，对促成民意机关宪草研究运动，言论自由开放，皆主早办，恰和人民期望，出席会员三十六人（会员共三十八人）。张君劢出席会议。午会餐，蒋介石领餐，餐毕开全体会议。⑤

11月15日，在《再生》第92期上发表《吾国对于世界货币稳定计划应从自身着眼》一文。

11月16日，午，黄炎培招诸友会餐，张君劢、董必武、邵力子、左舜生、褚辅成、黄炎培、冷御秋、刘任平、张志让、杨卫玉等到会，商谈宪政实施协进会问题。下午五时，宪政实施协进会第一次常务会会员会在参政会秘书处举行，孙科主席，到者王世杰、王云五、褚辅成、左舜生、董必武、张君劢、黄炎培、傅斯年、莫德惠，仅吴铁城病未到。通过办事细则，决定分设三组。第一组，关于宪法草案研究事项。第二组，关于民

---

① 《黄炎培日记》第8卷，华文出版社2008年版，第167页。
② 同上书，第171页。
③ 同上书，第173页。
④ 同上书，第174页。
⑤ 《黄炎培日记》第8卷，华文出版社2008年版，第177页；《新华日报》1943年11月13日。

意机关事项。第三组，关于宪政有关法令实施状况事项。张君劢在第一组。①

11月22日，午后，宪政实施协进会第三组开会，黄炎培主席，张君劢、邵力子、李中襄、雷震列席会议。②

11月23日，出席宪政实施协进会第一组会议，孙科主席，讨论宪草研究问题。

11月，写成《国超儿自沪至渝日记跋》一文。此文连同国超日记刊登在1944年4月30日《再生》第94期上。

12月，译著《印度复国运动》由商务印书馆出版发行（1945年6月再版）。

12月31日，印行《与居觉先生论民主宪政书》，阐述了他主张建立真正国会的观点，对国民党"以保姆自居徒负灌输之义之名"而不肯与在野各党派平等合作表示强烈不满。

1944年〔民国三十三年 甲申〕59岁

1月3日、4日、5日，在成都《新中国日报》上发表了《人民基本权利三项之保障——人身自由、结社集会自由、言论出版自由》一文。

1月3日，午后二时，张君劢、左舜生、黄炎培、沈钧儒、章伯钧、王造时、张志让等六十余人发起的宪政问题座谈会，在江家巷迁川工厂联合会大礼堂举行，除发起人之外，各界人士参加的有邓初民、郭春涛、董必武、史良、刘王立明、刘清扬、罗叔章、张晓梅、张云川、屈武、周谷城、张申府、宋杰人、何公敢、孙亚夫、闵刚侯、沈志远等六十人。左舜生主席，致开幕词。继起发言者达十二人。张君劢在发言中指出：

"我们讲宪政几十年了，为什么到今天还要再讲呢？因为我们盼望国家政权的交替，今后能采取较为平稳的正常轨道上进行，甲去乙来，若无其事，不要以兵戎相见。谈宪法虽说容易，其实也真不容易。我们现在要将民族、民权、民生放在一起，制成宪法，这个基础是很广泛的。这需要大家来研究，来讨论。谈宪政，就必须承认：有宪法而无人权，不能算是宪政。先有人权的保障，然后有宪法。这只要看看英法的民主政治历史，就可以明了。所以，要实施宪政，就要先保障人权"。（《新华日报》1944年1月4日）会议"对于未来实施宪政与准备工作，以及对中华民国宪

---

① 《黄炎培日记》第8卷，华文出版社2008年版，第179页。
② 同上书，第182页。

法草案之意见等问题,均有所发挥。主席宣布:此次座谈会为第一次,故应广征意见,不做结论,将择定日期继续举行,至四时半始散会。"(1944年1月4日《大公报》)

夜,左舜生邀餐,张君劢、沈钧儒、董必武、王造时、刘清扬、张云川、葛则诚、张志让等应邀参加①。

1月13日,致书时任同济大学教授的郑寿麟(郑在同济大学兼任新生院主任,也兼任教务长并代理过校长职务)。书曰:

> 寿麟先生:"奉上月廿五日手示,已悉一一,兄对于小儿(长子国浏,时在同济大学就读,编者注)之关怀,感激之至,丁校长(丁文渊)已上第二辞呈,谅兄亦有所闻矣,小儿方面,当去函督责,望公视之如子侄,随时训戒为幸。年假已准小儿返渝。匆匆祗颂年安。"郑寿麟于当月二十三日在李庄收到此书。

1月15日,在《东方杂志》第40卷第1期上发表《英国大宪章提要》一文。

1月30日,出席宪政实施协进会第二次会议,并向会议提出了保障人民三项基本权利一案。

> 张君劢向大会提出《人民基本权利三项之保障之建议》一案,决议通过,交常会办理。这次提案的内容和一月三、四、五日在成都的新中国日报发表的《人民基本权利三项之保障》一文内容相同。②

3月2日,写成《轴心同盟之怪状》一文,此文刊登在《再生》第89期上(此一期未能按期出版)。

3月5日,下午二时,宪政座谈会在江家巷迁川大厦举行,邵力子、梁寒操、左舜生、张君劢、沈钧儒、张申府、董必武、刘清扬、史良等五十人参加,张君劢主席。座谈会中,张君劢讲道:

> 我对于第一条"中华民国为三民主义共和国"向来是有疑异的。一个主义总含有一种信仰,一个党派和主义总有它的特殊点和特殊方

---

① 《黄炎培日记》第8卷,华文出版社2008年版,第199页。
② 《新华日报》1944年1月31日。

向，绝不能漫无边际，无所不包，这样将使完全自由受限制。因之党外人士，以及其他党派的并存问题将难作解释。……现在的情形是任何机关，都可以抵制法律，这实在有失法律的尊严。

3月21日，夜，宪政实施协进会小组会议在嘉陵新村六号吴铁城家召开，到会者：吴铁城、张君劢、黄炎培、董必武、孙科、左舜生、莫德惠、李中襄、洪兰友、邵力子、雷震。讨论张君劢所提政治结社自由问题。讨论间，孙科对三民主义解释谓有时间性，如民族主义，此次大战后宜扩大为世界主义，否则将继续惹起战争。本问题咸认为只有国共问题，宜先将国共症结所在坦直提出，遂论及党与军划分问题，孙科主张，国民党亦将军队与党划分，董必武谓中共早有此主张，此点逐获全场一致。①

3月26日，写成《确立中华民国对于四强系统之关系及其地位》一文，发表在5月16日《民宪》创刊号即第1卷第1期上。

4月4日，夜，和董必武、孙科、吴铁城、邵力子、王世杰、王云五、左舜生、黄炎培、莫德惠等人，出席在孙科寓所举行的宪政实施协进小组会议，讨论关于知识分子对国民党政府的不满问题，主张开放言论出版自由。②

4月6日，王世杰在孙科宅与张君劢、左舜生、董必武、黄炎培等诸参政会员商讨改进检查图书办法等问题。王世杰意图书审查制度首须改革或废撤。③

4月15日，在《东方杂志》第40卷第7期上发表《现代宪政之背景》一文。

4月16日，午后，张君劢、左舜生等在迁川工厂召集宪政座谈会。黄炎培即席制成总统及五院人员产生及职权表，就宪草中间指出若干问题。④

4月21日，夜，张君劢、左舜生、董必武招餐特园。⑤

4月30日，在《再生》第94期上发表《英美法德日俄六国制宪由来及宪政实现之要件》《人民基本权利三项之保障》《国超儿自沪至渝日记

---

① 《黄炎培日记》第八卷，华文出版社2008年版，第238页。
② 同上书，第244页。
③ 台湾"中研院"近代史研究所编印：《王世杰日记》（手稿本）第4册，1990年，第286页。
④ 《黄炎培日记》第8卷，华文出版社2008年版，第249页。
⑤ 同上书，第253页。

跋》三篇文章。

5月2日，出席宪政实施协进会第六次常会，会商各方对宪草意见。

夜，出席黄炎培、王云五、莫德惠的招待会。出席者还有孙科、吴铁城、邵力子、左舜生、傅斯年、张厉生、褚辅成、董必武。黄炎培说："国民党政府摧残工商业，以致从沦陷区载巨金来重庆者多愿回去。"孙科说："中华民国不能听任它亡于一人之手。"于右任不满意蒋、孔所为，留词而去。①

5月3日，下午，赴左舜生家，与张澜、左舜生、黄炎培、章伯钧、沈钧儒、张申府等商改中华民主政团同盟，去"政团"二字，改名为中国民主同盟，以容纳各党分子。②

5月4日，夜，出席孔祥熙的家宴，与会者还有王云五、温源宁、左舜生、莫德惠、邵力子、黄炎培、蒋经国、宋子良、王正廷、杭立武、董显光、董必武等。与会者叙谈商民怨苦，物价狂涨、前途莫大危机等问题。③

5月14日，出席宪政座谈会，孙科讲宪政。出席会议的还有沈钧儒、黄炎培、董必武、李璜、张志让、张申府、史良、左舜生等三百余人。④

5月16日，在左舜生家。与左舜生、李璜、黄炎培、章伯钧、沈钧儒、张申府及郑贞文，刘泗英共商谈。⑤

是日，由左舜生任编辑和发行人的《民宪》半月刊在重庆信义街卅九号正式创刊发行。在创刊号即第1卷第1期上张君劢发表《确立中华民国对于四强系统之关系及其地位》一文。

5月23日，夜，与左舜生、章伯钧、沈钧儒、李璜、张申府五人作东在章伯钧家（半山新春三号）宴请林伯渠、董必武、王若飞，黄炎培、翦伯赞作陪。餐毕，就目前战局和国共两党谈判问题进行交谈。⑥

5月30日，写成《印度哲学家罗达克立希纳学案》一文，

5月31日，在《民宪》第1卷第2期上发表《大爱国心》一文。

6月14日，写成《决战年之一致团结》一文。

6月15日，在《民宪》第1卷第3期上发表《建国目的之政治休战》

---

① 《黄炎培日记》第8卷，华文出版社2008年版，第257页。
② 同上。
③ 同上书，第258页。
④ 同上书，第262页。
⑤ 同上书，第263页。
⑥ 同上书，第266页。

一文。

6月19日，在重庆信义街，和黄炎培、左舜生谈时局。毕，送黄炎培回家。午后，黄炎培来访，张群、吴达诠、左舜生、沈钧儒、史良、张肖梅（中国银行经济研究室主任，张禹九夫人，张君劢的弟媳）八人共谈时事，茶点。①

6月24日，九时，宪政实施协进会第七次常务会，孙科主席，讨论：（一）王造时提出《迅速健全临时民意机会人选并提高其职权案》。（二）张君劢提《扩大国民参政会职权案》，分别赞否并交小组会议。（三）张志让《保障言论自由案》等。②

6月29日，写成《华莱士东来与美国外交政策之关系》一文。

6月30日，在《民宪》杂志第1卷第4期上发表《决战年之一致团结》一文。

7月15日，在《东方杂志》第40卷第13期上发表《印度哲学家罗达克立希纳学案》一文。

7月16日，在《民宪》第1卷第5期上发表《华莱士东来与美国外交政策之关系》一文。

7月17日，写成《联合国家中的治国与乱国》一文。

7月31日，在《东方杂志》第40卷第14期上发表《国际会议中之战后世界教育方针》一文。

8月15日，在《民宪》第1卷第6期上发表《联合国家中的治国与乱国》一文。

9月5日，上午，第三届国民参政会第三次会议在重庆国民政府军事委员会礼堂开幕，参政员一百六十四人出席会议。张君劢出席会议。在接受《新华日报》记者采访时，张君劢说：

"为政的人应该有相信别人的这种精诚，要相信别人的言行都是为国为民的，不要一味只想着别人的一切就是专跟我捣蛋。没有这种精诚，就难有互信。因此，团结就无巩固的基础。"他还说上届参政会，曾提过扩大议权的提案，政府方面的参政员有十余人发言表示异议，因此以后也没有多说。③

---

① 《黄炎培日记》第8卷，华文出版社2008年版，第279页。
② 同上书，第281页。
③ 重庆《新华日报》1944年9月5日。

9月10日,在《民宪》第1卷第7期上发表《塞班战役与德国战局》一文。

9月16日,晚七点,蒋介石在军委会大礼堂宴请参政会参政员,张君劢、张伯苓、莫德惠、吴贻芳、李璜、王世杰、王宠惠、江庸、张难先、张澜、黄炎培、冷御秋、褚辅成、左舜生、林伯渠、王云五、胡政之、董斌、章士钊、达浦生等一百七十余人出席。

9月18日,上午,第三届国民参政会第三次会议举行第十八次大会,张君劢再次当选为驻会委员。下午,国民参政会第三届第三次会议举行第十九次会议,闭幕。

9月19日,中国民主政团同盟在特园召开全国代表大会,会议决定"中国民主政团同盟"改名为"中国民主同盟"(简称民盟),由团体会员制改为个人参加,吸收无党派人士参加,壮大民主运动,增强第三方面力量。会议通过了《中国民主政团同盟纲领草案》。会议选举了张澜等三十人为中央委员。张君劢被选举为中央常务委员和国际关系委员会主任。在左舜生的操纵把持下,所有议程一天内匆匆全部通过。

> 会后,叶笃义找到张君劢提出意见:(一)三十个中央委员中,青年党人为什么占那样多?(二)会上决定派郭则沉到陕西筹备西北支部,派叶笃义到北平筹备华北支部,为什么郭被选为中委,而叶笃义为什么不是?张君劢立刻找左舜生商量谋求补救,于是在9月21日举行一次会议,增选三位中委:董时进、蒋匀田、叶笃义,这样,中委就变成33人了。①

9月21日,上午九时,出席宪政实施协进会第四次全会。

9月25日,与宋庆龄、于右任、林祖涵、许德珩等七十二人发起"邹韬奋先生追悼大会"。

10月15日,写成《国共问题公开报告以后》一文。

10月20日,在《民宪》第1卷第8期上发表《征途百里之最后十里》一文。古语"行百里者半九十",强调"做事"之最后阶段之重要性。

11月7日,写成《威尔斯氏政治思想及其近作人权宣言》一文。

---

① 叶笃义:《我和民主同盟》,《文史资料选辑》增刊第2辑,中国文史出版社1987年版,第2—3、68—69页。

11月12日，在《民宪》第1卷第9期上发表《两时代人权运动概论》一文。

11月14日，写成《邱吉尔民主政治标准七事释义》一文。

11月17日，与国民参政会同人致电美国总统罗斯福。曰：

> 美国白宫罗斯福总统阁下：欣闻阁下第四次当选总统，具见贵国民意所归，热烈拥护，以期在阁下继续执政期内，完成同盟国之彻底胜利，树立有效的世界安全组织，促进全世界民主政治之发扬。本会同人，谨以最大热诚，向阁下致敬。中华民国参政会主席团主席张伯苓、莫德惠、吴贻芳、李璜、王宠惠、王世杰、江庸。驻会委员褚辅成、林虎、孔庚、王云五、冷遹、董必武、杭立武、李中襄、王启江、张君劢、左舜生、陈博生、许孝炎、胡政之、钱公来、郭中隗、江一平、王普涵、许德珩、李永新、陈启天、罗衡、朱贯三、胡建中、黄炎培同叩。①

11月，从本月开始民盟接手左舜生主办的《民宪》杂志，由张君劢、张澜、罗隆基、沈钧儒、李璜、梁漱溟、章伯钧、张申府、左舜生等组成编委会。②

12月16日，晨，张君劢、蒋梦麟、邵毓麟等人飞昆明，其他代表定日内前往，会齐后一道飞美。后经印度飞美，出席太平洋学会会议。③

出席此次太平洋国际会议，是张君劢毛遂自荐被蒋介石派为代表的。这是张君劢生平第一次游历新大陆。张君劢在1946年6月2日发表《从外交内政两方面解决东北问题方案》一文中有"前年12月14日离开中国时"一段话，由此可知，张君劢自己记得离国去美的时间为12月14日（可能有误）。④

在印停留十余日。其间，拜会了尼赫鲁，并经尼赫鲁引介，与印度政治及学术界进行广泛接触。

12月20日，在《民宪》第1卷第10期上发表《威尔斯氏政治思想

---

① 参见《张伯苓年谱长编》下，人民教育出版社2009年版，第170页。
② 《中国民主同盟六十年》，群言出版社2001年版，第11页。
③ 《新华日报》1944年12月17日中央社讯。
④ 参见中国第二历史档案馆编《中国民主社会党》一书，中国档案出版社1988年版，第103页。

及其近作人权宣言》一文。

12月24日，深夜，抵达纽约。

12月25日，晨，与时在美国访问的张公权相见。

是日晨，张公权正在和八弟嘉铸早餐，张君劢突至。张君劢昨晚抵纽约，以所乘飞机提前到达，故张公权来不及接。

当日的胡适日记载："蒋梦麟、钱端升、张君劢、宁恩承、杨雪竹、吴文藻、邵玉麟诸君自国内飞到。今早相见，甚快慰。"①

当天，他就到书店里去购买"年来所未读之书"，他开列的书单中首列的是汤因比的《历史研究》，书店的老板告诉他《历史研究》在美早已脱销，并答应去信帮他到英国邮购。然而一年后书从伦敦寄到纽约时，他已返国。

12月31日，张君劢、张公权、张嘉铸长谈竟一日，同吃过年饭。

1945年〔民国三十四年 乙酉〕60岁

1月2日，在张公权、张嘉铸陪同下赴华盛顿。

1月3日，张君劢、张公权、张嘉铸同访前驻美大使施肇基，施提及美国一般意见，认为此次行政院改组，尚欠彻底，未能尽如人意。后，与张公权参观布鲁金研究院，先约该院航空问题专家范正宜午饭，饭后由院长摩尔顿博士导引参观各部门。晚，张公权约白伦廷、范宜德、菲克、施肇基与张君劢晚饭，以便张君劢与他们长谈。

1月4日，在张公权的陪同下至美国国务院访格鲁大使。大使殷殷问及共党问题，并谈到中苏关系。认为唯有设法贯彻开罗会议宣言，方可使满洲不致发生问题。

1月6日至17日，参加在美国费吉尼亚州温泉举行的第九次太平洋国际学会年会。会议的议题是战后日本的处置问题。在第一天散会之后，他就向一位朋友表示，想看看美国乡村政治，这位朋友就带他看了一些地方人口登记与土地清丈局及一所地方法院。

会议后，住院检查身体，一切良好。

1月15日，在《民宪》第1卷第11期上发表《国共问题公开报告以后》一文。

1月28日，张公权访泛美航空公司总经理卜莱雅，因为张君劢欲研究纽约州行政，托其介绍访问州长杜威，当承电话介绍。

---

① 《胡适日记》第8册，台北：联经出版社2004年版，第207页。

1月29日，与张公权往听华莱士、罗斯福夫人及工党领袖演讲。

2月1日，在张公权的陪同下，赴纽约州首府阿尔本莱（Albany）访州长杜威，并参观州政府之审核及税务两科。张公权日记云：

> 晨乘火车，陪君劢至纽约州首府阿尔本莱。到后往州长公署，晤州长秘书。兹由秘书引见杜威州长，道明来意。渠云可指定一人陪同参观各部门，并云现忙预算，以州财政近存积余不少，州政府各部门及州议员均想染指，但渠主张应多节储，以备战后复兴之用。随返旅馆休息。二时半，先往审计科，由主任引导先参观各部：（1）审核各市乡帐略组，（2）审核州公署各部门帐略组，该组将全州所得税纳税人之纳税报告表，均一一齐备。兹参观财政税务科。晚约其秘书长拉克武德 Lockwood 晚饭，听其讲述州长办公程序，以及有关州政府之政治情形。并云今日中央政府扩充权限，而地方主张保持地方权限，是为今日最尖锐之争论。

2月2日，在张公权的陪同下，参观纽约州上下两院，州政府法制与预算两科。张公权日记云：

> 上午参观州议会上下两院，及州政府之法制科。该科审核政治、民刑各案之处理，是否合法，为州长最重要之咨询机关。兹参观预算科，先与科长谈该州财政历史。据云二十年前，美国各州收入，亦依赖地租。个人财产亦有借用他人名义者。该科职责在审核州政府各部门所拟预算，平日并研究各项开支是否可能节省。有审核员若干人，研究员若干人。参观毕，科长包顿 Burton 约往午饭，又详谈。饭后乘火车返纽约。车行约四小时。

晚，与张公权赴华美协进社晚饭。饭后张君劢向该社主办之建国学术讨论会政治组会员演讲国内政治情形。

2月16日，与吴文藻一起拜会了麦几乎。

麦几乎，20世纪美国著名的政治学家和社会学家。麦几乎认为，民主本身只是一种政治形式，而不是一种经济制度。他不赞成将民主与任何形式的经济改革和经济形式发生直接联系，认为在民主制度下，人民无论是选择集体主义经济还是不选择集体经济，都不失为民主，而通常与集体主义等同起来的"经济民主"，则是一个错误的名称。在张君劢记录的双方问答的要点中,麦几孚告诉张君劢,民主就是人民之同意,民主只有一种,不能分之为二——如所谓经济民主和政治民主之分。①

2月20日,与张公权赴普林斯顿(Princeton),访爱因斯坦Albert Einstein。张公权日记云:

> 与君劢哥乘上午九时二十分火车同往普林斯顿。晤方善桂兄,由渠道引,于十一时半,访艾因斯坦。见其坐在狭小之公事房,只木桌一张,木椅二只,桌上空无所有。仅纸一张,铅笔一支。知其每日到公事房,即思索工程式。或有研究员向其询取意见。脚穿不结鞋带之皮鞋。每日回家,途遇小孩,即与玩笑。在家时,喜玩奏小提琴乐器。我与君劢久慕其名,今日见到,实一快事。

2月21日,下午五时,与张公权离普林斯顿,返纽约。
2月23日,与张公权同赴华盛顿。
3月10日,在《民宪》第1卷第12期上发表《法国人权协会之人权宣言》一文。
3月14日,在张公权的陪同下往访美国明尼苏达州众议院议员周以德Walter Judd。
是日,夫人王世瑛在重庆逝世。黄炎培日记载:

> 15日,星期四,雨 张君劢夫人因产后去世,往唁之。
> 18日,星期日,阴微雨,君劢于役美洲,其德配之夫人(世瑛)殁于产褥,诗以悼之。②

是日,晚,王世杰与熊式辉商议,应否邀请李璜和张君劢加入中国参加旧金山会议代表团,请示蒋介石,蒋表示同意,但蒋介石提出:"参加时不得附任何条件"。第二天,早晨,李璜电话回答:"须视其同党及他党之态度"。③

3月16日,张公权接张肖梅来电,得知张君劢夫人(王世瑛)因生产病逝的消息。张公权日记云:"纽约转来八弟媳肖梅自重庆来电,报告

---

① 参见《张君劢日记手稿》(未刊稿)。
② 《黄炎培日记》第9卷,华文出版社2008年版,第22—23页。
③ 台湾"中研院"近代史研究所编印:《王世杰日记》(手稿本)第5册,1990年,第48页。

君劢夫人因生产时，心脏太弱，病故。婴儿因先天不足，出世后二日即夭折。君劢正在国外研究民主政治组织，兴高采烈之际，不敢即告，免使悲悼，伤及健康。人生五十以后，不如意事，往往接踵而至，吾辈岂能例外。"

3月21日，美国上议院议员布鲁斯特 Owen Brewster 约张公权午饭。张公权为张君劢介见共和党领袖马丁 Joseph Martin。据告：明年美国参众两院将组织视察团赴菲律宾，渠拟顺道至中国一游。张君劢即席表示欢迎。

3月24日，美国时代杂志主人亨利·鲁斯约张君劢、张公权茶叙。张公权日记：

渠告我辈云，向来彼之杂志拥护中国，近来颇受各方批评。兹欲检讨今后立言方针，特征求吾辈意见。当告以彼既系中国之友，如作善意的忠告，中国方面极愿接受，不必顾忌。

3月25日，张公权把张君劢夫人去世的噩耗函告张君劢。

3月26日，国防最高委员会会议上，通过了包括张君劢在内的十名出席旧金山联合国制宪会议的人选名单。第二天，中华民国行政院公布名单，宋子文为首席代表，顾维钧、王宠惠、魏道明、胡适、吴贻芳、李璜（青年党）、张君劢（国社党）、董必武（共产党）、胡霖为代表，施肇基为高等顾问。

4月2日，张公权赴洛克菲勒基金会，访其政治社会系主任威理芝 Joseph Willits 及其同事伊文思 Roger Evans，为张君劢拟办一民主政治研究所，请其与以财力协助。

4月7日，张君劢、顾维钧、魏道明、王宠惠、胡适、董必武、吴贻芳、李璜、胡霖等人组成的中国代表团（张君劢时在美国，董必武4月12日离重庆）在宋子文率领下离重庆飞印转赴美国旧金山。

4月12日，在华府拜见不久前来美的顾维钧，向顾出示一份准备拍发给蒋介石促其与中共和谈的电报稿。张君劢向顾表示他不相信两年后（两年之内？）能实现宪政。在这两年中，中国的国际问题，特别是对苏关系问题很棘手。如果俄国人参战，而中共又与苏俄采取联合行动，则局势将变得非常难于处理。①

---

① 《顾维钧回忆录》第5册，中华书局2013年版，第463页。

4月13日，致函张公权，告将民主政治研究所改名社会科学研究院。

4月14日，约胡适、陈辉德、晏阳初、卢作孚、李铭、李光前、王志莘诸人为社会科学院发起人，宣告正式成立。

4月15日，出席顾维钧举办的欢迎出席旧金山会议的中国代表团新来代表的午宴。吴贻芳、李璜、胡世泽、刘锴、吴经雄、杜建时、张忠绂等一同出席。顾维钧把中国代表团组织方案和代表、顾问以及专家的分工作扼要介绍。张君劢、胡适、吴经雄都主张在各自分工范围内可根据自愿接见记者但不得有违政府的总方针。顾维钧表示，这个代表团的组成真正具有代表全中国性质，他敦促大家在会上要立戒有损这一令誉的言行。张君劢坚持所有提案在未向大会提出前必须在代表团内进行公开而深入的讨论，顾维钧表示完全赞同①。

4月17日，出席顾维钧召集的全体代表、专家和顾问会议。

4月19日，出席顾维钧召集由专家、顾问和代表约二十四人参加的会议，会议集中讨论中国应否同意定期修改宪章的问题。晚，张公权陪同赴魏道明大使处晚饭。

4月20日，张公权陪同赴美国国务院访菲克，谈社会科学院宗旨，及拟在美成立分院。菲氏表示同意，但主张先在中国成立总院，再来美国募款，设立分院。

与张公权赴施肇基处午饭，请其担任社会科学研究院董事及纽约分院董事，均获同意。施氏席间提及旧金山和会我国代表团组织，有各党各派代表，完全由罗斯福总统一电之力。

晚，和张公权同晚餐，饭后，乘火车赴旧金山，出席联合国制宪会议。

4月23日，国民政府公布第四届国民参政会参政员名单，依照《国民参政会组织条例》第三条丁项张君劢被遴选为本届参政员。②

4月24日，下午，出席旧金山市华侨为中国代表团举行的欢迎会。

4月25日，在《民宪》第2卷第1期上发表《邱吉尔民主政治标准七事释义》一文。

是日，下午四时半，联合国国际组织会议在美国旧金山歌剧院开幕。出席会议的有50个国家282名代表。中国代表团全体成员参加了开幕式。

会议期间，被选定为联合国宪章大会组织委员。据张君劢的英文秘书

---

① 《顾维钧回忆录》第5册，中华书局2013年版，第466页。
② 《新华日报》1945年4月24日。

刘毓棠回忆说：

"我觉得君劢先生最大的贡献，是他替中国代表团提出了一个备忘录，提出国际教育科学文化组织的必要，于是有后来'联合国教育科学文化组织（UNESCO）'之成立，这一机构设在巴黎。这无疑是我国在旧金山会议伟大贡献之一。"①

会议期间，张君劢与民主宪政党领导人李大明举行过几次谈判，双方达成了一些共识。后来李大明与洪门致公党领袖司徒美堂同行归国，与张君劢"重提旧议便完成了合并的工作"。

大会期间拜访捷克创立人多玛·马萨烈克之子约翰·马萨烈克于旅社，略谈捷克如何恢复。②

张君劢在会外活动中，特别支持亚洲印度与朝鲜的独立运动。时印度尼赫鲁之妹班弟脱夫人要求印度独立，在旧金山举行对英示威集会，约张君劢前往演讲，我国代表团以不愿得罪英国之故，而予以阻挠，张君劢不理，毅然前往。在会中之发言曰："大英帝国集团，为民主国之结合，如加拿大、澳洲、南非各有宪法各皆独立。我相信不久之将来，印度必将步加澳之后为集团一员。"对于朝鲜脱离日本独立一事，张君劢尤为之力争。因之，李承晚于韩国独立之日，特致函张君劢曰："此函为永久不变之请柬，至于行期，请自行决定。"

大会闭会后，他也没有立即回国，而是移居华盛顿，通过中国驻美大使魏道明，拜访了美国总统杜鲁门。他对杜鲁门说，想研究美国宪法。杜鲁门就在国会里拨了一间房子给他，又指定秘书一人，陪他去国会中各委员会旁听，并提供资料，供他研究。

5月1日，出席中国代表团举行的记者招待会。全体中国代表都登台，但按照事前的约定，只由顾维钧和宋子文二人回答问题。到会记者约五六百人，整个会场情景动人，气氛轻松自然③。

6月26日，作为中国代表团成员出席联合国宪章签字仪式。晚，出席旧金山会议闭幕式。

7月6日，通过张欣海先生的介绍，与李璜同赴在美国加州洛杉矶寓居的杜仑先生所设晚宴。杜为哲学家，曾著《世界六大思想家》一书，

---

① 刘毓棠：《两次协助君劢先生英文工作的追忆》，《传记文学》第28卷第3期。
② 张君劢：《捷克新政纲及其与苏联相安之局势》，1968年7月1日《自由钟》（美国）第4卷第5期。
③ 《顾维钧回忆录》第5册，中华书局2013年版，第477页。

译为中文，甚流行。是晚到者有小说家、社会科学家、日报专栏作者共二十余人，群以中国客人为发问目标，使李璜与张君劢大有"舌战群儒"之概。

7月7日至20日，第四届国民参政会一次会议在重庆举行。中共参政员拒绝出席此次会议，其他方面也有很多人未出席。张君劢当时在美，未出席本次大会。但在20日下午举行的大会第十九次会议上被选举为本次会议休会期间驻会委员。

8月13日，与张公权再次相见。张公权刚从波士顿返回纽约。

8月16日，与张公权飞抵加拿大蒙特芮Montreal，住温莎Windsor旅馆。张公权赴加拿大参加国际民航会议。

8月23日，与张公权乘火车赴加拿大首都渥太华Ottawa，中华民国驻加大使刘锴与中国银行纽约经理处前经理夏屏方来接。在大使馆晚饭。

9月3日，张公权乘火车抵华盛顿，张君劢到站迎接，同午餐。

9月10日，在华盛顿与李璜相晤，共同参观国会图书馆，在其咖啡馆午饭后，畅谈别后两月游历所见。张君劢正读了海耶克的《到奴役之路》，这本出版不久行销甚好的书。于是向李璜提出社会主义是否与民主政治相容的问题来讨论。

是日，在《再生半月刊》革新版第4期（总第103期）上发表《国际政治与国内政治之相互关系》一文。

9月15日，致书胡适，文曰：

> 适之吾兄：金山别后，彼此各自东西，颇以不克倾谭为恨。乃闻重民言，重庆《新华日报》上载我与李璜介绍公入民主同盟之谣，岂徒被介绍人绝无所闻，而介绍人自身亦觉此等消息来自天外。弟自问年来常以为必由政党一路方能达到民主。至兄则明明为民主之友，然而不肯从政党下手。弟知公之立场，从未一谭民主同盟之内容，即以此故。然国共谭判，弟望其早日成立，免得内战，想公亦同此意也。幼椿正在纽海，闻住Edison Hotel，盼公不介意此项谣言，仍约之一谭为幸。即此，祗顺。著安。弟张君劢 九月十五日 华盛顿国会图书馆。①

---

① 中国社会科学院近代史所中华民国史研究室编：《胡适来往书信选》下，社会科学文献出版社2013年版，第844页。

10月1日至12日，中国民主同盟在重庆上清寺特园召开临时全国代表大会（即民盟第一次全国代表大会），历时12天。张君劢因在美国，未出席会议。被选为中央常务委员和国际关系委员会主任。

10月30日，《文萃》杂志第4期上转载张君劢《国际政治与国内战争之相互关系》一文。

12月21日，午后，中国民主同盟中央常务委员会举行会议，张君劢、张澜、梁漱溟、黄炎培、张东荪、沈钧儒、张申府、罗隆基、章伯钧被追认为民主同盟出席政治协商会议的代表。①

12月30日，由伦敦飞抵巴黎，晚间，参加中国驻法大使馆举行的元旦晚会。在法国，停留十天，会晤了法共领导丁隆和杜威勒斯。他们对张君劢说：法国的军事工业，限期完成是不成问题的，他们除了自己保护自己外，还要尽世界安全之责，法共已参加政府，他们是可负责说这种话的。他们现在内部团结，宪法即将完成，在新宪大纲中所争执的也是一院、两院制，以及总统职权大小问题，一切行政都比中国有效率，国际地位早已提高。

1946年〔民国三十五年丙戌〕61岁

1月6日，国民政府公布政治协商会议全体参会人员名单。张君劢以民盟代表资格入选。

1月9日，在法国得政府电，谓政治协商会议即开，速返国。

1月10日，政治协商会议在重庆国府礼堂开幕，张君劢缺席，时在法国。

1月11日，自法国乘飞机归国。

1月14日，政治协商会议开第四次会议。会议结束前，秘书长雷震宣读五个小组委员会之名单。张君劢被分到宪法草案组。

1月15日，四点，由上海飞抵昆明，该机原定由上海直飞重庆，因天气不好，改飞到昆明机场降落。

1月16日，下午，由昆明飞抵重庆。

是日上午，在政治协商会议第六次大会上，张澜领衔与民盟代表张君劢、梁漱溟、张东荪、黄炎培、罗隆基、章伯钧、张申府等九人代表中国民主同盟提出《关于实现军队国家化并大量裁兵案》。

1月17日，下午三点，首次出席会议，当雷震秘书长宣告他已经到

---

① 《黄炎培日记》第9卷，华文出版社2008年版，第109页。

会出席时，全场响起热烈的掌声。①

是日下午举行第七次大会。主席为孙科，讨论的议程为国民大会问题。国民党代表提出四项关于国民大会之意见，由张厉生首先说明。发言者有章伯钧、邓颖超、张君劢等，非常踊跃。张君劢发言说：国大是一政治问题，只有把这中心问题把握住了才能求得解决。当前最大事实是民主与非民主的起点。应把握目前，不要只讲信用，不要拿法统来谈，这不是要推翻政府，而是使大家满意，这就是中心事实。如果要讲法统，政治协商会议就没法开，就是因为事实需要才开。望大家以此态度来解决问题，不要拿起枝枝节节问题，觉得这不能做那也不能做，这就不能解决问题。② 会议至七时始散。

1月18日，政治协商会议第八次会议席间，各方辩论白热化。张厉生发言，建议各党派及无党派方面，各推一人对于四大问题做一通盘考虑，使之趋于一致，对于尚待协商之问题，做更具体、更积极之商量。张在发言之际，张君劢起而干涉，称张发言超出议题范围，经主席解释，张厉生复续完其辞。曾琦发言时，张君劢复起而请主席对发言超出范围者，予以制止。主席答复此非国会，乃政治协商会议，有话均可自由说，你刚回来，尚不清楚。张君劢复坐后，主席请曾琦继续发言。③

1月19日，夜，同盟会开常会，张君劢报告海外情形。

1月21日，上午九时，出席参政会驻会委员会第十四次会议，会议请教育部部长朱家骅报告最近教育行政设施暨收复区学校情况及处理情形。出席会议的有主席团成员、参政员和驻会委员。

夜，民盟同人会商，张君劢提出对于宪草新意见。

1月23日，下午7时半，出席蒋介石在国民政府礼堂举行的宴请政治协商会议全体会员的宴会。莫德惠、王云五、张君劢等三十五人出席。

1月27日，政协会议大部分会员、各党派、无党派、社会贤达代表，和文化事业界代表共四百余人为张君劢庆祝60岁寿辰。事前，民主人士发起祝寿，张君劢一再坚辞，只允许在原定地点时间，自备茶点，原有每人聚餐费二千元，都捐作救济难民之用。祝寿会由沈钧儒主席，张东荪、王宠惠、孔祥熙、曾琦、董必武、邵力子、谢冰心等相继发表简短演说，对君劢先生毕生为民主奋斗，以及这次政协会议中对于修改五五宪草的贡

---

① 《时事新报》1946年1月27日。
② 《新华日报》1946年1月18日。
③ 《申报》1946年1月21日讯。

献，大家都很推崇。对于君劢先生的好学不倦精神，亦加以赞扬。君劢先生答词，表示：目前中国民主已有曙光。愿再活四十年，做二十年事，读二十年书。茶会由四时起至六时始散。周恩来赠送寿文"民主之寿"，蒋介石赠送的寿文为"寿人寿事"。①

是日，上午十时，民主建国会主办的第三次演讲会在沧白纪念堂举行，听众千余人，张厉生、周恩来因故未到。张君劢一人演讲政协已获协议的宪法草案各项原则。

是日，张澜、梁漱溟、章伯钧、张君劢、黄炎培、张申府、张东荪、沈钧儒、罗隆基致政府函：

"同人等一向要求保障人民自由，计在政协会议中恳切表示，历有多次。……此外同人等分别向政府代表诸公私下促问者更不仅一次。政府代表诸公莫不以正在办理中相安慰，顾迄今协商会议，将届竣事，仍未见明白宣布。日昨有无端收查黄会长炎培住宅之事发生，同人等实深惶惑，除已联名函陈蒋主席，静候宣示办理情形外，佥认为暂时不能出席（小组会及大会）。此致雪艇先生。"此信登载在 1946 年 1 月 28 日《新华日报》上。

1 月 31 日，出席政协闭幕式并讲话。下午六时半，政治协商会议在国府礼堂举行第十次会议。蒋介石亲临主持，讨论各分组委员会报告，全部获得一致通过。各分组委员会报告通过后，蒋介石致闭幕词。随后，中共代表周恩来，民盟代表张君劢，青年党代表曾琦，无党派代表莫德惠相继致辞。张君劢在致辞中说：

> 本人此次自海外归来，深切知道国际方面期望中国和平统一很切。要知道中国自身负有治国的义务，一个国家在国际上的第一种责任，是先把自身整理好，保持和平与秩序，然后在国际上成为有能力的份子。如自己不能整理好，天天内乱，如何在国际上尽其应尽的义务。此次协商会已走上和平统一之路，以后不至有内乱，不至内战，这是中华民国最光明的一条大道。国家的事情的解决方式，不外二种：（一）武力，（二）和平。民主同盟方面极希望和平，就是希望走第二条路。民主政治的实现，不是一天可以完成的，所以以后大家觉得有一二件事情，一二个问题对于民主精神似有出入，这是无妨的。我们相信要走上民主阶段，首先要保持和平，以逐渐改良方法，

---

① 《新华日报》1946 年 1 月 25 日、27 日、28 日。

求得民意的实现,这样办法才会逐渐走上民主之路。千万不要因为一二件事情失败,就认为民主与自由的失败,这种看法是很危险的。我们对民主的信仰要彻底,要全盘的,惟有本政治解决,改良法律,才会使民主政治的基础确定。主席说民主政治须要善良风气,善良风气的养成,第一,使人民衣食丰足。第二,有礼义廉耻,有了礼义廉耻,政治自然走上轨道。如果天天用武力,内乱不止,人民衣食更为困难,衣食不足,礼义廉耻也就无从实现。所以我们要和平,和平之后才可以统一,才可以民主,此次政治协商会议给大家无尚安慰,就是有了和平以后,自然可以民主,不用武力,自然能采用法律解决,或政治解决途径。此次协商会议成功,既以和平解决,统一与团结的效果,自随之而来,走上政治的路线,亦自在其中。所以这一次种种协议,我们民主同盟不论在朝在野自愿竭诚拥护的。

2月1日,在接受记者采访时表示:能和平,就是一个很大的成就。能和平,就会得到国际上的尊重;才能谈到生产和全国建设;才能谈一切法制和民主。中国必须有十年、八年的修养生息,中国人的生活实在是太苦了。现在其他国家都在研究如何吃得好,他们的主要食品是牛奶、肉类和水果,面饭都是次等食品,而我们连饭都吃不饱,因此我们是要和平,要在和平中建设。[①]

是日,在星期五聚餐会上做演讲。张君劢根据他参加联合国大会时期观察的结果,认为大国否决权问题是基于1939年苏联被英美势力挤出旧国联的事件而提出的。而在联合国大会中又为一中心问题,因一切争论莫不涉及此问题。他认为苏联与新国联的合作是有诚意的,但并不同意重建危险地带,成立西欧集团和利用小国来和苏联捣乱的一套老主意。此外,张君劢还分析了五外长会议失败及苏联参加远东委员会的原因。他提醒大家说,我们要能"自治其国",更要能"善治其国",这样中国才能站立起来。假如我们国内不能和平,还在内战,那将是一个乱国,这种情形不仅国内人民不允许,即世界各国也不能允许,因此,我们一定要在这二次世界大战和平以后的一二十年期间努力自强起来。如自己再乱,纵使中国是有着四千多年的悠久历史,亦难取得国际上对我国的重视。[②]

是日,《民主日报》正式发刊。发行人张澜,社长罗隆基,社论委员

[①] 《新华日报》1946年2月2日。

[②] 同上。

张君劢、罗隆基、张东荪、梁漱溟、郭沫若、马寅初、章伯钧、桃杏芝、张申府、邓初民、马哲民、周琼文、孙宝毅。

2月6日，政治协商会议审议宪草人选确定。

政治协商会议宪法草案审议委员会由各方面推定代表及公推会外专家共35人组成。国民党方面：孙科、王宠惠、王世杰、邵力子、陈布雷；共产党方面：周恩来、董必武、吴玉章、秦邦宪、何思敬。民主同盟方面：张君劢、黄炎培、沈钧儒、章伯钧、罗隆基；青年党方面：曾奇、陈启天、余家菊、杨永浚、常乃德；无党派人士：傅斯年、王云五、胡霖、莫德惠、缪嘉铭；会外专家是吴尚鹰、林彬、戴修骏、史尚宽、楼桐荪、吴经熊、周览、李中襄、钱端升、周炳琳。蒋介石指定孙科为召集人。

2月7日，与蒋介石、王世杰、蒋经国、张嘉璈、翁文灏等，讨论与苏联在东北合办工业方案，决定对苏联希望合办鞍山、鹤岗煤矿事表示同意，具体方案由翁文灏拟定。①

2月9日，在中央大学做《政治协商会议修改五五宪草的原则》的演讲：

"首先谈总的原则：我们要不要民主是一个先决条件，但民主的先决条件，是把一个人当作人。我们所依据的原则是民主原则，民主须相信平民，民主政治之目的是在谋人民的福利。""宪法问题，拆穿了讲就是权力与自由问题。一方面是政府的权责，一方面是人民的自由，两方面处置得当，再加上国情和时代精神，就是一部好宪法。"具体的修改原则：第一，"四权由全国人民直接行使，国民大会职务散之于全国人民，国民大会实际上就是全国公民。"第二，"立法院为国家最高立法机关，由选民直接选举之，其职权相当于各民主国家之议会。"第三，"监察院为国家最高监察机关，由各省议会及各民族自治区议会选举之，其职权为行使同意弹劾及监察权。"第四，行政权，既不采用总统制，也不采用内阁制，在二者中间求一条出路。第五，"司法院即为国家最高法院，不兼管司法行政，由大法官若干组成，各级法官须超于党派之外。"第六，"采用委员制，主要着重于公务人员和专业人员考试。"②

2月10日，与沈钧儒、陈启天、周恩来、董必武、王若飞、李烛尘、梁漱溟、章伯钧、罗隆基、张申府等政协代表为校场口案紧急磋商，推周恩来面见蒋介石，蒋不见，于是致函蒋介石，信于翌日早晨送出。蒋于翌

---

① 姚崧龄编著：《张公权年谱初稿》上册，传记文学社1982年版，第657页。
② 此演讲稿登刊于1946年3月25日出版的《再生周刊》第105期上。

日飞抵上海。

2月14日,出席宪草审议委员会第一次会议。

宪草审议委员会今日上午假国府举行首次会议,讨论会议程序及国大问题,将连日举行大会若干次,讨论专题,然后分组研讨,并成立协商小组,做综合之协商。到会委员及专家有陈布雷、林彬、王云五、莫德惠、戴修骏、吴尚鹰、李中襄、张君劢、周丙琳、史尚宽、孙科、曾琦、余家菊、王世杰、邵力子、董必武、秦邦宪、何思敬、吴经熊、陈启天、周恩来、傅斯年、章伯钧等二十四人,由孙科担任主席。

2月15日,上午九时,参加宪草审议委员会第二次会议。会议的议题是讨论国大问题。张君劢发言：孙中山先生主张主权属于人民全体,但四种政权,事实上不能由人民直接行使,然与其由国民大会行使,毋宁由县省中央各级议会交较多多数人行使,更为实际。他反对将国大有形化并扩大其对政府的监督权,他认为这样会使行政院对国大与立法院负双重责任。①

2月16日,上午九时二十分,参加宪草审议委员会第三次会议,讨论中央政制问题。发言说：政府要有权,但人民亦须有监督权。英国议会非议员不能做阁员,内阁实际是议员委员会,在实行议会制度的国家中,英国政治最为安定。在我国宪法中须注重多党合作之办法。下午,参加宪草审议会第四次会议,会议继续讨论中央政制问题。②

2月18日,下午三时至六时半,宪草审议委员会举行第五次会议,讨论地方制度等宪法问题,多不主张有省宪。张君劢出席会议,在会中发言,主张地方之权限应予扩充,如教育、卫生、水利等专业均应任其举办。③

是日,乘飞机抵达上海。

2月23日,黄炎培等访张君劢,偕张君劢、沈钧儒、彭一湖联合发表对时局的主张,文曰：

> 炎培等先后自渝来沪,各方友好纷纷问及国内及国际最近情形,未及一一偏答。我等意见：(一)我人主张用全力保护我国一切主权,不能超过中苏友好协约之规定,使权益上有所损害。(二)我人

---

① 《新华日报》1946年2月16日。
② 《新华日报》1946年2月17日。
③ 《大公报》1946年2月21日,载中央社重庆18日电。

主张应继续要求苏联依照约定撤兵。（三）我人主张东北一切内部纠纷，应依政治方式协商解决。（四）我人对任何方面反对以中国人打中国人。①

3月2日，晨，抵达北京，住汤铸新（汤芗铭）处。午后，邓之诚等来访。

3月3日，十时许，在汤铸新（汤芗铭）住所（北平），与来访者邓之诚谈话（时任燕京大学教授），饭后谈三事：一、管理日本事；二、华北工业；三、汤铸新出山。

3月4日，邓之诚派高名凯入城请张君劢来校作演讲。是日做《吾国政党发展之回顾与吾党之将来》的演讲。

3月5日，十时半，与汤铸新（汤芗铭）自城中去燕京大学访邓之诚，邓之城与张君劢等过临湖轩，与陆志韦、洪煨莲谈至十二时始散。

3月6日，自北平飞渝。

3月10日，与弟公权、顾维钧共进午餐。公权向顾维钧讲述了他与苏联马林诺夫斯基元帅在东北进行谈判的情况。②

3月14日，下午六时，出席政治协商会议之综合委员会及宪草审议委员会之协商小组在国民政府举行的联合会议。

3月15日，下午八时至十一时，出席政治协商会议之综合委员会及宪草审议委员会协商小组在国民政府举行的第二次联合会议。

3月16日，与周恩来、董必武等联名致信孙科。曰：

> 哲生先生惠鉴：昨晚宪草审议会协商小组开会所获之协议案，曾经秘书长宣讲，又经各会员修正后，成为决议草案。乃今日报载中央社所发表昨晚之协议案，各条均与原案不符，不胜骇异。第一点，昨晚协议者乃国民大会为有形国民大会，今日报上所宣布者无端加一"应"字，此不同者一。第二点昨晚协议案并未谈及国民大会之职权、组织等等，今日报上宣布者竟将职权加入条文内，此不同者二。至并颂公绥。

此信登载于1946年3月17日《新华日报》。写信前，他们已经函告

---

① 《黄炎培日记》第9卷，华文出版社2008年版，第127—128页。
② 《顾维钧回忆录》第5册，中华书局2013年版，第614页。

政协秘书处，属其负责通知中央社及各报馆予以更正。雷震3月17日回复一信，称这一错误纯属技术错误，并称责任在己。

3月19日，上午九时，出席宪草审议会第七次会议。

是日，到参政会办理报到手续。该日为参政会报到的最后一日。

3月20日，出席第四届国民参政会第二次会议开幕式。

上午九时，会议在重庆国民政府军事委员会礼堂开幕，出席参政员一百九十九人。此次大会共开二十一次会议，历二星期，4月2日，下午七时第二十一次会议结束，大会闭幕。

3月25日，九时，民盟国大代表提名小组在鲜宅开会，张澜、沈钧儒、章伯钧、梁漱溟、周新民、张君劢、黄炎培等出席。黄炎培提出名单。夜，在鲜宅继续开小组会议，商国大代表问题。

3月28日，做《廿余年来世界政朝激荡中我们的立场》的演讲，由杨毓滋记录整理，在4月15日出版的《再生周刊》第108期上发表。演讲中，他讲道：

> 民国十二年后，世界潮流天天在以上六种主义激荡之中（国际主义与国家主义、民主政治与独裁政治、资本主义与社会主义），我们的立场如何，可以说我们在国际主义日渐抬头之时，始终没有放弃国家本位，此为第一点。我从读书时起，一直看重英美式民主政治，这种政治是以尊重人民权利为基础的，而以选举方法表示民意，始终觉得值得爱护。……一贯反对独裁，此是第二点。关于资本主义与社会主义的对立中，我们从不敢明目张胆的袒护资本主义，但也无法说出社会主义实现之具体计划。……可以说在民主政治下实现社会主义不是乌托邦的理想，而成为议会桌上的法案。

是日，下午三时，参加政协综合小组会议。

3月29日，晚，与顾维钧谈话，将各党派谈判的情况告诉顾维钧。张君劢说刚刚达成的政治协议有可能履行。民主同盟已与共产党取得一致意见，为两党共取得和保持十四个席位，他认为最困难的是如何在分配这些席位上使青年党满意。在宪法问题悬而未决的情况下，政府的改组不会在4月份以前实行，因为中共不愿意参加。解决宪法的争端，至少需要三周时间。张君劢对于宋子文的态度感到非常意外，他无法理解宋在这些政治问题上为什么很少参与和兴趣索然。张君劢说在东北问题上贻误时机，是由于张治中的离去。周恩来之返重庆是由于马歇尔去电敦促，为什么一项纯属中国内政的问题，我们中国人自己不能解决，而要靠马歇尔斡旋。①

是日，在《大公报》上发表《对五五宪草修改原则疑难之解答》一文。

4月1日，在《再生周刊》第106期上发表《间接方式之直接民权——国大问题》一文。

4月2日，在第四届国民参政会第二次大会第十次会议上，当选为参政会休会期间驻会委员。

4月5日，上午九时，参加政治协商会议综合小组商讨均权制度之特别小组会议。

4月6日，上午九时，参加政治协商会议综合小组及宪草审议会协商小组会议。

4月8日，张君劢、沈钧儒、张澜、罗隆基、张申府等与周恩来商谈东北问题，认为东北军事冲突扩大是国民党一手造成的，一致反对国民党坚持以武力独霸东北，故意拖延军调部东北各小组工作的进行。②

4月9日，上午九时，参加政协综合小组及宪草审议委员会协商小组联合会议。

4月10日，下午五时，民主同盟政协代表张澜、张君劢、沈钧儒、章伯钧、张申府、罗隆基在特园鲜宅，约请国民党及共产党两方出席政协代表，交换解决东北问题意见。国民党方面到者孙科、邵力子、王宠惠、张群、吴铁诚、张厉生六人，共产党方面到者周恩来、邓颖超、陆定一、吴玉章四人。此外军政部长陈诚，因参加军事三人小组，亦被约参加。最初由陈诚、周恩来两人说明三人小组最近商谈之经过重要争点，仍然在停止军事冲突问题。政府方面认定中央军队有接收主权领土之责任。根据中苏条约，在苏军撤退时，长春至哈尔滨铁路，各地由中央军队前往接收，中途如遇阻碍，自然以军事解决。中共则认定根据3月27日三人小组签订之协定，应由执行小组前往协商接收办法。如此，则应首先停止军事冲突，以便一切事在和平协商中解决。换言之，政府立场，认为一切事必在接收后再谈，在接收上遇有阻碍，必用武力解决。中共认为停止冲突后，接收事都可在和平中商讨。民盟张澜主席发言，认为国家今天再不能有内

---

① 《顾维钧回忆录》第5册，中华书局2013年版，第626—628页。
② 李勇、张仲田：《统一战线大事记——解放战争时期统一战线》，中国经济出版社1988年版，第143页。

战，国共两方，亦必互信互谅。政府今日所进行者为接收领土，亦系担负政府的责任。但中共在东北有他们实际上之力量存在，此亦事实。为求问题顺利解决，政府似亦不必抹杀现实。从远处来看，政府必完成接收工作，而中共实际力量，亦必受政治上之承认。此为将来必定之结果。与其经过流血而得此结果，又何妨在互信互谅的和平方案中，得到同样结果，以避免百姓之牺牲。民盟提出折中调解方案三点：（一）中共军队先退出沈阳至长春沿铁路线各地，使中央军队可以顺利到长春。（二）中央军暂行停止前进五天，俾中共军队有时间退出铁路沿线，以避免冲突。在五天以内，用协商方式，谋取全盘解决。（三）在中央军接收长春以后，双方再进行政治谈判，将东北问题、政治问题，依据整军方案及政协会决议，谋取全盘解决。上项方案，政府方面未能同意。政府方面，坚持继续进兵接收。聚谈未能得到圆满解决。

4月13日，与张澜等代表中国民主同盟致电毛泽东和中共中央，对王若飞、秦邦宪、叶挺、邓发、黄齐生、李少华诸先生乘专机赴延安失事不幸殉难，表示哀悼。

下午三时，出席在国府会议室举行的政协综合小组会议。

4月15日，下午四时，出席蒋介石在国民政府举行的约请政协会议综合小组会员茶会，并发表讲话。

4月16日，下午二时，政协宪草修正条文起草小组开会，孙科、王世杰、王宠惠、吴经熊、周恩来、张君劢、陈启天、傅斯年、王云五等参加，孙科主席。会中以张君劢所提之宪法草案及五五宪草为研讨根据，结果由总则至人民权利数章，获口头之初步协议。"中华民国为三民主义共和国"将改为"中华民国为基于三民主义之民有民治民享之共和国"，及人民自由权利"依法得保障之"中之依法字样应删去，使具积极保障人民自由权利之意义。①

4月19日，出席陪都各界追悼王秦叶邓黄诸先生大会。追悼会于上午九时在青年馆隆重举行，大会由张澜主祭，孙科、罗隆基、王云五等致辞，周恩来报告烈士生平事迹。张君劢是追悼大会的发起人之一，是日参加追悼会，并和蒋匀田、张东荪一同赠送挽联，挽联曰："民主大纛仗撑持砥柱中流救国功勋昭百世；专制逆潮犹泛滥鸡鸣如晦伤心风雨失同舟。"②

---

① 《大公报》1946年4月19日，载重庆十八日专电。
② 《新华日报》1946年4月20日。

4月20日，在《再生周刊》第109期发表《吾国政党发展之回顾与吾党之将来》一文。

4月24日，下午四时，蒋介石邀政治协商会议综合小组各党派代表及社会贤达在国民政府再度举行茶会，宣布原定本年五月五日召开之国民大会因实际困难，将延期举行。同时并盼各方对于协商工作加速进行，以期国民大会早日召开。茶会至五时许始散。应邀到会代表有孙科、吴铁城、王宠惠、莫德惠、王云五、王世杰、张君劢、张厉生、张群、周恩来、董必武、章伯钧、陈启天、曾琦、邵力子、罗隆基、陈立夫、傅斯年、及吴文官长鼎昌，雷震秘书长等二十人。

下午五时至七时，参加第三方面政协代表商讨和平解决东北问题会议。并报告下午四时蒋介石茶话会招待政协综合小组经过，续由梁漱溟、杨叔明、莫德惠等分别发言。

4月25日，上午十时至十一时半，和罗隆基应约与马歇尔将军就东北问题交换意见。

4月26日，上午十时，与罗隆基赴怡园与马歇尔会谈。是日，罗隆基、张君劢等分别会晤邵力子、周恩来，以迅速求得由第三方面所拟之调停折中方案之为各方接受。

是日，张君劢、郭沫若、沈钧儒等六十六位先生特致函陈瑾昆、江绍原教授及受伤诸先生，表示沉痛的慰问，并紧急呼吁保障人权，严惩凶手，解散特务组织。原函如下：

> 北平陈瑾昆、江绍原教授及同时受伤诸先生公鉴：二十一日北平特务暴徒捣乱国大问题讲演会场，先生等被殴受伤，并闻伤及美新闻处长福斯特氏，蹂躏人权，丧失国格，莫此为甚。溯自政治协商闭幕以还，国民党内反动分子企图破坏民主协议，一面唆使特务暴徒，假借民意，四处捣乱，一面复控制宣传机关，封锁消息，颠倒黑白。国际友人不明真相，每易受其蒙蔽。今福氏被殴，良足同情，而特务暴徒之疯狂气焰，尤属明如观火，事态已恶化至此，如不急谋拯救，为害必更有不堪设想者。同人等愤愕之余，仅以至诚表示慰问，并愿借此机会，向全国人民作急切呼吁。人民乃国家之主人，务须督促政府实践人权自由诺言，忠实执行政协决议，彻查并严惩屡次暴行之祸首，肃清一切特务组织及反动分子，以昭大信于世界。民主前途，庶

其有豸也。临电切望继续努力，共挽狂澜。①

4月27日，上午十时，应马歇尔之约，与罗隆基一同与马歇尔会谈。

续商由第三方面政协代表提出可能使政府与中共双方易于接受之东北问题折中方案。

晚间，与罗隆基一起访周恩来，希望促成政府与中共对东北问题意见接近而订立一新的停战方案。

4月28日，张君劢、罗隆基应约会晤马歇尔将军，提出五项办法，请马歇尔与蒋介石商议。

4月29日，晚，与罗隆基访周恩来，携带民主同盟关于和平接受长春的方案，周恩来表示这个方案可以考虑，但是须请示延安，才能做出最后决定。晚间并偕周访马歇尔特使商谈至午夜始散。

5月1日，张澜邀张君劢、梁漱溟、沈钧儒、张东荪、章伯钧、罗隆基、张申府等在特园会商，一致主张民盟应为和平继续努力，拟分赴京沪开展和平运动。

5月4日，在《再生周刊》第111期上发表《约法存废问题》一文。此文是一篇演讲稿，由杨毓滋记录。政治协商会议期间，各党派对于《训政时期约法》的存废问题意见不同：中共代表王若飞认为此约法维护一党专政，亦即中央统治权由国民党一党行使的制度，如其有效，党外人士参加政府，参加国民大会，就是完全非法的，因此主张废除此约。国民党代表王世杰认为此约法是国民政府存在的法律根据，废此约法即是推翻政府存在的根据，因此主张此约法继续存在。张君劢对于上述分歧进行评论，并提出了自己的观点，文曰：

> 国共两方如其大家真有诚心，开诚布公的解决今后政治的局面，可以不必从形式方面来讨论约法的存废问题。因为说约法完全有效，则政府就不必废止；反过来说，约法无效，那就是结束训政，宪政开始的时期了。现在虽然是预备结束训政，而宪政还没有实际开始，是一种过渡的时期，国民党如明白承认这过渡时期，大可不必与人争吵约法效力问题，须从人民权利、政府组织、宪法准备、军队整编四方面与人合作，人家自然不至于以约法无效与他争辩。反过来说，共产党方面，如其得到政府诚意的合作，自然不至于感觉到参加政府乃是

---

① 《新华日报》1946年4月26日。

训政时期一党政府之扩大，而是各党派平等合作之地位，也自然不至于提起约法无效的问题。惟有这样的诚意合作，中国才有和平，才有统一，才有民主。

5月7日，飞抵上海。

5月9日，黄炎培、梁漱溟、章伯钧访张君劢于海格路范园646号寓所，午，四人在社共餐，畅谈盟务。①

5月10日，夜，写成《美总统杜鲁门对于中国的箴言——三句话》一文。

"最近有朋友新从美国回来，在三月下旬见了美国总统杜鲁门，杜氏告诉他三句话：（一）中国多数民众如仍是文盲而且穷苦，要求得到政治上的安宁是不可能的；（二）中国能向民主政治前进，我们美国总是帮忙的；（三）美国对于中国已经给予军事财政及其他各种援助，如何能希望我们再有所援助呢？""所以我把这三句话申述一番，希望我们朝野有彻底觉悟，以真正建国之意志，表现在世界各国之前，然后八年血战，庶不致徒劳无益了。"

5月11日，黄炎培偕梁漱溟、章伯钧在张君劢家，商定对时局主张四条。②

5月13日，黄炎培、梁漱溟、沈志远、黄竟武到张君劢家，商定民盟工作。③

5月16日，黄炎培偕梁漱溟、张君劢、章伯钧在梁漱溟家会商应付时局问题。午后，在张君劢家，黄炎培、张君劢与青年党左舜生、陈启天、杨叔明谈应付大局问题。④

5月18日，在《再生周刊》第113期上发表《美总统杜鲁门对于中国的箴言——三句话》一文。

是日，在上海圣约翰大学做演讲，题目是"美国总统制与政协修正宪草"。演讲稿由杨毓滋记录。文曰：

"我劝大家放弃总统制而采取负责的政府制。宪草中并没有完全盲目模仿欧洲之内阁制，而另有修改变动之处。"

---

① 《黄炎培日记》第9卷，华文出版社2008年版，第152页。
② 同上。
③ 同上书，第153页。
④ 同上书，第154页。

5月20日，周恩来、董必武、陆定一、邓颖超致书张君劢、黄炎培等，呼吁民主党派为和平民主而努力。

是日，黄炎培、梁漱溟、张君劢、章伯钧、陶行知、张云川、沈志远、杨志恒、孙宝毅等在愚园路749弄31号举行民盟常委会谈。后，黄炎培等人到张君劢家。对国军攻占四平街事，共商应付办法。沈钧儒自渝飞抵沪，五人在张君劢家会谈。①

5月21日，在梁漱溟住所，黄炎培、张君劢、沈钧儒、章伯钧、梁漱溟五人商定，分电蒋介石、毛泽东，请立即停战。电文曰：

> 南京国民政府蒋主席、延安毛泽东先生钧鉴：
> 东北停战签字逾五十天，而双方激战未已，外失盟邦友情，内失全国人心。同人奔走匝月，愧无寸功。然及今再不停止，势必牵动全局，举累月以来之协议而破坏之。同人宁愿死于公等之前，不愿身见其事。特为下列建议，吁请即刻停战：（一）中共军队撤出长春；（二）中央不再进兵长春；（三）东北政务委员会驻长春，主持政务，就地组织警察行使职权，所有委员会人选由各方协商而中央简命之。其他一切问题俟停战后协商解决。同人此议，前月二十九日在重庆曾向马歇尔特使提出，故未及陈达左右，兹迫切奉陈，伫候明教。②

5月22日，午后四时至七时，张群与民主同盟及青年党代表，在海格路张君劢住处举行非正式会谈，出席张群、左舜生、张君劢、章伯钧、沈钧儒、黄炎培等。③

5月23日，毛泽东复电民盟张君劢、黄炎培等五位政协代表。曰：

> 原则上极表赞同，一切由恩来面商。特覆。毛泽东。④

是日，张君劢、黄炎培、沈钧儒、章伯钧、梁漱溟以留沪中国民主同盟政协代表的名义再次致电蒋介石、毛泽东呼吁东北停战。电文和21日同。

---

① 《黄炎培日记》第9卷，华文出版社2008年版，第155页。
② 同上书，第155—156页。
③ 《大公报》1946年5月23日。
④ 《大公报》1946年5月25日。

5月24日，下午三时，青年党政协代表曾琦、陈启天、常乃德、杨永浚等在海格路该党招待所邀请张群、张君劢、章伯钧、梁漱溟、黄炎培、沈钧儒、胡政之等政协代表交换对时局之意见，各代表均一致希望长春收复以后仍以政治方式解决一切问题。①

5月25日，在《再生周刊》第114期上发表《美国总统制与政协修正宪草》（上篇）一文（6月1日《再生周刊》第115期续完）。

5月26日，在家与黄炎培等四人会商。

5月27日，张君劢、黄炎培等五人在梁漱溟家会商，以蒋介石已自沈阳函马歇尔特使表示意见，黄炎培等决定即日入京。

5月28日，与梁漱溟、沈钧儒、章伯钧等乘九点车离上海赴南京。午后抵南京。赴下关车站欢迎者，有参政会中共代表及民盟代表团代表。五代表下车后，对记者发表书面声明："民盟代表曾建议三点，遭国民党当局拒绝。这次抵宁为协助解决东北内战问题，如果听任局势恶化下去，实在是我们的一大耻辱。"张君劢向合联合社记者谈话称：和平解决颇有希望，自国军收复长春后，东北并无真正战争，实际上战事业已停止，只需东北局势解决，其他一切均自然而然，随之解决。民盟所提东北和平三点建议，或需修改，俾能适合局势。中共方面颇愿意停止战斗。②

下午五时，中共代表周恩来、陆定一、齐燕铭、董必武、陆定一到蓝家庄15号民盟总部访晤民盟代表张君劢、梁漱溟、沈钧儒、章伯钧。介绍了近一个月来与马歇尔谈判的经过，双方就目前时局做了广泛交谈。民盟代表一致认为东北已无主权问题，应立即停战。谈话长达五个多小时。

5月29日，上午七时，民盟张君劢、黄炎培、沈钧儒、章伯钧、梁漱溟等五位政协代表在南京电沈阳蒋介石请其早日返京。

下午五时，往宁海路五号，访马歇尔特使，就目前局势及解决各种问题之可能性交换意见。同去者为民盟秘书卢广声，马歇尔对停战希望，非常迫切，马相信，蒋介石三日内即可来南京。③

是日，接见法国记者，称："本党（民主同盟）已电蒋主席，请其及早返京，以便重新开始和平谈判。"记者询以外国军克复吉林省城事，回答："中共军自动放弃该城，以避免流血，而表示若辈期望和平。""本人

---

① 《大公报》1946年5月26日。
② 《时事新报》1946年5月29日。
③ 《时事新报》1946年5月30日。

希望中国内战及早停止，但在蒋主席返京之前，不能有所决定。"①

5月30日，民盟政协代表张君劢、黄炎培等六人在南京聚商调停东北问题，拟劝中共放弃哈尔滨。

5月，张君劢"没事像玩古董似的，把宪草（案：即他自己修订的《中华民国宪法草案》）翻成英文，寄给马歇尔看"。马歇尔看后即复信约他晤谈。马歇尔派美国驻华大使司徒雷登等四人与张君劢讨论。经张君劢逐条解释，司徒雷登等表示理解。

6月1日，在《再生周刊》第115期上发表《美国总统制与政协修正宪草》（续篇）。

6月2日，写成《从外交内政两方面解决东北问题》一文。文中提出的方案是：

外交上：彻底实行中苏条约；对于苏联的亲善政策不可有丝毫忽略。内政上：第一，国共双方停战。第二，东北地方政府进行民主改组：1. 东北政治经济委员会应容纳国民党及外界及东北人士充任省主席及厅长。2. 县乡地方政府，按照新宪规定，实行自治。3. 在不妨碍国家主权范围内，给予中共更大的活动范围。第三，中央政治改革：1. 整军方案彻底实行。2. 国共拿出诚意来，从事于政治民主化工作。

6月7日，在星期五聚餐会上发表《关于美国经济之闻见种种》演讲，介绍美国农业及工业发展的大概情况。文末，指出：

"国家经济发展的可能性是无限的，但是要人拿精力去创造：第一，一般国民的节俭。第二，科学家及工程家之发明。第三，立法家及政治家之保护。美国历史读完后，就感觉人类发展的可能性是无限的。读了美国历史，给旧世界人不少新的勇气。假定这次从美国没有带回什么礼物，这个信心这勇气便是我带回来的礼物。"

6月8日，在《再生周刊》第116期上发表《从外交内政两方面解决东北问题》一文。

6月11日，下午五时，黄炎培、张君劢、罗隆基、沈钧儒、章伯钧在张君劢家谈话。

6月12日，忽得报，东北杜聿明宣布废止十五天为期之停战协定，张君劢、罗隆基、黄炎培、沈钧儒集会于张君劢家，讨论制止战争之有效办法。

6月13日，十时，在张君劢寓所范园，胡政之、莫德惠、黄炎培、

---

① 《时事新报》1946年5月30日。

章伯钧、沈钧儒、罗隆基、李璜、张君劢会谈，决定 15 日同赴南京，对停战协商及政治问题做最大努力。

6月14日，下午五时二十分，集会于交通银行，到者：钱新之、莫德惠、李璜、陈启天、余家菊、杨叔明、沈钧儒、罗隆基、章伯钧、张君劢。时梁漱溟从南京来，听其报告，知大局尚有好转希望。

6月15日，张君劢、莫德惠、钱新之、陈启天、余家菊、沈钧儒、黄炎培、章伯钧、梁漱溟、罗隆基等政协代表搭夜车赴南京。

是日，在《再生周刊》第117期上发表《关于美国经济之闻见种种》一文。

6月16日，午，孙科在南京国际联欢社招餐。到者：张君劢、沈钧儒、黄炎培、梁漱溟、罗隆基、章伯钧、张申府、曾琦、陈启天、余家菊、莫德惠、胡政之、邵力子、王世杰、吴铁城、张厉生、陈立夫、雷震。主席致辞后，梁漱溟代表民盟提出三点要求：（一）希望将限期15天停战变为永久和平。（二）勿因备战而再刺激对方。（三）双方应同时实行宣传休战，以免妨碍和谈。下午四时，曾琦、张君劢、胡霖等十余人，在蓝家庄民盟代表团办事处交换对时局的意见。夜，美友 Huertback 招餐其军政总部办公室，黄炎培、张君劢、罗隆基等出席。[1]

6月18日，青年党、民盟及社会贤达代表张君劢、罗隆基等十二人请中共代表报告谈判情况，董必武说明谈判因蒋介石提出使中共无法接受的方案而陷入僵局。夜，张君劢、罗隆基、梁漱溟往梅园访中共代表，周恩来他出，董必武赴沪，与李维汉谈，交换和谈意见。

是日，与梁漱溟、沈钧儒、章伯钧、罗隆基、张申府、黄炎培等致函孙科、邵力子、王世杰、吴铁城、陈立夫、张厉生等转陈蒋介石，就西安王任、李敷仁两同志遇害向政府提出抗议。

电文在陈述《秦风工商日报》遭暴徒捣毁，被迫停刊，以及该报法律顾问王任、通俗文学家李敷仁遇害的经过后，指出："此类暴行竟公开连续数月之久，足见其中显系党政当局有计划有组织造成，不仅妨害人民自由，亦且有损政府威信。本同盟对此暴行实不能忍受，除严重抗议外，并提下列意见，请予速办：一，立即彻查此案之主使人及执行人，并分别依法予以严办。二、除负担李敷仁、王任之殡葬资外，并应从优抚恤使其家属生活及教育费用，得有着落。三、应准《秦风工商日报》继续复刊，

---

[1] 《黄炎培日记》第9卷，华文出版社2008年版，第165页。

妥加保护，并保证今后不发生类似事件。"①

6月19日，午后三时，张君劢、罗隆基、黄炎培、梁漱溟拜会周恩来，劝其对美方仲裁办法让步，周答，须向延安请示。

6月20日，清晨，郭沫若从上海到达南京，郭沫若急匆匆与第三方面代表张君劢、梁漱溟、沈钧儒、章伯钧、罗隆基、黄炎培等人晤了面。

午前，张君劢、梁漱溟等访王世杰，告诉王，民主同盟方面正促使中共接收美国的仲裁权。但望十五日停战期满时，如若政府与中共的商谈，尚无协议，似可延期商谈，不会破裂。

下午，郭沫若与黄炎培、张君劢等人在国民大会堂会议室设茶会，邀请政府代表孙科、吴铁城、邵力子、王世杰和陈立夫，就国共和战问题进行调解。

6月21日，晚八时，与黄炎培、章伯钧、梁漱溟、罗隆基四人到梅园新村访周恩来，做长时间内容广泛的谈话。中共昨有一函致国民党中央代表，提出四点：（一）永久停战；（二）关于整军复原；（三）关于恢复交通；（四）关于改组政府。黄炎培请中共提出整军答案及因军事而必须牵及其他问题，最好订一过渡方法，从现在过渡到宪法成立时为止。此过渡方法须于此八天内解决，至中共所提第（四）点改组政府以及宪草诸问题，留待八天后从容讨论。众皆赞成。②

6月27日，黄炎培讯张君劢，促其来南京。

6月28日，从上海到南京。夜，与梁漱溟、罗隆基、沈钧儒、章伯钧、黄炎培、张申府到梅园，听周恩来两日来与马歇尔商谈情形。周恩来表示：我党在谈判中节节让步，除交通与停战两项让步外，还有东北、察、热、山东、苏北土地问题上均做出巨大让步，以此希望实现和平，解决民生。并介绍与马歇尔谈判情况。

6月29日，晨，偕罗隆基与马歇尔会谈，向马歇尔提出三点建议：一、中共已让步，希望政府亦能让步；二、中共撤出地区之政治问题应由政治综合小组解决，或由未来之联合政府解决；三、中国内战能否停止，美国之态度关系甚大，希望马歇尔取强硬态度为中国求和平。

后，黄炎培、张君劢、梁漱溟、罗隆基至外交部，晤王世杰、邵力子，告以昨夜周恩来语。张君劢、罗隆基告以是晨与马歇尔谈话状，请王世杰、邵力子转达同人意于蒋介石。

---

① 《中国民主同盟历史文献》，文史出版社1983年版，第184—185页。
② 《黄炎培日记》第9卷，华文出版社2008年版，第168页。

6月30日，午后三时，国民大会堂第三方面及政府代表集会，雷震代王世杰报告，称：蒋主席已颁手令，以后不采取行动，但若干问题尚未解决。归，黄炎培、张君劢、章伯钧、罗隆基会商：（一）应提出一种对于今后政治问题之具体主张；（二）对中共应提出改变政治作风之劝告。

7月1日、3日、8日、10日、15日，下午五时半至七时半，借上海八仙桥青年会大礼堂就中华民国未来宪法发表系列演讲。这次在上海八仙桥青年会以"中华民国未来民主宪法"为总题的系列讲演，包括以下各题：

第一讲国家为什么要宪法。第二讲吾国宪政何以现在还没有确立。第三讲人权为宪政基本。第四讲国民大会问题。第五讲行政权（总统与行政院）。第六讲立法权（立法院等）。第七讲司法独立。第八讲民主国政党。第九讲立宪国财政。第十讲朝野上下之责任。补讲一新宪法施行及培植之关键。其中第六讲在1946年8月10日、17日《民主》第43、44期上发表。十讲结束以后，他将讲稿略作整理，以《中华民国未来民主宪法十讲》为书名，交商务印书馆出版（1947年5月第1版）。

7月2日，晨，黄炎培来访，将留致民盟同人信抄稿送与张君劢。信中说："炎培为考虑内心平安起见，暂向诸公告假，在告假期内，恕不追随诸公奔走；有会，恕不出席；任何文件，下款恕不联署炎培名。"

7月7日，午，卢作孚邀餐周孝怀家，同席黄炎培、李璜等，畅谈时局。

7月8日，黄炎培来访，略谈，黄炎培辞出。

7月10日，黄炎培来家，共杨卫玉、章伯钧等商民盟进行计划。

7月18日，民盟在沪代表特派张君劢、罗隆基两氏飞南京，向马歇尔及司徒大使有所陈述。午，罗张两氏下机后，得悉马歇尔等飞庐在即，遂忽忽赶至光华门外机场，一时神色极度仓惶，不旋踵间，司徒大使飞车抵场，罗张两氏即与之在指挥塔楼下会客室内作一简短谈话，一时零八分，马歇尔座车至，罗张两氏再与马歇尔就机旁马达发动声中，有所报告，旋并由罗氏至指挥塔书一函，请马歇尔携庐山转呈蒋主席。下午，与罗隆基分访邵力子、吴铁城等，希望国民党当局彻查昆明事件，保证民盟各地人员之安全。

7月19日，上午十一时，往访王世杰，就闻一多、李公朴事件向政府表示抗议，王表示十分遗憾。下午三时，飞沪。

7月20日，三时，黄炎培等到张君劢家，与沈钧儒、章伯钧等听张君劢自南京归报告。

7月20日，与梁漱溟、沈钧儒、章伯钧、罗隆基、张申府、黄炎培等致函孙科、王世杰、吴铁城、王宠惠、陈立夫、张厉生、张群转陈蒋介石，就李公朴、闻一多遇害向政府提出严重抗议，由政府代表转蒋主席。

7月27日，在《再生周刊》第123期上发表《国家为什么要宪法——中华民国未来宪法十讲之一》一文。

7月28日，《新华日报》追悼李公朴、闻一多特刊上登载梁漱溟、张君劢、黄炎培、沈钧儒、章伯钧、罗隆基、张申府的悼念题词。文曰：

> 公朴、一多两同志竟为反动统治者暗杀了，在他们两位是尽了责任的牺牲，精神不死，但是中国人民所受的损失则异常重大，同时反动统治者的残暴无齿，则更加暴露其真相，凡是中国为民主奋斗的人民，都必然因公朴、一多两位同志的死，因公朴、一多两同志的精神感召，发挥更大的奋斗力量。

7月29日，黄炎培到张君劢家，同张君劢、沈钧儒、章伯钧就吴铁城此次赴沪访张君劢，转告政府有意邀请民盟领袖一二人参加政府，授以部长一事进行商谈。一致决定，除非政协会议或类似会议所决定之改组政府，民盟决不参加，并将此意函告在南京的梁漱溟。

8月3日，在《再生周刊》第124期上发表《中国宪政何以至今没有确立？——中华民国未来民主宪法十讲之二》一文。

8月8日，在《大公报》上发表《宪草中一个未解决的问题》一文。

8月9日，民盟同志楚图南、尚健庵、赵沨自昆明飞到上海，述李、闻案经过及事后甚详。黄炎培招张君劢、章伯钧、吴晗、叶笃义，共谈，共午餐。①

8月10日，在《再生周刊》第125期上发表《人权为宪政基本——中华民国未来民主宪法十讲之三》一文。

8月14日，中国国家社会党与中国民主宪政党在上海举行联合会议，决定两党合并之事，至18日会议结束。产生组织委员会，推张君劢、徐傅霖、汤铸新（汤芗铭）、伍宪子、李大明等为委员，负责筹备合并工作。合并后以"中国民主社会党"为党名，宗旨是"以民主方法实现民主社会主义的国家"。

8月15日，写成《〈中华民国民主宪法十讲〉自序》一文。

---

① 《黄炎培日记》第9卷，华文出版社2008年版，第184页。

8月17日，在《再生周刊》第126期上发表《国民大会问题——中华民国未来民主宪法十讲之四》一文。

本讲主要讨论直接民主、代议制度与国民大会的关系问题。"我们以为直接民权，应该照直接民权的原意来进行。就是说，四权应由人民直接行使，不能交与国大代表来间接行使。所谓代议制度应照代议制度的原意来进行，不可由代议制度的国大来行使直接民权，更不可由间接又间接的立法院来行使代议制度的职权。"

8月18日，中国民主社会党联席会议通过《中国民主社会党政纲》（45条）。

8月19日，张君劢告记者称：国家社会党与海外民主宪政党，因政治主张相同，已决定合并为民主社会党。此次合作早在去年11月间赴美之时已经开始，当时曾在蒙德里尔城与海外民主宪政党做初步洽商。迄本月14日，该两党遂于上海举行联合会议，至前日始行结束，并产生组织委员会，推张君劢、徐傅霖、汤铸新（汤芗铭）、伍宪之、李大明等为委员，负责筹备合并。唯正式成立当在二三月内在沪举行全国代表大会之后，届时并将产生中央委员会。民主社会党系独立的单位，将来是否与民主同盟合并，须俟正式成立共同商讨后决定。记者旋问张君劢对于时局意见，张君劢答称："（1）国大主要任务为制宪，宪法为国家根本大法，制宪如能完成，则目前交通及战争等暂特性质之问题，均易解决。政治协商会议中，对宪法交换意见，十分之八已获一致。极宜早完成未尽之业，故对左舜生、陈启天二氏从速召开宪草会议委员会之主张，甚表赞同。（2）6月30日马歇尔将军所提折中方案，已规定双方军队比例为一与五，于六个月内集中防地。另组交通小组，实施恢复交通方案等项。政府应承认，并即签字，果能实行整军，恢复交通，东北停战，则主要困难均已解决，如尚有其他困难，第三方面当愿任奔走之劳。（3）关于扩大政府事，如于国内和平统一有益，民主社会党自愿参加，如无补于国内之太平，则不愿加入。"①

8月25日，下午三时，民盟假戈登路上海酒楼招待新闻界，到张君劢、张东荪、章伯钧、沈钧儒、罗隆基、梁漱溟、周新民及各报记者四十余人。入场时，每个记者领得书面谈话书一份，罗隆基发表谈话做补充，阐述对时局的意见，"坚决抗议这没有理由的内战"，指责国民党政府一贯破坏政协决议，"打"有决心，"谈"却是掩饰与欺骗的烟雾，表示

---

① 《申报》1946年8月20日讯。

"民盟对于争取中国的和平民主,绝不因这类暴行事件而有所恐怖与退缩,我们只有更积极更勇敢地向前猛进,争取中国的和平民主"。主张全国立即停战,实施政协决议,现在当政的国民党必须实行民主,保障各党派人士和人民的安全与自由。①

8月28日,张君劢以国民参政会驻会委员会委员的名义发表《为上海市警察局非法查禁再生杂志提出责问吁请转陈政府予以制止并切实保证言论自由案》。文曰:

> 查再生杂志,创刊于民国廿年,抗战期间,曾在汉口重庆依法登记,继续刊行,迄未中断,胜利以还,于本年四月间,由渝迁沪出版,四月以来,上海警察当局,对之多方为难,威胁书店报贩,不准代售,其用意无非阻挠发行,使此类刊物不能与读者见面。最近更变本加厉,忽于本月24日下午有上海市警察局职员两人前往再生杂志发行所,将存余再生二千册,全数抄去。口称系奉命查禁云,殊不知合法登记之刊物,政府应予以切实之保障,若谓出版手续,有所欠缺,则仅可通告登记,自当遵章办理,何以事前无通告之词,遂予以没收,此应提出责问者一。若谓政府禁止再生出版,则亦应明令宣布禁止之理由,何能恃军警强力,剥夺人民发言之权利,此应提出责问者二。况保障言论自由,于蒋主席皇皇宣言之中,曾不惮辞详,一再声明,何以上海市警察当局,竟漠然不闻,蔑视法令若此,此应提出责问者三。总之,此种非法举动,竟公然行之而无所顾忌,国家之法律何在,人民之自由何在。为此提出责问,请内政部长,通饬所属予有效之制止,将抄去之再生二千册如数发还,并切实通令保障言论自由,不胜感盼之至。②

8月29日,就民主社会党与民盟的关系致函梁漱溟:

> (梁漱溟先生并转民主同盟诸先生)均鉴:国家社会党与民主社会党合并改名为中国民主社会党,业经本党召集之代表联席会议于本月十六日全体通过,关于本党今后与贵盟之关系,可以下列两点说明之:(一)民主社会党与民主同盟继续合作;(二)民主同盟如有重

---

① 《新华日报》1946年8月27日、29日。
② 《再生周刊》1946年9月7日第129期。

要声明须事先征得本党同意。上述两点，经此次大会会议通过记录在卷，相应抄录原案，即希查照为荷。

8月30日，与梁漱溟等民盟政协代表，为政府草草了结闻案事，特向政府正式提出抗议，全文如下：

孙哲生、张岳军、陈布雷、陈立夫、王世杰、邵力子诸先生转蒋主席钧鉴：

漱溟等昆明之行，已于前日返京。阅报：知闻案已即于漱溟等离昆后宣布并执行。民主同盟对此，尚须保留。其不能完全接受之意有三：（一）审判时虽邀民主同盟派员观审，漱溟等函复由漱溟及周新民、冯素陶三人前往，即竟未获完全同意。同时，新闻记者除被指定之中央社二人外，其他皆不许参加，实则所谓审判公开者究竟何在？（二）审判时只有法官与凶犯之一问一答，全无任何人参与证明一切，应有之人证物证全不肯用。其为预先安排表演之滑稽戏甚明。（三）当局宣布警备司令部特务营第三连连长及其排长为凶犯时，人人皆异口同声，预料将来纵判决死刑而执行时，必另有掉换。漱溟等到沪招待新闻记者，亦特预为指出。果然，据大公报昆明专电报导，二十六日枪决闻案凶犯时，沿途戒严甚密，其不肯予人民以共见，岂不甚明？这是一种骗局，何足以服人？民盟要求参加公审及各方面参加审判，而政府却一手包办到底！不能不提抗议。一面表示对闻案之处理不能完全接受。一面表示李案非移京公审，予各方面以参加审讯机会。因两案实属相连而不可割分。今只结束闻案，而于李案则称正在缉凶，使吾人不能不怀疑此凶是否将永难缉获。漱溟在沪招待新闻记者时曾预言及此。查李案发生于七月十一日，迄今已及五旬，一再延期以不了了之的态度，就国家政府而言，实无以对人民。敬请中央再度严令限期破案，并对于过去一再逾期未能破案之主管，加以处分，用昭威信。

8月31日，沈钧儒、张君劢、黄炎培、张东荪、章伯钧、罗隆基、张申府、梁漱溟等中国民主同盟政协代表为张澜主席被殴事致蒋介石抗议函。全文如下：

哲生　雪艇　力子　厉生　铁城　岳军　布雷　立夫诸先生转陈

蒋主席钧鉴：

本月十八日本同盟主席张表方先生暨盟员张松涛君，在成都各界追悼李闻二先生大会后，被暴徒殴击成伤一事，前经申府等向政府代表提出抗议在案，兹就本同盟四川省各支部报告得知事前同盟曾特加谨慎，例如：一、是日大会不发宣言；二、是日大会不呼口号；三、将预先拟定之节目"提案"一项取消；四、避免提及孙中原事件；五、只对来宾致答词，无何激烈演讲。乃当日竟在如此避免刺激和平情况下，而仍生如此之事端，其为特务机关有意摧残甚为明显。同人等今不能不请求政府明白答复在此步入宪政之阶段，对于本同盟是否承认其合法存在，而为负责之保护。若然，则请以下列事实为证验：一、立将成都警察局长徐中齐革职，永不叙用；二、严缉行凶暴徒，限期破案，依法办理。

以上两点未见办到时，同盟保留其对于政治上之一切参与，特此郑重声明，尚希政府注意，并裁夺见复为幸。专布敬请政安。

是日，沈钧儒、张君劢、黄炎培、张东荪、章伯钧、罗隆基、张申府、梁漱溟等中国民主同盟政协代表为张澜主席被殴事致张群等抗议函。

是日，《再生周刊》第128期上发表《〈中华民国未来民主宪法十讲〉自序》和译著《国际人权法案》两文。《国际人权法案》是英剑桥大学劳德拔哈所拟法案的译文。文前按语曰：

去年我参加旧金山联合国会议，知其十分重视关于人权保护，于宪草中提及人权保护者，共达七次之多。现闻社会经济理事会中，正在起草国际人权保障法案，以罗斯福夫人为主席。现时国内关心此问题者极多，特就我所读劳德拔哈《国际人权法案》一书中，将其所拟法案译出，以供国人参考。

9月1日，上午十一时，周恩来由南京抵沪，下午两时半，招待外国记者，晚上宴请沈钧儒、罗隆基、张君劢、章伯钧等。

是日，撰写《答复观察周刊记者对我评语》一文。

文章对《观察周刊》第一期《胡适组党》一文对张君劢的指责进行辩驳和反击：（一）观察周刊记者评论道，"如张君劢氏固为一彬彬有礼的长者，亦为一博学能文的学者，然而他领导组党，数年以来可谓无甚成就"。张君劢答复曰：吾人只知反对一党专制为"义之所在"，没有抱丝毫所谓的"成就"之见。在全国钳口结舌之中，其起而反抗专政，即为成就之一点。(二)观察周刊记者评论道，"吾人不赞成组党要用打手，然而单靠书生，也是不行的"。张君劢答复曰："以余观之，苟其用清末以来利用军队、勾引土匪，及至现时所谓组织民众等方法，而置人民安居乐业、人民知识于不顾，此为民国以来组党最有成绩者之所为如此，不知观察周刊记者理想中之政党领袖，其属于此类否乎。""吾人处于今日状态之中，宜于由第二种国家过渡到第一种国家之中，由无衣无食无知识之人民，进而为有衣有食有知识之人民，大家诚悬此为鹄的，以求其必达，则人民自有衣食，自有礼仪，自尊重人格。即其组党虽为书生而不患其无成就。否则虽有打手，如民国廿余年以来之局面，其有所成就者，徒然遣兵调将以造成内乱，安足以语夫现代国家之建设乎。鄙见如是，不知观察周刊记者以为然乎否乎。"①

9月3日，在南京致信张公权。据张公权9月6日日记曰：

> 接君劢二哥九月三日信，提及国共和谈情形如下："八月十五日司徒大使得国务院训令，谓：谈判必须继续，其方式自行斟酌。乃上山(庐山)与蒋先生商量，以改组政府为题，取协商方式。下山与周恩来谈，周要求两点：(1)停战，(2)取消五项要求。马歇尔与司徒闻此言，均有难色。告周将第二点暂搁，周答以联合政府如何能在炮火之上建筑，马与司徒亦以此言为有理。但五人会议之议依然不变。现会议即将开始，如周仍提出上述两点，则会议破裂，指日可待矣。如战事再延长一月，胜负不分，则十一月国大必再延期。即使开成，将为曹锟宪法。"

9月6日，张君劢、徐傅霖等在沪招待记者，宣布国家社会党与海外民主宪政党合并，成立民主社会党。会议由张君劢主持，报告民社党成立经过及该党对改组政府之方案，并发表宣言、政纲及对目前时局态度。

某记者问该党与民盟关系如何，张君劢答：民盟于去年11月间通过关于入盟各政党与同盟之关系议案，可资参考。②

9月8日，与章伯钧、张东荪、罗隆基对美国向国民党政府转让剩余

---

① 《再生周刊》1946年9月7日第129期；《观察》第1卷第3期转载。
② 《大公报》1946年9月7日；《新华日报》1946年9月8日。

物资，发表意见说，美方此举是助长国民党打内战，此时不应交货，否则，美方要负参加中国内战的责任。

《新华日报》登载《为五人小组及美国物资转让事罗隆基张君劢表示意见》：

> 上海八日航讯：今特将罗隆基、张君劢二先生意见介绍如下：罗隆基：……任何政治的谈判，决不能在炮火中进行。一面打内战，一面讨论改组政府。那等于在沙漠中建造大厦，结果成为空中楼阁。说到剩余物资让售问题，张君劢说：正在内战燎原时，美国将物质卖给内战家，哪方面得物质，就是哪方面得了帮助，这对解决内战是有害而无利的。①

9月14日，在《再生周刊》第130期上发表《文化交替时期由传统到新观点》和《尼赫鲁传第二序》两篇文章。

9月18日，黄炎培来访，谈时事。

9月19日，梁漱溟自南京来，张君劢、黄炎培、章伯钧、沈钧儒、罗隆基六人，共长谈时事。

9月21日，在《再生周刊》第131期上发表《民主社会党政纲释义引言》一文。文后附编者的话，曰：

> 民主社会政党政纲已载本刊第一百二十九期，张君劢先生兹又列举政纲中十六个重要题目，并拟按题写成文章，一一在本刊登载。本刊同仁认为此事体大，与吾国政治思想之解放攸关，故愿特别提请读者注意。

9月23日，《新华日报》登载"本报21日电"称："吴鼎昌雷震来沪后，频与张君劢接谈，促即赴京，商谈召开政协综合小组事。经民盟商议后，都认召开政协前，必须先停战。现内战正在全面展开，实不能安坐南京商谈综合小组事。故张氏决定暂不赴京，并致函马歇尔，希望马氏支持三人会议召开的建议，以便早日停战，实现和平。该函已由梁漱溟携京。"

9月24日，在上海致信张公权，文曰：

---

① 《新华日报》1946年9月10日。

最近政局争三人会议，毫无结果。中共重在停战，政府怕停。停战令宣布，一切不解决，其症结在此。兄意政府允停战，中共允参加国大，正在商量中。不知后果如何。铁城、达诠来沪要兄去宁，兄已允之。日期俟蒋主席到后再定。

9月28日，与沈钧儒、黄炎培、张东荪、章伯钧、罗隆基、张申府、梁漱溟等中国民主同盟政协代表为国民党政府拖延李闻血案再致蒋介石抗议函。

9月30日，午后，与黄炎培、沈钧儒往马思南路107号访晤周恩来，共商时局问题。

晚九时，在家，与张澜、沈钧儒、黄炎培、张东荪、张申府、章伯钧、梁漱溟、罗隆基等中国民主同盟政协代表商议，通过由罗隆基起草的对召开国大事致蒋介石电。

10月1日，代表中国民主社会党发表对于时局之意见，表明民社党在"国大"问题上的立场：

从统一的国大，议定统一的宪法，来造成统一的国家，这是我们民主社会党唯一的希望。[1]

夜，在家，与黄炎培等会商民主同盟事，黎君始出席。

10月3日，夜八时半，黄炎培等在张君劢家会谈，黎君等到。

10月4日，九时，出席上海各界人士五千余人在天蟾舞台举行的"李、闻两先生追悼大会"，由上海市市长吴国桢主持，沈钧儒主祭，吴国桢、潘公展、沈钧儒、郭沫若、罗隆基、邓颖超为主席团成员。

下午二时，民盟招待沪市新闻界，罗隆基、黄炎培、张君劢、章伯钧及各报记者八十余人出席会议，由罗隆基主席说明对时局之态度，继由张君劢、黄炎培发言，二人均沉痛呼吁内战不能再打，希望大家一致拥护和平。招待会历三小时始毕。

夜，黄炎培、张君劢等在张君劢家会商。因得梁漱溟京信，司徒大使招张君劢商谈之故。

10月8日，晚，在妹妹张幼仪家招餐，黄炎培、孙科夫妇、李济深、

---

[1] 《再生周刊》1946年10月5日第133期；《新华日报》1946年10月4日。

沈钧儒、章伯钧、罗隆基、李维汉、周恩来等出席,谈及大局,约明日再作一次会商。

10月9日,午后,与黄炎培、沈钧儒、章伯钧、罗隆基、左舜生、陈启天、郭沫若、钱新之等集会交通银行,对大局愿做最后努力,定明日分访孙科、周恩来后全体入京。

10月10日,上午,和黄炎培、郭沫若、沈钧儒、罗隆基、章伯钧、陈启天、左舜生、钱新之等九人访晤孙科,商定孙科乘12日夜车赴南京,第三方面代表13日夜赴南京。

午后一时半,和黄炎培、郭沫若、沈钧儒、罗隆基、章伯钧、陈启天、左舜生、钱新之等会晤周恩来,提出无限期停攻张家口、召开政协综合小组会等主张,表示为促成和平谈判决于本月去南京,并希望周恩来返京。

10月11日,梁漱溟自南京来,黄炎培、张君劢、章伯钧、罗隆基、沈钧儒赴中华职业教育社开会,听其在南京与各方面接触经过的报告。11时,张君劢、沈钧儒、黄炎培、章伯钧、罗隆基至外滩交通银行集会,由梁漱溟转述司徒雷登敦促各方代表进京口信,并商谈重开谈判的新建议。

10月12日,十时,与沈钧儒、章伯钧、罗隆基、黄炎培在家会商,一致同意在国民党军队攻占张家口和国民党政府单独颁布国民大会召集令的新情况下取消当日进京计划。会后,黄炎培、沈钧儒、张君劢往访孙科,章伯钧、罗隆基往访周恩来,了解国共双方的意见。

是日,在《再生周刊》第134期上发表《民主方法(一名民主与反民主)——中国民主社会党政纲释义之一》一文。

10月13日,晚八时半,应邀参加青年党领袖李璜在该党海格路总部办事处邀集的会议。

> 应邀前往者有民主同盟张君劢、沈钧儒、章伯钧、罗隆基,青年党曾琦、左舜生、陈启天、余家菊、杨永浚诸氏。与会者于聆听李璜报告最近南京政情后,民盟对于李璜转达政府意见希望大家晋京协商一点表示暂不予考虑。会谈历两小时余,迄午夜十一时始相继离去。会后据章伯钧语记者,民盟争取和平之心未绝,但在政府及中共尚无第二步表示之先,盲目晋京实无意义。

10月15日,八时,雷震、莫德惠到上海,带来孙科致张君劢信,表示政府对和平并非无意,但所拟方法仍以三人会议商停战,五人会议解决政治问题。张君劢、沈钧儒、章伯钧、罗隆基、黄炎培等集张君劢家商议，答复雷震，必须政府切实表示愿意停战而后可商之中共。

午后，黄炎培、张君劢等五人到思南路"周公馆"访周恩来，转达国民党的方案和继续谈判的意见。周恩来对这个方案始终不置一语，但对民盟的朋友还是热情相待。

晚上六时，张君劢、沈钧儒、章伯钧、罗隆基、黄炎培及李璜、左舜生、陈启天、胡政之在张君劢家中开会，政协秘书长雷震亦在场。将协商一致的两点意见告诉雷震：一，请主席对停战问题做一书面表示；二，请政府推派政协代表二人来沪，做非正式之商谈。

10月16日，下午二时半，李璜、张君劢、胡政之赴中共办事处，访晤周恩来，征询中共意见，历一时半始返。

夜七时顷，张君劢得雷震长途电话，以此时尚在开会，须明日答复。夜八时，黄炎培至张君劢家，与沈钧儒、罗隆基、章伯钧、李璜、左舜生会商，同人商定第三方面须以一致态度应付。

是日，蒋介石发表声明，提出解决时局之具体办法八项。

10月17日，十时半，左舜生、陈启天、余家菊、杨永浚、沈钧儒、罗隆基、章伯钧、黄炎培等到范园张君劢家，共同研究蒋介石八项条件。下午二时五十分，国民党代表吴铁城、邵力子、雷震到上海，一下飞机就到"周公馆"访问周恩来，表明国民党的态度，希望周恩来回南京谈判。下午六时许，黄炎培等第三方面人士在张君劢家请吴铁城等三人会餐。七时许餐毕，即开始非正式会谈，吴铁城等希望第三方面劝说周恩来回南京。九时许，会议始散。第三方面推出张君劢、章伯钧、罗隆基、黄炎培、李璜、左舜生、胡政之向周恩来转告与政府代表谈判的经过。十时，他们到达周恩来家，向周恩来表示，已经同国民党代表吴铁城、邵力子、雷震进行过磋商，希望国共双方先不谈实质问题，即共产党的两项条件和国民党的八项条件的区别，而先谈谈判程序问题，即是先停战后谈判，或先谈判后停战的问题。周恩来指出，国民党的谈判程序是先谈判后停战，表示这八条不能作为重开谈判大门的基础，对于回南京一事，既未表示同意，也不断然拒绝，午夜十二时始返。

10月18日，九时半，黄炎培、曾琦、李璜、左舜生、陈启天、杨永浚、余家菊、胡政之、沈钧儒、罗隆基、章伯钧等到张君劢家，略作准备。十时至海格路吴铁城家，向吴铁城等转告和周恩来会谈的情况，他们认为只要再做努力，恢复和谈是有希望的。十二时半始散会。

下午一时许，第三方面假海格路范园六五零号邀请国民党、共产党代表会餐。到者吴铁城、邵力子、雷震、周恩来、李维汉、陈家康、华岗、曾琦、左舜生、李璜、陈启天、杨永浚、余家菊、张君劢、黄炎培、沈钧儒、罗隆基、章伯钧、胡政之诸氏，席间谈笑风生，欢笑声洋溢。二时半餐毕，全体代表应新闻记者之请，合摄一影，以作留念。

午后四时，周恩来、李维汉、陈家康等共产党代表和吴铁城、邵力子、雷震等国民党代表以及张君劢、黄炎培、沈钧儒、罗隆基、章伯钧、李璜、左舜生、曾琦等第三方面代表在马思南路周恩来公馆举行非正式商谈，周恩来表示不能接受蒋介石10月16日提出的八项条件，周恩来提出共产党恢复谈判的两个条件。会后，第三方面在张君劢住宅范园宴请国共双方代表。

10月19日，十时，根据昨晚周恩来寓所商谈的结果，黄炎培在张君劢家草成一文，是为第三方面的意见。意见共四点：第一，实现和平；第二，全国军队各驻原防一律停战；第三，除三人小组外，组织军事考察团协助停止冲突、恢复交通；第四，召集政协综合小组商决改组政府问题、国大问题，一致参加政府、国大。并希望周恩来和他们回南京，周恩来同意。

下午四时，民社党在愚园路749弄31号总部茗谈，招待政府、中共、青年党、民盟、社会贤达各方面代表，到者有吴铁城、邵力子、周恩来、李维汉、陈家康、华岗、曾琦、左舜生、李璜、陈启天、余家菊、杨永浚、周谦冲、黄炎培、沈钧儒、罗隆基、章伯钧、胡政之、郭沫若等。首由张君劢致辞，继该党宣传部长徐傅霖致辞。然后，吴铁城、周恩来、曾琦分别代表各党致辞。张君劢致答词，称：

> 今天承国共及其他党派社会贤达参加茶话会，相聚一堂，谨代表社会民主党敬致谢意。就本党成立的时期说，本党成立最迟，现在还没有一年，在诸位先进政党中，他是一个最年轻的"小弟弟"。就政党发展历史说，在民国十三年以后，国共两党发展最早，再次是青年党，再次是民盟，我们民主社会党，当然也是"小弟弟"，希望"老大哥"多多指教。我们知道，从十三年到日本投降，是中国政治上最险恶的一段时期，大家各自东西，今天共坐一堂，实在是很不容易。我们愿以"小弟弟"的资格，追随诸位"老大哥"之后，共同努力，促进民主，和平，统一，建国。

五时，集吴铁城家，黄炎培将谈话记录提出，愿以此为赴京商谈基础。众问周恩来能否定期齐赴京？周恩来曰诺，合坐鼓掌。吴铁城、周恩来握手摄影，商定吴铁城、邵力子今夜车入京，同人二十一日乘飞机入京。夜，中共招餐思南路107号，举手相庆呼万岁。①

10月21日，八时半，李维汉、郭沫若、胡政之、沈钧儒、章伯钧、罗隆基、黄炎培、张君劢、蒋匀田、曾琦、李璜、左舜生、陈启天、余家菊、杨永浚等十四人齐集龙华机场，将乘国民党政府派来的中航41号机由上海飞南京，记者询张君劢此行观感，张君劢含笑答记者曰："大局前途还有许多问题，要在商谈中解决，但大家既能诚心诚意到南京去，实现和平一定有很大希望"。八时五十分鱼贯登机，九时起飞，十时十分抵南京明故宫机场，政府代表吴铁城、王世杰等到机场迎接。一行在机场稍顿二三分钟，旋分乘汽车至参政会休息。周恩来乘美国专机十时四十分到达大校场机场。等周恩来到来后，十一时，全体应蒋介石之邀，至国府会晤，蒋戎装全备，与各方代表一一握手寒暄，表示欢迎，并说我等你们很久了，你们赶快商谈吧，政府方面由孙科作代表，我原定前两天去台湾，为了等你们，今天才能走。说完他就走了，接见时间前后只有八分钟。蒋介石一走，有些第三方面人士冷了半截。谈约半小时，各代表辞出。

中午十二时半，孙科假国际联欢社欢宴各方代表，张君劢应邀出席。餐毕后，孙科起立致欢迎辞，梁漱溟继起发言。黄炎培报告此次各方在沪交换意见经过。曾琦、李璜相继发言后，周恩来致辞，强调遵守政协决议谓："只要根据政协决议，一切可以遵守。"张君劢发言，希望重开和谈，并祝其尽快成功。

宴会结束后，第三方面人士齐集新街口交通银行开会，检讨时局，并研究第三方面如何着手和平努力，经充分交换意见之结果，决以促成停战为第一要义，并促继续政协商谈，完成政协未竟之工作，即依此与双方进行磋商，为便利谈话计，第三方面之各党派及社会贤达各推二人或三人为代表。

下午五时半，第三方面人士在孙科官邸和国民党代表会谈，出席者张君劢、黄炎培、罗隆基、曾琦、李璜、左舜生、莫德惠、胡政之，国民党方面为孙科、吴铁城、陈布雷、陈立夫、张厉生、邵力子。张厉生提出要民盟先同意蒋介石的八条，政府才能下令停战。张君劢提出异议，说吴铁城、邵力子在上海并未说过会谈要有这个先决条件，如果这样，我们只好

---

① 参见《周恩来年谱1898—1949》，中央文献出版社、人民出版社1989年版，第698—699页。又可参见《黄炎培日记》第9卷，华文出版社2008年版，第206页。

回上海。会议未获结果。

晚九时半，张君劢、沈钧儒、章伯钧、罗隆基、梁漱溟赴中共代表团处访周恩来，谈一小时。

10月22日，中午十二时半，社会贤达代表莫德惠、王云五、傅斯年、胡政之、郭沫若、钱新之、缪嘉铭在交通银行设宴招待政府、中共、民盟、青年党代表。到政府代表孙科、吴铁城、陈布雷、陈立夫及吴鼎昌、雷震等；中共代表周恩来、董必武、李维汉、邓颖超；民盟张君劢、梁漱溟、黄炎培、罗隆基等；青年党曾琦等。张君劢在宴会上致辞。宴会空气和谐。至下午一时许始散。政府代表辞出后，第三方面人士与周恩来等中共人士商谈恢复和谈问题。至五时半始散。

稍晚，访马歇尔，向其叙述第三方面人士、国民政府代表和周恩来在上海的各次会议。张君劢说：目前共产党觉得他们被打败了，倘若接受政府的八项建议，无异于投降。张君劢指出，八项建议之中有两项是与政协决议相违背的：（1）关于在停止冲突的同时共产党提交其参加国民大会代表名单的建议未依照政协程序，政协决议原来的设想是向改组后的政府，而不是向任何现存政权提交这样一个名单。（2）关于地方政府问题的考虑将满洲排除在外也与政协决议不一致，政协决议原来的设想是商讨中国所有地方政府问题。张君劢还表示：共产党丧失张家口很可能意味着他们决不放弃哈尔滨。马歇尔表示：他确信，在谈判中对讨论的问题不会有任何种类的限制，而国民政府在其建议中也没有打算做这样的限制。[1]

10月23日，九时，在张君劢中泰街寓所，张君劢、黄炎培、沈钧儒、章伯钧、罗隆基、梁漱溟六人举行内部会议，共商调解工作进行步骤，分派各人担任的职务。

下午三时，第三方面全体假交通银行会谈，到者社会贤达莫德惠、胡政之、缪嘉铭、钱新之，青年党李璜、左舜生、陈启天、余家菊、杨永浚，民盟张君劢、黄炎培、沈钧儒、章伯钧、罗隆基、蒋匀田、徐傅霖等十七人，研究局势，并商讨进行事宜，推定罗隆基、陈启天、蒋匀田三人负责发布新闻，并推定张君劢、左舜生访政府代表王世杰，交换有关宪草问题之意见。

10月24日，九时，黄炎培等到张君劢寓所，盟友会商工作进行办法。晚，第三方面推张君劢、左舜生为代表访政府代表孙科，有所商谈，

---

[1]《国共内战与中美关系——马歇尔使华秘密报告》，中国社会科学院近代史研究所翻译室译，华文出版社2012年版，第284—285页。

并持第三方面函面交孙科，转请蒋主席早日返京。

10月25日，九时，在张君劢寓所，黄炎培、章伯钧、蒋匀田、梁漱溟、沈钧儒等民盟同人会商。下午三时，在交通银行集会，商谈至晚始散。晚，张君劢、梁漱溟分访周恩来、王世杰。

是日，赴中央饭店访晤司徒美堂，交换对国事意见，司徒美堂日内将离京返沪。

10月26日，与梁漱溟、章伯钧访黄炎培，互报告洽谈经过。下午三时，第三方面集会交通银行。

10月27日，上午，与黄炎培等共商应付大方针。

下午三时，与钱新之、左舜生至中共代表团晤周恩来、董必武，对时局交换意见，并继续二十六日之非正式商谈，至四时半辞出。

下午四时半，黄炎培、莫德惠、张君劢、左舜生至武夷路孙科家，同座孙科及吴铁城、邵力子、吴鼎昌、王世杰、雷震。黄炎培报告中共因安东事件而改变态度，及同人努力七日所草之意见三条五点，今因中共态度变化不欲正式提出。七时半始散。八时，再集交通银行，报告各方探寻意见所得，因莫德惠提议东北问题，决分两组研究，第一组东北问题，黄炎培、莫德惠、梁漱溟，其余诸人入第二组，研究其他问题，限明天中午会餐报告。至七时许始散。

10月28日，上午九时，与黄炎培、左舜生、梁漱溟、章伯均等十二人在南京交通银行集会，就国内局势提出三点主张：（1）国共双方停战，由军调部及其三人小组协议决定停战后的交通、军队整编统编和军队驻地问题。（2）全国地方政权由改组后的国民政府依据和平建国纲领解决。（3）商决政府改组（组成）问题及国大问题，完成宪法修正案。三点主张写在南京交通银行用笺上，用复写纸写成，上有梁漱溟签章，后有黄炎培等十二人亲笔签名。推莫德惠、张君劢、陈启天、黄炎培送孙科，莫德惠、李璜、梁漱溟送周恩来，缪云台、罗伦基送马歇尔、司徒雷登。周恩来看后"大大生气，顿足而哭"，愤怒责备他们不守前约。指出这个方案是落井下石，蒋介石要把我们打倒在地，你们还要踩上一脚。在周恩来、董必武、李维汉严正指责后，第三方面代表醒悟，即到孙科、马歇尔处收回方案。

是日，马歇尔与张君劢、罗隆基会谈。张君劢认为对第三方面来说，获得共产党参加国民大会的名单最为重要。如果要使第三方面的三点建议能为双方所接受，则那是必不可少的。倘若政府拒绝做任何政治方面的让步，则第三方面的建议为中共接受的可能性就小，并指责蒋介石是个独裁者，国民党获得军事权力愈大，或军队愈强，政府的民主就愈少。蒋介石已经独裁了二十年，因而他习惯于完整的和公认的权力。即使国府委员会建立了，而且每两周开一次会，蒋介石也极容易将它置于一旁而不顾。罗认为蒋介石相信在任何情况下，都会得到美国支持的。

午后，与余家菊、左舜生乘凯旋车赴沪。①

10月29日，上午九时半，蒋介石在官邸召见莫德惠、缪云台、黄炎培、徐傅霖（代表张君劢）、吴铁城。蒋介石首先对黄炎培等人调解工作表示慰勉，次要求第三方面勿失公正立场，再次述八条声明经过郑重考虑才提出来的，希望针对发表意见，如认为尚有问题，尽可指出。

10月，著作《尼赫鲁传》由商务印书馆出版发行。

11月1日，晨，由沪赴南京。

11月2日，上午十时半，出席第三方面在交通银行之集会，商讨对时局的意见。下午三时，往谒蒋介石，由政协秘书长雷震陪往。蒋介石垂询对时局之意见，张君劢建议召开一次国民党、共产党和第三方面代表参加的非正式会谈，蒋表示同意。四时半返回民盟总部。晚，访晤周恩来，周亦表示同意张所提建议。

11月3日，九时，访孙科。十时，访司徒雷登大使。十一时约集第三方面代表举行会议，交换意见。下午三时半，偕罗隆基访马歇尔，商讨时局。所谈多关于二日来访蒋介石谈话情形，并交换对时局意见。张君劢认为，政府于行政院改组前应做三件事：一、建立一个统一的文官制度，以便统一用人标准；二、建立预算制度；三、确立各部、会的基本方针。马希望第三方面集中努力解决国共间的政治问题。下午五时，访吴铁城。晚，往访张公权。张公权下午四时由北平飞抵南京，二人谈甚久，除家务事外，对国是亦有所商谈。

11月4日，上午，与罗隆基访周恩来，就折中方案参酌共方意见。

下午三时，张君劢等在交行举行会议，约请雷震出席，听取政府意见。雷先退，继续就各方意见，参酌修正为一折中方案。会后，推张申府、张君劢、莫德惠为代表访周恩来，周表示定五日晨十时到交通银行与第三方面会晤后再谈。下午六时，返交行报告，商定5日晨再集会，并邀周恩来出席说明，定下午在吴铁城寓所与政府代表会见，征询意见，倘可接近，此项方案即可成立。②

---

① 《申报》1946年10月29日。
② 《申报》1946年11月5日讯。

是日中午，张公权觐见蒋介石，报告最近东北经济情形。蒋介石嘱托张公权劝张君劢提出民社党参加国大名单。蒋介石讲道：国民大会能否开会，关键在于民社党。

晚上，张公权将蒋介石的谈话，告诉张君劢，张君劢表示，仍应与中共全盘讨论。

11月5日，晨，访邵力子，旋访司徒雷登大使，再申调人意见。十一时，中共代表周恩来、邓颖超、李维汉到交通银行会晤第三方面人士，并举行会谈，张君劢出席，中共提出希望解决之问题及意见。等周恩来等离去后，第三方面即开会研究，以政府目前所急欲解决者为中共出席国大问题，而中共所提意见过于广泛，决定在量上加以折中。下午四时，政府代表邵力子、王世杰、张厉生、雷震集会于颐和路吴铁城寓邸，张君劢、莫德惠、张申府、章伯钧、罗隆基等亦往参加，由张君劢等报告共产党之意见，并提出更为具体之意见。旋政府政协代表于五时谒蒋介石，报告一切。①

中午，蒋介石向张公权询问和张君劢谈话情况。

晚，约见周恩来，长谈，周恩来表示，一切问题必须同时解决。

11月6日，晨七时，访邵力子，时雷震亦在场。邵力子表示政府之意见，不拒绝商谈，但希望第三方面对于商谈之方式与程序，提出更具体之让步。

上午十一时，雷震至交通银行，与第三方面会晤，将昨晚请示蒋介石的结果告诉第三方面。

下午三时，与左舜生、蒋匀田等赴梅园晤中共代表周恩来，谈话一小时许。张君劢等所谈皆关于日来与政府接洽情形，周恩来表示只要能谈，任何方式皆可。

访司徒雷登，告诉第三势力的失败，希望美国恢复斡旋。司徒雷登指出须针对蒋氏十月十六日信中所附八点，予以答复。

11月7日，下午八时与周恩来、罗隆基、王炳南、叶笃义到司徒雷登处讨论如何答复蒋氏。答复信迄第二天下午六时左右才写好，并于晚十一时钟左右呈递给蒋介石。②

11月8日，上午，张公权见蒋介石，报告张君劢、李璜、莫德惠三位意见，一致主张与中共继续商谈。蒋介石答复说："中共既不答复吾方

---

① 《申报》1946年11月6日讯。
② 《司徒雷登日记》，黄山书社2009年版，第27页。

八项条件，何能继续商谈。故必须先由中共答复此八项条件。"张公权返回寓所后，即约张君劢、莫德惠、李璜三位见面，将蒋介石的话告诉他们。张君劢等往访周恩来、李维汉等，周恩来表示同意复函。

下午六时，张君劢、张申府、沈钧儒、罗隆基，青年党左舜生、李璜，社会贤达缪嘉铭、胡政之、莫德惠等在交行开会，邀请周恩来、李维汉、邓颖超等出席。首就共产党对政府 10 月 16 日主席所提八项意见之答复予以研讨。共产党并于当晚送达马歇尔特使。旋周恩来等先行，会议继续进行，对蒋介石 8 日所发表声明予以研究。会毕约十时。举行临时记者招待会，由罗隆基宣读彼等对主席声明之意见。

11 月 9 日，对于蒋介石所颁布停战令，发表谈话，谓：今日之停战令，实为各方满意之要求，惟停止冲突命令虽下，惟须进一步冲突原因之清楚暨如何清楚冲突原因之办法，此项办法，在政府方面已有各方拥护之政协五项决议，在军事方面，已有两点签订之整理方案，仍希望两点与各党派不折不扣以求其实现，奠定和平基础，以慰全国人民之望。①

中午，孙科在武夷路寓所召集政府、中共、第三方面人士会议。出席政府方面孙科、吴铁城、邵力子、王世杰、雷震；中共方面周恩来、邓颖超、李维汉；第三方面张君劢、莫德惠、曾琦；美国调人方面司徒雷登。十二时半开始进餐，餐毕会谈，直至下午四时始散。

是日，张公权谒蒋介石，报告昨天返寓后与李璜、莫德惠、张君劢等接洽经过。据张公权日记云：

> 下午往见委员长，报告昨日经过。渠答谓上午司徒大使已来报告。嗣告以君劢意，何不要求共军退出中长路沿线，而易以张家口，渠谓不能同意。

11 月 10 日，晨十时，与莫德惠、李璜赴美大使馆访司徒雷登，谈请求延期举行国民大会事。②

11 时，第三方面代表在交通银行集会，由张君劢、莫德惠、曾琦、周恩来等汇报访司使和马歇尔情况。

下午三时，非正式综合会谈由孙科召集在武夷路孙科寓所举行。出席者有：民盟张君劢、罗隆基；青年党陈启天、曾琦；社会贤达莫德惠、胡

---

① 《申报》1946 年 11 月 10 日。
② 《司徒雷登日记》，黄山书社 2009 年版，第 28 页。

霖；国民党政府代表吴铁城、王世杰；共产党代表周恩来、董必武。至六时始毕。会中讨论重心，仍在国大会期问题，政府方面表示决如期举行，民盟、青年党则主张做延期之考虑，共产党坚持停开。

11月11日，清晨，李璜到张君劢住处商量出一个方案：由第三方面联名写信给蒋介石要求将国大延期一个月，继续和谈，按照政协决议程序先改组政府，然后第三方面保证提名出席国大。张君劢将这个建议带到民盟总部讨论，当时出席的除民盟政协代表而外，民盟在南京蓝家庄总部的中委也都参加。大家议论纷纷，但没有人提出不同意见。十一时，沈钧儒、黄炎培、章伯钧、罗隆基、张申府、蒋匀田、叶笃义、张君劢一同到达交通银行。李璜把拟好的信件匆匆读了一篇之后，大家没有异议地在上面鉴了名。这时候以周恩来为首的中共代表也到了交通银行，当着周恩来的面，大家对这样一件事只字不提。等周恩来走后，立刻把签好的信交给社会贤达方面的代表准备当天交给蒋介石。会后，张申府、沈钧儒、章伯钧会晤周恩来，将此事告知周恩来，周恩来很生气，当即指出：按照政协决议规定，应先改组政府，然后召开国民大会。国民党违反政协规定的程序，企图骗取名单，实际上仍是国民党一党包办的国大。尽管第三方面写的是信，但国民党就认为是提了名。于是吓坏了的张申府、沈钧儒、章伯钧三人赶紧回去在信上将各自的名字涂掉。①

中午，蒋介石宴请张君劢。

下午四时，莫德惠、缪云台、张君劢等五位带着函件去见蒋介石。蒋介石问明有哪些人涂名，知道民盟没有受骗，说："好，为了尊重你们的意见，延期三天，那你们一定要参加了，问题在请你们劝青年党、民社党也参加国大。"

晚上，张君劢、蒋匀田，青年党李璜，均乘夜车赴沪。张君劢此去系为民社党提出国大名单有所商洽。②

11月12日，晨，与蒋匀田、孙宝毅等由南京抵沪。当晚即由张君劢召集民社党人士在愚园路该党办事处举行谈话会。首由张君劢将在南京商谈之情形及所悉各方意见，向在座者报告，继由各人详细检讨该党今后态度并做整个之意见交换。商讨至当日深夜止，尚未有决定性之结果。③

---

① 叶笃义：《我和民主同盟》，《文史资料选辑》增刊第2辑，中国文史出版社1987年版，第10—11页。
② 《申报》1946年11月9日讯。
③ 《申报》1946年11月13日讯。

上午八时半，民盟开会，通过如下："民盟历次宣言，拥护政协决议，一切行动，以此为唯一的依据，同人愿竭尽最后一切努力，以求政协决议关于国大开会前各项手续之完成，完成以后，即一致参加国大，未完成以前，决不参加。"黄炎培将此决议电话通知在上海的张君劢。

下午四时，在孙科住宅举行第二次非正式综合会谈，孙科主席，到者：吴铁城、王世杰、邵力子、周恩来、董必武、黄炎培、章伯钧、罗隆基、张君劢（金侯城代）、曾琦、陈启天、莫德惠、缪云台、胡霖、雷震。国共代表各发言后，黄炎培主速开宪草审议委员会，政府代表态度不积极。黄炎培并报告民盟态度，决不参加国大。历时三小时，无结果。

是日，蒋介石约见张公权。据张公权日记云：

晨委员长来电话，约去一谈。先询问君劢为何返沪。答以："据君劢临行前，曾告我一切须到沪与党内同志商量，不日返宁。但渠本人仍主张国大开会，展期至下月一日，或先开预备会。"对于彼意，蒋公答云，俟各方提出国大名单再谈。又告以君劢语我，目前急务，在改革目下政治状况，至讨论宪法，及各方参加政府，实非当前急务。蒋公亦首肯。

11月13日，主持民社党在沪人士会议。

据该党发言人孙宝毅语记者谓：二日来会谈结果，社会民主党决议，经几天之努力，提交国大名单，并无不可能，但仍须有相当条件，最主要者乃要求政府：（1）依照政治协商会议进行；（2）彻底改组政府，尤须改组行政院。张君劢已准备将决议携京，向政府当局提出，如获同意，即可立即提交名单。该党人士并一致希望，国大能延期至12月1日举行，在此期间按照政协决议办事，同时蒋主席与毛泽东晤面，解决军事政治问题。记者询以民社党国大名单是否与民盟其他党派同时提出，张君劢称：本党国大代表名额，现已由民盟120名额内分配40名，希望与民盟同时提出，但在某种情形下，亦可单独提出。

是日，张公权乘飞机抵达上海，访张君劢。据张公权日记云：

十二时半飞机赴沪，往晤君劢，传递蒋公意旨。渠仍坚持国大展期至十二月一日开会，政府必须尽最大努力与中共谈判。同时须实行政协决议，然后方可提国大名单。

晚，范朴斋、朱蕴山到张君劢寓所劝说张君劢。郭沫若等已先到。屋里坐满了人，都是去劝阻张君劢的。张君劢表示三点：（1）不交名单；（2）我就是我，不会受任何人影响（公权）；（3）"我曾告诉公权，叫他问政府，拆了第三方面，于他有何益。"大家都相信他的话。郭沫若抱着他香了一个很久的面，说："你的大旗怎么倒，我就怎么倒。"

11月14日，晨六时半，与张公权乘飞机抵南京，张君劢发表谈话云：

> 政府方面曾由社会贤达代表传达政府意旨，将国大展期三日，盼望各党派于此期间内推出国大代表名单。本人曾以和平统一之商谈以濒不绝不续之境，因建议以出席政协各方面代表提名，一面希望将国大会期展期至十二月一日，以便腾出时间，促成蒋主席与毛泽东先生会谈，求得圆满结果。其他政治问题，如宪草，如政府改组，依照政协决议完成。实以非如此不能谓为亦尽最后努力，且亦何以饷人民祈求和平之望，故仍恳切盼望于此二星期内尽速商谈，如果均以国家人民利益为重，届时各问题当得到合理解决，则在此平心商谈和蔼空气之中，自愿将国大名单提出，以观大法之完成也。

然后，二人即同访李璜。后，三人同赴吴铁城处略谈，返寓。张君劢与李璜二人商拟的条件：（1）先改组国府与行政院。（2）完成宪法草案审议手续。（3）明日国大开幕后，先行举行预备会，至下月一日再正式开会。张君劢单独提出下列条件：（1）蒋介石约见毛泽东，做最后商谈。（2）政府对于中共驻兵地点，做最后让步。（3）停止国库支出党费。（4）党部退出学校。张公权与吴铁城同往蒋介石处报告。蒋介石意预备会议可举行三天。行政院除水利部外，另立邮电部及农林部，将此三部部长任命中共人员。张君劢与蒋匀田、李璜、胡霖等赴交行与黄炎培密谈。

中午，与章伯钧、罗隆基、黄炎培、沈钧儒、张申府应中共代表团邀请，到梅园新村午宴。席间，周恩来表示告别意，并重申中共争取民主和平愿望。周恩来表示："从各方面来看，再经过几年苦战，蒋介石的进攻是能被粉碎的。看形势三五年后回来的可能性很大，无论在南京或上海，我们一定要回来的。"餐后，在梅园新村30号院内摄影留念。

下午三时，上海贤达与吴铁城同访张君劢。张君劢表示，在此种情况下，国大展期与否，已无关紧要。只需政府实行政协决议。至行政院改组，系政府应办之事，不能视作条件。

下午三时半，张公权与吴铁城同赴蒋介石处报告。当时王世杰在旁，认为张君劢之意，暗示共方既退出国大，政府应自己改造。蒋介石希望再约李璜、张君劢谈一次。张公权报告蒋介石：青年党可提国大代表名单，民社党须开会决定。蒋介石希望张君劢担任完成宪法。

晚，离南京返上海，同行者有李璜、黄炎培、金侯城、孙宝刚等。①

11月15日，晨，与蒋匀田、孙宝刚等回到上海。上午十时，召集民社党留沪人士开紧急会议，继续商谈国大代表名单问题，会谈持续一小时。会后，由其弟张禹九陪同拜会张群。下午四时，出席张群召集的会议，张群于当日晨由日本回国抵达上海，于下午四时邀集第三方面人士举行会谈。

是日，上午，国民大会在南京开会。下午，张公权访司徒雷登时，司徒雷登表示：蒋介石个性坚强，一切只有因势利导，徐图补救。并嘱张公权劝张君劢完成宪法，为国家树一民主初步基础。

11月16日，上午九时，民主社会党在总部举行中执委会，继续讨论大局，出席二十余人，讨论至十一时始散。

下午三时，偕蒋匀田、徐傅霖、孙宝刚与政协秘书长雷震等九人飞抵南京。行前，李济深、郭沫若闻讯赶到张君劢家劝阻，张君劢与郭沫若再次拥抱香面。到达南京，一下飞机，即被其弟张公权接到张公馆，与民盟同人隔绝开来。在张公权的催促下，张君劢于当晚就拟定好了致蒋介石的信函，为有条件参加"国大"下了最后的决心。据张公权日记云：

下午君劢由沪来，渠表示决定拟提条件：（1）继续彻底执行停战命令。（2）通过宪法草案。（3）结束党治。（4）改组国府与行政院。即晚彼拟好信稿，缮送蒋公，并希望交换函件。一面约北平、香港同志来宁面谈。

11月17日，晨，发表谈话：只要政府实施民主，我等随时可帮忙。关于提交名单一事，民社党拟即派中常委孙宝刚，党员叶笃义于18日飞北平，与张东荪等协商，预定19日可以返京。中午，雷震晤访张君劢，

---

① 《申报》1946年11月15日讯。

事后雷震语人曰：关于民社党参加国大问题，该党内部正在研究中。①

是日，罗隆基访张君劢。

据《神州社》南京17日电称：罗隆基今日一反最近消极态度，突然拜访张君劢，有所商谈。关系有关民社党参加国大对民盟职教派、救国派有极大影响所致。

是日，和其他民主同盟在南京的中常委在中共办事处梅园新村与即将离南京返延安的中共代表团周恩来等合影。参与照相者：周恩来、邓颖超、罗隆基、李维汉、张申府、章伯钧、沈钧儒、董必武、黄炎培、张君劢、王炳南。

晚间，同王世杰谈话，张君劢表示将提出若干条件作为民主社会党参加国大的条件。

晚，范朴斋、叶笃义拜晤张君劢，事前，范朴斋还写了一份数千字的长信备面交。信从传统士气、道义及国家前途各方面反复苦劝。张君劢看信后说："现在我是没法，不牺牲自己，就牺牲党，两条路只有走一条。"范信中曾说"脱党"，张君劢看到这里时说："脱党，很可能，很可能。"又说："这话暂时勿说出去。我今后不但不参加国大，也不参加政府，并且对民社党我也抱看戏的态度，自己退出去。"张君劢写了一封信，请叶笃义去北平交张东荪，征求他的意见。

11月18日，九时，雷震来访。十一时，张群来访。下午三时，出席在孙科寓所举行的宪草审议会会议。出席会议的还有王宠惠、孙科、吴经熊、林彬、陈启天、左舜生、王云五、缪嘉铭等。所讨论者仍为过去政协宪草审议会所通过，复经王宠惠、吴经熊在文字上有所校订者。本日对原则无改动，仅文字上有所修改。国大部分已经审议完毕。② 下午四时，雷震再来访。下午五时，邵力子来访。晚七时到菩提寺8号出席陈诚、王世杰的晚宴，餐后有所谈话，至晚九时陆续散去。③

11月19日，下午三时，出席在孙科寓所举行的宪草审议委员会第三次会议，出席会议的还有雷震、王宠惠、孙科、吴经熊、林彬、陈启天、左舜生、王云五、缪嘉铭等。对昨日审议未完部分给予研讨。会议经过良好，原则上无改动，但因宪法为国家根本大法，故均不厌其详，字句推敲，会议意将草案全部审议完毕，定于20日交中常会讨论，下午交国防

---

① 《申报》1946年11月18日讯。
② 《申报》1946年11月19日。
③ 同上。

最高委员会讨论，并于21日交立法院完成立法程序，然后交国民大会。①

晚，蒋介石在官邸设宴嘉奖张君劢对国家的贡献，孙科、吴铁城、王宠惠、王世杰作陪。

11月20日，致书中国国民党总裁蒋中正：

> 自今岁一月参加政协以来，所系念不忘者，厥为和平统一。将国内各党融合于国大之中，制定全国共守之宪法，我公之所祈求者，谅不外乎此。孰料事与愿违，国共之始合于政协者，终以国大召开日期未获协议而睽离。君劢曾力主延开十五日以宽商谈之限，群疑国共之和谈无日，停战令虽下，人民仍恐难逃战祸之苦；国大虽能召开，而所制定之宪法，恐将难邀共守，政协代表亦将剖而为二。此种疑窦如果演成事实，则国家将万劫不复。然君劢窃以为局势虽危，尚不无挽回之望，厥在钧座善为运筹，而先尽其在我者：（一）如何彻底执行停战命令，以防战事之扩大，而示诚心争取和平之至意；（二）如何彻底实现政协决议之精神，以昭示实行民主之决心于国人。彻底实行停战命令者：第一，三人会议所主席之军事调处执行部，应继续积极工作，力勉冲突之扩大，预留恢复和谈之余地。第二，依照整军方案，政府应以最大之忍让，求其实现。第三，政府迭次声明，以政治方式解决政治纠纷之主张，应坚定不变，庶几达到真正和平，财政得以整理，国力得以巩固。彻底实现政协决议者：第一，政协宪草审议会所修改之宪草，应在国大之内，各方应负责使其通过。第二，切实保护人民身体言论结社讲学之自由，令人民能畅发扬其心中之抑郁，政府也因此知民心之向背，而有所鉴戒。第三，政府既决心实行宪政，应自动早日结束党治，以下数端，宜先实行：（一）自宪法颁布后，各级党部经费停止由国库开支。（二）政府改组后，中央既有国府委员会为决策机关，其省市县行政，自应由省市县政府负责，地方党部不得干涉。（三）学校为养成国民与人才之地，倘令青年学生参加党团政治工作，徒滋纷争，政府应本为国育才之道，明定办法，消除党化教育之嫌。凡此各端，倘政府能切实实施，自能引起人民了然趋向民主之决心，而造成国内和祥之气，殊有助于和谈之恢复。第四、改组政府，各党合作，旨在刷新政治，应本用人唯贤之宗旨，一新天下之耳目。自政协以来，似乎各党争执为国府席数与政院部务之

---

① 《申报》1946年11月20日。

担任，然实质上，所急需者为行政全部精神之刷新与人才之不分界限，倘国民党籍之人对于改组后之政府多加控制，或相互牵掣，则行政机构将益形瓦解而无法运用。君劢对于宪草既已随政协之后参加于事先，自愿完成审议工作，倘宪草能一本政协之决议，而同时政府能迎之于机先，早日自动表示结束党治，一面彻底执行停战命令，一面彻底实现政协决议之精神，则民主社会党同人，虽深以各党不克共聚一堂为缺憾，然在此还政于民之日，自当出席以赞大法之完成。国中不乏怀疑于此项将成之宪法实际执行之成效者，然君劢不敢加以臆测，而置身审议之外。今建国大业之成败，固系于此，即全国人心同背，亦视宪法执行成效如何而定矣。①

11月21日，国民党总裁蒋介石回复张君劢函。

11月22日，下午二时，孙宝刚，万仞千、叶笃义由北平抵达南京，即赴张君劢处报告北方该党内部会商经过。

是日，托缪云台电话约罗隆基面谈，事前并未告知是张君劢之嘱。张君劢见罗隆基的第一句话说："我不好来会你，也不敢约你相见，怕人说我替政府拉你，而且听说民盟要开除我了，我又不知你愿不愿和我见面谈话。"他又向罗表示不参加国大和政府，仍愿和民盟保持关系。

11月23日，张公权与张群、雷震晋谒蒋介石，解释张君劢不能出席国民大会之原因。

是日，民社党竟日开会，讨论民主社会党参加国大之名单，迄下午五时始毕。即由张君劢将该名单交与政协秘书长，名单共列四十人，即政协决议之名额，张君劢不在其中。当日下午国府选举委员会开会时，原则通过此名单，晚间国府明令公布。国大代表24日即可开始报到，并参加会议。民社党参加国大主席团人选，业经决议为徐傅霖、李大明两人，唯徐傅霖曾表示，如当选主席团，仍将辞谢。②

是日，民社党由张君劢具名致蒋介石之函件及蒋介石之复函，正式交换，晚九点由民社党徐傅霖宣布。

是日，就参加国民大会及与国民党交换函件事发表谈话："此次民社党与国民党交换之文件，纯粹以国家人民之需求为出发点，承蒋主席之答复，实为实行宪法前之重大表示。本党同人本此精神参加国大，以赞大法

---

① 见1946年11月24日《申报》；《再生周刊》1946年11月30日第141期。
② 《申报》1946年11月24日讯。

之完成。至君劢个人，向来好致力于政治思想与学说研究工作，所以自重庆各方讨论提出国大名单时，即一再声明不愿担任任何名义；至于讨论宪草时，无论任何方面，如需要君劢说明或参加意见，无不乐从。"①

11月24日，晨，张公权谒蒋介石，略及民社党内部分歧，致张君劢不能出席国民大会。

午，周孝怀招餐其家，黄炎培、张澜、张君劢、伍宪子出席。

下午一时三十分，与弟张嘉璈、弟妹张肖梅乘中航机离南京飞上海，三时，飞抵上海。张君劢表示彼可随时往来京沪间。② 抵沪后，立刻召开民社党干部会议，商讨参加国大事。

11月25日，国民大会举行第一次正式会议，蒋介石任主席。蒋介石就与民社党主席张君劢交换之函件做说明，谓本人与张之函件中，"有'政协宪草各方应负责使之通过'一语，此乃以国民党总裁名义复函，此系党与党之文件，与国大无关。至政协所决定宪草原则，在当时协商时，系决定参加政协之各党派，应负责使其党员将此项宪草通过，而国大依法行使职权时，自不受任何之拘束。"

11月27日，在张公权陪同下至江湾看地，拟建社会科学研究所。

11月30日，晨八时，在愚园路民社党总部主持中常会议，伍宪子、徐傅霖、孙亚夫诸人均由南京返沪参加会议，至十二时始散。会议仅检讨今后党务发展途径。

12月1日，下午三时，出席并主持民主社会党中常例会。张君劢、伍宪子、徐傅霖、汤铸新（芗铭）、沙彦楷、孙宝刚、孙宝毅出席。

12月3日，张公权晋谒蒋介石，蒋介石询问张君劢情形，张公权即告以张君劢拟办一学校。适张君劢有致蒋介石函，提及购地建筑校址，请其关照上海市长及教育部，予以协助，蒋介石答云并无困难，可照办。

12月8日，接张君劢、伍宪之急电后，民社党反对参加国大之胡海门、梁秋水二氏准备前往上海，会商党内团结问题。

12月9日，九时，由上海飞抵南京，张群同行。张君劢抵京后即赴孙科之午餐，同时赴宴者有徐傅霖、张群、邵力子、王世杰、吴铁城、雷震等，席间复就当前局势有所商谈，并交换意见。午后，张、徐召开党内会议。晚九时，赴官邸晋谒蒋介石，有所陈述。晚十一时，乘京沪夜车

---

① 《申报》1946年11月24日；《再生周刊》1946年11月30日第141期。
② 《申报》1946年11月25日讯。

返沪。①

是日，民社党北方领袖胡海门、梁秋水到上海。

12月10日，晨，抵沪。中午，在范园宴请胡海门、梁秋水等，由冯今白作陪。餐毕，又闲谈一小时，始分别散去。事后，梁秋水对记者说：该党北方领袖曾联名致张君劢函要求脱党，近日一晤，见其鬓发皆白，始知张君劢尽瘁国事，极备艰辛，当向其致歉意，一场误会，顿形冰消。

12月11日，主持召开民社党中常会例会，历两小时始散。会间对党内一般问题做广泛检讨，内容侧重于沟通南北意见及加强党内组织等项。②

12月12日，《大公报》载：国大审查委员会拟将第一条改为"中华民国为三民主义共和国"一节，记者特叩询甫由南京返沪之张君劢，张君劢认为三民主义不宜冠于国名，三民主义是一种广泛的政治思想，各人有各人的理解，如果订在宪法条文国大定名中，将来必会引起各种争执与籍口。记者还就制宪的其他问题询问张君劢，张君劢均做回答，其要点有：

  张君劢认为国大职权不宜扩大，因为国大与立法院均为民选，民选的立法院只能对人民负责，自有其权利与尊严，不宜另设一民选机构驾于其上加以牵制。民社党对此点，态度非常坚决，如果国大通过扩大国民大会职权，因而限制立法院职权，则民社党将退出国大。民社党认定中国唯一的出路在于社会主义，而宪草中对于国家基本经济政策没有明确规定，是其缺憾。张君劢认为国大能顺利通过这部宪法，最低限度的可以结束一党专政，在中国政治史上不能不说是一个进步，相信政府行宪的诚意与决心，不过中国今天最需要的，还是和平，一切经济政治金融的问题，都必须在和平以后方能解决，行宪不过其一端而已。③

12月15日，自沪以长途电话指示民社党出席国大代表，对宪草之修正有四点绝不能让步：

---

① 《申报》1946年12月10日讯。
② 《大公报》1946年12月14日。
③ 《再生周刊》1946年12月21日第144期。

（1）第一条国体"基于三民主义"字样绝不能加。（2）增加国大职权，除变更领土可由国大通过外，任何权均不可加。（3）总统紧急处置权之诸条件中，"紧急事态"字样绝不可有。（4）行政院对立法院之关系，复议时不能将出席三分之二改为全体三分之二。民社党代表决定于会中全力争取。①

12月18日，下午四时，借范园张君劢宅，民社党举行中常委例会，张君劢主持会议，该党留沪常委伍宪子、汤铸新（芗铭）、孙宝刚、孙宝毅等均列席。北方代表梁秋水、胡海门未参加，历三小时始散。②

12月22日，上午九时，民盟在沪举行中常委会议，张澜主持，该盟留沪常委中除张君劢、黄炎培外均出席。

12月23日，民盟中常委继续开谈话会，张君劢、蒋匀田两中委未被邀请参加。

12月24日，民盟秘书处致函张君劢，曰：

  本盟中央常务会第十一次会议议决：民主社会党违反政协，参加"国大"，于本同盟政治主张阋有出入。兹经本盟决议，认为民主社会党已确难在本盟内继续合作，但对于不主张参加"国大"之民主社会党党员深表同情。至有民主社会党党籍之盟员而参加"国大"者，应予退盟。相应抄录原案，即希查照为荷。此致民主社会党主席张君劢先生。中国民主同盟总部秘书处启。③

12月25日，下午四时，在范园住宅主持召开民社党中常会例会。留沪中常委伍宪子、孙宝刚、孙宝毅、冯今白等均出席，会间就民盟函请民社党退出民盟一事提出讨论，决定发表书面声明，六时许散会。

会后，张君劢、蒋匀田联合发表《中国民主社会党退出中国民主同盟的声明》，文曰：

  本月二十四日本党接得民盟来函，关于本党退盟事，兹发表公开声明如次：本年八月二十九日，本党曾有一函致民盟，要求"民盟

---

① 《大公报》1946年12月16日。
② 同上。
③ 《新华日报》1946年12月25日。

重要声明,均须预先取得本党同意。"此函逻辑上并不包含本党重要举措均须预先取得民盟同意。民盟乃应时代要求的争取民主的联合体,本党原为发起人之一。自与海外民主宪政党合并改组为民主社会党后,为表示本党立场,乃有八月二十九日对民盟之声明。此次参加国大,所以完成宪法,所以期望以宪政代替训政,较之于停滞在专政阶段自进一步。本党既无武力,又无地盘,对于接近民主之路,岂能舍而不顾。本党同人受大多数人民沦于破产惨罹战祸之呼声所感动,自问可告无罪。今接民盟来函,谓"碍难在本盟内继续合作",本党自有主义,自有政纲,与其因牵挂而起纠纷,自不如各自独立之为得计。至于争取和平,实现民主,与夫军队国家化之主张,同人既以揭櫫于先,自当努力贯彻于后。与其本党党员参加民盟者,在此情形下,本党当依据本党党章处理之。①

是日,上午,国民大会第二十次大会三读通过了由张君劢起草,经王宠惠、吴经熊修改的《中华民国宪法》,并决定宪法于民国三十六年十二月二十五日实施。

12月27日,晚十一时,雷震乘晚车赴沪,将会晤张君劢等,商谈改组政府意见。②

12月28日,抵沪后的雷震,上午往访张君劢,有所商谈。

十一时,张东荪赴范园访晤张君劢,有所商谈。张东荪是二十七日下午一时许由青岛抵沪,参加民盟二中全会的。

是日,在《再生周刊》第145期上发表《立法院复议人数问题》和《中国民主社会党退出中国民主同盟的声明》两文。

12月29日,夫人王世瑛遗骨安葬仪式在真如镇横塘举行,张君劢亲往主持。张君劢作《亡室王夫人告窆述略》一文,"述夫人行宜之大者"以悼之。文曰:

> 曹植之赋曰:入空室而独倚,对床帏而切叹。人亡而物在,心何忍而复观。此正我于役美洲,闻夫人与世长辞,伤心惨绝之感想也。自结褵以来,相处廿年,实为世界政潮汹涌之会,为民主反民主斗争之时期。……抑吾闻女子之性有外美内美之别,长工肆,工酬作,或

---

① 《再生周刊》1946年12月28日第145期。
② 《申报》1946年12月28日讯。

善理财，此才之显于外者。教育子女，厚待亲友，所欲言者讷讷不出诸口，而慈祥之气睟面而盈背，此德之蓄于在内。夫人之性格，真屈子所谓内美之遗也。我之不与夫人偕老，命实为之，何复言哉？

是日，晨，由南京返沪的青年党代表左舜生至范园拜会张君劢。

是日，国大秘书长雷震再度拜会张君劢。蒋匀田上午访张君劢，有所报告。①

12月30日，下午四时，在范园住宅主持召开民主社会党中常委会议，参加者有伍宪子、徐傅霖、蒋匀田、李大明、冯今白、汤铸新（芗铭）、孙宝毅等，讨论的主题为民主社会党对目前时局之态度，谈至六时许散会。②

12月31日，民社党发表《对目前时局的意见》，阐述对国大闭幕后时局之意见，主张彻底停战，恢复和谈，解决政权问题，实施整军案。开各党派会议奠定法治基础。立即切实保障人民的自由。此宣言刊登在1947年1月11日出版的《再生周刊》第146、147期合刊上。

是年，再次当选为中国太平洋国际学会执行委员会委员。其他委员是吴贻芳、王云五、梅贻琦、傅斯年、周炳琳、张伯苓、潘光旦。

1947年〔民国三十六年　丁亥〕62岁

1月2日，声明："个人不参加政府工作，只愿代表政府赴各地演讲宪法要义，并希望政府解释宪法、阐述宪法，要有统一的办法。"

是日，沈钧儒生日，民主人士聚在开纳路史良公馆，为其祝寿。张君劢与孙宝毅也前来祝贺。张君劢神情难看，只坐了五分钟就离开了。

1月3日，下午三时，主持召开民社党中常委会议，会议决定扩大该党组织，容纳各方人士，并增选李大明等六人为中常委。梁秋水也被选为中常委，但梁坚辞。出席各委员对参加政府问题，进行热烈讨论，会议至晚七时始散。③

是日，青年党及民社党同意"改组国民政府方案"。

1月5日，九时，张群驱车至范园访晤张君劢，谈话长达数小时，对

---

① 《大公报》1946年12月30日。
② 《大公报》1946年12月31日。
③ 《申报》1947年1月4日。

改组政府及民社党参加政府问题做进一步讨论。①

是日，雷震由南京抵沪后，立即前往范园拜会张君劢，再度试探民社党对政府改组意见，张君劢对民主社会党参加政府之表示，为必须换宋子文。雷震以告蒋介石，蒋介石未作可否，但不拒绝考虑。

1月7日，午后四时，张群约民社党张君劢、青年党李璜长谈，就时局等多方面问题交换意见。当时为社会注目之政府改组问题及恢复和谈问题，均曾涉及，但未得任何结论。②

1月9日，上午九时，与青年党左舜生、李璜，民社党伍宪子、万仞千等相偕访张群，就政府改组问题继续交换意见。

1月10日，上午十时，出席在范园召开的青年党、民社党联系会议。出席会议的还有青年党曾琦、左舜生、李璜、陈启天、常乃德、余家菊，民社党中常委十人，会议期间对于恢复和谈改组政府等问题广泛交换意见，下午一时始散，并未获得具体一致之结论。

下午，雷震来访，继续就恢复和谈改组政府交换意见。③

1月11日，民社、青年两党预定在范园开会，因张君劢突患眼疾而作罢。雷震返京前，来探视张君劢目疾，张君劢表示目疾痊愈后即进京。

1月12日，洪兰友来访。国大秘书长洪兰友日前来沪，十二日晚乘车返京，离沪前往访张君劢、曾琦二氏晤谈。

1月13日，发表谈话表示：

> 极端赞成孙科所提圆桌会议之建议，并盼政府对恢复和谈尽速完成准备。张君劢坚决主张任何一方均不应提出恢复和谈之先决条件，一切问题，必须留待党派会议协商解决。民社党发言人孙宝毅称：该党解决时局问题，主张分三个步骤，循序进行，首先恢复和谈，其次改革政治，然后改组政府，惟如和谈恢复，和平无望，民社党乃将毅然参加政府。因和谈主要系国共两党之事，绝不能因其无成，而任令其他重要问题长久搁置。民社党既已参加制宪，则依照宪法参加政府，实属义不容辞。④

---

① 《申报》1947年1月6日。
② 《申报》1947年1月8日。
③ 《申报》1946年1月11日。
④ 《申报》1947年1月14日。

1月15日，王世杰在日记中写道："民主社会党张君劢等极不满宋子文院长，彼等表示如政府邀彼等入政府，则必须易宋。蒋先生似正暗示可考虑。"①

1月16日，六一寿辰。中午，民社党同人及张君劢好友，特于范园设宴庆祝，参加者六十余人，极为热烈。民社党住京委员蒋匀田从京赶来祝寿。席间，雷震来访。雷震是日晨由南京到沪，中午至范园拜访张君劢，适逢张君劢寿庆，嘉宾满座，众皆为雷震奔走辛劳，劝酒致意，雷震于杯酒言欢之余，与张君劢略谈片刻即行告辞。②

1月17日，晚九时五十分，民社党代表张君劢、伍宪子、万仞千、蒋匀田、徐傅霖、程文熙、杨浚明等7人，与政府代表雷震同乘专车附挂于夜车晋京。

张君劢在车厢中语记者曰："此行系应蒋主席邀请赴京，商讨和谈新方案。吾人至愿此次和谈圆满成功，俾能早日停止冲突，实施宪法，以解除人民痛苦。万一和谈失败，吾人将一本过去一贯方针努力工作。"

晚间，雷震赴范园再访张君劢。③

1月18日，晨，张君劢、伍宪子、徐傅霖、蒋匀田等同政府代表雷震一同抵南京。九时许，雷震与张君劢联袂晋谒蒋介石，报告沪上洽商经过，并告以民社、青年两党人士业已被邀抵京，愿共同参与洽商恢复和谈与改组政府诸事。上午十二时，民社党在京全体人士在张君劢寓所举行会议，讨论对政府所提和谈新方案之意见。下午五时，孙科、陈立夫、邵力子、张厉生、王世杰、张群、吴鼎昌、张治中、雷震与民社党张君劢、伍宪子、蒋匀田、万仞千、徐傅霖，青年党曾琦、左舜生等十六人在孙科寓所举行会谈，对时局交换意见，民社、青年两党表示，中共不应再提条件，至下午九时三刻始散会。④

1月19日，七时，蒋介石召见民社党张君劢、伍宪子，青年党左舜生、曾琦及王世杰、张群、雷震，会商和谈及改组政府事。十时许，张君劢偕伍宪子访司使，就恢复和谈事有所晤谈，半小时辞出。中午，应白崇禧约。午后，民社党人士曾两度往访，共同商讨对时局意见。下午四时，民盟张东荪往访，张东荪及秘书叶笃义当日三时抵京，即刻前往天竺路张

---

① 台湾"中研院"近代史研究所编印：《王世杰日记》（手稿本）第6册，1990年，第9页。
② 《申报》1947年1月17日。
③ 《申报》1947年1月18日。
④ 《申报》1947年1月19日。

君劢在京寓所晤见张君劢。五时张群往谈。七时半至九时半，蒋介石在官邸欢宴青年党民社党两党领袖，张君劢、伍宪之、徐傅霖、蒋匀田、万仞千、孙宝毅以及青年党曾琦、李璜、左舜生等出席。宴会前，张君劢、伍宪子以及青年党曾琦、左舜生等同谒蒋介石，商改组政府事。①

1月20日，上午十时，王世杰、吴鼎昌、雷震等至天竺路访张君劢、伍宪之、徐傅霖、万仞千、蒋匀田，正式提出邀请民社党参加政府，但未拿出具体方案，仅作原则性商谈。民青两党均表示此次来京系为和平而来，参加政府改组之商谈，尚须经党内讨论并决策后始能有具体意见，故商谈未获任何具体结果。

中午十二时，孙科在寓所邀宴民青两党领袖及政府要员，张君劢、伍宪之、徐傅霖、曾琦、左舜生等出席，席间再度以改组政府问题提出，征询两党意见，两党之态度依然与午前同，亦无结果。三时许散。

下午五时，蒋介石邀张君劢至官邸会谈，蒋表示政府公开政权之诚意，至六时许张君劢辞出。

晚，张东荪、张群、叶笃义同往天竺路访张君劢。②

晚十一时，张君劢、徐傅霖、孙宝毅等乘夜车返沪。

1月21日，晨，张君劢、伍宪子、徐傅霖、万仞千、杨浚明返沪。民社党参加政府问题，旧历年后在沪商讨决定。

1月25日，下午三时，民社党中常会在范园举行，出席会议张君劢、伍宪子、万仞千、徐傅霖等二十一人，张君劢主持会议。首先由上次赴京诸委员，报告准备和谈，和谈失败之经过，以及在京与政府洽商之情形。经交换对时局之意见，至参加政府问题，亦曾提出讨论。唯对现在情况下，民社党究应参加与否之原则，尚未获得结论。

1月28日，吴铁城晨由南京抵达上海，分别与张君劢、陈启天作酬酢性会谈。雷震上午亦来访，有所商谈。下午两时，民社党中常会在范园张君劢寓所举行，在沪中常委全体出席，会中讨论参加政府原则问题，历三小时，无结论。国民政府秘书长于是日晨由南京抵沪后，曾访晤张君劢。③

2月5日，下午三时，民社党在范园开中常会，张君劢主持会议，会后与伍宪子、徐傅霖联名发表公告如下："本党对于改组政府问题，已有

---

① 《申报》1947年1月20日。
② 《大公报》1947年1月21日。
③ 《大公报》1947年1月29日。

具体意见，不日将提交政府，俟获得答复后，再决定本党态度"。①

2月6日，致函雷震说明民社党迟迟未能确定参加政府态度之原因，并表示对改组政府之希望。

2月8日，晨，雷震返京，携张君劢致蒋介石函晋谒蒋。信中所提要求及措施远较原来之意见为缓和，最显著一点，原意见书要求行政院长一职，须由党外人士担任，经雷震一再解释后，民社党已考虑行政经验及实际问题，决定取消此项要求。②

2月12日，下午三时，民社党召开中常会，决定参加立法监察院及参政会、宪政促进会等四机构的人选。由于人数不足，决定推迟会议。

2月15日，上午十时，民社党召开中常会，讨论参加四机构人选。是日，民社党对于参加政府四机构发表声明，人员选定为四十四名。

2月16日，派蒋匀田乘夜车晋京，将民社党参加政府四机构名单，提交政府发表。

2月17日，晨，蒋匀田抵京后，雷震往迎，两人同赴雷宅会谈，并将名单交雷氏转致政府。下午四时，蒋匀田应蒋介石之邀，与雷震一同赴官邸，名单亦随送达蒋介石之手。

2月22日，中央社电称：教育部学术审议委员会第二届委员会已届满，兹依照该会章程第三条之规定，部方直接聘任委员十二人，并由国立专科以上学校校长，分可选出十三人，再由部方聘任。刻此，第三届委员会二十五人，均已产生，名单如下：朱家骅、杭立武、田培林、吴稚晖、陈立夫、张君劢等。③

3月2日，下午四时，民社党中常会，决定由张君劢、徐傅霖、蒋匀田、汤铸新（芗铭）、冯今白、万仞千、卢广声等进京与蒋介石商讨政府进一步改组事宜。

3月3日，民社党留沪各常委张君劢、徐傅霖、蒋匀田、万仞千、冯今白、汤铸新（芗铭），同青年党左舜生、张伯伦以及政协秘书长雷震、国大秘书长洪兰友乘晚十一时夜车晋京。民青两党留沪全体中常委抵京后，将会同两党留京中常委，与最高当局就政府进一步改组事作重要商谈。张君劢称：关于对政府改组态度，仍与前次参加四机构声明相同，此次晋京，当先听取政府之意见，再做决定。他表示在京仅拟耽搁一日，即

---

① 《申报》1947年2月6日。
② 《申报》1947年2月9日。
③ 《申报》1947年2月23日讯。

行返沪，因赴印度参加亚洲会议，事前必须做充分准备。①

是日，张君劢就中共人员撤退与政府全盘改组等事发表谈话。

3月4日，晨八时，张君劢、万仞千、徐傅霖、戢翼翘、冯今白、孙宝刚、汪世铭、卢广声、汤铸新（芗铭），青年党左舜生、余家菊等到京，政协秘书长雷震、国大秘书长洪兰友同来。

下午五时，应邀出席孙科之宴，并有王世杰、王宠惠、邵力子、吴鼎昌、雷震、左舜生等，互相交换全面改组政府之意见。②

3月5日，晨，应雷震之邀，赴雷宅共进早餐。十一时，单独至蒋介石官邸访蒋介石，蒋对张君劢再作恳切表示，希望民社党参加政府，并能于九月实现国府委员会之改组。午后一时，蒋介石在官邸宴请张君劢、左舜生等民青两党人士十六人，政府人员孙科、张群、邵力子、王世杰、陈布雷、吴鼎昌、雷震应邀作陪，席间蒋介石表示中央至地方之政府改组均可考虑，惟须由上而下逐步实施，民青两党人士亦发表意见，唯未获任何确定之结论，宴会至二时许始毕。晚七时，赴洪兰友之宴会。晚九时四十分，张君劢及其随行人员乘夜车返沪。

3月6日，晨，张君劢等返抵上海。下午三时举行民社党中常会，对于参加政府及行政院事有所商讨，唯未作结论。

3月8日，胡海门致电张君劢，内称：弟等反对全面参加政府，如再轻举妄动，当即破裂。③

是日，在《再生周刊》第154期上发表《民主方法（一名民主与反民主）——中国民主社会党政纲释义之一》一文。

此文系上年于《再生周刊》第134期上所登的同名文章的续篇和完整篇，上年一百三十四期只刊出了上篇部分，张君劢于今年2月25日将上下两篇合并交《再生》刊发（《民主世纪》第17、18期转载）。文章首先分析了俄德政治与英美民主政治的不同：人权之尊重与否；被治者同意与否；议会中反对党存在与否；政府对人民负责与否。然后，表明了作者的态度："在英美制度之下，可以由政治民主渐进于经济民主，而在苏俄制度下，虽欲由经济民主进到政治民主，则不免于登天之难。吾人以为处此民主主义推广之第三期，应效法英美，以建设政治民主之基，同时不忘英美制度之缺憾，以期经济不平等之矫正。"

---

① 《申报》1947年3月4日讯。
② 《大公报》1947年3月5日。
③ 《大公报》1947年3月9日。

3月9日，雷震晨由南京抵沪，上午，访张君劢以及民社党在沪中常委，就国府委员会及行政院之改组问题，有所商谈。

3月11日，派蒋匀田飞香港与伍宪子、李大明商洽，并促两氏来沪，商谈参加政府事。

3月12日，黄炎培、张澜、鲜特生、叶笃义在张君劢家，共餐。

3月13日，蒋介石约张公权午饭，席间，嘱托张公权转告张君劢两事：(1) 外间谣传政府将对共方下讨伐令，并无其事。唯政府于全会中，须声明态度。(2) 责任内阁，将在全会中宣布。

3月14日，发表《对于莫斯科会议之意见》，主张中国派代表参加莫斯科会议，会外商讨中国问题。文曰：

> 吾国应立筹划参加俄京会议之代表团，如孙院长科与外长王世杰出席最为相宜。所采方针：(一) 加强中苏之友好关系；(二) 明告俄国，中美无任何密约以图反苏；(三) 中国不统一，将为美苏友谊之障碍与世界和平之导火线；(四) 东北撤兵与中长路交通之恢复；(五) 中国愿以政治方式解决共产党问题：(A) 实行整军方案，(B) 共产党参加政府，(C) 各省行政须在宪法范围之内。以上五项，诚由我国代表团向四国解释明白，不独吾国内政可以走上和平与统一之路，即对苏美友谊与世界和平，亦将有所贡献。或者有人反对，以此为吾国内政，无须向外人声辩。然无论我国如何反对，四国定将此问题提出讨论。与其秘密，不如明朗；与其让人家讨论，不如我自身参加；与其此一脓泡埋伏在内，不如让他在光天化日中表露一下。[①]

是日，蒋匀田、卢毅安偕李大明由港返沪，伍宪子因病未能返沪，有致张君劢信由蒋匀田带回，信中表示十日后必来沪，并提出改组政府意见。

3月15日，张公权来晤，将蒋介石所托之语转告张君劢。

3月16日，民社党在范园召开中常委会议，对参加政府事广泛交换意见，未作结论。

3月17日，民社党在范园召开中常委会议，决定将近日所提各项建议，缮拟为"改革政治建议书"，由蒋匀田携京送交政府。

3月20日，张公权晋谒蒋介石，报告前嘱告张君劢之语，已转达。

---

① 《再生周刊》1947年3月22日第156期。

3月21日，晚十时三刻，离寓抵达上海北站，原拟率民社党中常委随雷震同车晋京，嗣以途中感受风寒，抵站时渐感不支，即行折返寓所休息。

3月22日，出席中国国际人权保障会的茶话会，就旧金山会议中各国注重保障人权情形介绍给与会者。

是日，"泛亚洲会议"，由印度国务问题研究会所发起，在新德里开会。张君劢被邀列为第一席，因政府将改组不克前往，乃请毛以亨代表前往参加。

3月24日，下午三时，在范园召开民社党中常会，通过在南京草拟之共同纲领十条，仅对其中第一、第四等条略做文字之修正。

3月26日，朱高融、胡菊生招张君劢、黄炎培与法国总督会餐。是日，民社党副主席伍宪子致信张君劢，拥护共同施政纲领，并请张君劢决定参加政府人选。

3月27日，中国国际人权保障会致函张君劢，就当时各种侵犯人权的事件不断发生的问题，请张君劢"代表会众，造访本市政军当局暨中央最高当局，剀切商询，务使本市案情早白，以释群疑，四百万众得以安席，失踪诸人亦可出险，而全国同胞之自由得以切实保障。"

是日，梁漱溟在《大公报》上发表致民青两党的公开信，曰：

> 连日报载政府当局邀请公等改组政府，渐有成绩，社会人士于此观感各有不同。我相信两党如果参加政府，则在此一行动之决定上，必有正大理由可以自信，可以告人者，但我又看不甚明白。我因为极反对流行之彼此轻蔑心理，极要求大家自尊重，互相尊重，所以写这封公开底信，请求两党宣示此次行动之确切任务何在，特别是如何解决内战问题。这一当前最大问题为全国所关心，以诸公之明，苟于此处无把握，想来不致于轻易行动底。但如报纸所传共同纲领第三条中共问题应以政治方式解决，俟交通恢复，中共放弃武装或接受改编时，协商解决，其意义至不明了；且闻"恢复交通"之解释，两党所说不同。究竟两党与当局商决者如何，希望有以明示国人，大局甚幸。①

张君劢复函曰：

---

① 《大公报》（重庆版）1947年3月27日第2版；《再生周刊》1947年4月5日第158期。

在《大公报》上获读大示，欣悉一二。同人等绝无权位之想，但期一党专政早日结束。内战进行早成事实，于可能范围内应求其期限缩短，故有十二点之约定。据介公当面表示，只须中共愿意言和，与两路交通恢复，中央愿意以政治方法解决。舜生所言系就字面言之，事先未闻介公所允，乃有此扩大之解释。①

在未收到张君劢复信前，梁再次致书张君劢。曰：

前函计承鉴及，弟曾得舜生复书而未得尊复，为念。兹有给民青两党一封公开底信，除付大公报发表外，敬寄请台詧。弟去年离南京后，对大局守定"只发言不行动"之分际，亦可以说"行动至于发言而止。"当去年协商会议未闭幕时弟托周交毛一函，即表示此态度，并告以发言将批评他们，乞勿误会不友好。弟于公等决保留而不批评，抑且愿为助力，如此一公开信是也，此信系提倡国人监督政府，以助公等向政府要求宪政，要求和平，或亦可坚政府对公等之诺言，未知公等其亦谅许之否乎？②

是日，民社党北方元老胡海门应张君劢电召，乘机抵沪，因天气恶劣，飞机在南京降落，晚乘火车赴沪。

3月28日，晨，胡海门抵沪。民社党于下午三时召开中常会，出席各常委对参加政府意见已获一致，唯认尚有若干问题须与政府直接商谈，遂决定推派代表晋京，俟获有具体结果后，返沪拟定府委名单。③

是日，就中国国际人权保障会所托之事致函上海市长吴国桢：

本月二十二日中国国际人权保障会茶会中，曾公推劢造访兄，商询关于本市最近人民失踪事件。劢以俗务羁身，表示不能应命。但该会于昨日来函，仍欲劢进行此事，因众意难却，且有关人权之保障，用特为函陈之。查民主宪政之根本，在于人权之保障，而最高当局对于实行民主宪政之决心，亦早已屡次向国人表示矣。本市最近人员失

---

① 《再生周刊》1947年4月5日第158期。
② 同上。
③ 《大公报》1947年3月30日。

踪事件，虽传说不一，但值此国人企望真正走上民主宪政之际，发生此项妨害人民人身自由之事件，实属不幸之至。兄负本市市长之职，人民身体安全亦即为兄责任所在，人民之失所，兄当引为责任之未尽，关于人民失踪事件，望兄依法严查，力加保障人权，且处非法行动者以重罪，则兄对于实施民主宪政基础之树立，真能有所裨益矣。如何之处，尚祈示覆。①

是日，雷震由南京抵沪后，即分访张君劢与左舜生，敦促民青两党提交府委名单。

3月30日，上午，在愚园路该党总部向四百余干部人员讲话："民社党当前任务为：（一）促成和平统一；（二）树立民主宪政基础；（三）实现社会主义；（四）充当美苏桥梁。参加政府动机在此，今后努力目标在此。"

3月31日，撰写"中华民国民主宪法十讲第二序"。

是日，告诉汤铸新（汤芗铭）："政府对民社党参加政府所提名单中，并无阁下名字"。汤即以此事询问雷震秘书长，雷答曰："政府并无向民社党提出名单事。"

4月1日，徐傅霖向张君劢报告在京与政府恰谈经过。

4月2日，下午三时，民社党在范园举行中常会，首先议决全面参加政府，但政院名单暂缓提出。随即由张君劢将该党府委人选：徐傅霖、胡海门、伍宪子、戢翼翘四人，提出公决，当即一致鼓掌通过。会中对政院人选，曾加讨论。最后通过一简单宣言，即告散会。民社党参加政府，以全面参加为原则。名单将提交国民政府在沪代表雷震。蒋匀田当晚十一时乘夜车进京。张君劢发表书面公告，谓本定于3日赴京签署共同纲领，惟以蒋主席飞抵奉化，故决定暂留上海，一俟蒋介石回京，当再赴首都。

4月12日，民社党中常委与国民党政府代表竟日保持接触。据蒋匀田告记者曰：张君劢今日可能由雷震陪同谒侯蒋介石，有所商谈，惟为签署共同纲领，上海会谈后，仍须再度晋京。②

4月13日，上午，政协秘书长雷震至愚园路民社党办事处访张君劢及民社党各中常委，有所商谈。当日上午，张君劢召集民社党干部人员演

---

① 《再生周刊》1947年4月5日第158期。
② 《申报》1947年4月13日。

讲，题为"中国宪法与美国宪法之不同点"。①

4月14日，中午，张君劢、雷震晋京，蒋匀田、左舜生随行。行前雷震、蒋匀田坚邀徐傅霖同往，徐以张君劢身为主席，可以处理一切为辞。张君劢一行晚八时抵南京。此次赴京，将晋谒蒋介石，面商民社党参加政府各要点。②

4月15日，下午五时，民社党、青年党、国民党、社会贤达代表在孙科寓所会商，决定"新政府施政方针"于16日由三党领袖签署后，18日公布。参加会议者民社党张君劢、蒋匀田，青年党左舜生、陈启天，政府方面孙科、张群、吴铁城、吴鼎昌、邵力子、陈立夫、张厉生、雷震，社会贤达莫德惠、王云五。会后，雷震于寓所设宴招待民、青两党及社会贤达。③

4月16日，下午，举行记者招待会，发表谈话称：蒋主席已向民社党保证，一俟平汉路与津浦路交通恢复之后，即将与中共重开和谈。④

晚九时四十分，中国国民党、青年党、民主社会党领袖蒋中正、张君劢、曾琦及社会贤达领袖莫德惠、王云五在南京蒋介石官邸签署施政方针。先是蒋介石下午八时宴请政府代表孙科、于右任、雷震等商讨政府改组问题。后又约请张君劢、曾琦、莫德惠、王云五、左舜生、陈启天、蒋匀田、余家菊等会谈。签字仪式上，首由蒋介石签字，张君劢、曾琦、莫德惠、王云五等继之。后，张君劢等相继致辞，阐述此次政府改组之重要意义。此项施政方针定18日与国府委员名单同时公布。

当晚，搭车返沪，拟定短期内将再度来京。⑤

是日，民社党孙宝刚、汪世铭、卢光声联合接见记者，发表谈话，反对局部参加政府，批评张君劢不顾大多数意见，一意孤行，独断专行，将造成严重后果。

4月17日，晨，返沪后，即与万仞千、徐傅霖、戢翼翘、冯今白四人晤谈。张君劢对孙宝刚等少数中常委发起的清党运动，表示：本人自问良心无愧。目前此事如何处置尚未决定。

4月18日，国民政府明令改组，除国民党中央常会所选任之院长委员外，并任命曾琦、陈启天、余家菊、何鲁之，伍宪子、胡海门、戢翼

---

① 《申报》1947年4月14日。
② 《申报》1947年4月15日。
③ 《大公报》1947年4月16日。
④ 《时事新报》1947年4月18日，载法国新闻社南京17日电。
⑤ 《申报》1947年4月17日。

翘，莫德惠、陈辉德、王云五、鲍尔汉为国民政府委员（民社党，尚缺一名未提出）。

是日，民盟主席张澜致函张君劢，郑重声明从未表示要参加国内首次选举。

4月19日，在北平的民社党元老梁秋水致电张君劢，谓如有必要，将赴沪一行。①

是日，李大明自檀香山来电，曰："皓电悉，弟主张全面参加经过，已见前电，当时大家承认常会通过府委名单，绝无否认之事，更无签名之举，宝刚列入弟名，弟事前不知，谈不到同意。"②

是日，在《再生周刊》第160期上发表《民主社会党的任务之一——政党的性质和本党路线》一文。

文章首先论述了政党性质、作用，以及各国情形。然后阐述了民主社会党的路线，即："第一，勉为和平的政党，反对政党武装；第二，确立两党以上的政党，反对一党专政；第三，采用合法手段，贯彻主张，反对'有己无人'式的主张与宣传；第四，采用渐进方式，实现本党主义，然非以零星的改良为满意。自有其以社会主义改造国家的基本信仰，故其大目标为进化式革命。"

4月20日，复张澜18日函，曰：

奉十八日手示敬悉，日前向报界谈话，涉及民盟参加选举云云，系友人办理此事之所面告。即令有此事，仍不害民盟之为在野党，良以选举为国民之公权，原不应因其在野在朝，而有所歧视也。至于民盟盟员人身自由应予以保障如杜炳燕问题，弟已函当局注意，予以释放。

是日，徐傅霖进京，应约于晚八时半见蒋介石。离沪前，张君劢曾就国府组织法第一条、第十五条问题，嘱徐与蒋介石商讨修改。蒋在会见徐时，已答应第十五条可删除，第一条则系根据约法第十七条，可不必改。

4月23日，民社党南京总支部主委谭开云暨委员刘蜚公等电张君劢及该党中常委会，报告总支部成立经过，并提出五点建议，请息内争：（一）加紧党内团结；（二）对外不应擅发党内意见与秘密；（三）党内

---

① 《大公报》1947年4月20日。
② 《大公报》1947年4月21日。

事绝对民主；（四）不要随意诋毁主席；（五）停止党内纷争。

4月26日，中午，民社党副主席伍宪子抵沪，赴范园访晤张君劢，密商甚久。夜，雷震赴范园拜访张君劢，有所商谈。

是日，在《再生周刊》第161期上发表《民主社会党的任务之二——英美政党沿革与本党应学习之处》一文。

此文是张君劢4月13日在民社党干部会议上所做演讲的文稿。"从英美政党的沿革中，可以找出我们今后可以借镜的地方"，故为此文。

4月27日，午，张君劢、伍宪子、梁秋水晤谈，就党内纷争交换意见。

5月3日，在《再生周刊》第162期上发表《民主社会党的任务之二——英美政党沿革与本党应学习之处》（续完）一文。

本文是上期（第161期）同名文章的后续部分，是4月13日所做演讲的文稿之续。"英美的政党已经到了民众时代，不像欧洲大陆上法国的政党，还不过是议会中的派别而已。英美的政党谁得了人民的拥护，谁就在议会中得到多数，谁就当选为总统或出任首相，主持国家大政。换句话说，得人民拥护的上台，失人民信仰的下台。现在欧洲大陆上，如法国的政党也正在趋向于全国化和民众化。而我们在走向民主宪政和政党政治的当见，尤应该学习英美了。"

5月10日，下午，召集伍宪子、徐傅霖、蒋匀田、胡海门、万仞千等中常委进行会商，决定将民社党内部反对派所提建议交由调人伍宪子退回，并等待签复。

是日，在《再生周刊》第163期上发表《纪念五四运动的意义》一文。

文曰："纯理的求真运动和发扬民族意志运动，如车之两轮，不可偏废，这是我们望于纪念五四运动人们的。"

5月12日，在大夏大学第八次周会上做演讲，题目为《学海波涛之一——学然后知不足》。

"……我们要作学问，第一要起码懂几国语言文字；第二各门学科都应涉猎；第三要能会通东西古今的学术与文化演进情况，不能以一隅之见便认为满足。"

下午，三时半，出席民社党中常会，徐傅霖、蒋匀田、冯今白、万仞千等出席，会议决定党内纠纷仍请伍宪子继续折衡，但党务之推进不能因内争而停顿，以后仍每周召开中常会。

5月16日，夜，在周孝怀家，黄炎培、张君劢、张澜、李璜谈大局。①

5月17日，到第四届国民参政会第三次大会报到处办理报到手续。

是日，在《再生周刊》第164期上发表《民主社会党的任务之三——我们的基本信念——什么是民主？——什么是社会主义？》。

文曰："我们民主社会党的立场，承认苏联的经济民主，计划经济的实行，穷人生活的提高，是对世界有所贡献的，但苏联不尊重人权，剥夺人民的政治权利，则是为我们所不取的。英美的政治，我们觉得不够，而希望能走上经济民主。而我们宁采上梯的慢的方法，而不采跳墙的方法。""假定英美没有经济民主，但人民能投票，能有政治民主，很容易过渡到经济民主。像苏联这样，虽有经济民主，但不容许反对党存在，不容许人民自由表示意见，实难于实现政治民主。"

5月20日，出席第四届国民参政会第三次大会开幕式。会议于上午十时在国府路国民大会堂举行。

5月22日，下午，第四届参政会第三次大会第四次会议，投票选举主席团继任人选。选举结果，张君劢、林虎被选为主席团主席（代王世杰、王云五）。②

5月24日，在《再生周刊》第165期上发表《民主社会党的任务之三——我们的基本信念——什么是民主？——什么是社会主义？》和《学海波涛之一——学然后知不足》两文。

5月28日，下午，中国民主社会党第三次组织委员会会议在愚园路总部召开，出席张君劢、徐傅霖、蒋匀田、万仞千、冯今白、戢翼翘等二十六人，主席徐傅霖，首由张君劢报告民社党参加政府经过，颇为详细，并谈及政治道德等；继听取党内各单位工作报告，于通过信任主席张君劢一案后，即行散会。③

5月29日，民社党组织委员会会议继续进行，决议开除孙宝刚、沙彦楷、汪世铭、卢广声四人党籍。

5月30日，民社党组织委员会会议开第四次会议。首由中央检查委员会报告核准开除孙宝刚、汪世铭、卢广声三人党籍案。其余参加革新委员会者，统限于6月30日之前向秘书处以书面说明是否自动参加，抑系为人假借名义，如过期不声明者，一律除名。选出杨毓滋、金侯城、罗静

---

① 《黄炎培日记》第9卷，华文出版社2008年版，第282页。
② 《申报》1947年5月23日讯。
③ 《大公报》1947年5月29日。

轩、石志泉四人为常委，递补所缺常委。张君劢出席会议，并做闭幕词。

5月31日，下午三时，民社党在愚园路总部招待记者，张君劢、徐傅霖、冯今白、金侯城及各报记者二十余人出席。张君劢主席，首先说明民社党组织之演变，以及党内纷争的起因，在于对参加政府问题意见未能一致，旋详述逐步参加政府各机构之经过，以及处理党内事务情形，并列举组织法条文，以证明所有行动俱系遵照法规决定，绝无反对派所指责之独裁之事实，反之反对派所提要求，则多与现行法规相抵触，是以势难接受，为维持党纪，乃不得不将彼等开除。各报记者以张君劢平时避见记者，今日特予提起，张君劢当场表示歉意，张君劢逐一回答记者所提问题，在回答开除反对派党籍问题时说：开除党籍，并非永久性质，在法理范围内，希望能早日予以恢复。对于组织委员会既不足法定人数开会是否合法之询问，答曰：组织委员会总额七十二人，惟其中二十六人长期居留海外，因往返不便，在第一、第二次组织委员会即行决定，海外委员到会与否，不影响大会决议。对于民社党向政府提出政务委员两名，既未经中常会通过，是否合法的询问，答曰：当时以纠纷已起，无法召开中常会，而政府急于改组，故先行提出，准备将来追认。对于伍宪子是否参加革新派的提问，答：伍宪子不致参加革新派，亦不致与民社党分离。对于党内财政大权是否操于张君劢一人之手的询问，答：党内经济公开，并无私密，如不相信，可问在场党人。对于如何实现和平之询问，张君劢认为政府不妨再伸一次和平之手。

是日，在《再生周刊》第166期上发表《民主社会党的任务之三——我们的基本信念——什么是民主？——什么是社会主义？》和《我对学潮的意见》两文。

5月，《中华民国未来民主宪法十讲》一书由商务印书馆出版发行（1948年1月再版）。此书是张君劢1946年7月在上海愚园路民社党中央总部举行演讲讲稿的汇集。

6月2日，午十一时，第四届国民参政会第三次大会休会期间驻会委员之选举，进行投票，下午三时半宣布结果。此次改选，变动甚大，张君劢落选。①

6月3日，与民社党京处蒋匀田通电话，告诉蒋参政会已开幕，决定暂缓来京。张君劢应华盛顿大学之约，前往讲学，原定6月始，时间三个月，现张君劢以不能前往，故该校已派员抵沪，获取张君劢讲稿。日来，

---

① 《申报》1947年6月3日。

张君劢正埋首撰写讲稿中,来南京日期当在下周内。①

6月7日,在《再生周刊》第167期上发表《民主社会党的任务之三——我们的基本信念——什么是民主？什么是社会主义？》。

是日,国民政府公布宪法说明书起草委员会组织规程,该会设置委员十人,由国民政府主席遴选,委员为孙科、王宠惠、王世杰、张君劢、蒋匀田、陈启天、常乃德、王云五、雷震、浦薛凤,孙科为召集人。

6月11日,下午三时,民社党召开中常会。各常委均参加,张君劢主持。先由参加政府常委做报告,介绍新疆事件及全国经济委员会开会情形,然后讨论。通过人事调整案多件：杨毓兹为副秘书长,崔心一补孙宝毅为宣传部副部长并上海发言人,冯今白补孙宝刚为组织部副部长,徐傅霖兼南京发言人,新设政治讨论委员会,李微尘任主委。至六时许,张君劢因重要事赶回范园。会议未结束②。

晚,搭夜车晋京。

  此次晋京是应政府当局之邀,来讨论新疆事件的。记者晤张君劢,询以对此事之看法,答曰：问题性质严重,未做调查前,不敢轻于置否,此事应先做详细调查。询以宪法统一解释问题。张君劢曰：例如我国政治制度,实行总统制或内阁责任制,应有统一之解释,又宪法之其他条文,亦不能以一党之观点解释。③

  据蒋匀田称张君劢此次来京任务有三：（一）商讨民青两党在竞选中之方式问题；（二）商谈宪法起草说明书之原则问题；（三）商谈如何将参政会之和平方案纳于新政府之施政方针中,因施政方针系三党共同签订,故须由三党负责人前来共同商定。④

6月12日,晨,到达南京,陈诚、邵力子等往访。晚,孙科宴请张君劢、王世杰等,餐后会谈。张君劢至夜十二时始返寓所。

是日,在天津《海涛》旬刊上发表《间接民权与直接民权》一文。

6月14日,晨,往参政会访雷震。十一时,由雷震陪同谒见蒋介石,陈述该党对当前即将展开之选举及宪法说明书起草等事之意见,至十二时

---

① 《申报》1947年6月4日。
② 《申报》1947年6月12日。
③ 同上。
④ 《大公报》1947年6月15日。

始辞出。晚，出席雷震之宴请。晚十一时乘夜车返沪。下月初或将再度来京，参加讨论宪法说明书草案之例会。张君劢此次在京，与各方人士晤见，对普选进行事，已洽商，获致结果①。

是日，签署《中国民主社会党组织委员会通知书》（组沪字第384号 三十六年六月十四日）。文曰：

> 查本党旗业经本党第二次组织委员会通过，用红白黑三色横条，中嵌深绿色井字，其长短尺度及表示意义，均有详细说明。兹将党旗式样附加说明书颁发，即希依照规定格式，仿制应用为荷此函致东北党务委员会。

是日，《再生周刊》第168期发表《民主社会党的任务之三——我们的基本信念——什么是民主？什么是社会主义？》一文。

6月15日，由京返沪。下午六时，在民社党总部接见记者，谈进京谒见蒋介石情形，并答复各项询问。

6月21日，签署《中国民主社会党组织委员会通知书》（组沪字第399号 三十六年六月二十一日）。文曰：

> 查本党党歌歌词，业经第三次中央组织委员会决议通过。兹检发该歌词原文，并征选歌谱，以便择用，党员中对于音乐有专长者，得向就地支部投稿转送中央，一经选用，酌予奖励。除分行外，即希查照转知为荷！

6月26日，下午三时，民社党在愚园路总部召开临时中常会，出席常委十人，由张君劢主席，至六时始散会。会后，张君劢招待记者，有询以对孙副主席最近之谈话有何感想，张君劢表示：中苏条约签订时本人亦为赞成者之一，今日希望此协定能忠实实行。中苏问题，希望政府，将循外交途径，开诚布公与苏联谈判解决。关于美国贷款事，张君劢认为有望成功，目前正在洽商中，只需我国改良政治，提高生产，铲除贪污，则美国之援华不成问题。并谓：参政会之和平建议，政府已接受，实际办法已在研究中。此时不致对中共下讨伐令，如政府下令讨伐令，则民社党将表示明确态度。他表示：希望内战早日停止，日前，联总要求黄河两岸停止

---

① 《申报》1947年6月15日。

战争，以便筑堤一点，关系百万生命，尤应接受。有询以对海外党员最近之要求，是否接受一节，答：上月召开之组织委员会，完全合法，海外代表缺席，与大会合法人数无关，故重开组织委员会之建议，不能接受①。

7月1日，在民主社会党广东省党部成立大会上致辞。

曰："……盖中国学术与政治革新枢纽，操之于广东矣。……吾人诚心希望粤省人才从此以后，竭其心力于建国之业，其大者为国家之统一，民主之实现，法治之确立与夫社会主义之推行，此为吾民主社会党之大宗旨所在，望粤省同仁毅然以此自任，则中国之为富强统一之民主国家不远矣。"

7月5日，在《再生周刊》第171期上发表《抗战中之三篇言论——吾人立场与民族生存战争中的三字诀》和《在民主社会党广东省党部成立大会上的致辞》两文。

"我之望于同胞者，有三字诀，一曰死，二曰苦，三曰耐。"

是日，对国务会议通过总动员案发表意见。曰：

> 惟有彻底刷新政治，总动员案始能获得希望的效果。无论加强粮政役政与军事力量，均须以清明的政治为基础，否则当难见效。惟以目前各地情形观之，中央与地方权职不清，地方行政经费等事无一不受中央支配，以致地方竟无独立行动之可能。以余家乡宝山为例，有权指挥该县县长之机关达三十六个之多，故省政之革新尤为当前之急务。②

7月6日，上午，主持民社党中常会，商讨该党参加国大代表及立法委员选举事。

7月12日，在《再生周刊》第172期上发表《抗战中之三篇言论——清明政本以救危亡建议案》。

7月15日，于民社党谈话会后对记者发表谈话表示：他曾向政府提出修明政治之建议，在可能范围内将实行文人主政之原则，而今秋普选采用何种方式进行，犹在商讨，尚未决定。③

7月19日，在《再生周刊》第173期上发表《抗战中之三篇言论——

---

① 《申报》1947年6月27日。
② 《大公报》1947年7月6日。
③ 《大公报》1947年7月16日。

太平洋战起致国民党中执会诸公书》。

7月20日，记者以改组地方事宜询问张君劢，回答：

> 本人向主张修明政治应先改组地方政府，而改组地方政府应先以文人主政，此项原则政府已经接受。各党派参加地方政府人选尚在洽商中，以民社党而论，或不拟参加实际工作。关于普选之事，在京之接洽，相信两周或十日内可有结果，比例选举一点，大致可无问题。询以民社党内部纠纷有无和解可能，张君劢表示：如能取消革新委员会，则尚有和解可能。①

7月25日，接见记者，发表谈话。

对外传他向魏得迈特使提出三项意见予以否认。政府曾邀其晋京一行，他以民社党第一次全国代表大会开会在即，未便离沪，决缓期成行。他认为时局已严重到最后阶段，政府须采取积极方针，因之他拟与魏得迈会晤时研讨和战问题。张东荪抵沪后，应他的邀请，曾到范园会晤，关于和战问题已达完全一致意见。外传政府人事有局部变动，他表示并无所闻。他认为惟有扩大民主基础是必要的。关于美国舆论批评中国政府改组未达真正境地，他说：此种议论所见甚多，惟望政府走向保障人权思想自由的民主大道。对于美国贷款他意如用在经济方面可以，且须有获致预期效果的把握。他发表对日和约意见时称：日本在麦帅管制下表面上颇有进步，骨子里并无更新。因日本人善模仿，以前作的是普鲁士戏，现在作的是美国戏，此点如予忽视未来流弊必多。如天皇制度和约必须明文取消。他认为中日贸易恢复与否，应以国内工业界为参考。

7月27日，上午九时，在励志社第三招待所拜会魏德迈，对国内目前政治、经济、财政、外交、军事、交通等情形均曾谈及，约一小时始行结束。李璜一同前往拜会。②

下午四时，民主社会党第一次全国代表大会预备会议在沪举行，出席国内外代表九十五人，组织委员二十八人，公推张君劢为临时主席，徐傅霖、伍宪子、戢翼翘、胡海门、万仞千、罗致波、金候城、李圣策、石志泉为主席团，张君劢报告党务情况，五时半会散。

晚，张君劢应张公权之邀与伍宪子在张公权私邸共进晚餐，商讨消除

---

① 《申报》1947年7月21日。
② 《中央日报》1947年7月28日。

内部纠纷之方案,出席会议的还有徐傅霖、蒋匀田等。席间伍宪子提出三点建议,谓倘张君劢接受此三条件,则一切问题均可解决。第一,取消开除革新派党籍决议案。第二,派代表欢迎革新派参加本届全国代表大会。第三,承认伍宪子有代表海外二十六位组织委员及十四位代表投票权。在张公权的力劝下,张君劢表示完全接受,并立一书面协定,由三人签名。

7月28日,九时,中国民主社会党第一次全国代表大会在沪举行,到会国内外代表暨组织委员会委员百余人。主席团推徐傅霖任主席。首由张君劢报告该党历次与政府商洽各事及参加政府经过。勉众奋发自强,以最大之努力,企求有补于国事民生。兹后,由该党府委徐傅霖、政委蒋匀田、经济委员会万鸿图等相继报告在京工作情形。该党选举事务所总干事王世宪,对于筹办选举情形亦曾提出报告。十二时十五分散会。下午四时继续开会,六时十五分散会。①

7月31日,民社党全国代表大会,通过该党总章程草案。下午六时,伍宪子应邀至民社党总部,但在会场上声明并非出席,仅为到会有所报告。当时代表李微尘即起立发言,谓伍宪子以副主席资格到会,至表欢迎,但希望伍氏正式签名到会,再谈调解之事。张君劢见势不妙,即力劝以团结为重,刺激之话可不必说。但此项劝告,收效甚微,会中空气愈趋恶劣,秩序亦因而混乱。至将散会时,伍宪子复建议将此事交大会主席团办理,遭出席代表否决,致不欢而散。张君劢事后表示:本人对二十七日议定之和解办法赞成,但今日则为大会否决,本人之地位颇似第一次欧战后之威尔逊,本身赞成和会之决定,但和会为美国会否决。出席大会之代表,百分之七十为新产生之代表,本人无法左右其意见。至于将来是否再有和解之机会,现在不敢说。惟民社党海外之关系,深信不致断绝。②

8月4日,上午,在民社党一全大会的选举中,张君劢当选为主席。下午,民社党一全大会闭幕。

8月5日,下午四时,民社党召开中央执行委员会第一次会议,张君劢对当前局势有所报告,通过中央常会执行委员会议事规程,并选出中常委,除张君劢为当然常委外,又选出常委二十人。

8月6日,上午九时,民社党第一届中执委会常委举行第一次会议,出席常委徐傅霖等十六人,由张君劢主席,讨论一般例案后,决议调整中央总部人事。

---

① 《申报》1947年7月29日讯。
② 《申报》1947年8月1日。

是日，旧金山中国民主宪政党宣布与民主社会党脱离关系。民主社会党革新委员会宣布自张君劢领导之民主社会党中分出。

8月9日，《再生周刊》第176期刊登《张君劢政协宪草小组中之发言》，发言涉及四大主要问题：第一，直接民权；第二，议会政治；第三，遗教；第四，事实。

8月13日，下午五时，抵九江，旋登庐山。下午八时四十分，抵达庐山牯岭，同来者有外籍女秘书蒙丽娜小姐等。下榻弟公权位于柏林路的公馆。张君劢是12日晨经过南京西上的。

是日，晚，《申报》记者访晤张君劢，询以在沪与魏德迈会谈时所提意见，对此避而不答。惟称：魏氏此来对我国有甚大帮助，至美将如何援助，胥视魏此次调查结果而定。张君劢称：魏氏谈话时，曾表示其最友谊态度，希望我国政治走上民主之路，并希望人民生活得以安定。张君劢相信魏氏此来将与国人生活安定一点，有重大关系，而人民生活能否安定，则以政治是否修明为先决条件。在谈到党内最近之纠纷时，张君劢指出：第一，若干谓其独裁，其不然，其事事公开。第二，海外党员大部对其拥护，彼等支持民社无问题。第三，伍宪子脱离民社党后，彼之府委遗缺。张君劢在谈话中指责李大明等不明国情，如希望张君劢担任行政院长，民社党应有四府委、二部长、一政委等，张君劢认为自己绝不能任行政院长。张君劢对民社党纠纷表示乐观，认为海外代表曾参加最近召开之全国代表大会，故民宪脱离党事并不严重。①

8月23日，《再生周刊》第178期发表《养成民族思索力》一文。此文曾发表在1940年6月20日《再生旬刊》第50期上，此次为转载。

8月31日，六时，由庐山飞抵上海。

9月1日，下午三时，参加民社党中常会。会中对于参加国大选举颇有表示消极者，民社党府委政委空额问题，决定短时期内暂不提出。会议至六时许散。

10月1日，搭夜车晋京，与有关方面洽商大选问题。因大选之提名及比例之谈判，迄今未获结果。②

10月2日，晨，抵达南京。午十二时，在陈立夫寓所进行会谈。与会者有张君劢、张厉生、徐傅霖，对各主要问题做原则上之研讨。晚间，张君劢再邀集该党要员蒋匀田等在徐寓所商谈参加普选事宜，至深夜始散

---

① 《申报》1947年8月14日。
② 《申报》1947年10月2日。

会。3 日，张君劢将晋谒蒋介石，对选举事，仍将做商谈。①

10 月 4 日，张君劢就选举名额问题发表谈话。称：吾人对民社党名额并不坚持，对民社党立场言，行宪后之政府，不必一定为联合政府。如一党能代表大多数人民，则由其单独执政，亦无不可。如在此情况下，民社党退居在野党地位。②

是日，《再生周刊》第 184 期刊登张君劢的《新宪法施行及培植之关键（中国民主宪法十讲之补讲）》一文。

10 月 6 日，访黄炎培，谈话。

10 月 11 日，在《再生周刊》第 185 期上发表《答复罗努生沈衡山两君评语》和《新宪法施行及培植之关键（中国民主宪法十讲之补讲）（续）》两文。

10 月 14 日，参加民社党临时中常会，续商大选事项。会后张君劢表示，民社党大选中之代表名额，原定为国大代表四百名，立委一百名，仅及总数的七分之一弱，较之最初的五分之一比率，让步已多，故不能再有减少。③

10 月 19 日，下午四时，出席在民社党总部召开的中常会，由专为此事来沪的戢翼翘、孙亚夫详细报告，当经决定，该党对国大代表之事之书面意见书，由戢孙两氏于晚间搭夜车携带进京。具体名单未提出。④

10 月 21 日，晨，民社党参加国大竞选名单由徐傅霖、戢翼翘面交陈立夫。并向政府提出要求，对于立委监委之选举，其名额须与青年党相等。

10 月 29 日，与李璜联名致函行政院长张群，就国民党政府宣布民盟为非法团体一事表示抗议。

11 月 6 日，下午召开民社党紧急中常委会议，就国大名额问题进行讨论，会议至晚九时散。

11 月 10 日，吴铁城在沪与张君劢协商民社党国大候选人问题，未获结果。张君劢仅同意将原来必须调整之七十四名中，减去十名，不能再减。

11 月 15 日，午后，民社党召开中常会，续商大选事项。张君劢在会

---

① 《申报》1947 年 10 月 3 日。
② 《再生周刊》第 185 期，1947 年 10 月 11 日。
③ 《申报周刊》1947 年 10 月 15 日。
④ 《申报》1947 年 10 月 20 日。

后表示：民社党大选中之代表名额，原定为国大代表 400 名，立委 100 名，仅及总数的七分之一，较之最初的五分之一之比率，让步已多，故不能再有减少。①

11 月 16 日，在《再生周刊》第 189、190 期合刊上发表《读贝尔纳斯"说老实话"摘要（一）》一文（《智慧》36 期转载此文）。文曰：

> 美国前国务卿贝尔纳斯氏新著《说老实话》一书叙述一九四五与一九四六两年间八次外交会议。……所谓赢得了战争而没有赢得和平之语即在此书中见之，贝氏在雅尔塔会议中乃系顾问，而非负责当局，故能以旁观者之资格将史太林等之谈话以速写方法记下尤为难得，此诚关心战后外交者之枕中鸿秘也。兹但就有关中国部分摘录如下：……

11 月 19 日，出席民社党在午后召开的中常会，审查监委候选人名单。审查完毕后，即交徐傅霖于晚间带京。

11 月 22 日，民社党主席张君劢对大选发表个人观感称，此次大选在我国历史上尚属创举，故其影响于今后民主宪政之推进者，当极甫大。综观选举进行一日来之情形，容有使人不尽满意之处，但一般尚属良好，值得欣慰。希望大家自此益加奋勉，为民主宪政奠定坚固基础。②

11 月 23 日，在《再生周刊》第 191 期上发表《读贝尔纳斯"说老实话"摘要（二）》一文（《智慧》第 38 期转载此文）。文章摘录贝氏书中所记"莫洛托夫到达柏林时，德苏两国所谈内容"和苏美两国在苏联对日作战问题上的协商情节。

11 月 24 日，张君劢、李璜、陈启天、左舜生受国民党当局邀请，由雷震陪同进京，协商解决立委候选人提名问题。

11 月 25 日，晨，抵达南京，随即与张群会晤。

11 月 30 日，蓝公武在《察哈尔日报》上发表《致张君劢书》，斥责张参加伪国大。后《晋察冀日报》转载。

是日，写成《〈立国之道〉新版序》一文，此文是为旧著《立国之道》再版所作的序，文章重申"抑阶级，扬国家，反对一党专政，提倡民主"的立场，并表明在新的历史背景下自己的政治态度，"窃以为今后

---

① 《时事新报》1947 年 10 月 16 日。
② 《申报》1947 年 11 月 23 日。

中国之政党政治，决无甲乙丙各党轮流执政之可言。就国民党、共产党、民主社会党、青年党之政纲言之，俱有倾向于民主与社会主义之意。既无左派之绝对共产主义者，亦无右派之资本主义者。则就经济设施言之，自可协议一共同纲领。以云国防之巩固农工商之发展教育之普及与夫交通之扩充，尤为各党之所同意而无待烦言者。如此言之，此联合内阁之方式，行诸今后五十年之内，则政府安定之效见，而庶政殆可蒸蒸日上矣。此正为全国人之期望，与政协会议以来之精神若合符节。"此文发表在12月7日《再生周刊》第193期上。

12月1日，出席并主持民社党中常会例会。除戢翼翘因事赴平，不能出席外，其他中常委均出席。张君劢主持会议，首由刚从南京来沪的徐傅霖、蒋匀田、杨浚明报告在京参加三党立委提名经过。随即讨论区域分配冲突问题。

12月3日，晋京办理赴美手续，并与政府商洽一切。张君劢应美国华盛顿大学之邀请，定于明年1月8日在该校演讲五星期。

12月4日，晨，抵达南京。下午五时，晋谒蒋介石，有所商谈。当日，召集民社党在京中委会谈，甚久。晚，乘夜车回沪。

12月5日，于晋京向主席辞行返沪后接见记者谓，赴美系应华盛顿大学之邀，讲解新宪法。他称：

美国人民极盼明了我国向民主宪政行进之情况。吾人应即以各种客观翔实之资料供给彼等，籍以促进对我之了解。记者询是否有意访晤美国政府当局，张氏谓：如有需要，余自乐于与美国政府就一般问题交换意见。关于行宪后之政制，他表示依照宪法规定，届时政府组织将有绝大变动。立法院之职权将大为增强，同时行政院与立法院之关系将随之益形密切。在责任内阁制之适当运用下，中国之政治无疑将进入一新阶段。新政府各部门之组织，目前大致均已拟妥，尚待解决者则为总统府之组织。揆之英法两国，其总统府之组织均极简单。故我国总统府亦不宜作过于庞大之决定。民青两党可各获立委75名，此点国民党已表同意。目前所商讨者为地区配置问题。至于监委，已决定民青两党在每一省区各占一名。现民青两党正就各省市应由何党提名，交换意见。预料立监委名单公布，即可实现。国大不致延期，惟正式开会日期，需依国代报到足法定人数后决定。[1]

---

[1]《申报》1947年12月6日。

12月7日，在《再生周刊》第193期上发表《读贝尔纳斯〈说老实话〉摘要（三）》和《〈立国之道〉新版序》两篇文章。

12月11日，出席民社党中常会。会议决定张君劢出国期间，该党主席职务由徐傅霖代理。

12月12日，晨九时，江浙两省代表，各省市参议员，当选之国大代表，立委候选人及党内常委百余人，联合举行盛大欢送会。张君劢发表《民意机关代表之任务》的演讲。其要义：

（一）说明民主社会党参加四机构、国府及行政院，但不参加实际部会的原因，"我们反对国民党一党专政，希望民主与和平二者均能实现，但二者不能得兼时，只有先争取民主的实现，得到一点，总比没有好。"（二）关于新宪法及民主社会党参加议会的问题。（三）"本党有我们的主义政策，我们是抱有目标参加国大立院监院及省市议会的；如果无目标参加就什么意义都没有。"

12月13日，晨八时，乘飞机离沪赴美讲学。此次张君劢应美国华盛顿大学的邀请前往讲学，讲解中国的"新宪法"，并为蒋介石乞求美国的援助，以安定中国的币值和人心军心。行前赴机场送行者，有政府官员、党人及张君劢大部分家人，约二百多人齐集机场，情况之盛实属少见。

12月14日，在《再生周刊》第194期发表《读贝尔纳期"说老实话"摘要（四）》

12月18日，在华盛顿会晤国务院主管经济之巴德握斯（Butterworth）。

12月19日，自华盛顿致函张公权，报告：与美国国务院主管经济事务之巴德握斯晤谈有关改革币制的意见。据张公权日记云：

> 今日（12月23日）接君劢二兄自华府十二月十九日来信，谓："昨日国会拨款委员会开会，魏德迈出席作证，虽似有利于我方，惟拨款之权，仍操之国务院。又闻拨款委员会将先拨二千万元，以待下年一月国务院援华方案之提出。再昨晤国务院主管经济之巴德握斯Butterworth，告以改革币制之重要，若美国能赞成早日开始讨论，可以振起中国上下人心。彼反驳云：目下中国内战范围日益扩大，如何能保证改革后不再膨胀。我告以只须开始讨论，即可维持币值，间接有利于战争。"

12月22日，十时半，晤魏德迈将军。

12月23日，在纽约致张公权电，报告与魏德迈谈话详情。文曰：

> 密岳军院长、雪艇部长、权弟同鉴：二十二日十时半，晤魏将军甚欢。劢先提中美问题，开始讨论，以财政币制为中心，美方可请中国整理财政，然后美拨定专款，为改革币制基金。渠即答复：目前中国形势严重，不免稍嫌过迟。然渠曾向马卿提出此议，马不肯采取主动。渠意对欧援助之中，应提三或五 billion 援华，由中美两方各组织保管委员会，决定用途。渠云马卿既不肯先提中美洽商之议，惟有请中国主动。望我即以此意转达岳军院长、雪艇部长。又云：此保管委员会委员应为公忠不谋私利之人。渠又言：前次去华，多责备之辞，今日颇自悔其愚蠢。我答以，一般人民咸认为此为良友忠告；政府心感。渠重复声明，中国应采取主动，整备方案，向美交涉。劢意，吾方应先派人来美，与魏将军联络，提出方案，作为初步接洽。第二步为正式交涉。雪艇部长能来美一行，最为上策。此事应由国中资望素孚之人发端，同时如以胡适、陈光甫、权弟等辅之，则此项财政币制改革基金交涉，可以不至失败。

是日，张君劢派助手冯白斤将电报稿送给顾维钧，请其用大使馆密码致电蒋介石，这是一份魏德迈与张君劢谈话记录，在谈话中，魏德迈认为中国的币值改革很重要，魏德迈建议给予中国政府一笔信贷作为实现改革币制和稳定货币之用，两人均认为这个问题可与美国国务院继续探讨，并建议中国派遣一个由著名银行家和专家组成的代表团。张君劢建议由诸如陈光甫和张嘉璈这样的人参加，由王世杰任团长。

12月25日，晚，顾维钧设宴招待张君劢与国民政府教育部次长杭立武。话题集中在中国的政治形势和国大代表的选举上。互相讨论了选举，也谈到了中国全国范围进行这种首次尝试所涉及的种种问题。一致同意选举应该是公开的和自由的，而且最近的选举结果应该得到承认，即便从政府或在野党的观点来看，这次选举的结果是多么令人遗憾。

12月29日，在纽约致电张公权，希望政府旬日内派大员携带财政币制改革方案来美，与美国务院洽议，争取主动。文曰：

> 中央银行密，张总裁译转岳军院长劢鉴：前与魏将军谈，吾国应争取主动一电，想早达览，主动一层，政府能在旬日内，派大员带财政币制改革方案来此洽议，最为妥帖。一月四日以前，政府如

有委托，当在华府等候。四日以后，即西去教课。

1948年〔民国三十七年　戊子〕63岁

1月2日，张公权电李榦，告以：（1）张院长"声明"一二日可拟就。（2）杨格顾问如不在华盛顿，希协助顾大使与美国国务部接洽。（3）俞大维、贝诒将于下周首途，请告知张君劢。（4）张院长询张君劢能否多留华盛顿。

1月5日，下午二时，晤马歇尔将军。

是日，拜见顾维钧，谈他和马歇尔谈话的情况。

张君劢讲，他是带着蒋委员长的信去拜访马歇尔的，信的内容包括三点：第一，中国局势比一年前马歇尔在华时更为严重；第二，委员长认为对华的少量援助比对欧洲的大量援助产生更大的效果；第三，新宪法实施后，政府不能随心所欲地花费公款。马歇尔问了张君劢一个意味深长的问题，即委员长的政权会被一个什么样的政权所接替。张君劢告诉顾维钧说，他的答复是不会有这样的政权。张君劢说，马歇尔仍然认为中国的军事局势头等重要。他觉得除非中国政府能在战场上战胜共产党，否则国外的援助再多也无济于事。但张君劢告诉马歇尔说经济和财政援助会从心理上对中国总形势大有帮助。张君劢说，马歇尔对于任用傅作义将军和白崇禧将军感到满意，但表示为时已晚了一年。马歇尔说，他不喜欢杜聿明、陈仪和熊式辉这几位将军。他还告诉张君劢说，他在中国时，周恩来曾给他看过一份共产党从政府军手里缴获的武器的清单，他发现那份清单开列得很准确。因此，他对张君劢说，如果这一情况不予制止，美国援华还有什么好处，那就等于说美国援助了共产党。张君劢和顾维钧在谈话中一致认为要逐步取得中国人民的信任和支持，就必须任用文官为各省的主席。①

1月6日，自纽约致电张公权，嘱转行政院长张群。文曰：

> 密中央银行张总裁权弟，转岳军院长：五日下午二时见马将军，已将尊函转交。渠关心中国时局，一如昔日。但言军事须重个人训练，俾能各自为战，方能应付共军。已告俞部长之来美。并云双方开诚商谈，以财政币制稳定为中心，自能鼓励士气，安定人心。七日西飞上课。

---

① 《顾维钧回忆录》第6册，中华书局2013年版，第261—262页。

1月中，结束了在西雅图的演讲活动，前往华盛顿，访晤美国国务院远东司司长巴德握斯（Walton Butterworth）。长谈，力劝美以金钱援助中国政府，安定中国币值，即可安定人心军心，以挽回危局。奈美政府有其既定政策，不纳此意。

2月19日，拜访顾维钧，带去关于援助问题讨论情况的消息。张君劢告诉顾维钧：

他此访的目的主要是了解顾是否仍然认为俞大维有必要到华盛顿来。他告诉顾，他曾向南京方面和王世杰外长建议俞大维访美，并曾告诉当时仍在美国作为中国赴美军事代表团团长和驻联合国军事参谋团首席代表的何应钦将军，让他电告蒋介石，说马歇尔希望俞大维为援华计划事宜访美。但是，张君劢说，委员长复电称，俞大维访美时机尚未成熟。顾告诉张君劢，俞不能访美，既有政治上的原因，也有俞大维个人方面的原因。问题的症结在于华盛顿的高级人士不愿意给中国以军事的或者经济的全面援助。马歇尔对中国处理自己事务的方式有许多异议，他似乎对委员长的政策、策略或军事管理有很多的不满。张君劢证实说，马歇尔也向他提出过曾向顾提出过的问题，即委员长失败或倒台，谁能取代他？张君劢说，马歇尔甚至问到张治中，并对他颇为赞赏。他还高度赞扬傅作义。这种询问暗示马歇尔对蒋委员长的不满。①

3月10日，致书《纽约时报》（《中国的少数党——正支持着现在的政府》），认为提耳曼·德定氏提出的"中国国民党正下坡路"的观点是不"正确的报道"。《纽约时报》3月11日星期刊刊出张君劢此信。

3月7日，《纽约时报》刊出该报驻华记者提耳曼·德定氏的通信报导，批评中国少数党份子。张君劢致函该报对该记者的报导予以批评，文首曰："在三月七日贵刊读及德定君关于中国现局通讯一则，于此中美关系正在加强之时，鄙人以为正确报道似更有助于美国人民。"文章希望美国人士对中国政情能有所同情与谅解，理由是："（一）将具有四万万五千万人口和悠久政治习惯的中国转为民主国家实为异常艰苦的事情。（二）国民党自动放弃一党专政，是一项难得的明智之举，现代独裁政权中从未采取此项明智之举。（三）共产党对和谈之早日破裂，应负责任。（四）少数党之所以与国民党合作产生国民大会以建立民主者，是为了实现民主政治之理想，盖中国虽因共产党之故，不得和平，但并无同时放弃

---

① 《顾维钧回忆录》第6册，中华书局2013年版，第283—284页。

民主之理由。（五）就民主社会党而言，吾人将不断努力直至中国现代民主基础稳固奠定而后已。"①

4月1日，从美国抵达东京。

4月2日，在东京接见中央社记者，发表谈话称：美国朝野均赞成援华。美国对华之批评，可以一言以蔽之，即更大效率与更佳之组织是也。盖非此恐无论何种援助，均不能作最佳之利用。②

4月3日，下午一时四十分，搭乘西北公司班机自东京返抵上海。张君劢与记者谈及美援时，认为只需自己争气，不怕人家不帮忙，否则即有外援，亦无济于事。将来美国主持援华之人士为谁，因贷款之用途已有规定，故并不重要。以一般世界局势而论，大战不至于一两年再度发生，但美苏关系已非常紧张，美国朝野备战之情绪甚高。关于目前中国局势，张君劢认为已甚危急，必须在政治、军事、文化多方面努力，使能像一个国家。并谓：目前努力之途径，首先在恢复和平；第二为提高人民生活及树立廉洁之政治。恢复和平并非恢复和谈之谓，而为各方面觉悟而获致和平，战有战的办法，和有和的办法。记者询以是否有意竞选副总统，张君劢表示：本人对此并未考虑，至于支持哪位候选人，须与党内洽商后方能有决定，原则为向朝气及振作方向走。③

4月4日，上午，召集留沪干部在范园举行非正式会议，内容严守秘密。

4月7日，主持召开民社党中常会，在沪常委均出席。上午开会时，张君劢报告游美观感。午后，继续开会商讨。决定本月11日召开第一届第二次中央执行委员会会议，讨论对总统、副总统选举及时局各问题，届时将决定该党之态度。张君劢因京方来电邀请，决定今日搭机飞京，谒当局洽商一切，惟日内仍需赶回，并主持11日之中执会。

4月8日，抵达南京，分别往访政府首长张群等。晚，出席民社党国大代表团之会议，向民主社会党国民代表大会代表团做演讲，并指示参加此次会议应该注意的事项。张君劢向代表团所做演讲的题目为《民主、宪法、总统》，内容：

第一，回顾过去，本党已经有三十几年的历史，吾对于民主宪政

---

① 《再生周刊》第210、211期合刊，1948年4月18日转载了该函，并加了编者按。
② 《申报》1948年4月3日讯。
③ 同上。

的立场，始终如一，从未发生改变，今后也不会发生改变。第二，本党没有军队，没有地盘，全靠我们自己的信心。现在已经参加民意机构，有了表示意见的机会。可是过去的交涉，很麻烦很痛苦，但总比破坏，残杀为好，能走一步，就走民主的路。第三，我起草宪法，是以个人身份起草的。我当时虽未脱离民主同盟，但并没有经过民盟同意和赞成。其经过很费周折。第四，宪法的成功蒋主席之力最大，否则将不知变成什么样子。第五，我曾主张起草一本宪法说明书，组织一个委员会，请孙哲生、王亮畴先生也参加，但终未有成，这实是一件憾事。第六，宪法不能专重条文，而贵在实行。听说现在有人主张要修改。既然如此，两年前我们也并未要求通过，何必多此一举。你要修改宪法，说宪法不好，坏在哪里？还未实行，怎样知道坏在哪里？今天还不知道坏在哪里，就要修改，真是说不通的。第七，此次选举，一任少数人操纵舞弊，我在海外替政府辩护，但今天不得不说话。第八，关于选举总统，蒋主席谦让，我认为不必。应该推蒋先生为总统，以求先有六年的安定。①

4月9日，午后四时，偕蒋匀田访青年党主席曾琦，晤谈约两小时，商谈结果：（一）蒋介石为适当的第一任总统人选，决定支持蒋介石为首届总统；（二）宪法未经实行，绝对不宜修改。②

4月10日，接待记者，回答记者问题。问：如果国大修改宪法，民社党的态度如何？答：我们反对修改宪法。问：张君劢先生游美的观感如何？答：我们的国家地位一落千丈。问：据张先生的看法，怎样才能提高我们的国际地位？答：国家要做像国家的事，政府要做像政府的事。问：三党合作的前途如何？答：合作应以诚意为基础，所有的手段都会造成恶果的。问：对于绝食代表的看法如何？答：绝食代表的事件是办理选举不得当的结果，办理选举的人应该担负这个责任。最后，在一张"中国银行便笺"上，给记者题了十二个字："学而不思则罔，思而不学则殆。"这十二个字对于好学不倦的张君劢，确是一个很好的介绍。

是日，午，曾琦设宴为张君劢洗尘。青年党中常委何鲁之、余家菊、

---

① 此稿发表在1948年4月18日《再生周刊》第210、211期合刊上。另《申报》1948年4月9日讯。

② 《中央日报》1948年4月11日。

陈启天、于复先等作陪，对于国事有所商讨。①

4月11日，晚，民主社会党沪市参议员公宴张君劢于国际饭店云楼，参议员公推江浩然致欢迎词，并报告工作。张君劢致答谢词。②

4月12日，10时，在愚园路总部招待记者，张君劢亲自主持会议，除发表民社党中执委会十一日通过四项决议书面文件外，并由民社党中常委蒋匀田做补充报告：（一）民社党决议提徐傅霖为副总统候选人，并拥护蒋介石为大总统；（二）民社党对此次国大和立委选举极表不满；（三）民社党坚决反对在这次国大中修改宪法；（四）民社党愿以少数党地位，今后在国大和立法院中援助友党，促其成功。随后，张君劢答记者问，"问：张先生在京见蒋时，谈些什么？答：目前形势很艰难，我们希望蒋主席出任六年为期的总统，比做无任期的行政院长为合适。问：张先生对美国援华怎么看法？答：据我所知，美国援华不论是经济的或军事的，都没有问题，只要看我们能否有效使用。问：民社党希望参加行宪后政府的比例多少？答：我们很希望在行宪后退出行政机关，专在民意机关发挥政见，这次选举国民党占绝大多数，就应该挺身而出，担负建国的全责。问：挽救当前大局有什么办法？答：行政加强，中国如同一个病人，中共是微生虫，国民党是抵抗力，目前是微生虫在逐渐扩张，要看今后抵抗力是否加强。问：民社党既注重抵抗力方面，今后将怎样效力呢？答：要看相处的态度如何来决定了，如果专门耍手段，前途就难说了。"③ 关于土地政策方面，张君劢回答记者时称："他不相信共产分田办法能够解决中国土地问题，惟戡乱工作之完成，政治之改良为当前要务。耕者有其田政策，应切实推行。"④

4月14日，邀餐其家，张君劢、黄炎培、张澜、叶笃义四人长谈。

4月18日，《再生周刊》第210、211期合刊上发表《我们推举徐傅霖先生竞选副总统》《徐傅霖先生七十寿序》《民主政治两讲——民意机关代表之任务》《民主，宪法与总统》《张君劢启示》《云楼谈话》《张君劢先生致纽约时报函》六文。

4月21日，电贺蒋介石当选为大总统，电文云："南京蒋主席勋鉴：美国总统选举之日，两党始虽相争，及民意揭晓，反对方面之领袖，驰电

---

① 《中央日报》1948年4月11日。
② 此演讲稿发表在1948年4月18日《再生周刊》第210、211期合刊上。
③ 《大公报》1948年4月13日。
④ 《中央日报》1948年4月13日。

致贺，所以明始争终让与夫服从多数之旨。公之劳苦功高，使民、青两党放弃提出侯选人，所以促成公之绝大当选，足证心理之同。然本守宪之精神以行宪，庶几法治传统，得以有始而有终。特电贺，希督照。张君劢拜首，马。"①

4月23日，晚，在民主社会党国大代表团发表演讲，演讲中讲到的问题有：（一）副总统选举与民主体制问题；（二）评价和驳斥潘公展所提修改宪法的两条意见：立法院为什么无权投不信任票；行政院为什么不能解散立法院。张君劢"希望副总统选举以后，政府有个全盘安排，以达到选贤任能的目的，国家才有前途，人民才可得救"。此演讲稿以《副总统选举前夕张君劢先生演讲辞》为名发表在1948年5月2日出版的《再生周刊》第213期上。

4月26日，对副总统选举问题发表谈话。曰：

> 自民国以还，历次总统选举，皆有风潮，此次选举总统，总算顺利产生。讵意副总统竞选至决定阶段，候选人相率声明放弃，掀起轩然大波，此乃对于民治与民主认识不足之故。所谓法律尤匠人之规矩，凭之以成方圆，不能丝毫夹杂情感与意气，要有以法律悬之国门不能易一字之精神，若凭一己好恶，任意高下其手，不足以言法治。民主政治之要义，须承认公平竞争，一切问题须公开讨论，以理由服众，问题自易解决。英、美政治之可贵，在举国上下具有一丝不苟之庄严守法精神，此种庄严守法精神，为立国之本，值得效法。副总统之人选，本党原翼国民党提出一人应选，前曾明白宣言，后国民党以自由竞选方式出之，既定自由竞选，即当尊重代表自由意志之投票，以树立民主政治之规范，本党甚盼勿以副总统竞选之故引起不良后果，有负国人殷切之望。民主国家，竞选之前，意见分歧，司空见惯，一经选举确定，过去种种涣然冰释，吾国行宪伊始，渴望养成民主风度，对悬而未决之副总统问题，能本宪法自由竞选之精神，求得圆满解决，以免贻笑中外。②

5月5日，梁秋水写信给张君劢。谴责张君劢与政府"合作"。

5月12日，撰写《中国民主社会党张主席声明书》（英文），就立法

---

① 《申报》1948年4月22日。
② 《申报》1948年4月27日。

院选举问题表明态度。此文刊登在5月16日《再生周刊》第215期上。

5月23日,《再生周刊》第216期发表《张君劢先生答复各方询对立委态度书》。

5月27日,午后,国民政府新任院长翁文灏打长途电话给张君劢,邀请其入京,就组织新政府进行商谈。

6月19日,与雷震就立委问题长谈,交换意见,但未取得一致意见。

6月20日,《再生周刊》第220期上发表《中国新宪法起草经过》一文。这是张君劢在上海银行图书馆开幕日的演讲稿。

6月27日,在《再生周刊》第221期上发表《民主社会主义之哲学背景(一)》:第一篇"发端"。这是张君劢为民主社会党党员所做星期演讲的第一篇演讲稿,由更生记录。

7月1日,在广州版《再生半月刊》发刊号上发表《我们当前的任务》一文。

7月4日,在《再生周刊》第222期上发表《民主社会主义之哲学背景(二)》:第二篇"哥白尼式的革命"。

7月10日,参加民社党中常会。会议决议该党立委即日赴京出席会议。会后,张君劢以长途电话将会议结果告知雷震。

7月11日,《再生周刊》第223期上发表《民主社会主义之哲学背景(三)》:第三篇"欧洲文艺复兴正解"。这是张君劢为民主社会党党员所做星期演讲的第三篇演讲稿,由更生记录。

7月22日,签署《中国民主社会党中央总部党令》,对中国民主社会党各地党部存在的纠纷提出严厉批判,并宣布了解决各地党务纠纷的四条办法:

> (一)各级党部有纠纷者,在纠纷未解决期内,其上级党部与之停止文件往还,并令其暂时停止一切活动。(二)纠纷之解决,除由上级党部处理外,应自动召集全体执监委员会及纠纷当事人员举行检讨会议,开诚提出意见所觉公意。(三)如已获得合理解决办法,应由全体签名,并附送会议记录及决议案呈核。(四)如两个月内纠纷仍不得解决者,除参加检讨会之全体执监委员申明理由签请延期外,即依据总章第七章第四十一条之规定,予以解散或改组。①

---

① 中国第二历史档案馆编:《中国民主社会党》,中国档案出版社1988年版,第404页。

7月25日，《再生》第224期刊登《民主社会党参加立法院之声明》和《民主社会主义之哲学背景（四）》："第六篇时代特征（反理性主义）"。

7月29日，《申报》南京29日电称：总统府延揽资望颇高之人士，聘请出任资政及国策顾问委员会。兹悉总统对该项人士选举，极为慎重，惟顷已最后核定。兹探悉其名单如下：资政12人：吴敬恒、张人杰、李石曾、孔祥熙、许崇智、章嘉活佛、吴忠信、张君劢、徐傅霖、曾琦、莫德惠、周钟狱。国策顾问邵力子、李文范、张作相、王树翰、余家菊、戢翼翘、鲍尔汉、罗桑坚赞等38人……①

8月1日，在《再生》广州版（半月刊）第1卷第3期上发表《民主社会主义之哲学背景（一）》一文，即6月27日《再生》第221期所发之文。

8月2日，在《再生周刊》第225期上发表《民主社会主义之哲学背景（五）》：第七篇 "唯物辩证法"。

8月5日，乘安康轮西上，赴牯岭，作短期避暑。②

8月8日，晚，乘安康轮抵达鄱阳湖湖口。

8月9日，晨，停泊九江，上岸后，即乘轿上庐山。此行由公子国超陪侍。张君劢语《申报》记者称：本人因身体欠佳，故来山休养，拟留两月，秋凉后返沪。（《申报》1948年8月10日）8月29日，戢翼翘、蒋匀田、孙亚夫等奉张君劢之招，离南京飞赴牯岭，民社党在庐山开会，讨论党内组织、加强宣传及发展党务等问题。

8月15日，在《再生半月刊》广州版第1卷第4期上发表《民主社会主义之哲学背景（二）》一文。即7月4日《再生周刊》222期之文。

8月30日，在《再生周刊》第229期上发表《韩大载居士著孔老释异同辩序》一文。

9月15日，在《再生半月刊》广州版第1卷第6期上发表《民主社会主义之哲学背景（三）》一文。即7月11日《再生周刊》第223期之文。

10月8日，离开上海，赴鄂、川（武汉、重庆、成都等地）讲学。

10月11日，晚五点，乘民本轮到汉。据《大公报》1948年10月12日载：[本报汉口十一日专电]民主社会党主席张君劢今午后五时余乘民

---

① 《申报》1948年7月30日讯。
② 《申报》1948年8月7日。

本轮到汉。据谈：此行纯为旅行讲学，便道和党员们见见面，在武汉月有旬日勾留，事毕就转往渝蓉等地讲学。关于最近国内军事上会不会有大的转变一事，张氏表示大致不会，不过听说东北方面将有调整而集中力量守华北的说法。关于最近各地物价波动一事中央有无有效平抑办法，他说：传说中央已有补救办法。关于对美苏白热化的论战有何观感一点，张氏借口近几天没有看报，闪避做答。张氏晚由该党党员公宴，明起在武大讲演。

10月12日，上午，参观汉口既济电力厂、既济自来水厂。

下午，应周鲠生校长邀请到武汉大学做演讲，当日，狂风大作，江渡封航，张君劢仍乘省政府登陆艇于三时许抵校，在大礼堂做报告，题为"吾国思想界的寂寞"。

晚上，张笃伦主席邀请餐叙。

10月13日，下午，在武汉大学演讲《美国外交上之新制度——两党联合外交政策》。

下午，参观武大理学院和农学院。晚上，与周鲠生校长及全体教授餐叙。

10月14日，上午，在武昌华中大学演讲《宪法起草之经过》。

下午，在武昌华中大学演讲《一次大战与二次大战后美国外交政策之转变》。

下午，应韦校长及学生之临时之邀请做《教育与哲学》之演讲。晚，由各校公请。

10月15日，上午，向医学院、体专二校讲"人民健康之重要"。二女师讲"妇女地位"。安徽中学讲"不怕苦、不怕穷、不怕愚"。

下午，出席武昌基督教青年会茶话会，并讲"来鄂后之观感及希望"。

下午三时，在湖北省省训团演讲《新道德之基础》。

10月16日，在汉口市公共演讲，题目是"战后国际关系"。晚徐市长约餐叙。

10月17日，上午，在武昌农学院讲"美国农部与农业"。午后，出席武汉金融界、工业界人士茶话会，听取意见。晚，出席江苏旅汉同乡会欢迎公宴。

10月18日，上午，在汉口市做第二次公共演讲，题目是"科学与道德"。下午，在省训团做第二次演讲，题目是"宪法之要义"。

10月19日，午，乘飞机赴重庆。

据《大公报》1948年10月21日载：〔本报汉口十九日专电〕张君劢

氏十九日午乘机飞渝，行前曾有一部分地方首长托请张氏抵京时，代向中央建议：（一）用政治力量来管制经济，仅能收效于一地一时，今后中央确定整个决策时，应改采经济力量来解决经济问题。（二）中央今后不能仅注意京、沪方面的经管工作，应集中全力注意全国性的全面管制和疏导，免得顾此失彼，因噎废食，加深政府与人民间的沟通。

10月20日，游北碚。

10月21日，上午，在重庆大学做《科学与计划政治》之演讲。

中午，应重庆大学午宴。午后，临时应四川省立教育学院邀请，演讲"教育家的任务"。三时，在正阳法学院演讲"宪法之要义"。民生公司卢作孚先生约餐叙。

10月22日，上午，在"星五"聚餐会上作"理与智"演讲。下午，杨森市长约餐叙。

10月23日，上午，在重华学院演讲"现代文化之危机"。

下午，朱绍良主任约餐叙。

10月24日，上午，飞成都。

10月25日，开始在成都的讲学。

10月26日，下午三时，在四川大学化学馆后阶梯教室演讲，题目为《民主政治的哲学基础》。

10月27日，上午九时，中国法学会演讲《宪法成立之经过》。下午三点，在成华大学演讲《道德与法律》。

10月28日，下午三时至四时，在成都东西文化协会演讲《原子能时代之道德论》。

下午四时至五时，在华西大学演讲《国际形势及中国前途之展望》。

10月29日，九时，在成都理学院演讲《科学外行说原子弹之经过》。下午三时，工商团体演讲《民主国公民义务》。

10月30日，在成都的青年党四川省党部、成都市党部和《新中国日报》社联合招待会上发表《两党共同勉励》的演讲。

午后三时，在成都石室中学演讲，题目是"我的学生时代"，文章回顾了自己的国内外的求学经历。文末有语曰："我所希望诸君应该随时学习，不断的学习。"[1]

10月31日，午后三时，在三七联谊会演讲《美国立法程序与援华法案》

---

[1] 《再生周刊》1948年11月15日第239期。

11月3日，晚，飞抵上海。

张君劢本来有昆明之行之打算，但局势紧急，故提早返沪。

11月4日，接见记者，纵谈西南旅行观感。

  谓西南各省情形远较此间为安定。而此行最深刻之印象，即为各地均切望改革，否则现局难于维持。国民党自身内部，亦苦闷思变，以政治改革而言，最重要者，为修正过度中央集权之制度，使地方能做事，此项原则，对于军事及党务亦同样适用。现局之不乐观，为众人皆知之事实，总统北巡归来，所当知者当尤为透彻，以美援而论，必须在自助基础上，方能为有效争取，绝对不能存依赖心理。今后美国对华政策，将有所修正，惟其究属趋于积极或消极，胥视国人是否振作以为断。个人之理解，认为美国对华之援助，不超出军火物质接济之范围，军事援助不会做到派遣志愿军。如我国局势继续恶化，美国势必自华北及青岛撤退，对华中、华南之行动，亦为有限度的，因其决不肯与中共发生直接冲突也。无论民主党或共和党上台，所奉行者均为两党外交政策，本质上并无歧义，盖非此不足以应付世界困难局面。预料杜鲁门连任后，即将与苏联进行谈判，惟东西僵局之能否打开，将视折冲者之技巧而定。两国之基本利益固有冲突之处，但尚不至于诉之战争，双方战争宣传均甚猛烈，但实际上为另一回事。①

11月8日，致函蒋介石，请赴英美一游，共图世界和平大计，保持东亚一般安宁。文曰：

  第二次世界大战以来，许多政府都垮台了。为英国与法国赢得胜利的丘吉尔与戴高乐皆然。您既已被国民大会选为中华民国总统，则地位自不同于丘吉尔与戴高乐。唯就我所见，目前的军、政、党都已腐败至极，需要彻底翻修。就像一个久已不见天日而又密不通风的房间。房里堆放的东西都布满灰尘，并且肮脏、发霉、腐朽不堪。这样的房间必然恶臭四溢，令人窒息。它必须彻底清理，打开窗户。我的建议是，您身为民国总统，最好出国一行。把您的权力交给别人，让他有充分权力帮您打扫房间。您出国后，可以在反共阵营里多交朋友，这样您还有东山再起的机会。

---

① 《申报》1948年11月5日。

这封信发出后，总统秘书长吴鼎昌问道："张先生会有什么结果呢？"张君劢的朋友国府委员戢翼翘说："张先生已准备好被捕，也准备好让民社党总部被查封。"后来，张君劢听说，蒋介石已读了此信，张群向他解释说，张先生这封信不仅代表他个人意见，而且是根据各方面汇集来的消息所写成。蒋介石并没有下令逮捕张君劢。

是日，在《再生周刊》第 238 期上发表《现代文化之危机》和《美苏外交关系恶化之起点》两文。

11 月 15 日，在《再生周刊》第 239 期上发表《我的学生时代》和《原子能时代之道德论》二文。

11 月 17 日，与卢作孚、何廉、熊式辉、张嘉璈等谈时事。

11 月 21 日，张公权六十生日，张君劢特撰寿序致祝。

11 月 22 日，在《再生周刊》（上海）第 240 期上发表《科学与计划政治》和《民主政治的哲学基础》二文。

11 月 29 日，对往访记者发表对孙科组阁谈话称："此次内阁改组，民社党决以在野党之地位，以翼对国家有所贡献，故并不考虑参政。孙院长此次组阁后，深望国民党内部各派系自行团结，现阶段之政治固须革新，惟外交方面主要仍需靠本身，本身振作则外援自来。内政方面，一切措施，希望能尊重制度及法律，应尽量启用新人，使政治有新气象。用人须凭人才主义，各地方省主席应赋予实权，即中央政权下各部门做事之人，亦应赋予相当权限，俾勿使事事请决于总统。同时，有关军事一切措施，因属重要，惟须注意，收拾人心尤属重要。"①

是日，在《再生周刊》（上海）第 241 期上发表《中国之将来——在科学研究》和《公权弟六十生日寿序》二文。

12 月 7 日，拜访张澜，谈到蒋介石有意下野，希望张澜等函阻之，被张澜所拒绝。张澜说："这又是欺骗，我已见他不止一次'下野'了，而他一直在台上，你不用为他担心，我也决不会劝阻，要劝你去劝吧。"②

12 月 9 日，黄炎培、张澜到张公权家与张君劢共餐，长谈大局问题和过去东北问题。

---

① 《申报》1948 年 11 月 30 日讯。
② 吴俊明：《张澜、罗隆基上海脱险记》，《张澜纪念文集》，四川教育出版社 1999 年版，第 201 页。

12月13日，在《再生周刊》（上海）第242、243期上发表《美国国会之立法程序与援华法案法》一文。

12月20日，在《再生周刊》（上海）第244期上发表《谈最近政局》和《美国对华之外交政策》二文。

12月25日，新华社发布了以中共权威人士（即毛泽东）名义提出的43名国民党战犯的名单，这一名单基本上囊括了当时国民政府党政军大员：蒋介石、李宗仁、陈诚、白崇禧、何应钦、顾祝同、陈果夫、陈立夫、孔祥熙、宋子文、张群、翁文灏、孙科、吴铁城、王云五、戴季陶、吴鼎昌、熊式辉、张厉生、朱家骅、王世杰、顾维钧、宋美龄、吴国桢、刘峙、程潜、薛岳、卫立煌、余汉谋、胡宗南、傅作义、阎锡山、周至柔、王叔铭、桂永清、杜聿明、汤恩伯、孙立人、马鸿逵、马步芳、陶希圣、曾琦、张君劢。

12月27日，在《再生周刊》（上海）第245期上发表《宪法第一条之意义——中华民国新宪本义十讲之一》《中国政治上之出路》和《两党共同勉励》三文。《中国政治上之出路》希望国共双方放弃武力，和平解决彼此的争端。

1949年〔中华民国三十八年　己丑〕64岁

1月6日，发表对时局的看法。

谓和谈恢复匪易，目前有两项步骤，应先采取，以开和谈之门。一为开放言禁，盖自"戡乱"以来，凡有主和言论，即犯禁律，使有心人虽欲尽力，亦无从着手。今日政府既已诚意觅取和平，此种禁律应即日取消，使各界有心努力和平之人士得以重振阵营，构成中间势力，折衡于两党之间，和平方有希望。二为须恢复与中共保持接触之若干"路线"，使对方之真正意向得以明了，例如张东荪最近表示愿南下斡旋，政府应予以鼓励。关于中共对和平之诚意问题，张君劢认为中共内部对和战可能意见不一致，故对总统文告无正式答复。但中共为一与世界政治有密切关系之政党，其行动自有分寸。且审时度势，虽在军事上目前暂占上风，但尚无席卷全国之实力，故亦可能适可而止。以中共诸领袖而论，张君劢坚信周恩来、董必武，乃倾向和平，而能顾到国家利害者。至于四国调停之说，张君劢说，去秋在美时，已有人从中策动，但未得要领。至于有联合国调解之议，是否能见诸实行，胥视我国之内部事件是否构成国际争端而定，固然印回战事由联合国调处，但印度与巴基斯坦确为两个国家，与我国目前之情形迥异，故由联合国出面解决之希望至微。①

是日，派密使在南京访司徒雷登。

是日，下午，接待来访的青年党中常委夏涛声，就和平问题交换意见。

是日，晚七时，在张公权处，接待来访的雷震和王世杰，便饭，并谈时局。张君劢与弟公权，均赞成总统下野，一切方可改革，不然战也不能，和也不能。雷震与王世杰力言总统下野后，局面会垮掉，因今日和不可能，惟有战以图存耳。

1月10日，在《再生周刊》第246期上发表《宪法人权章之意义——中华民国新宪法本义十讲之二》一文。

1月15日，应蒋介石之请，由上海赴南京，与蒋谈和平问题。

1月16日，晨，抵南京，张群、蒋匀田赴车站迎接，彼等径至张群寓所会谈，甚久。午后，张君劢分访各方友好。张君劢与另一位姓张的朋友一起访司徒雷登，想得到司徒雷登的见解，然后试图运用巧妙的心思写出见解。

晚七时半，蒋介石为慎重听取各方意见，以决定对毛泽东所提八项条件之处理，邀请邵力子、孙科、张治中、张群、吴铁城，和民主社会党负责人张君劢、青年党负责人左舜生等人到黄埔路官邸进晚餐。蒋介石首先表示，请各与会人士，尤以民青两党领袖对共产党八条件发表其观感。张君劢发言称："中共能有如此条件之提出，吾人应加慎重研究，并予善意之答复，以促进和平之实现。"张君劢向蒋介石提出三条建议：第一，蒋介石本人对自己的出处应做一决定；第二，修改宪法，保障人民之生存自由；第三，目前应设法实现停战，国民党方面应该派适当人选如邵力子、张治中等前往和中共方面取得直接联系。此次会晤虽无具体结果，但颇可反映各方意见。蒋介石于各代表发言完毕后，特向张君劢称：当再找机会研究。会晤在晚十时结束。②

1月17日，竟日与各方面人士接触。晚，雷震约周鲠生、张君劢、蒋匀田、张友仪、王世杰晚餐。晚八点，应蒋介石邀请，由张群陪同前往黄埔路官邸会餐，后会谈，张君劢就民社党对当前时局之意见向总统申

---

① 《申报》1949年1月7日。
② 《申报》1949年1月17日。

述，并与总统共同研究当前应行之途径与步骤。张君劢所提之建议中，特别指出希望总统就其个人之进退出处做进一步指示，其次为宪法问题，在宪法上若干不合理或有问题之条文，予以修改删除，使其能成为完满之宪法。再次为保障人民生存基本权利。席间谈到中共苛刻之和平谈判条件时，蒋介石沉默，面有不愉之色，张君劢、左舜生坚持必须加以答复，以示政府谋和平之诚意。蒋介石等默认，并先行试探各党及人民意见。①

是日，在《再生周刊》第 247 期上发表《从自由主义到社会主义》一文。②

1月18日，进见蒋介石，并代表由全国一些大学教授和知名人士组成的中国和平策进会向蒋介石呈递了该会提出的和平谈判纲领。

午，李宗仁副总统邀宴张君劢、蒋匀田、张治中、邵力子等，交换意见。晚，张群复邀张君劢诸氏晚宴，并有所讨论。张君劢、蒋匀田乘夜车返沪。③

1月19日，晨，从南京回到上海，发表谈话，说"关于中共所提八项条件，政府不久即可能发布另一文告，提出答复"。国民党中央社即于当晚间发出通报说："顷播沪电张君劢谈话一稿，请于电文末加注按语如下：张氏谈话中所说政府不久即发布另一文告一点，中央社记者顷自有关方面探悉，政府并无发布另一文告之拟议。"1月21日蒋介石发表"引退"声明，并无只字批评八条，并且把他自己的五条也取消了，改变为"使领土主权克臻完整，历史文化与社会秩序不受摧残，人民生活与自由权利确有保障，在此原则之下，以致和平之功"。

午后，在范园主持召开民社党中常会，报告在南京奔走和谈经过，并征求党内对时局之意见。他对记者表示：和谈之促成，尚待各方继续努力，据个人在京观悉，政府对恢复和平，确具诚意。蒋先生现所考虑者，绝非个人出处问题，而为整个国家前途。目前，国际调处已无可能，为谋致国内和平唯一可循之途径，厥为直接谈判。如何直接谈判，方式正在政府考虑之中。截至本人离京时，是否派送张治中、邵力子赴延安事，尚未决定。中共提出之八点条件，政府方面正在研究复文，将来用文告方式发表。政府大多数委员认为，八项条件中，除第一条外，其他在原则上均可考虑或接受。张君劢强调，时代进步至今日，不应再有"成则为王败则

---

① 《申报》1949 年 1 月 18 日。
② 此文收入程文熙编《中西印哲学文集》，台北：学生书局1981年版。
③ 《申报》1949 年 1 月 18 日南京电。

为寇"之观念。根本无所谓战犯,如政府要员为中共所极端不满者,为使和谈顺利实现起见,不妨先引咎辞职。张君劢否认曾向蒋介石提出三点建议。但表示确曾向中枢主张,确认在野党之地位,特别及早恢复民盟之活动,并释放政治犯,实行言论自由等,以造成和谈之环境。①

1月23日,李宗仁私人特使甘介侯到达上海,分访张君劢、宋庆龄、张澜、罗隆基、黄炎培等,就政府目前进行和平谈判完成和平之艰巨任务,征求意见,并邀请他们进京,协助进行和谈。

是日,对记者表示:渠欢迎李代总统之文告,对该文告所宣示,撤销与停止一切有碍人民自由及不合民主之原则之法令与行动一点尤表赞同。张君劢又谓:希望各地政府,立刻切实执行,使在野党恢复活动,停刊之报刊恢复出版,拘禁之政治犯恢复自由。如此当能使实现和平,大有裨益。当日系张君劢六十晋三寿辰,张君劢友好门生,赴范园寓邸致贺者甚众。②

1月24日,在《再生周刊》(上海)杂志第248期发表《哲学家之任务》一文。

1月25日,邵力子、张治中访晤张君劢、张澜、罗隆基、莫德惠、钱新之等。

1月31日,出席李宗仁在中国银行所设的午宴。其他出席者有孙科、居正、吴铁城、陈光甫、颜惠庆等。

1月,为程文熙撰著的《君劢先生之言行》作序。

2月1日,晚间,民社党要员戢翼翘、万仞千、蒋匀田、孙亚夫、刘中一、程文熙、罗静轩、金侯城约雷震和王世杰在愚园路三十一号其总部晚餐,张君劢因病未参加,饭后王世杰、雷震访张君劢。

3月7日,受李宗仁之命,到沪邀请民、青两党入京交换和谈意见的程思远回到南京,据程氏讲,张君劢患黄疸病,约一周后方可来京。

3月13日,何应钦自杭州到上海,晚十点,赴范园访晤张君劢,邀其参加新内阁,张君劢婉谢,谓民社党愿以在野政党之身份协助新内阁。

3月18日,民社党召开中常会,张君劢未出席。会议议及是否参加新内阁问题,经汇集意见提供给张君劢参考。

3月19日,会晤李宗仁代总统,洽商民社党入阁问题。据可靠方面透露,张君劢对个人入阁事坚决反对,不但不拟负责实际部会,即政务委

---

① 《申报》1949年1月20日。
② 《申报》1949年1月24日。

员会亦认为无担任之必要。该党内部对入阁事，意见极不一致，亦有力主参与者，但不得张君劢同意，不致发生个别行动。①

3月20日，蒋匀田访司徒雷登，并代表张君劢向司致意。

3月22日，晨九时，主持召开民社党第四十七次中常会，就参加新内阁问题做出最后决定。决议不参加政院。

3月29日，夜，应李宗仁代总统之邀，搭夜车晋京，共商国是。蒋匀田、杨毓滋、崔心一同行②。

3月30日，晨，抵达南京，上、下午分别晋谒代总统李宗仁、行政院长何应钦和白崇禧等。李就当时国共和谈之准备事宜向张君劢等做了说明，并征求其意见。③

3月31日，访司徒雷登。

4月1日，10时，张君劢、李璜、蒋匀田等民青两党领袖往首都饭店访阎锡山，交换时局意见，谈约一小时许。④

是日，《再生周刊》（上海）第251期发表《总统之地位》一文。

4月2日，晨，偕徐傅霖、蒋匀田、崔心一等返沪。

4月6日，下午，雷震、王世杰访张君劢，说联合政府一案最毒辣，千万不可接受，希望蒋匀田、左舜生、张君劢诸人分别去函李宗仁代总统表示意见。

4月7人，晚，蒋匀田在其寓所邀餐，张君劢、雷震、万仞千、戟翼翘、伊夫妇及吴一之诸先生。

4月13日，晚，在家会见前来辞行的杨永乾。

杨受张君劢之命，即将前往汉口会见白崇禧。由于当时局势已经很危险了，张君劢和杨永乾谈了两个小时，张君劢从国际形势到国内局势可能发展的方向都向杨作了交代，并指示杨在白崇禧处应有的态度。出乎杨意料的是，张君劢告诉他："我们干我们的，让蒋匀田跟蒋介石作官去……"这说明：张君劢决计不与蒋介石再合作，同时也表示出对蒋匀田的不满。杨第二天下午到达汉口，中国人民解放军21日就渡过长江。到此，计划成为泡影。⑤

4月16日，下午四时，《大公报》总管理处在上海华山路中国殡仪馆

---

① 《申报》1949年3月20日。
② 《申报》1949年3月30日。
③ 《申报》1949年3月31日。
④ 《申报》1949年4月2日。
⑤ 参见杨永乾《中华民国宪法之父——张君劢传》，台湾唐山出版社1993年版，第432页。

为胡政之举行追悼仪式，代经理曹谷冰率沪馆全体同人参加。自晨迄暮，华山路上，素车白马，络绎不绝。悼念大厅悬挂着胡政之遗像，周围摆放着各界敬送的花篮、挽联、挽幛，气氛肃穆。追悼大厅还摆放着许多知名人士送来的挽联、挽幛。张君劢前往吊唁，并送挽联："哲人其萎"。

4月24日，晚七时，偕眷乘机自沪飞抵广州。①

4月25日，由广州转澳门，暂住澳门。

居澳门期间，居正受李宗仁代总统之托，曾秘密访张君劢，敦请张君劢出任行政院长，张君劢闻言大惊，力辞不就。正谈话间，适李璜来访，也说君劢干不了。②

5月25日，下午三时，中国反侵略大同盟（反共救国大同盟）在中山纪念堂举行成立大会。由民社党主席张君劢任主席团执行主席，主持开会，并致开幕词，说明筹盟缘起和经过，着重介绍阎锡山为主要的发起人，指出他是始终坚持反共的高级将领，在太原战役中创守城一年之久的空前战绩，成为闻名世界的"反共守城名将"。接着，阎锡山讲话。通过成立宣言和章程，最后以举手表决方式选举阎锡山为主席，张君劢、陈立夫、谷正纲、朱家骅等为副主席和一批委员。

5月28日，雷震在家接待来访的万仞千，从其嘴里得知，张君劢不愿意去台北，因张君劢曾劝蒋介石下野，今蒋下野后，局势变得如此坏，该党自应负责。

7月7日，张君劢、蒋介石、李宗仁、阎锡山、胡适、于斌、曾琦等政府及社会领袖发表《反共救国宣言》。

7月12日，中共中央向各解放区发出取缔民社党、青年党的指示，宣布民社党、青年党为非法组织。

9月20日，撰《新会白沙先生纪念集序文》。

10月，在香港主持召开民社党中常会，决定支持国民党政府的反共政策。民社党党部随国民党政府迁往台北。

10月14日，飞赴台北。谒晤蒋介石，考察台湾省主席陈诚所实施的三七五减租政策。民主社会党台湾党务，得颜钦贤、杨金虎等推展，颇著成绩亟待慰问。而民主社会党总部也由广州移台北，亦须视导，故15日至为忙碌。

---

① 《申报》1949年4月26日载中央社25日电。
② 李宗仁口述，唐德刚撰写：《李宗仁回忆录》（下），广西师范大学出版社2005年版，第749页。

张君劢飞赴台湾的目的，据杨永乾说是为了看看逃难到台的民社党党员的。杨永乾在《中华民国宪法之父——张君劢传》有如下记载：张君劢到台北后即嘱吴正打电话通知杨永乾。杨和几位友人立即坐夜车赶来台北，下车时天已大亮，几个人就立即赶往圆山饭店，到饭店后，就看到张君劢在外面散步。因时间尚早，停了一下，大家一起吃早点。在吃早点时，张君劢对大家说："昨天来时，因没有入境证，机场人员不许入境，托他们打电话找王世杰，等了很久，王才派人来。晚间蒋介石由重庆飞来，听说我要去印度，约去吃饭……"事后，王世杰才知道蒋介石约张君劢吃饭的原因，是托张君劢至印度见到尼赫鲁时，劝尼氏不要承认中共政权。①

10月15日，《再生》在香港九龙复刊（香港版第1、2期合集，总第253期），此次为第四次复刊。由王厚生主持。在此期上发表《新会白沙先生纪念集序文》。

10月16日，召集民主社会党中央常务委员会，检讨一切，决议继续反共并拥护政府反共及反攻大陆，此后主席不在台时，一切党务由中常委会议决议办理。

是日，由台飞赴香港。

11月1日，在《再生》（香港）第3期总第254期上发表《张君劢先生之时局谈话（赴印讲学前）》。

11月5日，由香港起飞赴印度讲学，6日，抵达印度加尔各答。此次赴印是应印度教育部之邀请前来讲学的。"1949年印度政府有函请我赴印，其第一函达沪，时沪上风声鹤唳，无法投递。秋间第二函至，予乃应约前往。"②

11月8日，搭乘印度国家航空公司飞机抵达印度首都新德里。下午五时整，张君劢座机在德里威林机场降落，张君劢身穿咪啡色西服，戴白色眼镜，手拿前印度国民大会主席《阿沙德之略传》，精神抖擞，笑容可掬，不断地说着："太对不起了，谢谢！谢谢！太对不起了！"寒暄过后，乘驻印大使罗家伦汽车赴使馆休息。印度教育部代表伽布尔在宪政大楼为张君劢准备住处，七时，张君劢到宪政大楼。八时后，印度教育部国际文化教育科长阿须伽小姐来访，交谈片刻。继而周祥光教授来访，两人相谈

---

① 参见杨永乾《"中华民国"宪法之父——张君劢传》，台湾唐山出版社1993年版，第157页。
② 《印度共和国闻见（一）》，《再生》（香港）复字第1卷第3期（总第351号1956年7月1日）。

至深夜。临行握别。

11月9日，印度民主急进党德里支部主任杜斯先生访问张君劢。该党领袖为罗明。罗明曾经和鲍罗廷一同来华，中国共产党罗明路线所说的罗明，即指此人。十时，张君劢由周祥光教授陪同赴国防部参观外国语文学院。该院设有中文、俄文、法文、德文、波斯文、阿拉伯文、日本文、西班牙文、荷兰文等语。分日夜两班，日班学生均为陆海空军军官，夜班则为印度内阁各部官员。张君劢与中文系学生谈学习中文方法。并与该院院长彭奈济先生晤谈。彭先生知晓十八种语言，为印度有名的语言专家。彭氏称誉张君劢不但是中国的伟大学人，而且是东方圣人。中午，罗大使设宴招待。午后三时，印度中央古物保管局派布里博士前来，邀同张君劢游览古笃高塔。据说该塔在公元前即建成。返宪政大楼后，德里政治家日报派员前来摄影。德里大学罗摩迦斯学院英文教授赵本罗与德里大学杜德教授先后来访。杜德教授为梵文学者，治印度佛学有年，张君劢已允助彼来华习大乘佛教。

11月10日，印度教育部伽布尔君陪同张君劢参观德里工艺学院。该院系印度教育部所设，分立建筑、机械工程、化学工程与艺术各系。上午，张君劢分别访晤印度外交部次长梅农与现任驻华大使潘尼伽两氏。谈甚久。当与潘尼伽大使谈目前中国局势时，同表感慨。中午外交部科长辛衡（曾留学中国，能说流利华语，且任四川大学历史教授多年）与前印度驻沪总领事彰都申君，邀张君劢同赴基姆伽娜俱乐部聚餐。该俱乐部为英国人所建，1947年印度独立后即为政府收归公有，以为外交宾舍。晚，国防部外国语文学院中文系教授周祥光，中文系学生鲍克西少校、格来淮少校、马达少校、辛伽尔上尉、杜耶摩上尉等假维多利亚餐厅宴请张君劢。九时，出席罗大使晚宴，由巴西驻印大使、比利时驻印大使、美国总领事等作陪。是晚，张君劢衣长袍马褂，态度悠闲，迄十一时始散。返寓所后，张君劢犹挑灯读报。

11月11日，上午，往教育部拜访阿沙德部长，阿沙德曾任国民大会党主席。1941年，张君劢隐居重庆汪山时所著《印度复国运动》一书，对阿沙德赞扬备至。张阿谈话，由秘书任翻译，因阿氏一贯素志，不讲英语，尽管他的英语造诣颇深。谈话时，阿氏嘱另一部员旁坐，且以英语告张君劢云："自英国统治之日，阿氏曾自发誓，不说英语，至今不改。"谈话中，阿氏用印度语，旁坐者译为英语。谈话时间越一小时，但，阿仍然坚留张君劢，以便畅谈。午后，亚洲奠基组织美国分部负责人黎农怀小姐往访，向张君劢讲述亚洲奠基组织的目的与进行情况，并恳请张君劢帮助。张君劢阅毕亚洲奠基组织的章程后，告黎农怀小姐说："我是联合国宪章签字人之一，我当然赞助你的计划。"但他笑眯眯地对黎小姐说："你真是一个勇敢的女孩子！"黎小姐问："为什么呢？""你企图征服我们亚洲！不过，在我倒也欢迎你征服！"讲毕，座上诸宾哄然大笑。当日，印度世界问题研究会请张君劢为该会做一演讲，因忙而未成。

11月12日，午后二时许，拜会总督 C. Rajagopalncharry 氏（拉耆哥伯里差里氏，印度第一任总统），谈一小时，并摄一影。总督赠张君劢书籍四种：（一）总督言论集；（二）吠檀多；（三）奥义书；（四）薄迦梵圣歌。张君劢述及下午四时在德里大学演讲，拉氏云其为德里大学校长，时任主席，乃自举电话机询问德里大学是否午后演讲主席已派定，德里大学答以文学系主任任主席已派定，拉氏乃告以不便临时再改动。继言印度与中国文化关系此后当益求密切。

午后三时，教育部代表伽布尔君、周祥光教授陪同张君劢往德里大学演讲，由总务主任罗摩先生导入接待室休息，德里大学副校长因汽车肇事，在医院治疗中。时该校英文诗歌教授杜德君，手执载有张君劢传记的《世界名人传》说："张博士你的生平在这里！""呵！我的生平今日在你手上！"张君劢幽默地回答着杜君，于是，大家都笑了。先赴法学院参观，该院现有学生七百多人。参观毕，驱车至文学院，其时文学院主任罗摩比哈里博士，史学系主任沈博士，圣斯梯芬学院院长罗迦罗摩博士在院门迎候。当进入讲堂后，台下掌声雷动。首由文学系主任罗摩比哈里博士致欢迎词，略谓：张博士乃中国伟大的哲学家，亦中国再生运动之父。今日张博士所讲题目为"孔子学说"，对于孔子所言"吾道一以贯之"之道理，反复论述，历一时半始毕。由德里大学哲学系主任彭奈洛博士致辞后，散会。晚，偕周祥光教授出席外交部次长梅农之宴会，由美国有名专栏作家李普曼博士，印度卫生部部长高甘露小姐及内政部次长坛脱尔等作陪，迄十一时宾主始尽欢而散。

11月13日，晨，印度阿里沙省社会党领袖，时任印度宪法会议议员杜斯先生访张君劢，谈良久。

上午，参观回教民族大学。该校位在阿伽拉，距德里七里之遥。创立于1922年，自小学起至学院止。其组织与普通大学不同。一为该校一切书刊及讲解时，完全用乌都文，不用英文。二为该校以"教、学、做"合一做目标。该校设有儿童银行、儿童百货公司等俱由学生自行办理。该校分设初级小学、中等、成人学校、学院、师范学院等。

午后，印京华侨联合会举行欢迎张君劢先生大会于文迦酒家。张君劢准时到会,与侨胞一一握手言欢。驻印大使罗家伦等和印京华侨数百人到会,堪称空前。首由华侨联欢会会长周祥光致欢迎词,略谓:"张君劢先生学问道德,为人称道,尤为祖国民主政治奋斗,垂四十年而未少殆。当张先生于1944年去美出席太平洋学会会议,1945年由美返国参加政治协商会议,道经加城时,均因事忙,未来印京。1947年,尼赫鲁总理请张先生出席亚洲会议,亦因政府改组,不能来印。故吾人意见失望数次。今日张先生来印讲学,得与我们千百侨胞见面,殊深荣幸……今请张先生为吾人讲话,以为留印侨胞之指针。"张君劢起立致辞谓:"各位侨胞,离乡背井,能在海外独立谋生,殊非容易,希望大家团结,努力前进。"继由罗家伦大使讲话:"张先生来印讲学,宣扬祖国文化,对于中印邦交之促进,贡献非浅,昔日玄奘到印,到处说法,戒日王等,咸往听之。且玄奘曾为那澜陀大学副校长,在印度子弟逾万人。今日张先生到印,则戒日盛事,必重现于今日,奘师之后,继承有人矣。"

晚九时,侨胞赴车站欢送张君劢往阿拉哈巴讲学。

11月14日,上午十时,抵达阿拉哈巴,前往车站迎接者有阿大中文讲师巴宙博士,注册主任克拉伯,英文教授杜斯托等。寓荷兰大旅社。晚,在阿大讲"儒家受佛教影响后——复活"。

11月15日,上午,参观省立农场及回教新村。午后,在阿大中文系,讲述"中国现代文学革命",自康南海起至陈独秀止。六点,与阿大各教授谈话。

11月16日,上午十二时,乘车抵达巴拉纳斯土邦。到站欢迎者有该帮土王,首相,印度教大学注册主任,华侨学生薛雷,陈祚龙诸君。"我抵巴那拉司后,寓居藩王府楼上,晚间印度教大学宴客,主宾为德里政府之某部长属于不可触阶级,我亦被邀,席上两主人对坐,一为藩王,一为校长,两主人端坐,绝不举手饮食。事后我询席间一人,何以主人不食,其人答曰,此为婆罗门之规矩如此,今晚席上有不可触阶级,又有足下为来自外国之人,阶级不同,故不共食,但主人坐席上款待宾客。"①

11月17日,晨八时,在印度教大学演讲"老子哲学"。参观鹿野苑,此处为佛陀初转法轮之地。

11月18日,上午讲"中国政党之发展",由该校政治系主任赖尔任主席。午后参观该校国医院。

---

① 《印度共和国闻见(二)》,《再生》(香港)复字第1卷第4期总第352号,1956年8月16日,第16页。

11月19日，访土邦王并赴晚宴。

11月20日，出席印度教大学毕业典礼。

11月21日，晨，搭车赴中央省，往娜加坡大学讲学。抵达娜加坡后，曾向当地印人广播，由中央省省长巴克沙伐任主席。

广播原词如下：

主席：今晚吾人非常愉快地得到张君劢先生的光临。张先生可否答复我几个问题呢？**张君劢**：我乐于作答。**主席**：张先生你能否告诉我们访问我们国家的动机吗？**张君劢**：我是应教育部之邀请来此作旅行讲学的。我是11月8日晚上2点由香港抵达加尔各答的。**主席**：张先生曾访问过哪些城市？**张君劢**：我曾访问过加尔各答、德里、阿拉哈巴、巴拉纳斯，娜伽坡是第五个城市，这里，我已获得向大学生讲演的机会。**主席**：今晚张先生能从空气中叙说这些城市的观感吗？**张君劢**：我的时间大部分花在对学生的演讲上，所以，我所到的地方，主要是限于大学校与学院的访问。我对于印度教育的进步印象最深。我曾聆听过几位教育界著名领袖之言论，他们对于教育问题之关切，使我欣慰。11月14日那天，中央省兼普拉省省长巴克沙伐氏自任我的演讲主席，实是一件惊喜的事。**主席**：承你告诉我们这些，真是感激。我们颇望张先生告诉我们一些中印文化关系之事情。**张君劢**：当我们回顾过去的历史，我们就发觉中国和印度这两个近邻国家，二千余年以来，始终友爱相处，而未发生战争和政治冲突。这种包藏文化果实交流的国际友谊，只有互不发生冲突才有可能，而为邻国必然发生战争之例外。在以往几世纪中，虽海陆通路艰难，但中国仍有无数的僧侣到印度来，这表明我们的祖先是如何热切地来到这个西方极乐世界，印度从彼时起即为中国所称道。蒙古帝国之后，有一大批中国僧侣来到印度。在英国统治时代，中印两国的文化关系完全断绝，这样贴临间相互隔绝与孤立的局面实在不能继续存在。**主席**：张先生你回忆起尼赫鲁氏之访华吗？**张君劢**：自一九三七年战争爆发以来，现任内阁总理来华访问，当时中国正在困厄之中，所以，尼赫鲁氏之访华，吾人甚为感激。同时，在阿恩克医师之领导下，印度亦派遣了一个医药团来华，这也是我们非常感激的事。当尼赫鲁访华期间，每晚受日本飞机之轰炸，我们同避在一个山屋之中，我因此得与尼赫鲁氏有谈话的机会。干练的外交家门诺先生为最初遣往中国的印度代表。其次，贵国的大哲学家克列西伦受我国教育部之邀请来华举行一连串演讲。蒋介石氏乃客访贵国，以祝贺贵国独立之早日实现。**主席**：在你的讲学旅行中正告诉印度人民许多关于中国的事，你回国之后，你将带什么给中国的学生？**张君劢**：我在此地除做演讲旅行外，我自己来印的目的是以我个人的关系多了解印度。你们依照甘地氏的不流血路线所完成的独立为我所欲研究的题目之一。中国和印度两国同处于亚洲大陆上，他们在信念、前途和行动上有许多相似之点。他们对精神生活，思想哲学与和平的信念，无论在过去和将来，终为人类的伟大贡献。我真诚盼望中印两国的友谊，文化合作将予加强，并垂之永远。中印两国看未来的世界和平，惟有循心地之纯洁始可实现，这是中印两国哲学家必须努力和维护的原则，而由两国的政治家加以实行。这是我们亚洲人必须负起来的责任。我所欲告知吾本国人民者亦如此。**主席**：张先生，自我们独立之后，何项工作打动你的心弦？**张君劢**：使我感动的最出色的工作，是法治和秩序，这些是建立一个国家民主基础所绝对必须的。这些基本原则，已经订入你们国家行将形成的宪法之中。我庆贺印度人民将握有一部宪法，为此，我亦希望制宪会议能完成它的工作。**主席**：张君劢先生，多谢你挤出时间并不烦琐碎地答复我们的问题。祝张先生晚安！**张君劢**：晚安！

1950 年〔庚寅〕65 岁

1月22日，在加尔各答中华总商会招待会上演讲《旅印华侨之前辈》。

2月15日，在《再生》（香港）第10期（总第261号）上发表《旅印华侨之前辈》一文。

4月5日，在印度葛岭堡致书刘家麟，嘱其走反共大路，并关切《再生》之改进。

4月15日，在《再生》（香港）第14期（总第265期）上重载《世界（现代）文化之危机》一文。

5月10日，致谢澄平书——《论第三势力之精神条件》。

5月16日，致雷儆寰书——《论反共应从国民之个人的与集体的觉悟做起》。

5月26日，雷震访蒋匀田，问张君劢何以登报〔《工商时报》（香港）〕脱党。蒋匀田谓仍为杨毓滋政委一事，因张君劢有函致民社党中常会，如杨不辞职，张君劢即脱党。在中常会讨论时，万仞千多方辩护，而杨又去函辩白，故张君劢一怒而登报脱党。

6月1日，在《再生》（香港）第1卷第17期（总第268期）上发表《启事》，声明辞去民主社会党主席之职。

6月9日，万仞千访雷震，谈及张君劢辞职事，万觉无关紧要，亦不必挽留。雷觉得他们之间隔阂甚深。

6月12日，致信徐傅霖说明辞去民主社会党主席的理由。

6月底，赴葛岭堡避暑，拟执笔完成三大著作：一、中国哲学史；二、中印文化之交流——又名宋明理学；三、国事回忆录。

6月23日，在印度写信给冯友兰。8月1日《再生》（香港）第21期（总第272期）上刊出此信，名为《一封不寄信——责冯芝生》。

9月18日，"九一八"纪念日，民主社会党在台北创刊发行《民主中国》杂志。

11月14日，在印度葛岭堡写成《钟介民译陶君皮氏〈历史研究〉节本序》一文。

11月28日，在印度撰写成《左派史学家论吾国封建社会及儒家应负之责任》一长文。文曰："近年以来，吾国思想界之通行语，曰打倒封建，曰肃清专制。此二语为现时社会史家所奉为评论中国社会之圭臬。……所谓封建社会云云，乃苏俄所以毁坏吾社会基础之宣传方针，而吾国人从风而靡，奉此口头禅为改造社会之准则，适以自兹纷扰，何与于研究古代社会之实相哉。"

12月16日，在《再生》（香港）第2卷第6期（总第281期）上发表《钟介民译陶君皮氏〈历史研究〉节本序》一文。

是年，匈牙利范犁博士发起组织东方人文学院，由欧亚美各国之教育名流参加，张君劢为赞助人。

1951年〔辛卯〕66岁

1月1日、16日，2月1日，在《再生》（香港）第2卷第7期、第8期、第9期（总第282、283、284期）上发表《左派史学家论吾国封建社会及儒家应负之责任》一长文。此后又发表在《民主中国》1卷第9期、第10期。

3月28日，印度文化自由会议在孟买举行，到会各国代表数百人。张君劢被邀，不克参加。所作《传染性独裁政治的消毒剂》讲稿，托周祥光先生在会中宣读。

4月16日、5月16日，在《再生》（香港）第2卷第15、16期（总第290、291期）上发表《传染性独裁政治的消毒剂》一文。

6月25日，在印度京山写成《新儒家哲学之基本范畴》一文。

9月28日，著成《中华民族精神——气节》一长文。

10月11日，致台湾民社党党员函。

10月16日，在《再生》（香港）第3卷第2期（总第301期）上发表《中华民族之精神——气节》一文，11月1日第3卷第3期（总第302期）续完。

11月1日，在《民主中国》第3卷第6期上发表《致台湾民社党党员函》。

12月16日，离开印度，前往东南亚各国和澳洲考察。离印之前，张君劢曾到驻加尔各答菲律宾领馆申请签证，被拒绝。然后求印尼和马来西亚等国签证，均获准。

12月26日，入印尼境。

12月28日，应印尼社会民主党领袖沙里尔的请求，做《亚洲各国改革之教训》的演讲。

12月底，在雅加达撰写《〈中华民族精神——气节〉印尼侨胞重印版序》。

本年论著还有：《从陶尹皮文化自觉说看中国》，香港自由出版社出版。

1952年〔壬辰〕67岁

1月12日，印尼总统苏卡诺会晤张君劢，相谈甚欢。是时适印尼政府请华侨入印尼籍，而侨胞中有拒绝之者，苏氏颇以为怪，举以质询张君劢，张君劢答曰，此乃青年学生受共产党教员之影响而出此者，其年长华侨在印尼成家立业者，无一不愿意协助印尼之安全与巩固印尼之独立者，苏氏闻言后，为之欣然。

1月初，到三宝垄三宝洞，寻访遗迹，章君渊若嘱撰一联，乃以十四字为表彰，联云："继张班立功异域，开哥麦探险先河"，以志纪念。

1月中旬，在印尼华侨大学毕业生协会演讲，题为《义静与郑和》。

在印尼期间，受社会党领袖夏里尔氏之邀请，在其党部集中营演讲，张君劢历述民国以来政变，告以自袁世凯以至北洋军阀之不守宪法，为中华民国混乱而沦陷之大因。①

1月16日，《再生》（香港）第3卷第8期（总第307期）刊登张君

---

① 张君劢：《印尼政局混沌》，《世界日报》（美国）1957年12月21日。

劢致印尼华侨陆子明的一封信和跋语。信是张君劢在抗战时期写给陆子明的，原信保存在陆子明处，此次张君劢访印尼，见到陆子明，陆向张君劢出示原信，张君劢将原信和新写跋语（1951年12月30日写）在《再生》上发表，以示感谢之意。

1月18日，十二时离开雅加达，晚抵达达尔文港。

1月19日，晨七时抵达澳洲悉尼（Sydney）。兹后，应社会党之请，演讲"共产党中国之由来与其及于东南亚之影响"，并与来澳研究社会立法问题已两年的胞弟张公权晤聚。张公权是1948年离开中国银行后到澳洲学习研究社会问题的，兄弟俩在这种特殊的背景下相逢于异国他乡，心情之复杂可想而知。

1月20日，与澳洲乡村党领袖松茂赖氏详谈，承告以自由党与工党之但侧重城市，故有发起乡村党之必要，并受赠该党党章与其他印刷物。

1月22日，访悉尼大学副校长劳勃氏，劳勃氏告诉张君劢东方学问之研究，已归入冈拨拉大学，并与劳氏略论纽奇达问题（此地原为荷属，尚未归于印尼，双方正在交涉中）。

1月25日，在王总领事家晚饭，王总领事在澳十五年，熟悉朝野人物，极有作为，为华侨所爱戴。

1月28日，访澳洲自由党本部，收集其党纲与演说等。

1月29日，读美国加利福尼亚大学克尔纳氏所出"联合国丛书"中之一，《澳洲》一书。

2月2日，在甘乃光家晚饭。

2月4日，访悉尼大学雷孚拉教授，承赠《澳洲工会史》与《澳洲工党史》两书。

2月6日，在郑振文家晚饭，约澳洲华侨领袖见面，席间遇国民党澳洲支部欧阳南与马君。郑君致辞后，张君劢乃略述在印、暹、印尼所见华侨之成绩并对于在悉尼各位太太躬自操作，不假手厨子仆人，致感佩之意。罗大使太太张维真女士与徐谦太太并起立演说。

2月7日，访澳洲铁路公会长兼工党领袖福开森氏。因其精力之强，舆望之高，福氏为澳洲社会上第一属望之人。

2月8日，在麦克劳女士家晚饭，与雪山计划委员会主任阿讫氏长谈，承以《雪山计划》一书见赠。

2月9日，赴友人家晚饭。

2月12日，与王总领事同去澳京冈拨拉。

2月13日，午前去澳洲联邦国会参观，午后访内阁总理孟济司氏，告以中国人民反共决心。孟氏对中共所以成功之原因及今后对策询问甚详。旋入另一室饮酒，互祝健康而别。

2月14日，访澳京国民大学校长壳魄兰氏，该校中研究东方问题专家两人，费立挚格拉氏与林雪氏教授在座。壳魄兰氏曾任驻华大使数年。晚上陈公使晚餐会遇李沙利君，为澳洲外交部参事，为中澳友好之联系人物。李氏在重庆汪山曾到张君劢寓所长谈，今得重遇，彼此同深欣喜。

2月15日，早晨，返回悉尼。

2月17日，在华侨李辛博生家午饭，李君有子两人，一为悉尼大学讲师，一为化学工程师，为华侨中后起之秀。

2月18日，往澳洲工会大厦研究其工资调整与公断条例。

2月19日，研究澳洲共产党解散法案及其公民投票经过情形。

2月20日，为领旅行健康证书在医生处打针。

2月23日，再在郑振文先生处晚饭。

2月25日，访悉尼市市长，承赠以本星期议事日程等。

2月27日，上午访工党在议会中领袖伊万忒氏。伊万忒氏昔年在旧金山联合国会议上与张君劢相识，是日伊万忒氏正在澳京未返。午后参观新南威尔斯下议院，在议长室晤见蓝姆氏，并与新南威尔斯首相马肝氏，监察长马丁氏与教育长哈敦氏见面，旋即茶叙，并承赠予《议院简册》一书。蓝姆氏并拟请在院中午饭，旋以离澳在即，特托王总领事代为辞谢。

3月1日，约在澳友人在新月饭店晚饭。

3月4日，午后，在澳洲国际事情研究院演讲，该院主任勃拉克教授宣布开会，张君劢演讲的题目是"共产中国之由来与其及于东南亚之影响"，演讲带有浓烈的反共反苏情绪，演讲中用大量的时间分析国民党在大陆失败的原因，演讲中也涉及如何遏制共产主义在东南亚蔓延的问题。本演讲词登载于1952年4月1日《再生》（香港）总第312期。演讲毕，由听众发问，发问者有印度领事就印度中立政策加以说明，更有就民族主义与共产主义异同询问者，有就中西文化异同发问者，乃一一作答，最后主席致辞道谢，并有请下次再来演讲者。

3月8日，离澳洲。途经马来西亚，在马来西亚停留两周。在马来西亚期间，与英国政府代表，东南亚高级官员麦唐纳（前英国工党首相麦唐纳之子）晤谈。讨论马来西亚之施行宪政与应付共党游击队等事项。张君劢告诉麦氏，英国政治思想，在中国有极深影响，中国政治曰巴力门，曰费边主义，皆英国政治思想在中国根深蒂固的表现，倘马来西亚实行宪政，张君劢愿效力向华侨演讲如何施行宪政。

在马六甲与马来公会总理陈禄祯先生相晤。陈氏世居马六甲二百四五十年，然而，他的住宅，仍中国式庭堂四进之建筑。陈列其高曾祖父之照片。其为英国出身之律师，习于英国文化语言，然对于中国旧籍之英译者无所不读，且对马克思与黑格尔均有研究。张君劢与陈晤谈时，除马来之宪政外，颇涉及黑格尔哲学。

3月23日，抵达香港。在香港期间与顾孟余、张发奎等人会晤，并和张发奎、张国焘、童冠贤、顾孟余、李微尘等一起签署了《中国自由民主战斗同盟筹备期间之组织纲要》《中国自由民主战斗同盟公约》《中国自由民主战斗同盟生活公约》等文件。张君劢在签完字后，就急急忙忙去了美国。

4月6日，写成《东南亚、澳洲与马来及中国政局感想答问》一文。

4月15日，离港，前往美国。

途经日本，绪方竹虎约张君劢晤谈，绪方先生手拿一本《中国之声》，指着其中的《中华民国独立自主》一篇，告诉张君劢说，已经拜读过。绪方先生正打算作东南亚之旅行，听说张君劢从印度和印尼等处而来，乃开诚相见，请张君劢先生述其见闻，以为南游准备。

5月2日，飞抵西雅图，旋赴美京，将"民主斗争同盟"之宣言，交美国国务院及马歇尔将军。此后，在美国国会图书馆，阅研并著述。张君劢初到华盛顿，寄居在河南籍的一位姓冯的学人家中。其中原因：一是，衣食住行有人照料；二是，冯家所住之地离美国国会图书馆极近，对于读书研究非常之便利。

5月7日，早八时，到胡适家吃早饭，谈至下午一时半。张君劢此来是谈第三种势力问题的，胡适很简单而又很明确地言道："此时只有共产国际的势力与反共的势力，绝无第三的势力的可能。香港的'第三势力'只能在国务院的小鬼手里讨一把'小米'（chicken feed）吃吃罢了。这种发小米的'小鬼'，豪无力量，不能做什么事，也不能影响政策。"

5月8日，应顾维钧之邀，到其家午餐，并作个别谈话。张君劢表示，他不知道为什么国民党政权还在指望人人依旧忠于它并对它表示满意，他不理解国民党政权在大陆造成人民流离失所遭受苦难的那些错误。张君劢说，蒋委员长过去采取控制出国护照和控制出入台湾的办法，试图迫使这些人声明支持台北政府，而且现在依然这么做。张君劢问道：蒋委员长为什么不能理解从事于反对大陆共产党政权活动和帮助自由中国事业的每一个人，都应该受到鼓励和支持，而不应该通过各种控制手段强迫他们宣布支持蒋委员长？顾维钧告诉张君劢，如果你的目的也是反共的话，就应当支持台北政府，为反共而工作的人就必须为一种已经组织起来的活动、一支武装力量、一个被承认有国际地位的政权和领导进行工作，而所有这些不可缺少的特征，在台湾政府中都找得到。没有这些，我们不可能指望任何一个国家的帮助，也不能得到自由世界的支持。一个人必须在他从事反共工作和设法收回大陆的态度和政策上采取现实主义。张君劢不同意顾的看法，但对顾说他的话是推心置腹的，要顾不要对别人说起。①

5月22日，为《再生》二十周年纪念日，香港版第3卷第16期，亦即总第315期，特为编辑专刊，以志纪念。

5月29日，致书程文熙，谈政治形势。信曰：

> 文熙弟：《再生》纪念号读弟文心感：国事如此，吾人一点先知之见，不为国人所了解，至有今日之大祸，可慨也矣。美国（人）心（目）中，自白皮书出版后，吾国地位已一落千丈，毛案出后，殆又加甚。致匀田函弟可索观。世宪来函已读悉，当交国务院文化司，乞弟告之，渠函后日再复。即颂，著安，张君劢手启，五月廿九日。

7月30日，在芝加哥青年会旅馆图书室中写成《美国共和、民主两党指名大会旁听记》一文。

9月，英文版《中国第三势力》（*The Third Force in China*，New York，Bookman Associates）在美国出版。

10月10日，《中国自由民主战斗同盟宣言》在香港发表（该宣言由张君劢在香港时起草，原件由张君劢用毛笔写成，共25页），该宣言在美洲和南洋各报刊登。该宣言发表标志着"自由民主战斗同盟"即"第三势力"正式成立。顾孟余、张发奎、张君劢、童冠贤、张国焘、李微尘、宜铁吾七人为中央委员。以甘家馨为秘书组长，周天贤为组织组长，涂公遂为宣传组长。

12月17日，在美国首都佐治华盛顿大学演讲，题目为《共产党对于孔子人生观之挑战》。

是年：著有《地方自治的意义》一文。

---

① 《顾维钧回忆录》第9册，中华书局2013年版，第501—502页。

1953年〔癸巳〕68岁

3月16日，在《再生》（香港）第4卷第12期（总第335期）上发表《毛泽东为中国历史上韩战之第三次失败者》一文。由金治泰翻译。

6月15日，在《再生》（香港）第4卷第16期（总第339期）发表《英文版新儒家哲学》汉文自序。此为一篇旧作，写于1945年5月美国国会图书馆，此次发表时略有修改。

6月25日，撰写《我之哲学思想——答自然界与人事界之区别》一文。文曰："厚生弟检查我论科学与哲学之文，觉其有前后矛盾之处，特写此文以答之。"

8月28日，写成《王著〈张君劢思想〉序》。

9月15日，在《再生》（香港）第4卷第19期（总第342期）上发表《中国哲学中之理性与直觉》一文（10月15日第20期总第343期续完）。

9月16日，在美京写成《答复〈美洲日报〉"张君劢在可诛可杀之列"》一文。

10月15日，在《再生》（香港）第4卷第20期（总第343期）上发表《答复〈美洲日报〉"张君劢在可诛可杀之列"》《中国哲学中之理性与直觉（二）》和《评李译〈布尔什维克主义理论与实际〉》三文。

11月6日，在美京国会图书馆写成《学术思想自主论小引》一文。

12月8日，撰写《台湾政潮》一文。

1954年〔甲午〕69岁

继续在美国国会图书馆阅读、著述。因不注意饮食，胃纳，胃稍感不适。

1月30日，在《再生》（香港）第4卷第23期（总第346期）上发表《中日两国阳明学所以一盛一衰之原因》一文之第一部分。2月28日《再生》第4卷第24期（总第247期）、3月30日《再生》第5卷第1期续完。全文内容如下：上篇：第一，阳明学之两方面。第二，王龙溪与泰州学派负王学衰落之责。第三，考证学或经学无法取理学之地位而代之。下篇：第一，日本阳明学之兴起。第二，日本阳明学之复兴及其赞助日本开国与维新大业。第三，日本阳明学之特色。在引言部分，张君劢指出："究竟王氏为何种学派，其内容何若？其派别何若？何以在明代为东林学派与顾廷林氏等所厌弃？何以流传至日本，反养成即知即行之运动，且有功于明治维新之大业？此王学在中日两方之经过，值得在温故之中，求所以推陈出新之道也。"

2月8日,复台友二十八人论台湾召集"反共救国"会议公函,对于来信中所提参加政府召开的"反共救国"会议的请求予以明确拒绝。

2月17日,写成《与陈垣氏论李之藻译〈名理探〉之原本》。

2月28日,在《再生》第4卷第24期上发表《覆台友廿八人论台湾召集"反共救国"会议公函》和《中日两国阳明学所以一衰一盛之原因》二文。

4月12日,致书蒋匀田、王世宪两先生,谓:"《第三势力》一书,有若干处为校对者所为,请转告王世杰先生勿误会,盖原稿出手,以迄书之出版,无暇顾及难料之事甚多也。"

6月1日,致台湾民社党同人书,支持八常委,以维护党的团结。

6月23日,致徐傅霖信,劝其立即解散所成立的"整理委员会",维护民主社会党的统一。

7月5日,致信张发奎,曰:"二年来,台湾专以毁战盟为事。经周氏日内瓦会议之后,即劝再去印度、印尼、马来,欲求昔日之华侨欢迎而亦不可得。"①

7月11日,徐傅霖复张君劢书,澄清事实。

7月22日,致信构向父反对徐傅林所提之条件,申言民主之重要。

7月23日,梁朝威致书张君劢,以九个"不解",质问张君劢。对于张君劢的"反共须同时反政府""目前之难局,绝非政党政治所能打开""非台湾之所能以武力夺取天下""转移风气"等思想观点进行驳斥。同时,对张君劢的"毁党造党"以及不顾党的组织原则擅自推定石友如或戢翼翘先生代为主席等行为进行批评。最后,希望张君劢幡然改途,做"贡献于国家"。②

9月15日,戢翼翘、蒋匀田、杨毓滋等八名社会民主党中常委(在台中常委共10人)公开分立门庭,决议同意张君劢另请戢翼翘代理主席职务案,独立成派,与徐傅霖等抗衡。

9月6日,致信张发奎,建议张与罗永扬一起访问越南。张君劢听说吴庭琰政府想邀张发奎去越南训练越南军队,认为这是让第三势力立足越南的捷径。③

---

① 杨天石:《海外访史录》,社会科学文献出版社1998年版,第673—674页。
② 《民主中国》1954年8月1日第10卷第1期。
③ 《张发奎口述自传》,夏莲瑛访谈并记录,当代中国出版社2012年版,第412页。

9月16日，在《民主中国》第10期第2卷上发表《复徐孟老及各同仁书》和《致向构父函》两文。

　　9月23日，张发奎致信张君劢，曰："如果能得到吴庭琰氏同意，诚为最好良机"，"吾兄与吴交厚，一言九鼎，倘能促成，不但可助越吴反共，而吾人亦可藉彼之助，奠'反共复国'之业。"①

　　10月8日，为《比较中日阳明学》作序一篇寄香港。张君劢历年所著有关王阳明学说各文，由牟宗三先生汇集为一书，定名为《比较中日阳明学》，张君劢为此作序。

1955年〔乙未〕70岁

　　1月5日，于美国西雅图写成《周（祥光）著〈中国佛教史〉（英文）汉文序》一文。

　　2月，《比较中日阳明学》一书由中华文化出版事业委员会列为"现代国民基本知识丛书"第三辑在台北出版。

　　2月23日，致信张发奎。曰："美国政府以援台为事，同仁盼望劢稍有收获，其奈至今渺茫，毫无事实可言。"②

　　3月底，出席远东学者会议。

　　5月，应斯坦福大学之聘，离开华盛顿国会图书馆，前往该校担任"研究中共政治问题"的工作，所有有关中共资料皆函洽由张晓峰先生供给，年底，完成其事。

　　5月，撰写《新儒家哲学》汉文版自序。

　　6月5日，致函牟宗三先生，谓中日韩三国文化往还关系，甚为密切。在美京阅研日韩书籍，故有比较中日阳明学诸文之作，颇愿能有一个"文化保存中心"，集合国内外之治经史子集之人，分门选择，以发扬吾国文化。

　　另，致函蒋匀田先生，谓政府应在侨胞居住地多办学校，并能以文化事业为重，以为国家三要素中，人民、土地不足之补救。

　　7月初，始有胃疾之感觉。

　　秋天，应旧金山侨胞之请，为该地孔教会做义理学十讲之演说，自谓此讲有类似梨洲亭林明末痛定思痛之义。该讲旋即由华国出版社于10月在台北出版，名为《义理学十讲纲要》。该书从思想、政治、伦理、社会

---

① 杨天石：《海外访史录》，社会科学文献出版社1998年版，第673页。
② 同上书，第674页。

生活等方面对义理学做了新的阐释，为一个民族的独立与现代化寻找理论依据，集中体现了作者对于义理学的理解。第一讲"义理学之名称与性质"；第二讲"义理学与宗教异同"；第三讲"义理学之创始与孔孟"；第四讲"孔孟后儒家传统之构成"；第五讲"义理学对于律己治人之指示与儒家之功罪（上）"；第六讲"义理学对于律己治人之指示与儒家之功罪（下）"；第七讲"义理学与风俗厚薄国家兴亡（上）"；第八讲"义理学与风俗厚薄国家兴亡（下）"；第九讲"义理学与现代科学哲学"；第十讲"义理学与今后大业"。书中还附录了其他文章及其关于学术之路的回忆录。附录："纪念孔子诞辰"；"孟子哲学之意义"；"孟子哲学"；"汉学、宋学对于吾国文化史之贡献"；"评梁任公先生《清代学术概论》中关于欧洲文艺复兴宋明理学、戴东原哲学三点"；"白沙先生诗文中之美学哲理"；"文化核心问题——学问之独立王国论"；"我之哲学思想"；"我从社会科学跳到哲学之经过"；"学术方法上之管见——与留法北京大学同学诸君话别之词"；"我的学生时代"。①

年底，香港新时代文化服务社将张君劢在1949年10月以后所著之二十八篇要文，汇集为《"中华民国"独立自主与亚洲前途》一书（分为政治、哲学、历史等部分）在香港出版（自由出版社1955年版）。

年底，在斯坦福大学哈佛研究所做演讲并摄影留念。

12月底，致信雷震，对于《自由中国》所刊民青两党团结一文予以答复，大意谓他过去办学遭受封禁，办党亦遭打击，现在请政府解散民青二党，否则不必从中败坏。雷震于1956年1月4日收到此信。

1956年〔丙申〕71岁

1月起，应旧金山《世界日报》之聘，担任该报社论之撰述工作。

1月9日，在《世界日报》（美国）上发表《论周恩来访俄使命》一文。

1月10日，在《世界日报》（美国）上发表《美东〈世界日报〉双语版》，说明《世界日报》英汉双语版出版发行的意图。

1月11日，在《世界日报》（美国）上发表《美总统国会演词警句》一文。

1月12日，在《世界日报》（美国）上发表《台湾在造成文字狱》一文。

---

① 1970年台北商务印书馆重印。

1月13日，在《世界日报》（美国）上发表《万隆阵线受考验》一文。

1月14日，在《世界日报》（美国）上发表《波兰误解中共情况》一文。

1月15日，在《世界日报》（美国）上发表《尼克逊匈国难民报告书》一文。

1月16日，在《世界日报》（美国）上发表《毛泽东路线》一文。

1月17日，在《世界日报》（美国）上发表《美国保障近东之方式》一文。

1月18日，在《世界日报》（美国）上发表《美俄在欧洲撤兵之试探》一文。

是日，为纪念张君劢七十寿庆，王云五、张其昀、邱昌渭、陈博生、李璜、左舜生、陈启天、雷震、梁实秋、钱穆、张贵永、陈伯庄、于复先、张佛泉、牟宗三、施友忠、沈云龙、周祥光与民主社会党石志泉、戢翼翘等一百多人发起征文祝寿，并在台北宾馆举行茶会。事后张君劢在台北刊登启事致谢。并致函蒋匀田全力注意反共宣传工作，以补他人所不能为者。

1月19日，在《世界日报》（美国）上发表《周恩来访波任务失败》一文。

1月21日，在《世界日报》（美国）上发表《美国会征求意见》一文。

1月22日，在《世界日报》（美国）上发表《评中共与苏俄联合声明》一文。

1月23日，在《世界日报》（美国）上发表《中共与狄托主义》一文。

2月6日，张公权撰《我与家兄君劢》一文以庆张君劢七十寿诞。

2月，在美国斯坦福大学写成《周著〈印度通史〉序》一文。

4月，致函日本、印度、缅甸、印尼等国社会党，从史实与理论，说明民主社会主义政党与阶级专政之共产党，绝对不能合作。

4月，在美国斯坦福著《〈梁任公传〉序》，文章认为梁启超对中国社会进步做出过巨大的贡献。

4月10日，在《再生》复字第1卷第1期（总第350期）上发表《中共宪法的奴颜婢膝》一文。同期还登有《再生》社论《寿君劢先生》。

5月3日，写《致美国哈佛大学丕理教授》信。

对丕理教授提出的"美应承任中共加入联合国"的观点予以批评。

6月1日，在《再生》复字第1卷第2期（总第350期）上发表《论台湾与东德》《〈梁任公传〉序》和《周著〈印度通史〉序》三文。

6月30日，台北《自由中国》杂志第14卷第11期，发表《玄奘留学时之印度与西方关于玄奘著作目录》。

7月1日，《再生》（香港）第1卷第3期（总第351期）上发表《谈马来联邦政情》和《印度共和国闻见（一）》两文。

8月16日，在《再生》复字第1卷第4期（总第352期）上发表《对杜鲁门回忆录的批评》和《印度共和国闻见（二）》二文。

《对杜鲁门回忆录的批评》是张君劢在美国以英文 News letter 的笔体写的一篇短文。由于美国战后对华政策产生的影响很大，故由王静芝翻译成汉文，在《再生》上发表。

《印度共和国闻见（二）》一文，是整篇文章的第二部分——印度社会与文化生活。

8月27日，在斯坦福写成《病榻上听收音机报告美国民主共和两党选定总统候选人情况述其为吾国人所应知者》一文。

8月28日，撰写致唐君毅函。谈论丕利教授之学识及东西哲学之差异等。

8月，英文版《中国与甘地的印度》一书在印度出版。

9月16日，在《再生》复字第1卷第5期（总第353期）上发表《病榻上听收音机报告美国民主共和两党选定总统候选人情况述其为吾国人所应知者》和《印度共和国闻见（三）》两文。

10月13日，唐君毅致信张君劢，曰：

> 大约今之西方哲人，皆太尚理智，而理智不以道义为根，则必以功利为主。罗素丕利皆同此病。故在吾华先哲，必先德性之知而后闻见之知，必先器识而后文艺，必先德慧而后术智，斯乃可通西方之哲学与宗教道德之精神以为一。此即先生赐示之所以必辨中西哲学之异也。先生所辨四义，自是精当，想尊著儒家思想史中必更多所发挥，当可使西方读者于中国哲学之精神，能多有所认识。毅尝憾西文中论中国思想者，西方人所著者或肤泛而不能深入，或琐屑不见大体，而国人所著者又或只以西方思想比附中国思想，或只及于生活艺术情调之末，于是使先哲之学轻于当世。

11月7日，写信给正在香港访问的章士钊。该信公开登刊在《南洋商报》上［也刊在《再生》（香港）第1卷第7期上］。章士钊过了大半年才对此信做回复。

11月30日，在《世界日报》（美国）上发表《周恩来对美国记者表示亲热》一文。

12月1日，在《世界日报》（美国）上发表《周恩来与尼赫鲁何事会商》一文。

12月3日，在《世界日报》（美国）上发表《中共与印度能走同一条路线吗？》一文。

12月4日，在《世界日报》（美国）上发表《我国政治领袖之间互相戏弄》一文。

12月5日，《世界日报》（美国）上发表《再论周恩来在印度的演词》一文。

12月7日，在《世界日报》（美国）上发表《美公布中国问题白皮书》一文。

12月8日，在《世界日报》（美国）上发表《匈牙利拒绝视察员》一文。

12月10日，在《世界日报》（美国）上发表《诺澜氏处置俄匈的主张》一文。

12月11日，在《世界日报》（美国）上发表《北大西洋同盟的补救》一文。

12月12日，在《世界日报》（美国）上发表《苏俄知识界要求自由》一文。

12月13日，在《世界日报》（美国）上发表《最近美俄心理战》一文。

12月14日，在《世界日报》（美国）上发表《中国大陆饥荒》一文。

12月15日，在《世界日报》（美国）上发表《台湾自由钟》一文。

12月17日，在《世界日报》（美国）上发表《侨胞对匈难民应有同情表示》一文。

12月18日，在《世界日报》（美国）上发表《尼赫鲁二次访美》一文。

12月19日，在《世界日报》（美国）上发表《谴责苏俄与大西洋同盟》一文。

12月20日，在《世界日报》（美国）上发表《美国三洋海军》一文。

12月21日，在《世界日报》（美国）上发表《周恩来新三角关系》一文。

12月22日，在《世界日报》（美国）上发表《艾总统与尼氏会谈》一文。

12月24日，在《世界日报》（美国）上发表《除去害群之马》一文。

12月25日，在《世界日报》（美国）上发表《侨团对印抗议以外的积极办法》一文。

12月26日，在《世界日报》（美国）上发表《日本加入联合国》一文。

12月27日，在《世界日报》（美国）上发表《请狄托氏来美》一文。

12月28日，在《世界日报》（美国）上发表《胡适名言》一文。

12月31日，在九龙《祖国周刊》（海外版第209期）第17卷第1期上发表《马克思主义与黑格尔哲学——马克思主义来源之———、发端、二、黑格尔》一文。

是年，《张君劢先生七十寿庆纪念文集》在台北出版。

1957年〔丁酉〕72岁

1月1日，在《世界日报》（美国）上发表《一九五七年元旦献辞》一文。

1月3日，在《世界日报》（美国）上发表《艾尼公告未明言事项》一文。

1月4日，在《世界日报》（美国）上发表《艾森豪主义》一文。

1月5日，在《世界日报》（美国）上发表《中共苏俄同气连枝》一文。

1月7日，在《世界日报》（美国）上发表《再论艾森豪主义》一文。

1月8日，在《世界日报》（美国）上发表《周恩来何事访俄》一文。

2月28日，夜，唐君毅来访，谈至午夜十二时。

3月1日，晚，唐君毅来家晚餐。

3月，《新儒家思想史》（英文版）（上册）在美国出版。

张君劢在美国国会图书馆期间，所著文稿以《新儒家哲学思想史》为主，当完成全稿廿八章离开图书馆后，先为该书之汉文版自序一文，旋即将全稿整理，并更名为《新儒家思想史》于3月出版（上册）。这部书是用英文写的，其用意是写给外国人看的，因之在文字及语气上偏重于外国人。所谓"新儒家"，乃相对于先秦原始儒家而言，系指自唐中叶以迄清晚期约千年之久的儒学新思潮，而其中以宋明两朝六百年间之儒学思想为重要，亦即通常意义上的宋明儒学。

《新儒家思想史》第一卷（上卷）英文版刊行后，张君劢又用英语完成了第二卷（下卷）的写作，并于1963年正式出版。《新儒家思想史》全书（上、下卷）共33章，约60万字，是一部唐至民国的中国思想史或哲学史。

3月4日，在九龙《祖国周刊》（海外版第218期）第17卷第10期上发表《黑格尔学派之分裂——马克思主义来源之二》一文。

3月18日，在九龙《祖国周刊》（海外版第220期）第17卷第12期上发表《马克思与恩格斯——马克思主义来源之三》一文。

3月25日，在九龙《祖国周刊》（海外版第221期）第17卷第13期上发表《苏俄之马克思主义》一文。

4月1日，在九龙《祖国周刊》（海外版第222期）第18卷第1期发表《苏俄之马克思主义（续）》一文。

4月8日，在九龙《祖国周刊》（海外版第223期）第18卷第2期上发表《苏联之形式逻辑学问题》一文。

4月15日，在九龙《祖国周刊》（海外版第224期）第18卷第3期上发表《马克思主义与道德》一文。

4月27日，致唐君毅信，曰：

> 君毅吾兄　昨寄函，想校中为公寄去，刻宗三与复观已覆函赞同，更推广原意，有昭告世界之意。望兄挺身而出，共为此事努力，千万不可太拘谨，此劢对兄之印象，故力劝兄此次放手做去。劢一贫如洗，无法东来，仍望兄先拟一详尽之稿（不一定一稿便了，须修改多少次方可决定），彼此同意后，再寄台与宗三一商，宾四见解是否与吾辈相同？然恐彼与吾辈观点微异，故不如从缓。公意如何？即烦旅安。稿定后再英译。①

4月29日，在九龙《祖国周刊》（海外版第226期）第18卷第5期上发表《列宁氏论时空与新物理学》一文。

---

① 程文熙：《中西印哲学文集》，台北：学生书局1981年版，第1436页。

5月6日，在九龙《祖国周刊》第18卷第6期（总第227期）上发表《苏俄心理学》一文。

5月16日，在《世界日报》（美国）上发表《中共内部困难》一文。

5月17日，在《世界日报》（美国）上发表《南越华侨问题》一文。

5月18日，在《世界日报》（美国）上发表《四分五裂国家》一文。

5月20日，在九龙《祖国周刊》（海外版第229期）第十八卷第八期上发表《苏俄遗传学争辩》一文。

5月21日，在《世界日报》（美国）上发表《世界第一件大事》一文。

5月22日，在《世界日报》（美国）上发表《华沙与北平》一文。

5月23日，在《世界日报》（美国）上发表《台湾〈自由中国〉事件》一文。

5月24日，在《世界日报》（美国）上发表《星洲独立与林有福》一文。

5月27日，在《世界日报》（美国）上发表《日本基本方针》一文。

5月28日，在美国《世界日报》上发表《军援巩固台湾专制》一文。

5月29日，在《世界日报》（美国）上发表《雷诺事件心理分析》一文。

5月30日，在《世界日报》（美国）上发表《德国总理访美》一文。

5月，程文熙寄纸索书，张君劢手录苏东坡《南华寺》以覆之。手稿文字如下：

云何见祖师，要识本来面。亭亭塔中人，问我何所见？可怜明上座，万法了一电。饮水既自知，指月无复眩。我本修行人，三世积精炼。中间一念失。受此（千）百年谴。缉之弟寄纸来索书录东坡南华寺归之。张君劢自金山。四十六年五月。

6月1日，在《世界日报》（美国）上发表《蒋氏内心矛盾》一文。

6月3日，在《世界日报》（美国）上发表《万里长城毁坏传闻》一文。

是日，在九龙《祖国周刊》（海外版第231期）第18卷第10期上发表《唯物辩证法之宇宙观与认识论》一文。

6月4日，在《世界日报》（美国）上发表《对中共禁运放宽》一文。

6月5日，在《世界日报》（美国）上发表《美国在台驻军问题》一文。

6月6日，在《世界日报》（美国）上发表《蒋氏文不对题》一文。
6月7日，在《世界日报》（美国）上发表《苏俄最近动向》一文。
6月8日，在《世界日报》（美国）上发表《蒋岸两氏会谈公告》一文。
6月10日，在《世界日报》（美国）上发表《伦敦裁军会议》一文。
6月11日，在《世界日报》（美国）上发表《俄波对毛氏演讲反应》一文。
6月12日，在《世界日报》（美国）上发表《中共政权下附庸党派》一文。
6月13日，在《世界日报》（美国）上发表《亚洲国家三派》一文。
6月14日，在《世界日报》（美国）上发表《韩国字典告成》一文。
6月15日，在《世界日报》（美国）上发表《美国军援与中国〈宪法〉》一文。
6月17日，在《世界日报》（美国）上发表《北京大学发生学潮》一文。
6月18日，在《世界日报》（美国）上发表《贺郑天华当选加拿大国会议员》一文。
6月19日，在《世界日报》（美国）上发表《中共政治干涉科学》一文。
6月20日，在《世界日报》（美国）上发表《致上议员富氏一封公开信》。
6月21日，在《世界日报》（美国）上发表《答复克鲁齐夫氏》一文。
6月24日，在《世界日报》（美国）上发表《南北韩休战条款变动》一文。
6月25日，在《世界日报》（美国）上发表《从大陆耕牛死亡说起》一文。
6月26日，在《世界日报》（美国）上发表《〈真理报〉载毛氏演讲》一文。
6月27日，在《世界日报》（美国）上发表《附庸党批评与中共反应》一文。
6月28日，在《世界日报》（美国）上发表《伦敦裁军会议》一文。
6月29日，在《世界日报》（美国）上发表《再论伦敦裁军会议》一文。
7月1日，在《世界日报》（美国）上发表《蒋氏反共战略蓝图》一文。
7月2日，在《世界日报》（美国）上发表《杜勒斯对中共政策》一文。

7月3日，在《世界日报》（美国）上发表《周恩来警戒右翼分子》一文。

7月4日，在《世界日报》（美国）上发表《中共部长章伯钧认错》一文。

7月5日，在《世界日报》（美国）上发表《裁军与共产中国》一文。是日，致书唐君毅。文曰：

> 君毅吾兄　六月二十八手书已悉。大稿不可删去过多，以免前后不呼应，改后乞属宗三即寄来。兄在欧所见哲学家或新书，乞便中示知一二，抵港时日乞见告，宾四兄告裕略对劢所作驳唯物主义文甚称许之，已函宾四兄索一序文。兄抵港，乞更转达此意。即颂行安。张君劢手启七、五①

7月6日，在《世界日报》（美国）上发表《俄共内部"倾轧"》一文。

7月8日，在《世界日报》（美国）上发表《从俄共"内哄"回忆斯大林之死》一文，文章揭示了"斯大林之死之真相"。

7月9日，在《世界日报》（美国）上发表《中共对俄共政潮之答复》一文。

7月11日，在《世界日报》（美国）上发表《留美中国学生与祖国》。

7月12日，在《世界日报》（美国）上发表《蒋氏释和平共存意义》一文。

7月13日，在《世界日报》（美国）上发表《中共对日本外交方针》一文。

7月15日，在《世界日报》（美国）上发表《日本新内阁与台湾》一文。

7月16日，在《世界日报》（美国）上发表《裁军问题之悲喜》一文。

7月17日，在《世界日报》（美国）上发表《三百六十度圆周战略》一文。

7月18日，在《世界日报》（美国）上发表《大陆台湾毛笔水笔文字之争》。

7月19日，在《世界日报》（美国）上发表《美记者去大陆问题》一文。

---

① 程文熙：《中西印哲学文集》（下），台北：学生书局1981年版，第1437页。

7月20日，在《世界日报》（美国）上发表《郭沫若论科学发展》一文。

7月22日，在《世界日报》（美国）上发表《亚洲反共协会之主张》一文。

7月23日，在《世界日报》（美国）上发表《朱可夫来美问题》一文。

是日，在九龙《祖国》（海外版第238期）第19卷第4期上发表《哲学性质与辩证唯物主义》一文。

7月24日，在《世界日报》（美国）上发表《中共对右派之处置》一文。

7月25日，在《世界日报》（美国）上发表《惨哉北京民主党派》一文。

7月26日，在《世界日报》（美国）上发表《中共"百花齐放"解释》一文。

7月27日，在《世界日报》（美国）上发表《再论朱可夫问题》一文。

7月29日，在《世界日报》（美国）上发表《美俄政治制度比较》一文。

7月30日，在《世界日报》（美国）上发表《独裁政治之教训》一文。

7月31日，在《世界日报》（美国）上发表《核子武器》一文。

8月1日、2日，在《世界日报》（美国）上发表《共产党员反共新著》一文。

8月3日，在《世界日报》（美国）上发表《民主人士直言侃侃》一文。

8月5日，在九龙《祖国周刊》（海外版第240期）第19卷第6期上发表《唯心主义与反动派》一文。

8月6日，在《世界日报》（美国）上发表《民权法案之意义》一文。

8月7日，在《世界日报》（美国）上发表《韩国休战协定违反问题》一文。

8月9日，在《世界日报》（美国）上发表《周氏岸氏之舌战》一文。

8月10日，在《世界日报》（美国）上发表《克氏何事去东德》一文。

8月12日，在《世界日报》（美国）上发表《美国会对驻锡兰大使的质询》一文。

8月13日，在《世界日报》（美国）上发表《中共对大学生政策》

一文。

8月14日，在《世界日报》（美国）上发表《读蒋著〈苏俄在中国〉》一文，主要针对蒋著的第二编，即《反共斗争成败得失的检讨》部分做评价。

8月15日，在《世界日报》（美国）上发表《台湾舆论与国民政府》一文。

8月16日，在《世界日报》（美国）上发表《毛氏一气去上海》一文。

8月17日，在《世界日报》（美国）上发表《印度共和国十年纪念》一文。

8月19日，在《世界日报》（美国）上发表《苏俄外交幕后人》一文。

8月20日，在《世界日报》（美国）上发表《韩国之重建》一文。

8月21日，在《世界日报》（美国）上发表《美国青年去大陆问题》一文。

8月22日，在《世界日报》（美国）上发表《毛氏在何处》一文。

8月23日，在《世界日报》（美国）上发表《共产国家间一件趣事》。

8月24日，在《世界日报》（美国）上发表《星洲各国语文图书馆发起》。

8月26日，在《世界日报》（美国）上发表《裁军会议进了一步》一文。

是日，在九龙《祖国周刊》（海外版第243期）第19卷第9期上发表《马克思氏唯物史观》一文。

8月27日，在《世界日报》（美国）上发表《台湾反共问题核心》一文。

8月28日，在《世界日报》（美国）上发表《大陆内部反共运动》一文。

8月29日，在《世界日报》（美国）上发表《原子时代美国兵力缩减》。

8月30日，在《世界日报》（美国）上发表《美政府许中共记者入境》一文。

8月31日，在《世界日报》（美国）上发表《马伦可夫之罪状》一文。

9月2日，在《世界日报》（美国）上发表《马来联邦独立》一文。

9月3日，在《世界日报》（美国）上发表《中共内部反共言论》一文。

9月4日，在《世界日报》（美国）上发表《外蒙大使莫洛托夫》一文。

9月5日，在《世界日报》（美国）上发表《诺伦同意中共记者来美》一文。

9月6日，在《世界日报》（美国）上发表《中共辩论六项题目》一文。

9月7日，在《世界日报》（美国）上发表《裁军会议之徒劳》一文。

9月9日，在《世界日报》（美国）上发表《共产政治能持久否乎》一文。

9月10日，在《世界日报》（美国）上发表《陈铭枢评毛泽东》一文。

9月11日，在《世界日报》（美国）上发表《苏俄试验洲际弹道飞弹》一文。

9月12日，在《世界日报》（美国）上发表《联合国匈牙利报告》一文。

9月13日，在《世界日报》（美国）上发表《军援破坏台湾"宪政"》一文。

9月14日，在《世界日报》（美国）上发表《笔会哄堂大笑之言》。

9月16日，在《世界日报》（美国）上发表《复兴西德之总选举》。

9月17日，在《世界日报》（美国）上发表《中共记者来美问题》一文。

9月18日，在《世界日报》（美国）上发表《共产国中私人企业果死亡乎》。

9月19日，在《世界日报》（美国）上发表《民主中国运动商榷》一文。

9月21日，徐傅霖、戢翼翘、石志泉得张君劢之许可，会商筹备召开民社党第二次全国代表大会事宜。

是日，在《世界日报》（美国）上发表《台湾与大陆反对党问题》一文。

9月23日，在香港九龙《祖国周刊》（海外版第247期）第19卷第

13 期上发表《辩证法之根本原则》一文。

9月24日，在《世界日报》（美国）上发表《中共反右派运动糊涂了事》一文。

9月25日，在《世界日报》（美国）上发表《联合国十二届大会》一文。

9月26日，在《世界日报》（美国）上发表《亚坎疏省黑白同校事件》一文。

9月27日，在《世界日报》（美国）上发表《哈达氏提议美俄廿五年和平协定》一文。

9月28日，在《世界日报》（美国）上发表《台湾"立法院"与省议会之决议》一文。

9月30日，在《世界日报》（美国）上发表《中共以人民为儿戏》一文。

10月1日，在《世界日报》（美国）上发表《胡适代表中国说话》一文。

10月2日，在《世界日报》（美国）上发表《与叶部长说老实话》一文。

10月3日，在《世界日报》（美国）上发表《再论中美协防条约》一文。

10月4日，在《世界日报》（美国）上发表《反攻在协防条约中根据何在》一文。

10月5日，在《世界日报》（美国）上发表《民意政治与独裁政治》一文。

10月7日，在《世界日报》（美国）上发表《西德复兴之教训》一文。

是日，在香港九龙《祖国周刊》（海外版第249期）第20卷第2期上发表《社会发展与定命论》一文。

10月9日，在《世界日报》（美国）上发表《日本印度政策距离》一文。

10月14日，在《世界日报》（美国）上发表《共产党眩人之幻术》一文。

是日，在九龙《祖国周刊》（海外版第250期）第20卷第3期上发表《马克思主义批判之总结》一文。

10月15日，在《世界日报》（美国）上发表《中共要求核子武器为苏俄所拒绝》一文。

10月16日,在《世界日报》(美国)上发表《蓝钦氏改良政治之忠告》一文。

10月18日,在《世界日报》(美国)上发表《人工卫星与科学自由》一文。

10月19日,在《世界日报》(美国)上发表《美国政治上之震动》一文。

10月21日,在《世界日报》(美国)上发表《中东风云雷雨之声》一文。

10月22日,在《世界日报》(美国)上发表《人工卫星与共产主义》一文。

10月23日,在《世界日报》(美国)上发表《台湾与〈纽约时报〉》一文。

10月25日,在《世界日报》(美国)上发表《大陆希望解放三时期》一文。

10月26日,在《世界日报》(美国)上发表《美英当局会商》一文。

10月28日,在《世界日报》(美国)上发表《共产"集团"一连串的动作》一文。

10月29日,在《世界日报》(美国)上发表《亚洲各国华侨情况》一文。

10月30日,在《世界日报》(美国)上发表《朱可夫免国防部长》一文。

10月31日,在《世界日报》(美国)上发表《美英当局会谈公告》一文。

11月1日,在《世界日报》(美国)上发表《共产国"独裁"政治之弱点之暴露》一文。

11月2日,在《世界日报》(美国)上发表《大陆道德风气》一文。

11月4日,在《世界日报》(美国)上发表《杨、李二君得诺贝尔奖金》一文。

11月5日,在《世界日报》(美国)上发表《台湾之机会》一文。

11月7日,在《世界日报》(美国)上发表《毛泽东参加苏俄革命纪念》一文。

11月8日,在《世界日报》(美国)上发表《苏俄退出裁军会议》

一文。

11月9日，在《世界日报》（美国）上发表《华侨来美共商自保之策》一文。

11月11日，在《世界日报》（美国）上发表《缅甸联合国代表对美文教会之致辞》一文。

11月12日，在《世界日报》（美国）上发表《爱氏〈科学与安全〉演说要点》一文。

11月13日，在《世界日报》（美国）上发表《台湾之第二机会》一文。

11月14日，在《世界日报》（美国）上发表《反对党与政府之关系》一文。

11月15日，在《世界日报》（美国）上发表《勿以喜怒为用》一文。

11月16日，在《世界日报》（美国）上发表《美国求所以了解亚洲》一文。

11月18日，在《世界日报》（美国）上发表《毛氏在俄京之密谋》一文。

11月19日，在《世界日报》（美国）上发表《注重科学研究为台湾自救之一法》一文。

11月20日，在《世界日报》（美国）上发表《菲律宾嘉斯亚被选为总统》一文。

11月21日，在《世界日报》（美国）上发表《中共要右派变更方向》一文。

11月22日，在《世界日报》（美国）上发表《美国之两党政治》一文。

11月23日，在《世界日报》（美国）上发表《科学家忠告美人》一文。

11月26日，在《世界日报》（美国）上发表《俄京共产"集团"会议结束》一文。

11月27日，在《世界日报》（美国）上发表《美国之新大同篇》一文。

11月28日，在《世界日报》（美国）上发表《中共八届三中全会之裂痕》一文。

11月29日，在《世界日报》（美国）上发表《再论台湾应注重自然科学与技术》一文。

11月30日，在《世界日报》（美国）上发表《北大西洋同盟中的难题》一文。

> 苏俄毁此同盟（北大西洋同盟）之计尤多，而美英之所以巩固此同盟之心亦尤切。此则十二月北大西洋同盟会议之所由召集，而爱森豪华所以亲自出席也。吾人瞻望北大西洋同盟之前途觉其自苏俄弹道飞弹与人工卫星放送之后，欧洲国家已大感不安，应有强其信心鼓其勇气之方法。就眼前显著之事言之，有下列各项：（一）法国内阁朝成夕散与夫殖民地之反抗，同盟内部不一致，何以言对外？（二）弹道飞弹驻于欧洲，各国内部不尽欢迎；（三）原子弹与弹道弹制造之归美英掌握，与押钮式战法谁操决定之权。此等等者均为下月会议之难题。

12月2日，在《世界日报》（美国）上发表《铁图何以不签字于〈共产国宣言〉》一文，文曰：

> 南国之所以不签字于《十二国宣言》者，克氏对于史大林主义变更其最初态度，为其重要原因之一也。朱可夫免职之前，曾有访问南国之行。铁图氏希望朱氏为国防部长，可以为军政与党政之联系，而免于史大林式之独裁。不料朱氏尚未返俄，克氏早已召开主席团会议，革除朱氏之职，使苏俄再走上一人独裁之途径。此亦铁氏对于苏俄政治失望之又一端也。

12月4日，在《世界日报》（美国）上发表《英国报评论蒋氏反攻计划》一文，文曰：

> 英国《曼哲斯德卫报》十一月廿一日社论，以"蒋氏为解放者"为题，评论其所著《苏俄在中国》一书与其反攻计划。该报曰："此为蒋氏七十岁经验之总结，其中含有国民革命尚未成功之长叹。且以为台湾政治已奠定胜利基础……以台湾为本，与南韩南越同盟，可以制苏俄，可以救世界上共产主义之祸。"……该报进而评论之曰，此乃空想计划。

12月5日，在《世界日报》（美国）上发表《岸信介氏访问东南亚各国》一文。

文章认为岸信氏此行的主要目的在于改变日本在东南亚的形象，为日本经济寻找原料产地和工业品市场。同时，"印尼与南越对日本所要求之赔款数目，尚未解决，岸氏藉此行以促其结束。"

12月6日，在《世界日报》（美国）上发表《美国应在东方推行民主教育》一文。

文曰："民主国家有此至宝，从不以之宣传于外，且从不鼓起勇气赞助亚洲人民实现此种制度。一旦见东方政治家之抱共产主义者，则为之忧心如焚，夫亦曰不知善用自己之所长故耳。"

12月7日，在《世界日报》（美国）上发表《东南亚同盟邀台加入之赞否两派》一文，文曰：

继五十国反共公约而起者，有东南亚同盟扩大之议。其被邀请之国为日本、台湾、南韩、马来与南越。……吾人以为自台湾立场言之，既有中美协防条约，是亦足以保台而有余；然东南亚同盟中有美、英、法、澳、纽、菲、暹、巴八国。台湾加入其中，可以与余七国发生关系，较之今日但受庇于美国保护之下者似不同也。吾人曾将东南亚同盟之约与中美协防之约相互比较，其条文中除一二项差别外，就台所得实惠言之，可谓无异同之可言。然与八国同列于一种条约中，其地位似较胜矣。

12月9日，在《世界日报》（美国）上发表《美国会中培养科学与技术人才建议》一文。

文曰："处此时代，科学与技术为军事优胜与经济力量之锁钥。……此次苏俄加以压迫。而后美人忽然警觉，是苏俄之压力，有益于美人。"

12月10日，在《世界日报》（美国）上发表《共产革命西洋镜拆穿》一文，批评苏俄革命。

12月11日，在《世界日报》（美国）上发表《大陆上移士实农计划》一文。

12月12日，在《世界日报》（美国）上发表《大西洋同盟与法荷殖民地问题》一文。

12月13日，在《世界日报》（美国）上发表《香港流亡之民主斗士》一文，文曰：

……今之国民政府每日不来台湾者不得谓为忠贞，一若全国人士应奉行蒋氏命令，然后可称为爱国。试问明末志士如黄梨洲，如朱舜水，如王夫子等离开福闽桂诸王者，可以谓为非明之忠臣义士乎？

12月14日，在《世界日报》（美国）上发表《印荷争新基纳亚事件》一文，文曰：

　　……此次印尼之争新基纳亚，竟出于驱逐荷侨，没收荷人银行与其他公司，或者两国且将出于断绝外交关系。此固为荷兰之大不幸，然印尼内部共产党乘隙而动，万隆兵工厂被烧，经济市场为之紊乱，此则交还方式之出于"糜烂其民"者矣。吾所望于印尼荷兰者，印尼立国应以国内安定为第一义，如各岛为军人割据，不奉中央命令；如国会与内阁之关系；此皆内治上应自行解决之事。果能如此，自受国际之尊敬，奚患新基纳亚之不终为印尼所有乎？至于荷兰既已交出印尼领土于先，其经济上之投资，如汽油，如银行，如船业，自为荷兰所最关心。何必于新基纳亚半岛之地，坚持不肯放手？我以为我所提出之五年十年以内代管新基纳亚之办法，不失为解决之一策，望英、澳、荷兰三方细心思之。

12月16日，在《世界日报》（美国）上发表《北大西洋同盟开会》一文，文曰：

　　自苏俄越洲弹道与人工卫星发放以后，欧洲惕然于美国所以防堵俄之战略轰炸机之策略或有未周，而同盟各国关于武器设备，关于科学合作，应有更进一步之密切关系。此则本月北大西洋同盟所以开会，爱氏所以抱病出席之理由也。

12月17日，在《世界日报》（美国）上发表《北大同盟开会前夕苏和平宣传》一文，文曰：

　　距北大西洋同盟各国集会巴黎不过数日之久，苏俄政府同时有函牒达美、英、法、德诸国，提出和平办法，其联合国代表哥氏更在联合国大会政治委员会中有美苏友谊与和平合作之建议。苏俄之为和平乎？为宣传乎？世界所同注目者也。

12月18日，在《世界日报》（美国）上发表《第三国际之变相》一文，文曰：

> 苏俄革命四十周年纪念之日，传闻第三国际行将复活。……（苏）于一九四七年复组织共产情报局，实即第三国际之复活。及铁图氏与俄决裂，情报局之效力，大不如昔日之第三国际，辛亦宣告解散。此次革命纪念中，各国共产党集议俄京，闻将以各共产国家之外交代表为共产国际之代表。而刊物之发行，乃共产国际合作之象征。此乃列氏为第三国际之复活，不可忽视者也。

12月19日，在《世界日报》（美国）上发表《大西洋同盟开会成绩预测》一文，文曰：

> "今日北大同盟开会于巴黎。美国务卿杜氏先爱氏赴欧与各国接洽。"然而，英、法、德三国各有其打算，对美之政策反应不一，"由以上各国对美之反应，可以推想会议之效果：一，弹道弹驻欧，日期与方法由各国自决；二，加紧科学上通力合作；三，加强政治与经济合作；四，不关闭与俄开高峰会议之门。

12月20日，在《世界日报》（美国）上发表《险哉两受诺贝尔奖金之科学家》一文。

12月21日，在《世界日报》（美国）上发表《印尼政局混沌》一文，文曰：

> 据近日所传闻，有以下两说：（一）苏氏（苏加诺）已被驱逐；（二）苏氏去外国休养，继苏氏而为其后任之人，有下列各说：一、哈达氏继任；二、三人委员会；三、国会议长萨土诺为代理总统。此三者属为真正继任人，据今日《合众社耶加达电》传，已由后者，即国会议长萨土诺宣誓为代理总统矣……

12月23日，在《世界日报》（美国）上发表《〈十二共产国宣言〉之分析》一文。

12月24日，在《世界日报》（美国）上发表《北大同盟中不速之客》一文，文曰：

> 北大西洋同盟中之会员国，曰美、加、英、法、德、比、荷、意、希、土、那、葡、丹、卢（卢森堡）、冰岛十五国。此次巴黎开会之日，列席者即此十五国。然有一国家，本非会员国，而在会议门外，喧嚣不止，且提出建议至于十项之多。此其国为何？苏俄是也。在弹道弹与人工卫星放射之后，美国为加强各国信心，为科学方面通力合作计，乃有此次会议之召集。美国所以贡献于同盟者，曰中程弹道弹之装备；曰核子武器之分配；曰政治与经济之协力；曰科学合作。然苏俄以为此项计划之实现，令苏俄与其卫星国益陷于新武器射程范围之内，乃借和平之名，劝告各国拒绝此等武器。布氏所以不惮烦劳，以长函通告英、法、德诸国者，其目的在此而已……

12月25日，在《世界日报》（美国）上发表《毛氏在俄京之言行报告种种》一文。

12月26日，在《世界日报》（美国）上发表《开罗之亚非会议之性质》一文，文曰：

> 今日埃及首都开罗将有亚非会议开会。究竟此项会议是否与万隆会议为同一性质，此不可不明辨者也。万隆会议为亚非国家之政府召集。当时参与其间者，有多数非共产国。苏俄当时不自居于亚洲国家，亦未列席。此次开罗之会，苏俄已决定参与其事矣。……会议中将侧重于中东之主权独立，非洲之解放与世界和平……

12月27日，在《世界日报》（美国）上发表《菲外长三个反共同盟配合之主张》一文。

12月28日，在《世界日报》（美国）上发表《苏俄答复北大会议》一文。

12月31日，在《世界日报》（美国）上发表《苏俄之现状维持论与中共》一文。

12月中旬，写成《辩证唯物主义驳论·跋》。

1958年〔戊戌〕73岁

1月3日，在《世界日报》（美国）上发表《对于台湾"改宪"之忠告》一文。

1月4日，在《世界日报》（美国）上发表《日本在东南亚与中东》一文。

1月5日，张君劢、唐君毅、牟宗三、徐复观在香港《民主评论》第9卷第1期发表《为中国文化敬告世界人士宣言——我们对中国学术研究及中国文化与世界文化前途之共同认识》。该宣言共十二大部分，四万余言，系统阐述了中国文化的诠释方法、精神生命、伦理价值、心理意义、长存依据；中国文化与现代科技、民主政治、西方文化的关系；东西方文化互相学习、相互融摄重新确立世界文化发展方向等问题。表明他们对中国文化出路乃至人类前途的根本看法。"在此宣言中，我们所要说的，是我们对中国文化之过去与现在之基本认识及对其前途之展望，与今日中国及世界人士研究中国学术文化及中国问题应取的方向，并附及我们对世界文化的期望。……我们之所以要把我们对自己国家文化之过去现在与将来前途的看法，向世界宣告，是因为我们真切相信：中国文化问题，有其世界的重要性。"（此文也发表在《再生》元旦号上）

1957年，唐君毅应美国务院邀请，赴美访问、考察，其间与张君劢多次晤谈，两人都觉得欧美学人对中国文化的研究方式及其观点多有偏狭与不当之处。遂拟联名发表一文化宣言以纠正西方学者对中国文化的种种偏见。大意既定，即由张君劢致函当时在台湾的牟宗三、徐复观二位先生，征得同意，并先由唐君毅起草初稿，再寄给其他人过目。徐复观在后来谈到《宣言》的形成过程时说："这篇宣言是由唐先生起稿，寄给张、牟两先生，他们两人并没有表示其他意见就签署了。寄给我时，我做了两点修正：（1）关于政治方面，我认为要将中国文化精神中可以与民主政治相通的疏导出来，推动中国的民主政治。这一点唐先生讲得不够，所以我就改了一部分。（2）由于唐先生宗教意识很浓厚，所以在《宣言》中也就强调了中国文化的宗教意义。我则认为中国文化原亦有宗教性，也不反宗教；然从春秋时代起就逐渐从宗教中脱出，在人的生命中实现，不必回头走。便把唐先生这部分也改了。改了以后寄还给唐先生。唐先生接纳了我的第一项意见，第二项则未接受。"

1月6日，接待来访的王云五，畅谈二小时许。

王云五《访美日记》有下列之叙述："一月六日晨九时与同行诸人赴

华埠，吃广东点心后，余即由徐领事驾车送至张君劢寓所，畅谈两小时许，余劝君劢如有机缘，亟盼能返国一行，君劢谓前因在美长期居留手续未办妥，故不便轻易离美。现在甫经办理，如离美他往，尚可返美，得当自可回国一行。十二时顷林孟工从二百里外，乘车至君劢寓所晤余，盖从君劢处获悉余将过此，余本拟与辞赴宴，因孟工远来，只得多留廿分钟。"①

是日，在《世界日报》（美国）上发表《苏俄与西方谈判问题》一文。

1月7日，在《世界日报》（美国）上发表《拉丁字母能代替汉字乎》一文。

1月8日，在《世界日报》（美国）上发表《中共与西欧之商业》一文。

1月9日，在《世界日报》（美国）上发表《台湾如何答复杜勒斯》一文。

1月10日，在《世界日报》（美国）上发表《日韩两国修好第一步》一文。

1月13日，在《世界日报》（美国）上发表《美八十五届二期国会开会》一文。

1月14日，在《世界日报》（美国）上发表《布加宁连篇累牍之文》一文。

1月15日，在旧金山写成《悼徐梦严》一文。

此文为悼念徐梦严而作，叙述了徐梦严对民主社会党的贡献以及张君劢与之交往的一些往事。发表在1958年2月16日《民主潮》第8卷第4期上。

是日，在《世界日报》（美国）上发表《台湾与东南亚同盟会议》一文。

1月16日，在《世界日报》（美国）上发表《再论台湾与科学》一文。

1月17日，在《世界日报》（美国）上发表《美担心苏俄经援攻势》一文。

1月25日，在《世界日报》（美国）上发表《外蒙古独立真相如何》一文。

---

① 转引自王寿南《王云五年谱》第2册，台湾商务印书馆1987年版，第936页。

2月1日，在《世界日报》（美国）上发表《参议员富尔拨之远识》一文。

2月4日，在《世界日报》（美国）上发表《克鲁齐夫氏之讨价》一文。

2月5日，在《世界日报》（美国）上发表《美国人工卫星旋转外空之中》一文。

2月7日，在《世界日报》（美国）上发表《青年商会征求美国外交意见》一文。

2月10日，在《世界日报》（美国）上发表《谈谈毛氏老友林西氏》一文。

此文主要叙述张君劢在澳洲与林相识以及在伦敦再次相见等事。

2月11日，在《世界日报》（美国）上发表《布氏爱氏函牍内容比较》一文。

是日，在京山写就《与某先生论监察权书》。

不久前，台湾"监察院"弹劾"行政院"院长俞鸿钧案引起"宪法"问题争议，台北某先生曾托友人将此案有关文件寄予在美之张君劢，请其就当年起草《宪法草案》时，关于"立法行政监察三院"之关系如何设想加以阐明，并对此次争议表示意见。旋即，张君劢写成此信，予以答复："'监察'权本可交'立法院'兼行，但因中山遗教之故，列为一章。当时草拟，对于'立监两院'权限之分，颇费一番心思；脑中自立一界限，名'立法院'为政治监督，或曰事前监督，名'监察院'为法律监督，或曰事后监督。所有政策质询与预算与和战，自属'立院'；如有违法或溺职之调查，由'监院'行之，一如美国两院，此时'行政院'长与部长自应出席答复，不能借政治监督属于'立院'为口实，并'监院'之询问而拒绝之也。至于责问政府责任而决进退，此为'立法院'之权，非'监察院'所能越俎。在调查违法或溺职之中，或在未了之先，或在已了之后。'立院'可以随时行使其决进退之权，或根据'监院'之调查行之，或根据'立院'多数之意以决之，此乃'立院'之权，非他院所应庖代者也。当时之设想如此，良以既主张责任内阁制，则进退问题重大，应集中于一处，而不可分歧者也。"①

2月12日，在《世界日报》（美国）上发表《日本不参加北亚同盟》一文。

---

① 发表在1958年3月1日《民主潮》第8卷第5期上。

2月13日，在《世界日报》（美国）上发表《北韩提出统一之建议》一文。

2月14日，在《世界日报》（美国）上发表《周恩来辞外交部长》一文。

2月15日，在《世界日报》（美国）上发表《再论南北韩统一问题》一文。

2月20日，在《世界日报》（美国）上发表《西欧各国面貌大变》一文。

  兹述西欧之三种组织：（一）共同市场；（二）煤钢团体；（三）自由贸易区。……自以上三项言之，西欧各国，殆将如美国十三州合为一个联邦国。其实现之日甚辽远，然其趋势固已显然合众小而为一大也。

2月21日，在《世界日报》（美国）上发表《美国中等教育之批评》一文。

2月22日，在《世界日报》（美国）上发表《印尼内哄》一文。

2月24日，在《世界日报》（美国）上发表《中欧免除新武器地带》一文。

2月25日，在《世界日报》（美国）上发表《台湾评论家对于陈毅代周之见解》一文。

2月26日，在《世界日报》（美国）上发表《苏俄出面参加北韩撤兵交涉》一文。

2月27日，在《世界日报》（美国）上发表《北韩与中共单方撤兵》一文。

2月28日，在《世界日报》（美国）上发表《韩国撤兵之重要理由》一文。

3月1日，在《世界日报》（美国）上发表《美代办评论台湾政治》一文。

3月4日，在《世界日报》（美国）上发表《两个中国》一文。

3月5日，在《世界日报》（美国）上发表《日本中共通商问题》一文。

3月6日，在《世界日报》（美国）上发表《英外长四十五分钟时间》一文。

3月7日，在《世界日报》（美国）上发表《高峰会议之方式与议题》一文。

3月8日，在《世界日报》（美国）上发表《本月东南亚同盟会议与台湾》一文。

3月10日，在《世界日报》（美国）上发表《异哉苏俄之外交技术》一文。

3月11日，在《世界日报》（美国）上发表《指鹿为马之翻版》一文。

3月12日，在《世界日报》（美国）上发表《罗素氏论科学与人道》一文。

3月13日，在《世界日报》（美国）上发表《共产国家外交新技术》一文。

3月14日，在《世界日报》（美国）上发表《台湾满街苹果》一文。

3月15日，在《世界日报》（美国）上发表《中共日本三千五百万英镑贸易协定》一文。

3月17日，在《世界日报》（美国）上发表《中共撤退驻韩军之真正目的何在》一文。

3月18日，在《世界日报》（美国）上发表《美俄对高峰会议议题可否之表示》一文。

3月19日，在《世界日报》（美国）上发表《东南亚同盟开会与苏俄警告》一文。

3月20日，在《世界日报》（美国）上发表《语言文字之厄运（读三月布加宁氏函）》一文。

3月21日，在《世界日报》（美国）上发表《印尼内战引起国际纠纷》一文。

3月22日，在《世界日报》（美国）上发表《美国第二卫星发射成功》一文。

3月26日，在《世界日报》（美国）上发表《美国军援经援背后之基本问题》一文。

3月27日，在《世界日报》（美国）上发表《陈诚与蒋经国》一文。

3月28日，在《世界日报》（美国）上发表《未来高峰会议中一件大事》一文。

3月29日，在《世界日报》（美国）上发表《日本中共贸易协定引起台湾反对》一文。

3月31日，在《世界日报》（美国）上发表《苏俄总选举》一文。

4月1日，在《世界日报》（美国）上发表《廿五日苏俄复美公文》一文。

4月2日，在《世界日报》（美国）上发表《罗勃臣氏与卜勒司氏》一文。

4月3日，在《世界日报》（美国）上发表《克鲁齐夫为苏俄首相》一文。

4月4日，在《世界日报》（美国）上发表《苏俄单方宣告核子武器停止试验》一文。

4月5日，在《世界日报》（美国）上发表《蒋介石口中"政治资本"四字真义》一文。

4月7日，在《世界日报》（美国）上发表《蒋介石氏之"复国"工作》一文。

4月8日，在《世界日报》（美国）上发表《蒋介石氏论旁观政客》一文。

4月9日，在《世界日报》（美国）上发表《蒋介石氏破坏国家法纪说》一文。

4月10日，在《世界日报》（美国）上发表《台湾党报中论海外民主反共人士》一文。

4月11日，在《世界日报》（美国）上发表《香港民主人士谴责中共"迫害"宣言》一文。

4月12日，在《世界日报》（美国）上发表《胡适返台湾》一文。

4月14日，在《世界日报》（美国）上发表《史敦普之证词与商会之民意测验》一文。

4月15日，在《世界日报》（美国）上发表《中共政权之豪侈》一文。

4月16日，在《世界日报》（美国）上发表《尼赫鲁氏健康如何》一文。

4月17日，在《世界日报》（美国）上发表《叶公超论中美协防条约》一文。

4月18日，在《世界日报》（美国）上发表《苏俄停止核子武器试验之动机》一文。

4月19日，在《世界日报》（美国）上发表《毛泽东巡游各地》一文。

4月21日，在《世界日报》（美国）上发表《询问中共关于统一南北韩真意》一文。

4月22日，在《世界日报》（美国）上发表《美统一国防新计划》一文。

4月23日，在《世界日报》（美国）上发表《中共废弃对日本贸易协定》一文。

4月24日，在《世界日报》（美国）上发表《由史大林说到外蒙铁路》一文。

4月25日，在《世界日报》（美国）上发表《星洲南洋大学》一文。

4月26日，在《世界日报》（美国）上发表《印尼禁止中文报纸》一文。

4月28日，在《世界日报》（美国）上发表《台湾如何发展科学》一文。

4月29日，在《世界日报》（美国）上发表《中共在西藏》一文。

4月30日，在《世界日报》（美国）上发表《苏俄玩弄手腕》一文。

5月，应胡欣平先生之请，将原在《祖国周刊》所发表之反对唯物辩证法的理论文字，汇集为《辩证唯物主义驳论》一书，由香港友联出版社出版。文后《跋》文，自述生平遭遇。后，自愿将《跋》文删去，在台北出版。

5月1日，在《世界日报》（美国）上发表《高峰会议交涉中苏俄之外交手腕》一文。

5月2日，在《世界日报》（美国）上发表《南国与苏俄又在吵架》一文。

5月3日，在《世界日报》（美国）上发表《大陆"附庸"党派之改造》一文。

5月5日，在《世界日报》（美国）上发表《铁图氏岂毛氏所能企及耶》一文。

5月30日，钱穆致信张君劢，谈自己不列名于《中国文化宣言》的原因，并就当时学风和自己之治学志向等表示看法。此信发表在1958年7月《再生》（香港）第1卷第22期上，题名为"答张君劢先生论儒家哲学复兴与方案函"。

5月下旬，看望来美参加学术会议的赵元任。赵元任于本月21日飞抵波士顿，参加中文考试和教学委员会会议，24日飞抵旧金山。

6月，在《美国东西哲学》第8卷第1、2期合刊上发表《孟子哲学之意义》一文。

7月20日，自旧金山赴纽约。

7月26日，乘飞机离美，做环球讲学和访问。事前，接到英国工党的邀约，故，首赴伦敦。此次讲学和访问得到澳大利亚孟氏基金的资助。

当日，抵达伦敦。

在伦敦期间，工党招待三天，之后，英国保守党也予以招待。分别在工党和保守党的招待会上发表演讲，主要是评论中共进入联合国问题，张君劢认为中共进入联合国，对世局并无补益，盖中共进入联合国，不过使联合国内多一个"苏联"而已。在联合国内多一个"苏联"，予世局有何补益呢？向英国国会两党议员发表题为《儒家思想与中国共产主义》的演讲。"在英伦之日，以病足之故，踯躅街道中一二小时，求一正确数字之街车乃返寓所。"①

离英后，到法国，再由法国到比利时参观展览会。

8月16日，到达德国汉堡，随即前往波恩、慕尼黑等地讲学。

在联邦德国期间，张君劢与德国社会民主党主席奥伦霍夫氏讨论过社会主义问题，在社会主义运动的发展方式和发展趋势等问题上取得共识，都认为社会主义方向已趋于和平中正之途。张君劢还在德国社会民主党副主席施密特的陪同下，参观了德国国会。

在联邦德国期间，除与政府人士有所接触，与反对党领袖谈话外，并与联邦德国热心中德文化交流、辛苦经办中国留学生赴德之天主教人士刑范济神父、戴克先生多所接触。

在联邦德国期间，还拜访汉堡大学校长威扎克氏（原为物理学家）。威扎克氏告诉张君劢，战时德国未造成原子弹，现更不应有。

在联邦德国期间，曾与德方商谈恢复同济大学一事，因答事为歌德学院所主持，乃置罢。

"在德国，住一天六万克之学生宿舍，以两块面包当一顿晚饭。"② 对"联邦德国努力之成就"，印象极深，大加赞赏。

9月16日，在《再生》复字第1卷第24期（总第372期）上发表《列宁氏论时空与新物理学》和《苏俄心理学》二文。

---

① 见1960年1月16日《民主中国》复刊号第3卷第2期所载张君劢《答复〈工商日报〉〈争取独立国地位〉社论》。

② 同上。

9月28日，在台北《民主中国》复刊号第1卷第1期上发表《我之哲学思想》一文。

10月3日，在慕尼黑旅途写成《西德与台湾》一书。

10月6日，在香港《祖国周刊》第24卷第2期（总第301期）上发表《法家与唯物主义》一文。

离德后，赴意大利。

10月8日，乘坐锡兰航空公司的飞机到达印度德里讲学。

10月15日，到达加尔各答。中印人士前往机场欢迎者达数百人，盛况空前。华侨李家训、余志伟、周祥光、李英明、吴宏隆、黄根昌、钟球欢、余淼源、陈柱圆、熊灯和、张淦元、李理喧等人假南京酒楼为张君劢洗尘，情况极为热烈。

10月16日，到达南越西贡。

10月28日，在西贡师范大学演讲孟子哲学。

10月30日，抵达香港。

到香港之前，张君劢写信给王世宪，内容很简单。他说：只要他刚刚到达香港的那一天，能收到一份"行政院"院长陈辞修邀请他的信，他可以到台湾来。王世宪收到信后，立刻同当时民社党代理主席石志泉商量，请他将原信交给陈院长，表达张君劢的意思。石先生很高兴地去办这件事。但是，一直到报纸上已经有了张君劢到香港的消息，王世宪还没得到陈院长的信。

10月31日，在住处接待来访的唐君毅。

11月1日，台北《民主中国》复刊号第1卷第3期上，发表《学术思想自主引论》一文。内容见1953年11月6日条。收入程文熙编《中西印哲学文集》，台北，学生书局1981年版。

11月4日，在香港对记者发表批评大陆的谈话。

是日，应新亚书院著名史学家钱穆先生之邀，在新亚书院大礼堂讲《中国儒家哲学之复兴》，听众济济一堂，人数之多，打破新亚书院历史纪录。

11月5日，晚，接到王世宪从台湾打来的电话，王的意思是：约张君劢来台，或王去日本见张君劢。

是日，台湾"立法院"院长张道藩，一早到王世宪家，希望王世宪到香港一行，接张君劢来台湾。王回答曰："虽然觉得时间上有点太晚，但愿意做这件事。所以在进行的步骤上，要做好两件事：一是一同去看'行政院'长陈辞修，去取一封信；二是要打长途电话给张君劢。"于是，在当天晚上,在张道藩家里,接通了张君劢的电话,张君劢的回答是:"太晚了,我明天要到东京去,你不必来了。"在征得张道藩院长同意,王世宪向张君劢表示,可以到东京接,张君劢表示:"也不要来吧!"

11月6日,午后三时,由香港乘泛美航空公司飞机抵达东京机场。到机场欢迎者计有台湾驻日"使馆"之杨云竹"公使"、张旧谨"公使"、崔万秋"参事"等。日本外交部亦派清水董三参事到机场迎接。此外,到机场迎接的还有日本亚细亚问题研究会理事长和崎博夫、池田教授、梅内之教授等人。

是日,王世宪来东京,与张君劢见面,两人彻夜长谈,但张君劢始终没答应去台湾。第二天,王世宪回返台北。事后,王世宪反思到:张君劢在到香港之前,预先写信给他,是有安排的。所以他收到陈院长的信很重要。过了这个时间,他无论在感情上与理智上,都会使我们失望的。

抵达日本后,先后与日本皇太子之师傅,日本著名学者小泉信三及安同正笃等相会,出席由日本国会议员参加之政事研究会,并在各处演讲。

11月10日,下午三时起,张君劢与日本国策研究会会员雨宫谦次、上村键太郎、小竹文夫、清水董三、谷正之、富冈定俊、永野重雄、中谷武世、波多野乾一、细川隆元、矢次一夫、和崎博夫等就中共党内部情形及与"自由中国"、美苏等国关系等问题彼此交换意见,约达二小时。谈话内容,发表于1958年11月15日出版之日本《新国策》第18—21页。其中文译文发表在1959年2月1日《民主中国》(复刊号)第2卷第3期(林一介译)和1959年2月1日《再生》(香港)第2卷第4期(若夫译)上。中译文题目为"关于'匪帮'内部动摇与中美日关系"。

在日大约两星期的时间内,就当时世界形势,对日本政学各界发表系列演讲。大意如下:

东西文化有其不同的趋向,唯有发扬东方固有的文化道德,才能解决欧洲文明所遇到的最后危机。所以东方固有文化的灯塔——"自由中国",它所负有的时代使命,真是任重道远。"西洋文化,注重理论,结果转化为定义,再进到概念。并且认为在那些圈子里面,可以解决问题。还有一种特色,就是抽象。第三是偏重分科,即由于固执地而所产生的自己一派认为是对的意见,把哲学赶入于窄路里面去,两方都产生了对立和斗争。这可以说是西洋文化的特征。原来西洋文化的本质,在于知识。不过所谓知识,对于人是不要求义务的。然而东方的学问,最初是把知与德,置于不可分离的境地。""儒家的精神,可以解决现代的矛盾。……

儒教精神除了上述'知德合一'和'道并行不悖'两点外，其贡献于世界的第三要点，即是不但有形而下学的世界，并且还有形而上学的世界。"张君劢的演讲词由池田笃纪、柳内兹令两人翻译记录。所有的日文记录，发表在亚细亚研究会1959年1月1日发行的《亚细亚》杂志第17期上，题目为《张君劢博士滞日讲演特集》①。

11月16日，在《民主中国》（复刊号）第1卷第4期上发表《张君劢先生过港答客问》和《民主反共，人人有责，救国之道，自力更生！》两文。

是日，在《再生》（香港）复字第2卷第2期（总第374期）上发表《孟子哲学》一文。

11月17日，离日赴美。

11月22日，返金山（旧金山）。

12月1日，在《民主中国》（复刊号）第1卷第5期上发表《孟子哲学——西贡（师范）大学讲稿笔记》。②

1959年〔己亥〕74岁

1月1日，在《再生》（香港）复字第2卷第3期（总第375期）上发表《今日儒家哲学之复活》一文。2月1日、3月1日该杂志的第2卷第四、五期连续刊载（总第336、377期）。

1月8日，致函蒋匀田，促其成立反共研究所，并印行英汉文杂志，以矫正美国之对中共政策。

1月25日起，再任《世界日报》社论撰述工作。并拟成立反共研究所，未果。

1月，《张君劢新大陆言论集》（邹自强编）由香港自由出版社出版。此书收入88篇短论，是张君劢主持旧金山《世界日报》社论撰述工作时所写社论。

2月1日，在台北《民主中国》（复刊号）第2卷第3期上发表《张君劢先生讲：关于"匪帮"内部动摇与中美日关系》③。

---

① 演讲稿刊登在《民主中国》复刊号第2卷第5期上，1959年3月1日；刊登在《再生》（香港）第2卷第6期上，1959年4月1日。

② 1959年2月26日，《民主中国》（复刊号）第2卷第4期上续完。又1970年2月23日《民主社会》第6卷第1期，收入程文熙编《中西印哲学文集》，台北：学生书局1981年版。

③ 林一介汉译。此文原为应日本国策研究会恳谈会纪要，原文为日文。

2月16日，在台北《民主中国》（复刊号）第2卷第4期上发表《孟子哲学》（续完）。

2月21日，写成《评周鲸文著〈风暴十年〉》一文。

3月1日，在台北《民主中国》（复刊号）第2卷第5期上发表《张君劢先生访日讲演辑要》（林一介汉译）。

是日，在《再生》（香港）复字第2卷第5期（总第377期）上发表《今日儒家哲学之复活（三）》和《评周鲸文著〈风暴十年〉》二文。

3月13日，在金山（旧金山）写成《〈今日儒家哲学之复活〉自序》一文。文曰："今后中国文化进展之途，可以一言以蔽之曰：自力更生中之多形结构而已。"

3月16日，在台北《民主中国》第2卷第6期上发表《为亚洲前途设想》一文（林一介汉译）。

4月1日，在《民主中国》（复刊号）第2卷第9期上发表《〈今日儒家哲学之复活〉自序》。①

是日，在《再生》（香港）第2卷第6期（总第378期）上发表《张君劢访日演讲辑要——现代世界的纷乱与儒家哲学的价值》一文。

5月8日，在金山（旧金山）写成《新儒家哲学之基本范畴》（绪论）一文。

5月16日，在台北《民主中国》（复刊号）第2卷第10期上发表《德国复兴》一文。

5月27日，在金山（旧金山）写成《机体哲学家怀悌黑氏》一文。

6月1日，在台北《民主中国》（复刊号）第2卷第11期上发表《法国改造》一文，文章分四部分：（甲）第四共和国与内阁；（乙）第五共和国新宪要点；（丙）新宪之实施；（丁）法国集团或曰联邦。

6月3日，自金山（旧金山）致函蒋介石，原文如下：

介公"总统"勋鉴：年前曾与董君时进联名致公一电，陈不可"改宪"为"国家"开一生路，未蒙复示，知公在踌躇中也。大陆沦陷垂十年矣，今后"国家"要务在打开门户，换新空气，方有新人才新政策可言，反是者，倘公一日在位，依公成规而行，左右如故，而新人才不克登进矣。公抱定己见，则观点如故，新政策讨论且不可

---

① 《民主社会》1970年2月23日第6卷第1期，收入程文熙编《中西印哲学文集》，台北：学生书局1981年版。

能，更何实行可言，人不换、政不新，新气象何自来乎？公之爱国，谁不知之，然每以为权力形式集于一己，一切如公意而行，则"国事"有可为，否则反是。不知权力形式可以一朝而改，然"国事"好坏不在此，而别有所在，举其大者言之有二：一曰用人得当与否，二曰行政得当与否。知人之明，史称汉高之用三杰，唐太之用房杜魏等，而公专好用亲戚与左右近习之人。行政之得当与否，但以公选将练兵言之，数百万大军竟不堪一击，九万万美元一二年之内因用于外汇而罄尽，此皆往事昭昭在人耳目，谓今日不应于此二届任满之日毅然引退，让新人，行新政，以期"国家"另开一条生路乎？今后"国家"能否反攻，在乎美国能否放弃但保台岛而采恢复"自由中国"全部之政策。公年来赖第七舰队得以自安，至于进一步之要求，不独寂然无闻，反签字于放弃武力之明文，何如二届任期之后，另让新人，另订新策，与美交涉之为得乎？劢于"国事"向来只问"国家"制度，只问事理是非，于公初无党权政权争执之恩怨可言，想在洞鉴之中也。①

6月16日，在台北《民主中国》（复刊号）第2卷第12期上发表《欧洲集团》一文。

6月25日，在金山（旧金山）完成《新儒家哲学之基本范畴》一文（全文）。②

文章指出：儒家哲学的基本范畴：一是"万物之有"；一是"致知之心"。

7月1日，在台北《民主中国》（复刊号）第2卷第13期上发表《新儒家哲学之基本范畴》和《当代西方哲学思潮引言》两文。

是日，《再生》（香港）复字第2卷第9期（总第381期）上发表《函陈蒋"总统"二届满退休》一文（与1960年《民主中国》复刊号第3卷第6期《本党主席致蒋"总统"函》同）。

7月10日，致港澳地区参加民主社会党8月15日代表大会的代表信——《"反共复国"应以自己振作下手》。

---

① 《联合评论》1959年7月10日刊载。
② 此文7月1日发表在台北《民主中国》（复刊号）第2卷第13期上［又1960年8月1日、8月16日《民主中国》（复刊号）第3卷第15、16期。又1960年7月1日、8月1日《再生》（香港）复字第4卷第1、2期，总第393、394期。又1960年香港《人生》第232期］，收入程文熙编《中西印哲学文集》（台北：学生书局1981年版）。

7月16日，在台北《民主中国》（复刊号）第2卷第14期上发表《机体哲学家怀悌黑氏》一文［又12月1日第2卷第23期、12月16日第2卷第24期、1960年1月1日第3卷第1期；又《再生》（香港）复字第2卷第9期、第2卷第10期、第3卷第1期］。

7月25日，在金山（旧金山）写成《现在学派虎塞尔氏——为虎氏百年生日纪念作》一文。

此文发表在《再生》（香港）复字第3卷第1、2、3、4期上，1959年9月1日、10月1日、11月1日、12月1日。

8月15日，中国民主社会党由美返台的蒋匀田主持的第二次"全国"代表大会上，张君劢当选为该党主席。

8月16日，在台北《民主中国》（复刊号）第2卷第16期上发表《"反共复国"应以自己振作下手》一文。

9月1日，在《再生》（香港）复字第3卷第1期（总第383期）上发表《告民主社会党代表大会同仁之辞——论"反共救国"之道并忠告国民党当局》。

10月12日，撰写《致祖国周刊论民社党函》。

10月16日，在台北《民主中国》（复刊号）第2卷第20期上登刊由英国记者根据张君劢在旧金山演讲记录写成的《吁请世人慎重研究赫酋提议》一文。

10月20日，将《社会主义之方向转变》一文寄王世宪，并附字条，曰：

> 宪弟，此稿已托人另抄一份寄王厚生。适之过金山，谈甚久，意见相同，适之云吾人应为儇褱造铜像，铜像不易成，做文易交卷，望代侯。六姐夫，十月廿日。①

11月1日，在香港《再生》复字第3卷第3期（总第385期）上发表《现在学派虎塞尔氏》（续）和《致〈祖国周刊〉论民社党函》二文。

11月5日，在旧金山撰写成《致"中华民国"爱国人士公开函》。谓美国已在运用"台湾共和国"之策略，应发动民意向美交涉，以求"独立国"地位，以备"复国"准备。

是日，唐君毅致函张君劢，约请其来新亚任教。

---

① 此稿由王世宪于10月30日送到雷震处，11月16日在《自由中国》半月刊十周年纪念特刊上刊出。

11月16日，在《自由中国》第21卷第10期上发表《社会主义之方向转变——为〈自由中国〉十周年纪念作》一文。

11月中旬，四弟公权生日临近，为补救去岁弟七十晋一寿辰未能道贺之遗憾，特撰写《权弟七十晋一寿序》。

12月5日，在旧金山写成《答复〈工商日报〉〈争取"独立国"地位〉社论》一文。

12月16日，《民主中国》（复刊号）第2卷第24四期上发表《论"两个中国"政策》（驳斥康隆报告）《致中华民国爱国人士公开函》《机体哲学家怀悌黑氏》三文。

秋天至下年春天，在加州蒙特瑞大学讲《中国印度之哲学思想》。

1960年〔庚子〕75岁

继续为《世界日报》（美国）撰写社论。

1月1日，在香港《再生》第3卷第5期（总第387号）上发表《论可能的"两个中国"政策》（王厚生译）《答复香港时报》《答复工商日报"争取独立国地位"社论》《权弟七十晋一寿序》四文。

1月16日，在台北《民主中国》（复刊号）第3卷第2期上发表《答复〈香港时报〉》《答复〈工商日报〉"争取独立国地位"》社论两文。

2月1日，在《再生》（香港）复字第3卷第6期（总第388号）上发表《论民主政治与独裁政治》《注重科学研究为台湾自救之一法》两文。

2月4日，写成《致同仁论宪政函》，文曰：

> 益年、友衡、盛轩同仁公鉴：来函云此种毁宪败法之行实为识者所不齿，劢虽在太平洋之彼岸，与同仁具有同心，良以国家之事，不论当局者在既往如何有功，要以民意为依归，丘吉尔氏有克德之功，然一九四五年选举失败，毅然退职，倘自以为有功，坚不肯辞，尚何英国宪政模范可言。蒋氏断送大陆，早应退职，以谢国人，决不应毁法以图恋栈。《宪法》为全国人所应共守之一种共同约束，今乃于宣誓服从《宪法》之余，忽而自食前言，其背信之心真所谓肺肝如见，蒋氏即令为有功之人，然年逾七十矣，此后反共大业决无于三任中实现之可能，与其毁法而乱国纪，反不如善择继任者，期之以"复国"大业实现于二十三十年之后，倘此次"国大"代表竟有毁法选为三任之举，则世界民主各国将益鄙视"吾国"，"宪法"机关之分子视

"国事"为儿戏，自居于权利之工具，海外千五百万华侨势难拥护此毁法政府，而反共阵线终于破裂矣。凡此利害得失彰彰在人耳目，因同仁来函之机，更明白言之，希冀"全国"同胞或有悔祸之一刻。①

2月17日，与左舜生、李璜、张发奎、黄宇人、谢扶稚、刘裕略、王厚生、伍藻池、李达生、胡越、徐亮之、许冠三、刘子鹏、罗水扬、史诚之、李金发等七十多人在《祖国周刊》上发表《我们对毁宪策动者的警告》的联合声明。

2月19日，《我们对毁宪策动者的警告》联合声明在《联合评论》上发表。

3月1日，在《再生》（香港）复字第3卷第7期（总第389期）上发表《我们对于毁宪策动者的警告》《论人造卫星与政治制度》《谈美国教育与国防联系》《致同人论宪政书》四文。

3月16日，在台北《民主中国》（复刊号）第3卷第6期上登刊《张君劢致蒋"总统"函》。

4月1日，在《再生》（香港）第3卷第8期（总第390号）上发表《读蒋著〈苏俄在中国〉》《论所谓"两个中国"》《大陆人心希望真解放》三篇文章。

4月，在《东欧 Ostemopo》杂志第10卷第4期上发表《儒家思想与中国共产主义》，批判西方人士对中国儒家思想之误解。

5月1日，在《再生》（香港）复字第3卷第9期（总第391号）上发表《西德复兴之教训》和《论大陆内部反共运动》两文。

5月16日，在台北《民主中国》（复刊号）第3卷第10期上发表《大陆人心希望真解放》一文。

7月1日，在香港《人生》第232期上发表《新儒家哲学之基本范畴》。

8月1日，在台北《民主中国》第3卷第15期上发表《新儒家之基本范畴》（上）。

8月16日，在台北《民主中国》第3卷第16期上发表《新儒家之基本范畴》（下）。

8月29日，在香港《祖国周刊》第31卷第9期（总第399期）上发表《远东民主与安定——美国外交政策之再思考》一文。

---

① 1960年3月1日《再生》（香港）复字第3卷第7期，总第389号。

9月9日，就雷震被捕一事致电蒋介石。9月4日，台湾国民党当局以"知匪不报""为匪宣传"等莫须有罪名将《自由中国》半月刊发行人雷震逮捕入狱，张君劢闻讯后于9月9日急电蒋介石，对雷震被捕一事表示抗议。

1960年5月4日，雷震发表了《我们为什么迫切需要一个强有力的反对党》，主张现有的在野两党无法发挥制衡力，应成立反对党，参与选举以制衡执政党，正式展开"中国民主党"组党运动。5月18日，雷震会同七十二位非国民党籍人士，举行"选举改进检讨会"，提出十五点共同意见，主张成立新党，要求公正选举，实现真正的民主。并决议即日起组织"地方选举改进座谈会"，随即筹备组织"中国民主党"。国民党方面则以不符法令，将会妨害"国家"安全为由，表示将不予承认任何新成立的政党。雷震为地方选举改进座谈会召集委员，与李万居、高玉树共同担任发言人。第一次筹备讨论会议在高玉树位于台北市阳明山的私宅中举行，除要求改革选举制度与文化，雷震也主张以政党形式团结海内外反共人士，并应与民主党、青年党展开协商。夏涛声出任筹备中的新党执行秘书；成舍我原本有意积极参与，但因新党内部考虑他正在主办新闻学校，身份敏感，恐怕徒增来自国民党压力，以致成舍我并未列名。为免被扣上军事叛变的帽子，新政党经决议不吸收现役军人入党。雷震在当年的生日宴中，听到妻子宋英的心愿是"今后平安"，但他在日记中却说，"只怕今生不会平安了"。7至8月间，地方选举改进座谈会前后在台湾各地举行四次分区座谈会，均遭国民党情治单位密切监控，其间知名反对人士吴三连长子因在台大参加读书会被捕，更让反对党运动蒙上阴影。一心干到底的雷震毫不退缩，在7月与傅正赴彰化县演讲时声明，新党将在10月成立，争取参选县市议员选举。稍后更因情势紧绷，宣布将提前在9月底前成立新党。跨越地域，以和平、非暴力手段争取民主改革。殷海光更于9月1日在《自由中国》第23卷第5期撰写《大江东流挡不住》，表示组织政党的民主潮流任何人都挡不住。国民党政府眼见吓阻无效，由警总出面劝阻也未见其功，新党即将成立，决定收网，循法律途径制裁雷震。9月4日，雷震、《自由中国》编辑傅正、经理马之骕、已离职的会计刘子英四人，遭国民党当局以"知匪不报"罪名逮捕；国民党警备总部军法处更签发拘票三张，作为逮捕傅正与雷震用；同时签发搜索票五张，对雷、傅的住宅及自由中国杂志社进行搜查；并于逮捕傅正时，扣押反对党宣言及名册。历经十年、发行共两百六十期的《自由中国》停止发刊，正在酝酿的中国民主党也因精神领袖被捕而胎死腹中，这就是海内外喧腾一时的"雷震案"。

9月19日，再次致电蒋介石，要求迅速释放雷震，电文转至台北《公论报》，该报于9月25日予以发表，可惜《公论报》迫于形势，未敢全文刊登，只发表了部分内容，其内容如下：

> 十天之前，我曾致电阁下，抗议雷震被捕之不当。我如此做，是希望由于他迅速即获释，而能平息美国方面对于一个受人尊敬之发行人被指控虚构之罪嫌，而引起之愤慨。雷震之释放已拖延甚久，目前我经考虑过之意见以为（电文不明）始能恢复政府已经低落之声誉……无论阁下之部属如何作相反报告，但美国舆论界认为雷震之被捕是一种不顾后果的举动，如《纽约时报》及《时代杂志》之社论所反映者。假使对雷震之指控具有任何正确性（或合法性），则不会隐忍了三年，而在他宣布要组织一反对党以备向国民党一党统治挑战之后才于公布。阁下似乎忽视世界各地对于雷震案的不平所作的抗议，关于此事阁下至少是始终赞同的。（电文不明）在处理"国家"军事、财政、"外交"事务方面，阁下已铸成几乎难以令人置信之错误，而不屑接受有关"国家"或民众福利任何建设性的建议……①

11月，因写作劳累得胃疾，入医院治疗，不久即出院。

12月16日，和弟张嘉璈联名写成《金侯城先生八十大庆寿序》一文。

12月22日，为庆祝《祖国周刊》八周年，写成《十年来之建议》一文。

是年，所著哲学数篇，由英文《东西哲学》各期发表。

1961年〔辛丑〕76岁

1月5日，在旧金山写成《儒家伦理学之复兴》一文。

1月16日，在台北《民主中国》（复刊号）第4卷第2期上发表《哭仞千逝世》。

2月1日，在台北《民主中国》（复刊号）第4卷第3期上发表《儒家伦理学之复兴》（2月香港《人生》杂志第245期；5月香港《人生》

---

① 台湾《公论报》1960年9月25日，收录于《雷震全集》（手稿本）第3册，第212页。

杂志第252期续）。①

3月16日，在台北《民主中国》（复刊号）第4卷第6期上发表《质问英国外长胡美氏》一文。

4月1日，在台北《民主中国》（复刊号）第4卷第7期上发表《东南亚公约所暴露的弱点》一文。

4月16日，在台北《民主中国》（复刊号）第4卷第8期上登刊《事实与虚构》一文。

5月1日，在台北《民主中国》（复刊号）第4卷第9期上登刊《苏俄辞去大哥任务》一文。

5月8日，致书蒋匀田，谈台湾与联邦德国建交问题。

5月14日，华侨在旧金山所创之"美洲佛教会"成立，张君劢被邀致辞。

5月16日，在台北《民主中国》（复刊号）第4卷第10期上发表《反共与民主》一文。

5月下旬，何浩若先生访张君劢，请"返国"一行，答以如三党不共同定一合作纲领，则不愿"返国"。

5月30日，写成《驳斥史加拉屏诺对中国问题的主张》一文。

6月1日，在台北《民主中国》（复刊号）第4卷第11期上发表《消逝中之东德卫星国》一文。

6月16日，在台北《民主中国》（复刊号）第4卷第12期上发表《国事岂能谈话所能了》和《驳斥史加拉屏诺对中国问题的主张》两文。

《国事岂能谈话所能了》文曰："十年以来，党外民主人士，建议于政府，以召集国是会议为方针。……至今始察见联合国席次之不易保，或见弃于平日友邦之美国政府，不得已仍回至国是会议老路，改其名曰阳明山谈话会。所邀请者以留美学者教授为多，会期以一两旬为限，既不公开，亦不见报，由各人自由发表意见。此种性质之会议，可以有补于'国事'乎，此乃处水深火热之境中之内外人民所共悬悬不止者也。一'国'之政治，不问其在普通情况之下，或在危急情况之下，势不能不有以政治为性命之人或以政治为职业之人为主体……岂数十新人自外而来之一席谈话所能解决问题者乎。然台之'国民政府'将有以答我曰，方今政府中'行政立法司法'机关一一俱在，谈话会乃临时邀集学者，听取其意见，与专门之政治职务有异。假令谈话会之性质，如政府之所

---

① 已收入程文熙编《中西印哲学文集》，台北：学生书局1981年版。

答，则此项谈话会，乃无关痛痒之集会，其无益于'国事'，更易见矣……"

7月1日，在台北《民主中国》（复刊号）第4卷第13期上发表《为消灭"中华民国"名号向美国抗议》一文，文曰：

> "中华民国"之"国民政府"退守台湾，已逾十载；美国以军援经援助台湾之安定与发展，且与之定约或发表宣言。近一二年来美国朝野忽提出所谓"两个中国"政策，其意在于承认中共加入联合国；而现时在台湾之"中华民国"，则改称之曰"台湾共和国"；或依副国务卿保尔斯之名辞，称曰"中台国"。竭望副国务卿保尔斯与参议院外交委员会主席富尔勃蓝将此"台湾共和国"与"中台国"名辞毁之，此吾人所馨香祝祷者也。

7月16日，在台北《民主中国》（复刊号）第4卷第14期上发表《美苏外交与争取印度》一文。

7月29日，陈诚访美，归途中经旧金山时，在霍金斯旅馆会晤张君劢，两人长谈。

8月16日，在台北《民主中国》（复刊号）第4卷第16期上发表《答〈中华新报〉所以阻止傀儡国之承认》一文。

8月28日，在九龙《祖国周刊》第35卷第9期（总第451期）上登刊《苏联科学家逃出魔掌》一文。

8月29日，蒋匀田拟定《三党重申合作之共同声明》草案初稿。张君劢表示：如能在"国内"首先洽定，即"返国"签字，以免与国民党吵架，多费口舌。

8月31日，著成《追忆慕韩》一文。

9月1日，在台北《民主中国》（复刊号）第4卷第17期上发表《柏林与战争》一文。

9月9日，在旧金山写成《论共同纲领》一文，10月1日发表在台北《民主中国》（复刊号）第4卷第19期上。

9月16日，在台北《民主中国》（复刊号）第4卷第18期上发表《对中国问题舆论之转变》一文，文曰：

> 然吾人所望于台湾政府者，为一"国"之自己振作与自具"立国"规模，民主改造也，掌握人心也，吏治清明也，提高学术与技

术也，开发富力也，此皆操之在我，而可以增强实力之事项，由此道以前进，自令他国刮目相看，何至烦"副总统"兼"行政院"长陈氏仆仆道途乎。

10月16日，在台北《民主中国》（复刊号）第4卷第20期上发表《致中立国会议一封公开信》。

11月1日，在台北《民主中国》（复刊号）第4卷第21期上发表《纪念孔子诞辰》一文（又1970年2月23日《民主社会》第六卷第一期）。

11月10日，赵元任到圣玛利医院看望张君劢。

11月12日，台湾《征信新闻》称：国际汉学会正筹备中，张君劢认为应慎重。文曰：

"教育部"长黄季陆十一日在"立法院"教育委员会宣称：国际汉学会将在明年举行，现正积极筹备中。黄部长说："汉学会议系一国际性的会议，举行这个会议的目的有二，一是发扬中国文化，二是要外国人知道研究中国文化应以台湾为中心。为了达到这两个目的，对于邀请前来参加会议的人，不能不有一个选择，同时因为我们是东道主，又要拿出一套东西来给人家看，因此在筹备工作上就不能不慎重。黄部长透漏他前次去美国时曾与张君劢谈过这个问题，张氏也认为这个会议很重要，应该慎重。"①

11月16日，在台北《民主中国》（复刊号）第4卷第22期上发表《星洲与马来联邦合并》一文。

12月8日，写成《立极之哲人——孟子》一文。

是年，还有《孟子哲学之意义》（王春光汉译，10月）和《佛教沿革与教义概略》两著发表。

是年，《中国哲学家——王阳明》一书，由圣约翰大学出版。

1962年〔壬寅〕77岁

1月1日，在台北《民主中国》（复刊号）第5卷第1期上发表《立极之哲人——孟子》一文（又1970年2月23日《民主社会》第6卷第1

---

① 《胡适日记全集》第9集，台北：联经出版社2004年版，第800页。

期)。收入程文熙编《中西印哲学文集》。

1月3日,致函台湾"教育部"部长黄季陆,对所拟召开的汉学会议有所建议。

2月22日,台北《征信新闻报》记者王彤访张君劢,详谈之后,写"诚者所以成己成物"一纸,请代交阳明山三次会议。

2月25日,在《叠翠学报》第1集上发表《〈胜宗十句义〉要义》一文。

3月9日,复函致谢台湾"教育部"部长黄季陆,并将黄寄来的美金千元支票一张退回。

黄季陆以张君劢将赴德讲学为由,汇美金千元以补助旅费。张君劢复函谓:"(一)德国方面于上年由德国各大学拨格斯屈澜舍氏诸教授联名来函邀请,排定三个月节目程序,均有招待,不敢再受政府资助;(二)按之英国在野党领袖,同与执政党之为内阁总理者,同有待遇,皆由国库开支,但'吾国'无此制度耳。"

3月19日,在美国旧金山加州大学太平洋学会发表演讲,题目为《对共产党集体思想的批评》,文载该校3月21日校刊和5月1日台北《民主中国》(复刊号)第五卷第九期上。

3月26日,撰写成《为内部纠纷告同仁书》,文曰:

> 政党之创始,存在与发展,在心目中应有一为国为人民之正大光明之目标……鄙意以为党内纠纷,唯有大家另定对外目标,方能转移视线,使各人心思各有所集中,而后可以言团结。倘若心中以打倒敌人为主,而假托于团结或分裂之名义,赤裸言之,不外乎权位与主席之争。此种争执之结果,或甲败而乙胜,或甲胜而乙败,或甲乙平分席位,或甲乙俱败而为丁丙所得。充类至尽,如此而止,何团结可言,何党誉可言。①

3月,为蒋匀田题石达开诗。原诗八句,张君劢题写了其中后六句。内容如下:

> 只觉苍天方愦愦,莫凭赤手拯元元。三年揽辔悲赢马,万众梯山似病猿。我志未酬人已苦,东南到处有啼痕。

---

① 1962年4月16日《民主中国》(复刊号)第5卷第8期。

4月1日，在台北《民主中国》（复刊号）第5卷第7期上发表《梁和钧〈开罗会议与中国〉序》和《张君劢主席告同仁书》两篇文章。

4月16日，在台北《民主中国》（复刊号）第5卷第8期上发表《为内部纠纷告同仁书》和《挽胡适联》两文。

4月16日，在台北《狮子吼》杂志创刊号发表《与美国逻辑实证派花格尔氏略论东方直觉主义》一文（原文为英文，载美国《东方哲学会刊》，王春光汉译）。

4月底，应联邦德国佛莱堡大学之邀前往演讲，做题为"中共最近发展与对毛泽东之批评"的演讲，慨然于国人未能做民主政治及反共分科之研究。

5月24日，在阿亨工科大学演讲。其间，与该校政治学兼职教授——《东欧》杂志主编梅纳尔氏晤谈。当时阿亨工科大学之毕业生有往经济未开发国从事工业建设者，不可不略通各国政情，乃邀梅氏为该工科大学政治教授，此亦德国近年来教育界之创举也。梅氏告诉张君劢，此讲座之设，在一年以前他自己也无把握。

6月25日，第二次赴佛莱堡大学法科，讲《中华民国宪法》。

昔年耶纳大学哲学老师倭伊铿儿媳华尔德倭伊铿夫人居此城，在电话中，告以洛德孚尔氏《反希忒拉运动》一书，举出华尔德倭伊铿（德国经济学新自由主义学派之发起人）之名，倭夫人闻言后来张君劢住所长谈，述其夫在大学教书时曾以"学者应起而奋斗"为题，列举斯宾诺塞氏与格列雷氏等等为证。时教室竟有人满之患。倭氏因反对独裁而逃至瑞士。良以其父之哲学，名曰力行主义，其子孙能本其所信以见诸行为也。倭夫人又告以波兰之华沙大学教授哥拉哥夫斯几氏一书名曰《人类无选择余地》，近由波语译成德文。其时在座者有自台来专攻音乐之张君，立即异以书名且嘱去书铺购得。返寓后竭二日之力读之。

7月4日，离联邦德国返美。

在德期间，受陈立夫之托，与联邦德国政府接触，商谈和国民党政"复交"之事。

在德讲学期间，与佛莱堡大学汉文教授萧师毅（萧师毅曾与海德格尔译"老子"八章，留欧32年后回台任教辅大哲研所）一同到瑞士与"存在哲学家"雅士培（亚斯贝尔斯）晤谈，雅士培说："我为康德派中人"，"哲人之至者，无如康德"。其间，并拜访《现象学年谱》主编，德国哲学家海德格尔。

6月2日—7月4日，在联邦德国写成《壬寅游德记》，此文在1962年7月1日台北《民主中国》（复刊号）第5卷第13期、7月16日台北《民主中国》（复刊号）第5卷第14期、8月1日台北《民主中国》（复刊号）第5卷第15期上连续刊出。

7月28日，《致梁寒操先生论五十年来政治文化函》，对梁寒操所提梁任公不愿意与国民党做友谊合作之观点，有所辩答。

文中要语曰："经以往五十年之教训，国人所应共勉者，一曰戒意气，二曰戒党争，三曰不可自以为是，四曰不可各走极端"。落款为"七月廿八日金山"。

8月16日，在台北《民主中国》（复刊号）第5卷第16期上发表《致梁寒操先生论五十年来政治文化函》一文。①

10月10日，写成《〈胜宗十句义论〉要义订正》一文。

10月16日，关于《宪法》上省制问题复桂崇基先生。

11月24日，《中国时报》余纪忠拜访张君劢，向张君劢提出纵不参加阳明山会谈，也应与国民党一谈的建议。张君劢答复说，如果有三党合作纲领，即可"返国"。

12月4日，《德国经济复兴的巨擘——倭伊铿（奥肯）》一书，在美国出版。

是年，英文版《王阳明》（*Wang Yang-Ming: Idealist Philosopher of Seventeenth Century China*）在美国出版。

此书以英文写成，是全面论述王阳明哲学的专著，它可以补充张君劢撰写的《比较中日阳明学》及其他单篇论文的不足。此书由五章组成：王阳明的生平；王阳明的哲学系统；王阳明在宋明理学中的地位；王阳明的《传习录》；直觉主义研究。书前冠丛书编辑者薛光前博士之序，末系王阳明序象山文集重刊一文之张君劢英译。

1963年〔癸卯〕78岁

2月，英文版《新儒家思想史》（下册）在美出版。

2月18日，韩国教授李相殷先生访晤张君劢。

3月1日，在台北《民主中国》（复刊号）第6卷第1期上发表《西德的外交路线与霍尔斯坦原则》。

---

① 此文收入程文熙编《中西印哲学文集》，台北：学生书局1981年版。

3月16日，在台北《民主中国》（复刊号）第6卷第2期上发表《〈辩证唯物主义驳论〉自序》一文。

3月16日，在《人生》第297期上发表《新儒家思想史写完以后》一文（又台北《民主中国》（复刊号）第5卷第22期）。文曰：

> 新儒家思想史，乃自唐代历宋明以迄于民国今日之吾国哲学史。历时约千三百余年，除清末与民国以来一段时间外，吾国绝未与西方接触，然其中各学派之种类，无一不有可与西方哲学史相媲美。此足证明吾国学者之善于思索与能独出心裁，不落人后也。思想之类型，初不因东西古今而有异同。即令儒家哲学因数理逻辑与科学之不进步，而有逊色之处，其详尽节目上不免有瑕病，至其基本概念之一致，则上文所举之各派可以为明证。①

3月18日，韩国教授李相殷先生来访。李相殷说：《新儒家思想史》第一册已读，第二册离韩时，方寄到。张君劢写诗以纪之，诗曰："儒家思想史由美传三韩，上下计二册聊供囊鱼餐。忆昔宋慈湖，日僧叩两端，阳明良知学，桂悟质疑团。况我桴海来，国事难心安，愿与箕子国，力挽此狂澜。"

3月19日，致书缉之（程文熙）。信曰：

> 缉之弟，最近一函述《民主中国》伪版事，可见"王麻子汪麻子"云云不幸言中矣。顷需智者大师《摩柯止观》与贤首《华严一乘教义》两书，大藏中亦有此二书，但太重，不便手中阅读。乞弟代择大本寄来，因目力日衰也。昨日有韩国李相殷来访，以诗纪之，即录呈弟阅。

6月6日，写信给徐复观论希腊哲学。曰：

> 复观先生：《人生》三百期中读大著人性论先秦篇自序末后，有注七项，其第一注中，有下列各语："希腊以知识为主的哲学，到了斯多葛学派，即变成以人生、道德为主的哲学。"其语意似乎希腊哲学以知识为主。窃在海外读兄此言，盖觉五四以来之知识界对于治西

---

① 程文熙编：《中西印哲学文集》，台北：学生书局1981年版，第801页。

方哲学之不努力，而所知之浅尝至于如是也。希腊哲学以苏格拉底、柏拉图与亚历斯大德为主。苏氏以定义为方法，反对诡辩派以人为本位之主张。其方法为定义，为逻辑。然其背后为"是非有绝对标准"：如善、如公道、如美、如勇、如克制等等即为此种标准。及在柏氏手上，乃名之曰意典，而成为宇宙间之本体。与吾国不可须臾离之"道"极相似。其入手方法为定义，因而吾国人疑其不离知识。然其所讨论之题材，无一种对话不以道德为根据，可谓与孔孟哲学之注重仁义礼智为四德之一者一也。吾国方面误于希腊知识即道德之语，乃以为希腊人所治者为知识论。实则希腊所谓知识或智，乃道德之知或智，此由于苏氏所谓"知自己"之知而来。惟其为道德之知，乃能为自己之知，或自然界之知，则苏氏所谓"自知"者，不能成其为锁钥矣。香港大学之邀，如果去成，讲题为柏拉图与孔孟哲学之比较，亦所以矫正吾国人脑中西方人只有智识论之习见习闻也。

6月7日，在香港《联合评论》上刊登启事辞去中国民主社会党主席职务。

6月，中国民主社会党在台北所办《民主中国》杂志被撤销登记。张君劢愤于党事之不可为，乃发表此辞职启事。旋由"国内"党员函劝：主席职务，系"全国"代表大会所选任，仍请留任，乃不得不打消辞意。

6月17日，在旧金山撰《悼印度亚拉哈巴大学教授周祥光君》一文。

7月1日，在台北《民主中国》复刊号第6卷第7期上发表《希腊哲学以道德抑知识为主问题讨论》（与徐复观论学函）和《悼印度亚拉哈巴大学教授周祥光君》两文。《希腊哲学以道德抑知识为主问题讨论》文收入程文熙编《中西印哲学文集》。

8月4日，为纪念"人生观论战"四十周年，写成《人生观论战之回顾——四十年来西方哲学界之思想家》一文。于11月16日、12月1日、12月16日香港《人生》杂志第27卷第1、2、3期（第313、314、315期）上连载。

是日，张公权来寓所。张君劢定于七日往远东讲学，张公权特来叙别。

张君劢应香港大学、新亚书院、联合书院之请，自美前往讲学。

甫到港即到新亚书院，为梁任公先生所著《清代学术概论》一书做评论曰：（一）欧洲文艺复兴不是复古。（二）朱子为儒表佛里说，甚为不妥。(三) 戴东原只知字义，不知孟子思想。

9月11日，下午，在香港住所接待来访的唐君毅。

9月18日，夜晚，唐君毅、牟宗三在乐宫楼宴请张君劢。

9月28日，唐君毅等在豪华楼欢宴张君劢、黄伯飞等。

11月4日，在香港新亚书院做《评梁任公先生〈清代学术概论〉中关于欧洲文艺复兴、宋明理学、戴东原哲学三点》之演讲。

11月10日，应东方人文学会之邀请，在香港中文大学大会堂做演讲，题目为《思想与哲学》。要语曰：

>……人类生活中所接触的和体验的，如其要求一律或结论，便不能离开思想。……关于思想与哲学，表面上显有东西之分，此由于各民族有语言、风俗、习惯之不同。然就思想本质上言之，可以说无根本的不同；反而言之，自有其共同一致之点。……我们所处的今日，是个大变迁的时代，我们需要大家深思，以解答今日所引起的问题。①

晚，人文学会招待晚餐，唐君毅等参加。

11月16日，在香港《人生》杂志第27卷第1期（总第313期）上发表《人生观论战之回顾——四十年来西方哲学界之思想家》（一）。

11月19日，唐君毅在新亚书院请张君劢和陈荣捷晚餐。

11月28，唐君毅约张君劢到新亚书院演讲。

12月1日，在香港《人生》杂志第27卷第2期（总第314期）上发表《人生观论战之回顾——四十年来西方哲学界之思想家》（二）。

12月5日，下午，在新亚书院演讲。

12月12日，下午，在新亚书院演讲。

12月16日，在香港《人生》杂志第27卷第3期（总第315期）上发表《人生观论战之回顾——四十年来西方哲学界之思想家》（续完）。

12月19日，下午，在新亚书院演讲。

1964年〔甲辰〕79岁

1月1日，在香港写信给唐君毅和牟宗三。曰：

---

① 此文在香港《民主评论》第15卷第6期上发表，收入程文熙《中西印哲学文集》，台北：学生书局1981年版。

科玄论战四十年纪念论文集与贱辰论文集可以合而为一。宗三之好意，尤为感激。劢意合而为一以处理之较为省事。施友忠已寄来一英文稿（哲学）来，顾翊群允在六星期内寄下一文，劢应作两篇，亦须在一二月内完成后，统寄尊处。翊群函中且言交人生社印行，可作为人生社之补助，究竟印费多少，劢不敢说，缉之来函说，已筹有印费，此事究竟如何，待与缉之商后，再有以奉告。昨静仁来函报告，君毅兄与公权已见面，且托港大林仰山邀请来港事，是为公等为我代谋之好意，我之所愿与两公讨论振起儒家思想之方法，演讲乃在其次。然既已来港，不能无讲题，拟以下列两者为题：（一）古代中国与希腊哲学思想比较；（二）关于儒家哲学复兴。不知此二者，公等以为如何，港大如此，新亚如须讲，亦同此二题。至于是否确定，待港大聘书到后，方可算数。公等心目中有何要劢讲之题目，乞酌拟示知为幸，此间有书可以稍作准备。

1月9日，下午，在新亚书院演讲。
1月16日，下午，在新亚书院演讲，毕后与唐君毅晚餐于一小店。
1月20日，在香港《民主评论》第15卷第2期上发表《评梁任公先生〈清代学术概论〉中关于欧洲文艺复兴、宋明理学、戴东原哲学三点》。
1月22日，在新亚书院演讲。23日起，新亚书院放寒假。
2月9日，女儿敦复（小满）与董启超在张公权寓所举行订婚礼。
2月15日，在香港住处接待前来拜年的唐君毅。
2月21日，新亚书院开学。在住处约请唐君毅晚饭。
从此时起至4月，在香港治疗眼疾。
4月13日，下午，在新亚书院演讲。
4月27日，下午，在新亚书院演讲。
5月1日，下午，在新亚书院演讲。
5月4日，下午，在新亚书院演讲。
5月11日，下午，在新亚书院演讲。夜，唐君毅在兆熊处约请张君劢晚餐。
5月15日，离开香港回美国，途中在日本停留两周。
5月28日，返抵旧金山。
6月16日，在香港《人生》第327期上发表《儒学之复兴》。

8月29日，女儿张敦复与董启超在伯克莱举行结婚典礼仪式。

9月21日，作《宋代儒学复兴之先例》一文。

9月，在加州大学及太平洋学会演讲。

是年，在台湾《清华学报》新第8卷第2期上发表《孟子致良知说与当代英国直觉主义伦理学之比较》一文。原为英文，由江日新译成中文。

1965年〔乙巳〕80岁

1月上旬，著《致国内外同胞书》，发表在4月1日《自由钟》第1卷第2期上。

2月14日，写成《吾国家有民主自由之一日乎》一文，发表在6月1日《自由钟》第1卷第4期上。

2月22日，写成《独立印度宪法中国语规定之修改》一文，发表在6月1日《自由钟》第1卷第4期上。

3月1日，在旧金山创刊《自由钟》，并创立"自由中国"协会。

因数年前《再生》（香港）停办，及台北《民主中国》杂志撤销登记，在此背景下，在妹妹张幼仪的资助下，在美国创办《自由钟》杂志。到一九六九年二月张君劢逝世，总共发行了四十八期。在张君劢逝世后，同仁好友将其所存的遗稿又发了一期，最后的总期是四十九期。1971年香港复刊，港字第一期的总期号标为第五十期，以示衔接之意。

是日，《自由钟》（美国）第1卷第1期在美国旧金山出版发行。在该期上发表《"自由中国"协会缘起》和《苏俄政权交替》两文。

从3月1日起至7月，又由11月至1968年5月1日，在《自由钟》（美国）杂志创刊号至第17期又由第21期至第39期上（中间有三期刊登本文的副产品《"三通"性质今解》，而暂停本文刊载）连续发表《钱著中国传统政治商榷》一篇长文（第1卷第1—12期；第2卷第1—5、9—12期；第3卷第1—12期；第4卷第1—3期），共35篇，30余万字。

3月2日，写成《新儒家政治哲学》一文，5月1日发表在《自由钟》第1卷第3期上。

3月，应星洲大学等五团体之招，赴新加坡演讲。

4月3日，张公权来访，长谈。据张公权日记云："君劢兄新自新加坡讲学归来，仅通过一次电话，尚未见面。今日特往访长谈。渠对星岛总理李光耀甚为赞扬，认为系一有希望之领袖。"

5月1日，在《自由钟》（美国）第1卷第3期上发表《新儒家政治哲学》和《张东荪先生八十寿序》两文，均已收入程文熙编《中西印哲学文集》，台北：学生书局1981年版。

是日，张君劢女儿小艾打电话给张公权，告：其父大便出血，入院检查，医生嘱输血。

5月3日，张君劢女儿小艾打电话给张公权，告：其父大出血已止，医生谓无胃溃疡症状。

5月23日，写成《苏联共产主义变质》一文，7月1日发表在《自由钟》第一卷第五期上。

6月15日，在加州伯克莱写成《致印度自由党领袖拉傑古伯拉采里函》，8月1日发表在《自由钟》第一卷第六期上。

6月19日，张公权为张君劢送行。据张公权日记云："君劢仲兄应南韩大学之邀请，将往南韩参加其六十周年纪念会，宣读论文。特往送行。"

6月26日，应韩国大学李相殷的邀请，自美飞抵汉城，出席6月28日至7月3日在汉城特别市东郊华客山庄举行的"亚细亚近代化问题国际学术大会"。

此会是高丽大学为纪念其创立六十周年而举办的。会议主办当局安排张君劢住在李曼宾馆，时张君劢先生的步履已不便，平地行走，有拐杖还可以单独步行，如果上下台阶，就非有人扶持不可。主办会议的当局，请了一位台湾省立师范大学的史地系毕业生谭永盛照顾他。

6月27日，在宾馆会见宋晞，宋将晓师嘱转的《中华五千年史》交张君劢。晚六点半，出席李相殷的招待酒会，同席有唐君毅、宋晞等。

6月28日，上午十时，举行开幕典礼，李相殷教授主席，张君劢代表全体出席者致辞。

在分组会中，张君劢参加该会的五个分组之第一分组活动，讨论"近代化的概念问题"。他宣读的论文是《中国现代化与儒家思想复兴》。

6月30日，下午，全体代表进城参观。参观高丽大学时，在该校行政大楼前合影留念。该校亚细亚问题研究所所长李相殷教授与张君劢等在其研究所前合影。

7月1日，张君劢与唐君毅、全汉升及宋晞等前往成均馆大学参观。该校总长李丁奎、图书馆长丁来东，与中文系主任金永基等均出来接待。参观其大成殿、明伦堂等处，该校以影印古籍如李晬的《芝峰集》、李裕元的《林下笔记》等分赠访客。

是日，在《自由钟》（美国）第1卷第5期上刊登《苏联共产主义变质》一文。

7月2日，上午，与唐君毅入城在东亚日报社午餐。

晚间，台湾驻韩国"大使"梁序昭在"大使馆"宴请参加会议的华人代表，张君劢出席，李相殷教授作陪，席间梁"大使"向张君劢建议，希望会议结束以后顺路回台湾看看，张君劢说美国那边还有事待理，须赶回旧金山去，以后还有机会云云。

7月3日，会议闭会。

7月4日，代表赴板门店参观，张君劢精神极好，在板门店会议室外，张君劢与唐君毅、宋晞等拍照留念。

7月5日，高丽大学总长俞镇午与研究所长李相殷联名在雅叙园宴请中国代表，客人中还有韩国学术院院长李丙焘，成均馆大学总长李丁奎等。餐毕，"中国"代表自张君劢以下都讲了话，张君劢多次鼓励后进。①

7月6日，在南朝鲜《东亚日报》上发表《共产主义与民主政治》一文。会议期间，张君劢应汉城东亚日报社之邀请，做"共产主义与民主政治"之公开演讲。此文是此次演讲的演讲稿。

7月11日，自汉城飞返美国。

8月16日，在伯克莱写成《国民心理之转移》一文，9月1日发表在《自由钟》第1卷第7期上。

8月27日，撰写成《英国〈大宪章〉七百五十年纪念》一文，10月1日发表在《自由钟》第1卷第8期上。

9月1日，在《自由钟》（美国）第1卷第7期上发表《李廷辉哲学论文序》、《国民心理之转移》两文（均收入程文熙编《中西印哲学文集》）。

10月6日，复谢扶雅询问关于张东荪的确实生年的信，曰："贱辰为丙戌十二月廿五日，东荪比我大数月。"

10月29日，给张公权打电话，嘱函告张群，托其转告黄少谷、袁守谦两先生，以彼本人曾反对蒋先生联任三届"总统"，若出席"反共救国会议"，设有人询及蝉联三任问题，将难以答复，故以不出席为妥当。当即尊嘱发函。

---

① 张君劢参加这次会议的情况转引自宋晞的《张君劢学术访韩追记》，《张君劢先生百龄冥诞纪念文集》，中国民主社会党中央党部印行，第167—171页。该文曾刊于1969年7月台湾《传记文学》第15卷第1期。

11月1日，在《自由钟》（美国）第1卷第9期上刊登《张君劢启事》，文曰：

> 月前罗君永扬接受台湾邀请观光。海外同人闻之，不胜骇异。及其返港于本刊第八期第一篇，登载未经核定之稿（即罗永扬《继往开来——为"中华民国"五十四周年国庆纪念而作》一文）。为此同人来函，拒绝写稿。本社特此声明八期第一篇应视同废纸。现罗君自己辞职，本社风潮平息，照常出版。抑本社主编因此事有几句明告"国人"，语自政府退守台岛，国家分崩，所谓亿万心之状态，于今见之。今后欲图"复国"应以造成心地纯洁理智分明与意志坚定之人才为第一议。舍此别无"复国"之法，乞"国人"誉之。

11月1日、12月1日、1966年1月1日、2月1日、3月1日、4月1日、5月1日，《自由钟》（美国）第1卷第9期、第10期、第11期、第12期，第2卷第1期、第2期、第3期连续刊登张君劢的长篇评论文章《中共苏共分裂之经过》，文字长6万多字。

12月1日，在《自由钟》（美国）第1卷第10期上发表《共产党之国家论》。

12月9日，撰写成《越战与韩战》一篇长文，发表在1966年1月1日《自由钟》第1卷第11期上。

12月10日，撰写《覆台湾友人函——论攻桂出粤仅可挽越局》一文，1966年1月1日发表在《自由钟》第1卷第11期上。

是年，在《思想与时代》第132期上发表《孔子与柏拉图伦理思想比较》一文。

11月起，唐君毅等人在香港所创立之"东方人文协会"为庆祝张君劢先生八十寿庆，请全球各国汉学家为文，以为纪念。其论文专集定名为《儒家在世界》。

1966年〔丙午〕81岁

1月1日，在《自由钟》（美国）第1卷第11期上发表《韩战与越战》和《覆台湾友人函——论攻桂出粤仅可挽越局》两文。

1月14日，七十九诞辰，张公权等前来庆祝。

3月1日，《自由钟》（美国）第2卷第1期上发表《七九自寿》和《苏联束缚中共之外交策略》两文。

4月1日，《自由钟》（美国）第2卷第2期上发表《读白澜齐净司基氏：〈苏联政治制度之改造或堕落〉一文感想》一篇长文。

5月1日，《自由钟》（美国）第2卷第3期上发表《美国内越战大辩论后之方针》一篇长文。

是日，写成《美国国务卿罗司克对中共之观察与政策》一文，发表在6月1日《自由钟》第2卷第4期上。

6月，在加州伯克莱的寓所接待来访的台湾著名史学家张朋园。在这次会晤中，张君劢告诉了张朋园两个很关键的信息：其中一个是张謇与梁启超并不似外界通常所认为的那样，因为同属立宪派而志同道合。事实恰恰相反，张謇和梁启超观念上差别很大，从政闻社的成立上即不难发现这一点：梁启超派遣徐佛苏到上海拜访张謇，希望能够得到张謇的帮助，但是徐佛苏在上海开会邀请各方赞助时，张謇允诺出席但始终没有出现。此外，张君劢还告诉张朋园，民国初年张謇和梁启超均担任内阁总长，但观念差别仍然较大。

6月29日，张公权探视张君劢，询其病情。

据张公权日记云："往视君劢哥，知其最近患腹泻。经医生检查，发见兼患轻性糖尿及摄护腺病。兹决定两星期后再去检查，并商疗治办法。"

7月1日，在《自由钟》（美国）第2卷第5期上发表《刘著〈淝水之战〉序》和《美国在南越战争中之成与败》两文。

7月15日，入医院施行手术，割治摄护腺及胆石，经过良好。

8月1日，在《自由钟》第2卷第6期上发表《立斋读书记——〈三通〉性质今解》和《与自台来美留学生座谈记》两文。

8月7日，下午，台湾"国防"研究院访问团访问旧金山团长张其昀（字晓峰）、团员张庆桢、罗佩秋、杨家麟与宋晞等由驻旧金山总领事翟因寿、旅美学者吴坤淦、王天循二先生陪同前往访晤张君劢于柏克莱寓所，张君劢精神甚佳。张君劢告诉张其昀，自己早年致力于国际法，一战后随梁启超访欧，痛心于巴黎和会中国外交之失败，国际间没有正义公道，深感一切要靠自己，而国力之源泉则必须深根凝植于学说思想之上。从此放弃国际公法，而专心攻究哲学。

张君劢还向宋晞问起去年参加韩国"亚细亚近代化问题国际学术大

会"的其他几位朋友的情况，他还步出大门与来访者合影留念。①

不久后，张君劢致书张其昀，谓其爱女愿到华冈任教，惟旅费尚无着落，张其昀复函，竭诚欢迎，并愿赠与机票。其爱女来华冈，或即为张君劢回冈长住之示意也。惜因故张君劢爱女没有来成华冈。另外，中华学术院创立之时，张其昀曾聘张君劢为哲士，张君劢欣然接受。

8月10日，写成《中共"内讧"与所谓"文化大革命"》一文。此文发表在1966年9月1日《自由钟》第2卷第7期上和1966年12月16日《民主潮》第16卷第13期上。

10月1日，在《自由钟》第2卷第8期上发表《中共与修正主义》一篇长文。

10月12日，接待来访的郑天放，谈甚久，赠予《自由钟》一册。

10月13日，致书蒋匀田、王世宪。文曰：

> 匀田弟、世宪弟：蒋先生寿辰之礼，由美直接寄去，乞两弟释念。本党团结，自是好事（今纯系负一虚名，需另人代为执行），但长距离之发号司令，乃行不通之事。《再生》恢复，劢作文甚易，但缉之以为《钱著传统政治商榷》为台所爱读，可将此文先印在《再生》中。昨郑天放来谈甚久，渠自开口要《自由钟》，已以一份赠之。党事千端万绪，盼两弟代为处理，劢今后不拟发言，此为"出国"以来之方针如是。因偶有一函，依寻章摘句之法为之执行，只有害而无益也。至于民主社会主义之昌明，乃必然之事。一切在平日教育人民使其能辨别事之当否。自有日积月累之功效，乃能形成平等社会。

11月1日，在《自由钟》第2卷第9期上发表《联合国中美国代表三条件，军人之反应与各国建议》一篇长文。

12月1日，在《自由钟》（美国）第2卷第10期上发表《马尼拉会议关联之国际问题与大陆前途》和《文化核心问题——学问之独立王国论》两文。

12月12日，在伯克莱写成《越战和谈之期近矣》一篇长文。此文发表在1967年1月1日《自由钟》第2卷第11期上。

---

① 参见宋晞《张君劢学术访韩追记》，《张君劢先生百龄冥诞纪念文集》，中国民主社会党中央党部印行，第172页。该文曾刊于1969年7月台湾《传记文学》第15卷第1期。

是年，在香港《时代批评》杂志第 22 卷第 5 期上发表《罗努生哀辞》。

12 月 16 日，致书郑天栻。

信曰："奉十二月手书，并承惠示黄太夫人事状，此文尚未到，想以同仁之孝思，必有以达其哀父母生我勋劳之意。生离死别者，不可胜数，其能遂慎终追远之情者有几人乎？"

1967 年〔丁未年〕82 岁

1 月 14 日，在伯克莱写成《〈明日之中国文化〉再版新序》一文，此文载 9 月 1 日《自由钟》第 3 卷第 7 期。

2 月 1 日，在《自由钟》（美国）第 2 卷第 12 期上发表《全国各民主党派大合作定止乱图治之方针》一篇长文。

2 月 4 日，八旬寿诞，张公权率家人在旧金山金亭酒家设宴申庆。

是日，在伯克莱写成《大战后自由国家与共产"集团"之对抗及其最近发展》一篇长文，发表在 5 月 1 日《自由钟》（美国）第 3 卷第 3 期上。

2 月 9 日，应新加坡总理李光耀（廷辉）邀请由美国飞抵新加坡做演讲。在这之前，李光耀有意聘请张君劢担任南洋大学校长，但张君劢因年事已高而婉拒了。张君劢在新加坡做多次演讲（讲中西文化、中印文化交流等），其中以讲"民主社会主义"为最多，讲稿整理后，又另作了多篇，初用"民主社会主义"为题，继又改为"一百五十年之社会主义"，最后以《社会主义思想运动概观》为书名出版。"结论"部分未整理毕，张君劢逝世，"结论"部分由其弟张公权先生整理，后冷静仁教授由香港来美，协助张公权先生将全稿整理完毕。张君劢曾函告台湾之中国民主社会党同人，谓此书为对党之交代，盖先生不克"返国"，党事分裂已久，痛心疾首之余，唯有以此宣示平生为民主宪政之思想及主张已耳。

《社会主义思想运动概观》一书，1988 年 6 月由台湾稻乡出版社出版。全书分六大部分：第一讲 引言 我与社会主义运动及对哲学政治的兴趣兼论治学方法；第二讲 社会主义运动大事表；第三讲 乌托邦的社会主义；第四讲 马克思主义及其修正；第五讲 早期英法俄社会主义；第六讲 第一次世界大战前后之欧洲社会党。

2 月 14 日至 16 日，在新加坡青年领袖训练学院演讲，由刘裕略记录。

3 月 1 日，在《自由钟》（美国）第 3 卷第 1 期上发表《毛泽东所为何事》一文。

3月18日，致罗汉成函——《论西方近年宗教与哲学思潮变迁》，发表在1968年6月1日《自由钟》第4卷第4期上。

4月1日，在《自由钟》第3卷第2期上发表《社会革命批判》一文。

5月1日，在《自由钟》第3卷第3期上发表《李光耀政论集〈新加坡之路〉所表示对各方面政策》一文。

5月6日，中午，在新加坡寓所会见曾在大理民族文化学院就读过的学生苏莹辉，共进午餐。在苏陈述完近况后，张君劢特别嘱咐这位学生两件事：一是必须勤学英文；二是即使考得了驾驶本，也不要开车，而由夫人驾驶。

5月10日，在新加坡写成《中共"内讧"中之名实论》一文，在6月1日《自由钟》（美国）第3卷第4期上发表。

6月1日，因长女敦华（小艾）婚事，离新加坡，经香港、东京回到美国。

6月3日，女儿敦华（小艾）与王大蔚订婚。张公权等前来寓所祝贺。

6月17日，女儿敦华（小艾）与王大蔚结婚。用天主教仪式，由梁神父主持，张公权等前来观礼、祝贺。

7月1日，在《自由钟》（美国）第3卷第5期上发表《毛泽东"内讧"中语言文字之争》一文。

7月18日，写成《孟子哲学》一文，此文发表在美国东方人文学会编的《儒学在世界论文集》，收入程文熙编《中西印哲学文集》。

7月22日，在伯克莱写成《耶司丕论哲学家家之伟大》一文，此文发表在9月1日《自由钟》（美国）第3卷第7期上。

8月1日，在《自由钟》（美国）第3卷第6期上发表《越战结束问题与美国民间动向》一文。

9月1日，在《自由钟》第3卷第7期上发表《唯物史观在苏联之教条效力如何？》、《明日中国文化再版新序》和《耶司丕论哲学家之伟大》三文。

9月29日，致信蒋匀田与程文熙，谈自己与陈立夫谈话情况。

匀田弟、缉之弟：得匀弟九月十八日书、缉之告以驳论书已版函，已悉一一。与立夫先生谈二次。第一次在吴××家吃饭，我告星洲情况，他告以大陆所闻，临行述匀弟与之谈话，须更加补充。今日渠自×××来访，×××××之内阁制之安完不至如法国至数月即倒，不能不谓我与雪艇之力。上次陈劝我去德一次，我照所言，藉讲学之机，访德外交部，知其无与台"订交"之意，乃函陈祥述此项经过。此可证不合作，乃小人离间之言。继谈某君，我述"此人无行，通国皆知。"如用此人，不独吾党之玷，亦政府之羞。彼答云："此人断不行"。渠返×后出卖住宅后返台。至于文化复兴会事，我面告陈如有所询，我当尽所知以告。我之思不想以我之名列于其中，因会中以命令式行事，非我所乐追随也。驳论在反共会中曾送入多少本，此款何来之？缉之告竟弟茶叶已完，盼他再送我三四瓶，他来信已收。《儒学在世界》推销多少本便可，不必如前所云百本之多也。

10月1日，在《自由钟》第3卷第8期上发表《关于轰炸北越目标美国政府内部两派争执》一文。

10月9日，与张公权参加胡佛研究所举行之"共产主义在俄国五十年"讨论会。

据张公权日记云："君劢哥昨晚来寓住宿。今晨参加胡佛研究所召开之'共产主义在俄国五十年'讨论会。首由乌尔夫君演讲，题为'马克思主义蜕变为列宁教条'。继由克乃恩及密迈尔两君补充讨论。乌尔夫君系胡佛研究所高级研究员，克乃恩君系波云摩尔学院教授，密迈尔君系圣母大学教授。"

10月10日，与张公权继续参加"共产主义在俄国五十年"讨论会。晚上，张君劢返回伯克莱寓所。

10月14日，张公权介绍柯威契、乌尔夫诸人与张君劢会晤。

据张公权日记云："晚间在明宫酒家设宴介绍柯威契君及乌尔夫夫妇与君劢哥会面。柯君系胡佛研究所高级研究员，乃研究苏联及共产主义问题专家。同时韩福瑞君将偕夫人赴新加坡就任亚洲协会代表职务，特为饯别，并谢其对台北中国文化学院捐赠书籍。又前任亚洲协会驻新加坡代表茂芮君辞职回美，将在斯坦福大学攻读博士学位，因一并约其参加。"

11月1日，在《自由钟》（美国）第3卷第9期上发表《毛朝与秦政、新莽、隋炀》和《中国对西方挑战之反应》（上）两文。

11月1日、12月1日在《自由钟》第3卷第9、10期上连续刊出。（收入程文熙编《中西印哲学文集》，台北：学生书局1981年版。）

11月28日，撰写成《马克思主义之是非真伪之标准安在》一文，

1968年1月1日《自由钟》第3卷第11期。

1968年〔戊申〕83岁

1月6日，写成《北越愿与美晤谈及其条件之测度》一文，发表在2月1日《自由钟》（美国）第3卷第12期上。

1月14日，张群来访，并代达"总统"致问候之意。

1月23日，代张公权拟挽金其堡（侯城）对联。文曰："异处异地异洲，海洋遥隔，潮汐相通，孰无零落之苦；同里同学同党，心气和平，坚危与共，一生谨事如兄。"

1月31日，写成《中共语言名词之争》一文，发表在3月1日《自由钟》第4卷第1期上。

2月27日，写成《越战结束如何》一文，发表在4月1日《自由钟》（美国）第4卷第2期上。

3月19日，写成《由战场至票柜》一文，发表在5月1日《自由钟》（美国）第4卷第3期上。

4月10日，写成《老当益壮之自白》一文，发表在6月1日《自由钟》（美国）第4卷第4期上。

5月1日，在《自由钟》（美国）第4卷第3期上发表《东西比较哲学——孟子与柏拉图》一文。此后，6月1日、7月1日、8月1日、9月1日、10月1日、11月1日、12月1日、1969年1月1日、2月1日《自由钟》（美国）第4卷第4、5、6、7、8、9、10、11、12期上连续刊出。已收入程文熙编《中西印哲学文集》，台北：学生书局1981年版。

5月12日，写成《悼念何鲁之先生》一文，发表于6月1日出版的《现代国家》第41期上。

5月30日，写成《捷克新政纲及其与苏联相安之局势》一文，发表在7月1日《自由钟》（美国）第四卷第五期上。

6月1日，在《自由钟》（美国）第4卷第4期上发表《马克思〈资本论〉经过一百年后》一文。

6月20日，撰写《致大陆青年论巴黎公社函》，发表在8月1日《自由钟（美国）第四卷第六期。

7月1日，在《自由钟》（美国）第4卷第5期上发表《民主政治之开始》（专政君主时代政制之绪论）一文。此后，8月1日、9月1日、10月1日、11月1日、12月1日、1969年2月1日《自由钟》（美国）第4卷第6、7、8、9、10、12期上连续刊出。此文是由《中国传统政治商榷》一文改写的。

7月12日，顾毓琇夫妇抵旧金山，张禹九夫妇招待宴请之，顾得以会晤张君劢和张公权。①

7月及11月，胡秋原两次拜访张君劢。

7月22日，撰写《十一月美国总统选举之角逐》，9月1日《自由钟》（美国）第4卷第7期。

8月13日，致张忠绂谢函，曰：

> 忠绂先生：由（谢）叔雅寄来大著《迷惘集》，一口气读完，感谢。当代直言侃侃公文与人绝不多见。今得之一人，当代罕见者也。〔王〕雪艇与〔蒋〕廷黻为人由大文揭穿，人品高下乃大白矣。匆匆覆谢，即颂著安。②

9月10日，写成《论历史上中国政府四次迁徙》一文，此文发表在11月1日《自由钟》第4卷第9期上。

10月1日，在《自由钟》第4卷第8期上发表《再论捷克民主化问题》一文。

10月24日，在加州写成《历史之压力（庐山会议毛泽东印发枚乘七发）》，12月1日，在《自由钟》（美国）第4卷第10期上发表，收入程文熙编《中西印哲学文集》，台北：学生书局1981年版。

10月25日，写信给周谦冲。曰：

> 谦冲先生：近月因移居及撰稿，大函之未奉复，此万歉然。公将劢函交台发表，对于何鲁之稍示哀悼，此即劢之所愿也。劢近作《孟子与柏拉图》一文，对于希腊历史尤感研究之不可少。鲁之去世，诚学界之不幸也。劢新址如下：……赐函用新址，为盼。劢近作《苏联占领捷克所引起之国际问题》，俟出版当寄上（大概为十一月底）。联合国有何决议，乞示知。

10月26日，在加州写成《苏联占领捷克所掀起之国际问题》一文，发表在1969年1月1日《自由钟》第4卷第11期上。

---

① 《顾毓琇全集》第11卷，辽宁教育出版社2000版，第77页。
② 刊登于1968年9月1日《自由钟》（美国）第4卷第7期。

11月1日，在《自由钟》第4卷第9期上发表《论历史上中国政府四次迁徙》一文。已收入程文熙编《中西印哲学文集》。

11月15日，写成《西德外长白澜德"共存论"》一文，发表在1969年1月1日、2月1日《自由钟》第4卷第11期、第12期上。

11月18日，给苏莹辉写信，谈及东西哲学问题。

12月1日，在《自由钟》(美国)第4卷第10期上发表《权弟八秩之庆诗以祝之》和《历史之压力（庐山会议毛泽东印发枚乘七发）》两文。

《权弟八秩之庆诗以祝之》，诗曰："滚滚长江流日夜，吴头楚尾是吾乡。青年西学狂潮日，壮志东瀛义侠场。共仰汉唐与社稷，谁知莽操塞康庄。沦亡国土归无计，讲学星洲祝晚香。"

《历史之压力》一文见10月24日条。此文收入程文熙编《中西印哲学文集》。

12月19日，因胃疼入旧金山阿尔塔白地斯 Alta Bates 医院，病情日渐严重。

八弟张嘉铸在写给张公权（十二月二十六日接到）的信中曾描述张君劢的病情："君劢哥胃溃疡 ulcer 复发。十二月十五日曾往探病。午餐时，君劢哥只吃了两块醉鸡，谓近日来，胃口全无，吃东西毫无味道。原定十二月二十一日照 X 光，但十九日，觉得不舒服，即搬进阿尔塔白地斯 Alta Bates 医院。二十一、二十二两日输血两瓶。据医生云：胃尾疡首交结处，破口出血，故须输血及服药，藉补创口。现在尚不知肝部有无问题。"

1969年〔己酉〕84岁

1月7日，张公权接八弟张嘉铸电报张君劢病情恶化。

据张公权日记云："晨接八弟电，谓君劢哥病状恶化。即至周开仁兄处报告，决定下午买飞机票返美。"

1月10日，张公权来医院探视张君劢病况。

据张公权日记云："本晨赴医院探视君劢哥病状，见其神智甚清，惟不思饮食，状至疲倦。今日准备输血。余看后，似觉其身体内部机能多已不能工作。不能饮食，欲吐痰而不得。甚为担忧，恐其存亡在呼吸之间。"

1月11日，病情略见好转。

据张公权日记云："君劢哥今日精神与昨日相比，等于两人，大致昨日输血之功。谈话亦多，并云：'病糊里糊涂来，糊里糊涂去，现在觉得已能恢复……'"

1月12日至16日，张公权每日都到医院探视张君劢的病情。

张公权按日摘记如下：（一）"君劢哥神气甚旺，惟语言无次序。"（二）"君劢哥面色较前清白，语言亦有次序。"（三）"君劢哥本日较昨日多食少许。"（四）"君劢哥今日饮食仍不多。"

1月17日，张君劢起坐一小时半。

据张公权日记云："君劢哥略饮鸡汤，系八弟送去，其余未食多少。起坐于摇椅一小时半。护士云下午再起坐，系医生所嘱。"

1月20日，仍不能进饮食。

据张公权日记云："君劢哥午餐饮鸡汤一小碗，菠菜二三匙，似饮食仍不能多进。"

1月21日，胃口仍然不好。

据张公权日记云："君劢哥昨晚睡得甚好，仍饮鸡汤。据云食味已见回转，但仍不能畅饮，胃口仍然不好。惟其谈话似有气力。"

1月22日，张君劢饮食略多。

据张公权日记云："君劢哥今日饮食略多，说话亦较清楚。病况似可稳定矣。"

1月23日，张君劢说话更见清楚。

据张公权日记云："君劢哥今日饮食略多，说话更见清楚。自谓胃口已开，能饮食，及其他烂熟食物一二匙。"

1月25日，张君劢迁入疗养院。

据张公权日记云："君劢哥今晨入疗养院，因医院照例如病人无需特别疗治，即须出院。此疗养院在夏图克 Shattuck，三人合住一房。"

1月26日，张公权来疗养院探视张君劢病情。

据张公权日记云："上午至疗养院探视君劢哥，适医生惠丁博士 Dr. Whitting 在院，渠谓君劢哥饮食不能恢复，不易加强体力，乃是问题。后问其病因，是否在胃溃疡，渠答曰：'是'。渠在君劢哥进院之病状下，注明系癌症。"

1月28日，张君劢不习惯疗养院饮食。

据张公权日记云："君劢哥在疗养院饮食仍不多，且因晨餐无鸡蛋，午餐不加盐，颇不耐烦。下午小艾送去鸡汤面等，下咽过多，大部分吐出。"

1月29日，张君劢饮食略多。

据张公权日记云:"君劢哥饮食略多,劝其仍吃院中备餐,多多忍耐。"

1月30日,张君劢饮食略多。

据张公权日记云:"君劢哥今晨能饮牛奶,中午略吃点鱼。惟不愿多坐。"

1月31日,饮食增加甚缓。

据张公权日记云:"君劢哥饮食虽略见增加,惟增加甚缓。据告晨只饮牛奶一杯,仍喜流汁,多坐颇感吃力,而医院则照章按时起坐。"

是日,蒋匀田离台赴美向张君劢报告民主社会党三全大会情形。

2月1日,张君劢饮食无进步。

据张公权日记云:"君劢哥饮食无进步,且以食时较快,夹以药品,致所食全部吐出。"

2月2日,张君劢饮食仍如旧。

2月4日,张君劢体气日渐衰弱。

据张公权日记云:"君劢哥仅饮流汁,午餐所食亦仅少许。观其情形,体力将日趋衰弱,难以支持,令人担心。问过医生,彼谓希望病人能恢复饮食,俾增加抵抗力;照此情形,能够支持多久,无法预言。"

2月5日,张君劢精神显差。

据张公权日记云:"君劢哥午餐片点未进,并云有痰,精神显差,深为忧虑。"

2月6日,张公权接李卓敏函,约张君劢病愈后,赴香港中文大学演讲。

据张公权日记云:"君劢哥午餐仍食鱼少许,精神照旧萎顿。前曾函询李卓敏兄,关于君劢哥至香港中文大学演讲事。今日得复函,据谓欢迎于病愈后赴香港演讲'中西文化哲学比较'。余特将李函交君劢哥过目。希望彼能得到鼓励,在心里上可以增加其复原自信力。渠阅该函后,甚为高兴。"

2月7日,张君劢饮茶甚多。

据张公权日记云:"君劢哥觉口渴,饮茶甚多,想系虚火上升。"

2月8日,张君劢气力日降。

据张公权日记云:"君劢哥气力日降。医生惠丁博士 Dr. Whitting 来,对于病人不能纳食以增加培养力量,深感棘手。君劢哥曾提及有无中药方可治。"

2月12日,张君劢八十二岁生日,家属聚餐庆祝。

据张公权日记云："今晚家属聚餐，为君劢哥庆祝生日（昨日生日，阴历十二月二十五日）。"

2月13日，丁仲英为张君劢诊脉。

据张公权日记云："晨八时，八弟陪丁仲英国医至疗养院为君劢哥看病。渠云：脉尚顺，似可有救。十二时半，君劢哥服中药三分之二。午餐略饮粥汤。疗养院照料颇差，乃特指定一看护照管其饮食。"

2月14日，张君劢服中药后，似见好。

据张公权日记云："君劢哥似见好。渠云：服中药后，内热见减。"

2月19日至22日，张君劢病况日趋危笃。

张公权逐日探视，均有记注：（一）"君劢哥精神日降，深为忧虑。"（二）"君劢哥谈话日少，食物丝毫不进。"（三）"君劢哥精神疲倦万分，饮流汁较多。据云胃口略开，欲饮冰淇淋。想系服中药之偶然结果。"（四）"君劢哥精神更差，言语更不清楚。带去中药，只饮少许，其他汤水均不感兴趣。"

2月23日，下午六时四十分，张君劢逝世，张公权、张禹九、国浏、敦华、敦复均在侧。

张公权日记云："君劢哥似已灯尽油干之境，因与家属商量后事。下午君劢哥睡觉不醒，推唤无应声。至六时半，撒手而去。"

日记又云："君劢哥身体素健。自民国十九年在上海被绑（政治性）时，两足被捆绑数星期之久，因而受伤，以致行动不便，步履艰难。而终日埋头读书，写作终身。后以胃之一部分因病割去，虽曾出血一次，仍然读书写作不倦。最近发行《自由钟》杂志，其中文字几由君劢哥一人撰写。又往新加坡演讲，从不以宿病为意。此次患病，实系胃疾已至最后阶段，真所谓灯尽油干。每日赴医院见其病体日衰，医生束手，回想多年手足，相依为命，今一旦分手，人天两隔，不觉泪涔涔流入心坎，欲哭无声。遗体由伯克莱麦克拉芮殡仪馆 Macnary Chapel, 3030 Telegraphave, Berkeley, Calif. 停放室内，决定于二十六日（星期三）在此设奠。"

2月24日，张君劢丧奠改在3月1日举行。

据张公权日记云："君劢哥丧仪日期，经商榷后，改在三月一日（星期六）举行。与八弟同拟讣告及新闻稿。"

2月27日，张君劢遗体决定土葬。

据张公权日记云："关于葬事，君劢哥诸女偏向于火葬，但友辈如蒋匀田兄适在美，意不赞成。薛光前兄则来电话，亦反对火葬，并谓胡适之遗嘱火葬，但故后经友人反对而终止。郑喆希教授面告，渠亦不赞成火葬。余意君劢哥曾赠我七十寿言中，曾有'不知何年何月复返故土，上祖宗丘墓'之句，似其脑中，仍旧有棺墓之思想。因而决定不火葬。"

又据张公权日记云："旧金山及波罗阿尔脱两地报纸曾在讣告栏登载有关君劢哥丧礼新闻。中有君劢哥不返台湾，系为蒋先生不遵守'宪法'之报道。余乃请此地'中央'社一查此项新闻何从而来。据答云：此大致系根据美国旧日新闻记载而来。"

3月1日，张君劢丧仪完成。

据张公权日记云："晨十一时，君劢哥丧礼开始。先由梁士琦神父报告君劢哥病情经过，及彼所认识君劢哥为人。嗣由蒋匀田报告君劢哥一生经历。继由周总领事代表政府致辞，并宣读蒋'总统'及'副总统'唁电。末由余报告君劢哥病中遗言。然后来宾瞻仰遗容，礼成盖棺。由亲属至友陪送灵柩至加州阿克兰追思礼拜堂暂厝，将来希望能归葬真如祖坟。"

3月6日，台北、香港为张君劢举行追悼会。

据张公权日记云："接王世宪兄二月二十八日函云，将于三月二十三日在台北为君劢哥举行追悼会，当即将'君劢哥遗志'寄去。又接香港梁友衡、罗香林、任益年诸兄来函云：港方，张向华、左舜生、唐星海、吴俊升诸位将于三月十六日为君劢哥举行追悼会。"

3月8日，张公权撰制挽联寄送香港追悼会。

文曰："追惟素节，生平淡泊于名于利，劬学求阐明真理，持志在匡济兴邦，终不挠一贯初衷，穷且益坚，老而弥笃；相契白头，兄弟切磋亦师亦友，爱国夙同抱热忱，著书晚共羁异域，恨未能重光故宇，遽矣永别，憯也何涯。"

3月12日，唐君毅撰写悼张君劢挽联，

曰："道大莫能容，四海同悲天下士；声弘终有应，万方齐响自由钟。"

1972年，8月15日，民主社会党总部，在台北市和平东路"中央"总部举行张君劢铜像揭幕典礼。

1996年，长女敦华等将张君劢骨灰迁至苏州，与王世瑛女士合葬。

谱　　后

1969年4月15日,《〈中国第三势力〉序》一文在香港《时代批评》第28卷第8期（总第369号）上发表。

9月3日,《自由钟》杂志停刊。

据张公权日记云:"君劢哥临终时,嘱托请蒋匀田兄担任所办《自由钟》杂志继续刊行事务。今接匀田兄来函,告以因身体不适,不能担任该杂志发行事务。照此情形,《自由钟》杂志,只好听其停刊。"

12月31日,台北:东方人文学会出版《儒学在世界论文集》。

1970年,台北商务印书馆出版《国宪议》《义理学十讲纲要》。

1970年2月,台湾商务印书馆出版《张君劢遗著丛书》（三册）。

2月初,张君劢所遗日用书籍二十四包（九百余册）运台湾,3月11日,正式捐赠"中国"文化书院。书院当即整理书目,成立张君劢文库,请张公权先生主持。6月14日,"中国"文化书院举行张君劢文库成立典礼仪式,张其昀致辞。

1971年,台北商务印书馆出版《斯大林治下之苏俄》《立国之道》。

1971年2月,台北正中书局出版《张君劢开国前后言论集》。

1971年8月15日,《再生》在台北复刊。

1971年,台北再生杂志社出版《张君劢先生开国前后言论集》。

1974年7月,台北商务印书馆出版张君劢译《爱因斯坦氏相对论及其批评》。

1976年,《鹅湖》杂志第12期发表《中国历史上的儒家与西方哲学的比较》。

1月25日,中国民主社会党中央总部印行《张君劢先生九秩诞辰纪念册》。

1977年,《鹅湖》杂志第1期发表《理学的基本原理》。

1977年,《鹅湖》杂志第3期发表《佛教及于新儒家之刺激》。

1977年,《鹅湖》杂志第7期发表《中西形上学之所以异趋与现时之彼此同归》。

1977年6月20日,《再生》（台北）第71期上发表《中西形上学所以异趋与现时之彼此同归》一文。

1978年,台北张君劢先生奖学金基金会出版《社会主义运动概观》。

1980年,台北张君劢先生奖学金基金会出版《新儒家思想史》（上下册）

1980年,台北帕米尔出版社出版《科学玄学论战集》。

1981年,台北学生书局出版程文熙编《中西印哲学文集》（上下册）。

1986年2月2日,在台湾师大国际会议厅召开纪念张君劢先生百龄冥诞学术研讨会。台北弘文馆出版社出版《纪念张君劢先生百龄冥诞学术研讨会文集》《张君劢先生百龄冥诞纪念文集》。

2月,台北弘文馆出版社出版《中国专制君主政制之评议》。

2月,台北弘文馆出版社出版《新儒家思想史》（合订本）。

1988年6月,台北稻乡出版社再版《社会主义运动概观》。

1988年6月,上海三联书店出版许纪霖著《无穷的困惑——黄炎培、张君劢与现代中国》。（1988年9月第2版）

1989年,"中华民国"张君劢学会成立。

台北稻香出版社出版薛元化编《1949年以后张君劢先生言论集》（五册）。

1991年,台北中大图书公司出版《王阳明》（中译本）。

1993年2月,台北稻乡出版社出版薛化元著《民主宪政与民族主义的辩证发展——张君劢思想研究》。

9月30日,台北唐山出版社出版杨永乾著《"中华民国"宪法之父——张君劢传》。

1996年8月,河北教育出版社出版刘梦溪主编《中国现代学术经典·张君劢卷》。

11月,天津人民出版社出版吕希晨、陈莹著《新儒学研究丛书·张君劢思想研究》。

12月,百花洲文艺出版社出版刘义林、罗庆丰著《国学大师丛书·张君劢评传》。

1997年12月,中华书局出版郑大华著《张君劢传》（2012年8月商务印书馆再版）。

1998年6月,山东人民出版社出版《现代中国思想论著选粹·明日之中国文化》。

1999年5月，北京图书馆出版社出版郑大华著《二十世纪中国著名学者传记丛书·张君劢学术思想评传》。

6月，东方出版中心出版郑大华著《走近二十世纪文化名人丛书·两栖奇才——张君劢笔下的名人名人笔下的张君劢》。

8月，湖南教育出版社出版陈先初著《精神自由与民族复兴——张君劢思想综论》。

2006年8月，清华大学出版社出版《汉语法学文丛·宪政之道》。

9月，中国人民大学出版社出版张君劢儒学著作集：《民族复兴之学术基础》《义理学十讲纲要》《新儒家思想史》《儒家哲学之复兴》《明日之中国文化》。

2008年4月，清华大学出版社出版《汉语法学文丛·政制与法制》。

2009年4月，南京大学出版社出版丁三青著《张君劢解读——中国史境下的自由主义话语》。

6月，中国致公出版社再版《科学与人生观》。

2010年8月，法律出版社出版翁贺凯著《法政思想文丛·张君劢民族建国思想评传——现代中国的自由民族主义》。

9月，法律出版社出版姚中秋著《法政思想文丛·现代中国的立国之道——以张君劢为中心》。

2012年3月，岳麓书社出版民国学术文化名著《明日之中国文化》《科学与人生观》。

2013年6月29—30日，北京大学高等人文研究院举办"张君劢与现代中国"研讨会。

参考文献

一 杂志、报纸

1. 《新民丛报》
2. 《学报》
3. 《解放与改造》（《改造》）
4. 《申报》（1911—1949）
5. 《晨报》（《晨报·副刊》）
6. 《宪法新闻》（周刊）
7. 《东方杂志》
8. 《新路》
9. 《时事新报》
10. 《中央日报》
11. 《华北日报》
12. 《新华日报》
13. 《新民》（月刊）
14. 《宇宙》（旬刊）
15. 《民宪》
16. 《北平晨报》
17. 《北京大学日刊》
18. 《燕京学报》
19. 《祖国》（周刊）
20. 《努力》（周报）
21. 《再生》（北平版、汉口版、重庆版、广州版、香港版、台湾版）

二 著作

1. 张君劢学会编译：《中国第三势力》，台北：稻乡出版社2005年版。
2. 杨永乾：《"中华民国"宪法之父——张君劢传》，台湾唐山出版社

1993 年版。

3. 李璜：《学钝室回忆录》，台北：传记文学出版社 1973 年版。
4. 丁文江、赵丰田：《梁启超年谱长编》，上海人民出版社 2009 年版。
5. 张君劢等编：《梁任公先生演说集》第一辑，正蒙印书局 1912 年版。
6. 程文熙：《中西印哲学文集》，台北：学生书局 1981 年版。
7. 薛化元：《民主宪政与民族主义的辩证发展——张君劢思想研究》，台北：稻乡出版社 1993 年版。
8. 张君劢等：《统一问题论战》，独立出版社 1939 年版。
9. 国民政府江西省政府教育厅：《张君劢先生演讲集》，1937 年 2 月。
10. 王云五等：《张君劢先生七十寿庆纪念论文集》，台湾文海出版社 1956 年版。
11. 程文熙：《张君劢先生年谱初稿》，载台北中国民主社会党中央总部印行的《张君劢先生九秩诞辰纪念册》。
12. 梁吉生：《张伯苓年谱长编》，人民教育出版社 2009 年版。
13. 中国社会科学院近代史研究所中华民国史研究室编：《胡适来往书信选》，社会科学文献出版社 2013 年版。
14. 姚崧龄：《张公权年谱初稿》，台北：传记文学出版社 1982 年版。
15. 王寿南：《王云五年谱》，台湾商务印书馆 1987 年版。
16. 《张君劢先生百龄冥诞纪念文集》，台北中国民主社会党中央党部印行。
17. 薛化元编：《1949 年以后张君劢先生言论集》（五册），台北：稻乡出版社 1989 年版。
18. 中国文化书院学术委员会编：《梁漱溟全集》，山东人民出版社 2005 年版。
19. 《广西省第一次行政会议报告书》，广西省政府秘书处 1933 年 9 月。
20. 《唐君毅全集》（30 卷），台北：学生书局 1990 年版。
21. 孟广涵等：《国民参政会纪实》（上下册），重庆出版社 1985 年版。
22. 孟广涵等：《国民参政会纪实》（续编），重庆出版社 1987 年版。
23. 中国社会科学院近代史研究所翻译室译：《国共内战与中美关系——马歇尔使华秘密报告》，华文出版社 2012 年版。
24. 朱传誉：《张君劢传记资料》（八册），台北：天一出版社 1979 年版。

三　日记、回忆录

1. 《黄炎培日记》（九册），华文出版社 2008 年版。

2. 《胡适日记全集》（十册），台北：联经出版社 2004 年版。
3. 《蔡元培日记》（上、下册），北京大学出版社 2010 年版。
4. 《颜惠庆日记》（三册），中国档案出版社 1993 年版。
5. 台湾"中研院"近代史研究所编印：《王世杰日记》（手稿本十册），1990 年版。
6. 《顾维钧回忆录》，中华书局 2013 年版。
7. 李宗仁口述、唐德刚撰写：《李宗仁回议录》（上、下），广西师范大学出版社 2005 年版。
8. 夏莲瑛：《张发奎口述自传》，当代中国出版社 2012 年版。
9. 傅正主编：《雷震日记》，桂冠图书股份有限公司 1990 年版。
10. 黄延复、王小宁整理：《梅贻琦日记》，清华大学出版社 2001 年版。
11. 李学通、刘萍、翁心钧整理：《翁文灏日记》，中华书局 2010 年版。
12. 蔡德金编注：《周佛海日记全编》（上下册），中国文联出版社 2003 年版。
13. 司徒雷登：《司徒雷登日记》，黄山书社 2009 年版。
14. 张邦梅：《小脚与西服》，时代出版传媒股份有限公司、黄山书社 2011 年版。